分権型法治主義の憲法理論

「対話型立法権分有」と自治体憲法訴訟の構築に向けて

大津 浩

明治大学社会科学研究所叢書

日本評論社

序 章　本書の基本視座

1　地方自治の憲法理論の現実的有効性

　日本における現在の地方自治の憲法理論は、地方自治をめぐる実際の法的紛争の場面で、とりわけ訴訟実務において、はたして十分な有効性を発揮しているのだろうか。憲法学は理念ないし原理論だけを扱えばよく、実際の制度設計や訴訟については憲法学には寄与できるものはほとんど無いのであって、この課題は行政法学に任せるしかない、というのではあまりに情けない。そのような法学の守備範囲の「棲み分け」は、憲法92条の「地方自治の本旨」の規定が本来持っていたはずの憲法規範的な可能性を失わせてしまう。

　現実的有効性を発揮しうる地方自治の憲法理論とは、旧通説の「制度的保障説[1]」のように、地方自治の中核部分に属すると想定される制度や権限を、実際にはその制度枠の存在のみを、国の立法権から保障したと説明できればそれでよしとするものではない。それは、国の立法意思とこれに基づき構築された既存の法制度そのものに一定範囲で抵触あるいは対抗し、さらにはそのような抵触を冒してでも、あるべき制度改革を迫ろうとする自治体側の立法意思に、地域的な必要性と合理性の観点から合法性を認めうるものでなければならない。すなわちそれは、国と自治体との間の立法権の分有を認めうる憲法理論でなければならない。

---

1)　周知のように、その代表的な論者は成田頼明であり、その代表的な論考は、同「地方自治の保障」『日本国憲法体系第5巻・統治の機構Ⅰ』（宮沢還暦記念、有斐閣、1964年）287-303頁である。成田の「制度的保障説」について、詳しくは、**本書第2章Ⅲ1**を参照されたい。

2)　例えば、成田・前掲書注1）の他、最近では、北村喜宣『分権改革と条例』（弘文堂、2006年）、特に38頁以下、原島良成「条例制定の根拠・対象・程度」同編『自治立法権の再発見』（第一法規、2020年）3-26頁など、枚挙に暇がない。

確かに地方自治に関心のある行政法学者の中には、既存の法制度の解釈の一環として、とりわけ条例制定権の本質をめぐって、憲法92条の積極的な解釈を行っている者も少なくない[2]。その中には、「法治国家」などの憲法の基本原理を用いつつ解釈論を展開する者もいる[3]。しかし、本格的な立法権分有制を展開して既存の法制度の限界を乗り越えるには、近代国家の統治システムそのものを根本から規律してきた憲法原理であり、実際には国と自治体との間で立法権を分有させる構想に対して最大の壁ともなってきた国民主権という憲法原理を、その民主主義的本質を失わせることなく、立法権分有制を受け入れうるように組み替えることが不可欠である。憲法92条の解釈論は、あるべき国民主権論を組み込んだ憲法原理論を基礎に据えてこそ、既存の法制度の解釈論と制度改革論としても現実的な有効性と有用性を持ちうるはずである。

2　「歴史普遍的」な国民主権原理と「対話型立法権分有」

　本書が採用する地方自治の憲法理論は、「歴史普遍的」な国民主権原理の発展を踏まえたものである。「歴史普遍的」とは、近代・現代立憲主義の正統な発展を踏まえた民主主義の歴史的な展開を客観的に見た場合に、確かに各国が実際に採用している統治システムの形態や発展の段階はなお多様であるにせよ、結局はそのすべてが指向せざるを得ないと認識しうる方向をいう。それは端的に言えば、市民が多様なルートを通じて、自らの属する統治システムの決定プロセスに参画しうる契機をますます増大させていくような多元的民主主義である。

　ある国において、このような「歴史普遍的」民主主義を基礎とする国民主権原理をその国が採っているとの憲法解釈が一般化していくにつれて、たとえその国の憲法が、国（連邦）と自治体（支邦）との間で立法権を分割する

3）　最近の若手行政法学者の労作としては、ドイツの理論を踏まえた川端倖司『条例の法的性質と地方自治の保障』（弘文堂、2024年）がある。「地方自治の本旨」と関わらせた憲法原理論的な解釈論は特に267-296頁で展開されている。川端は、国民主権原理と自治体立法権との関わらせ方、その結果としての立法権分有制の評価などの点で本書とは方向を異にするが、ドイツ流の「法治国家」原理を重視する地方自治権と条例制定権を論じており、問題関心という点では本書に近いものがある。

明示的な規定があるという意味での連邦制を採っていなかったとしても、換言すればその国が「非連邦国家」であったとしても、その憲法に国の立法からの介入を一定程度防ぐという趣旨を含んだ地方自治保障の一般条項がある場合には、そのような国の憲法は、自治体を国民主権の地域的行使の場として当然に想定しており、したがって国と自治体との間で不均衡かつ動態的なやり方ではあるが立法権を分有させるという意味で、「対話型」の立法権分有を認めていることになる。本書では以上のような憲法理論を、憲法規範としての意味では「対話型立法権分有」法理、その憲法解釈への応用を意味する場合には「対話型立法権分有」説と呼ぶことにする。

この憲法理論については、筆者はすでにフランスの地方自治をめぐる憲法史と公法学説の分析を基礎に据え、さらにはドイツやアメリカの地方自治の憲法理論、そして現代日本の地方自治の憲法理論にも分析を拡げた単著の中で、ある程度解明しえたと考える[4]。そこで、この「対話型立法権分有」法理を日本国憲法の解釈論に置き直し、既存の法体系の解釈論と制度改革論に応用することが、本書の課題となる。

3 「法治主義」の歴史的変遷と「分権型法治主義」の登場

ところで地方自治の現実に目を向けた場合には、行政実務においても司法実務においても、常に標榜される最優先の法原理は「法治主義」ないし「法治国家」であろう。しかし一般に自治体にとっての「法治主義」とは、地域の実情に即して自治体が試みる様々な独自施策に対して、国会が制定した法律、並びにその実施規範として内閣が定める政令やこの法令に基づいて下される司法判断を通じて、様々な制約を加えてくる法原理でもある。

もちろん「法治主義」には歴史的な発展が見られる。19世紀ドイツで成立した「法治国家（Rechtsstaat）」は、単に行政権が法律に従属するという形式のみを重視する「形式的法治主義」であった。これに対して19世紀末から20世紀初頭にかけては、「法治主義」にいう法律とは、君主の裁可権やその他

4） 拙著『分権国家の憲法理論——フランスの憲法の歴史と理論から見た現代日本の地方自治論』（有信堂、2015年）。「『歴史普遍的』な国民主権原理」については、同書348頁、360-363頁を参照されたい。

の執行権の関与を一切許さない、純粋な議会立法でなければならないという主張がなされ、このようにして民主主義の要素を組み込んだフランス流の「適法国家（État légal）型法治主義」が提唱された。やがて「法治主義」は、ナチス・ドイツの「形式的法治主義」による人権蹂躙への反省などから実質的意味が必要との政治的要求が強まったことに加えて、市民の自由の保障を司法裁判所を通じて実現することを本質とする英米流の「法の支配（rule of law)」の思想が流れ込んだ結果、20世紀後半以降は、人権保障に最高の価値を置いたうえで、最高規範たる憲法を頂点とする法のヒエラルキーを通じて、民主的立法が全国家権力を拘束することを意味する「実質的法治主義」に至る。このような見取り図の下、J・シュヴァリエ（Jacques Chevallier）は、現代の「実質的法治主義」を、「法的安全（sécurité juridique）」と基本権保障に優越的地位を認め、これらの価値をより良く保障するものとしての法のヒエラルキーの支配、と定義する[5]。

　確かに、自らを法律家あるいは法学者として意識する限り、恣意的な政治・行政権力の濫用から「法的安定性」と市民の権利・自由を守ることを目的とする、民主的立法を頂点とする法的ヒエラルキーの支配という意味での「法治主義」を否定することはできない。近代から現代へと流れる人類の発展の歴史は、「法治主義」の定着とその適用範囲の拡大の歴史でもあった。しかし民主主義や人権のあり様がさらに高度化した21世紀の現代においては、単に「法治主義」の支配の正当性を認め、これを力説するだけでは不十分である。現代では、憲法が頂点に据えられることは良しとしたとしても、その下での「法のヒエラルキー」においては、民主的立法とは何かという点と、優先的に守られるべき権利・自由とは何かという点において、19世紀や20世紀中葉までのような一義的に明白な答えを見出しえなくなってきているからである。

　現代の「実質的法治主義」では、法の形成においては、既に述べたように、

5）　Jacques Chevallier, *L'État de droit*, 4e éd., Monchrestein, 2003, pp.14-26, 34-42, 100-140. 彼の図式は、拙稿「『分権国家』における『対話型』法治国家の可能性」辻村みよ子編集代表＝糠塚康江＝建石真公子＝大津浩＝曽我部真裕編『社会変動と人権の現代的課題（講座・政治・社会の変動と憲法第 2 巻）』（信山社、2017年）298-301頁で詳述した。

よりいっそうの市民の参画が求められるようになっている。それは多元主義的な法形成のプロセスの採用が不可避であることを意味する。また「法治主義」にいう「法」の内実についても、より一層の現実社会における妥当性が求められるようになる。それは、グローバルな市場経済の拡大に適合的な自由主義の価値の一元的な貫徹ではなく（もしそうだとすれば、それはネオ・リベラリズムに接近せざるを得ない）、時には市民＝住民の地域的共同生活に根差した多様な生活価値を優先させなければならない場面が増大することを意味する。そして現場における妥当性と生活価値に根差した権利保障を優先させるためには、中央＝全国的な統治システム（本書はこれを便宜上、「中央政府」と呼ぶことがある）とは異なる「もう一つの国民主権実現の場」である自治体が創り出す規範的意思を、国の立法と並ぶもう一つの立法として認めて、国の立法と一定の範囲で対抗・競合させることが、やはり不可欠なのである。このように現代の「実質的法治主義」が内容的な妥当性を持つためにも、「対話型立法権分有」は正当性を持つことになる。このような国と自治体の両者の「対話型」の相互作用のプロセスから生まれる新たな「法治主義」を、本書は「分権型法治主義」と呼ぶ。

4　日本における「法治主義」と分権改革

　日本では、20世紀末から21世紀初頭にかけて、グローバル経済の進展の下でグローバルな「法治主義」が強まりを見せ、その流れの一環として国と地方の関係をより法的な関係に整序しようとする現象が顕著になった。国と地方との法的関係の確立は数次の「地方分権改革」となって現れた。しかも分権改革とそれに伴う現実の諸現象は、単に地方自治法の改正や地方分権一括法、あるいは一種の「立法権分権」を目指した2011年以降の数次の地方自主性一括法の形で現れたものに留まらない。それは、分権改革と歩を一にして進められた地域と自治体への競争原理導入としての「三位一体改革」やそれと連動する憲法改正の動き、あるいは一部の憲法学者から肯定的に論じられるようになった自治体政府形態の多様化なども含んでいる。また、分権改革の過程で、その真価が試されるいくつかの重大事件が発生している。国の立法に対する条例の部分的抵触の合法性をめぐって争われた「神奈川県臨時特

例企業税条例事件」、並びに沖縄における米軍基地移設のための辺野古沖埋め立てをめぐる国と沖縄県との間の司法闘争はそのもっとも顕著な例である。

　本書は、終章を除きほとんどの章が、上記の諸現象や諸事件に関して過去に筆者が執筆した論考を、本書全体の構成に対する考慮や法改正、判例の推移などの点から必要最小限の加除修正を行ったうえで再録したものである。筆者は、これらの地方自治の分野で現実に大きな問題となった事例を検討する中で、自治体実務にも自治体憲法訴訟にも、さらには自治体制度改革にも通用しうる憲法理論を求めて苦闘してきた。それゆえ本書で、各論考執筆時の筆者の問題関心や当時の問題状況をできるだけそのまま残す方が、各時代状況や課題に応じて筆者の憲法理論がどのように構築され、また修正させられてきたのかをより良く示すことができると考えたのである。そのようにしてこそ、従来の「法治主義」とは異なる「分権型法治主義」が必要になった背景や、これを追い求める中から「対話型立法権分有」法理が生まれた過程を明らかにすることができる。そしてそれは、今後の「分権型法治主義」の憲法理論の構築方向を自ずと示すことにもなるはずである。

　現実に目を向けるなら、残念ながらこれまでの多くの国・自治体間紛争では、とりわけ実際の国と自治体との間の権限紛争をめぐる訴訟においては、自治体側はほとんど常に敗訴を繰り返してきたのであり、その際、憲法92条の「地方自治の本旨」の規定に憲法規範的意味を持たせることはほとんどできなかったと言わざるを得ない。これに対して本書は、「地方自治の本旨」の憲法規定の解釈の中に、本書で詳述する「分権型法治主義」の憲法原理と「対話型立法権分有」法理を読み込むことを通じて、この規定により明確でより強力な憲法規範的意味を持たせることができると考える。

5　本書の構成

　したがって、本書の全体的な構成は以下のようになる。まず第1部では、グローバル化が進行する中での「法治主義」の発展が地方自治にもたらす積極面と消極面を、とりわけ1999年の地方分権一括法の可決（2000年の改正地方自治法施行）とそれに伴う「グローバルな法治主義」の進展、並びにそれと並行して進められた地方自治の場への競争原理の導入の意味を、「『法治主

義』と地方自治」の表題の下で検討する。そして最後に、こうした動きに対抗しうるもう一つの「法治主義」を見出す必要性を示唆することにする。次に第2部では、「『分権型法治主義』と『対話型立法権分有』法理の成立」の表題の下で、このもう一つの「法治主義」、すなわち「分権型法治主義」の具体的なあり方をより詳細に探究することにする。かくして、国法に部分的に抵触するだけであればその条例に合法性を認めるという方向性が見出されるが、その合法性を弁証する理論こそ、国民主権原理の多元主義的理解に基づく、国の立法意思と自治体立法意思との「対話」の法理であった。第3部では、このようにして導き出された「対話型立法権分有」法理を制度改革の場面に当てはめた時に見えてくるさまざまな可能性と問題点を、『『対話型立法権分有』法理の制度的展開」の表題の下で論ずる。そして第4部では、「『分権型法治主義』と自治体憲法訴訟」の表題の下で、筆者が追究してきた憲法理論が実際に日本の司法の場で通用しうるための条件を探る。そして書き下ろしとなる終章では、「『分権型法治主義』の憲法理論の行方」の表題の下、本書の第12章までの分析を振り返り、「国（＝中央政府）」中心主義的な「法治主義」の問題点と限界を克服し、自治体を国民主権の地域的実現の場として再構成することの重要性を、したがって自治体を「国（＝中央政府）」と並ぶ立法権主体であるとする憲法理論の精緻化の重要性を再確認したうえで、現代日本で発展しつつある憲法訴訟論に本書で展開した「分権型法治主義」の憲法原理と「対話型立法権分有」法理を組み込むことを試みる。それは、今後我々が新たな自治体憲法訴訟論を構築していくための方向性を示すことにつながるはずである。

　なお本書では、憲法条項を用いて自らの主張を正当化しようとする政治的な議論を「憲法論」と表現し、そこに示される一定の政治的な方向性を「憲法理念」と表現する。他方で、本質的に政治的な議論に留まるこうした憲法論や憲法理念を、既存の法解釈学上の概念を用いて規範論的に精緻化したものを「憲法理論」、あるいは簡潔に「法理」と呼ぶことにする。本書は地方自治をめぐるあるべき憲法の基本原理の追究を目的としているが、本書で使用する「憲法原理」という用語は、上述のように定義された憲法理論の中でも、たとえそれが実際の歴史的展開の中では多様な形態をとろうとも、その

本質において普遍性を志向し、それゆえに実定憲法上の様々な規定の解釈方向を根底において規定するような憲法の原理論を指している。こうした用語の区別は、特に憲法改正をめぐる政治的な議論が展開される本書第3章で重要となるので、予め断っておきたい。

次に、本書における「合法性」と「適法性」、並びに「適法性統制」の用語の意味を明確にしておきたい。現在も多くの行政法学者や地方自治行政の実務家は、自治体の「違法」行為を統制する意味で「適法性統制」（あるいは「適法性審査」）という表現を使っているように見える[6]。ここでは「適法性」は「合法性」と同義であって、「違法性」がその対義語と考えられているようである。しかし訴訟法上の用語の場合には、「適法な訴訟」の対義語は「不適法な訴え」であって、「違法な訴え」ではない。つまり「適法性」は法令に適合しているか否かという概念であって、「適法性」に欠けるからと言って直ちに「違法」と同一視されるわけではない[7]。

例えば、国と自治体との「対等」性をある程度認めたとされる1999年改正後の現行地方自治法においても、国が自治体の自治事務の処理に対して「是正の要求」という関与を行う際の要件については、245条の5第1項では、本来の意味での「違法」な場合（「法令の規定に違反していると認めるとき」）に加えて「著しく適正を欠き、かつ、明らかに公益を害しているとき」を規定

6） 例えば、宇賀克也『地方自治法概説〔第10版〕』（有斐閣、2023年）は、「……司法統制に限らず、行政過程において第三者機関による条例の適法性および合目的性の審査を行わせるべきかどうかという問題も存在する。」（257頁）などと述べている。

7） 筆者は、2005年の在外国民選挙権訴訟最高裁判決や2022年の在外国民審査権訴訟における立法の不作為の違法確認請求訴訟の「適法性」をフランス語論文で論じる際にこのような区別の必要性と困難性を感じた。フランス語でも「合法性（légalité）」と「違法性（illégalité）」の区別とは別に、「適法性（licité）」と「不法性ないし不適法性（illicité）」の区別があるが、これが日本法の「適法性」、「不適法性」と一致するのかは実はあまり自信がない。日本法に言う「適法性」とは、単なる「法律適合性（conformité á la loi）」に留まらない、より広い「法（droit）」への適合性を意味する場合があるからである。筆者が上記の日本の訴訟についてフランス語で執筆した論文としては次のものがある。Hiroshi Otsu, « Carence législative et contentieux constitutionnels pour la garantie effective des droits fondamentaux », in 植野妙実子編『法・制度・権利の今日的変容』（中央大学出版部、2013年）、250-274頁；Id., « Carence du législateur et décision d'affirmation de l'illégalité en tant que garantie du droit subjectif », in Pierre Brunet et Hajime Yamamoto (sous la dir.), *Voyages et rencontres en droit public. Mélamges en l'honneur de Ken Hasegawa*, Éditions mare & martin, 2023, pp.89-106.

している。法定受託事務の処理に対するより厳しい国の関与である「是正の指示」についても、同法245条の7第1項は同様の要件を設けている（「……明らかに公益を害していると認めるとき」という若干の表現の違いはある）。これは、いくら要件が厳しく設定されているとはいえ、自治体側の裁量のある、一応は合法的な権限行使に対して、国が「合目的性」（＝政策的妥当性）の点から法的統制を加えうることを意味する。それは、旧地方自治法における国の自治体統制制度についても同様であった[8]。

本書は、「適法性統制」を極力「合法性」の統制に限定すべきとの立場を採る[9]。但し、本来、法令上で広い裁量が認められる自治体の事務の処理であっても、それが著しい裁量権の逸脱濫用に当たることが明白な場合は、もはや「合目的性の喪失」ではなくむしろ「違法」と評価しうることに鑑みれば[10]、「合目的性」の視点を契機として発動される国の自治体に対する法的統制を予めすべて排除することにも躊躇を覚える。特に「法定受託事務」には、この種の国による統制を限定的ではあれ認めざるを得ないのではないかとも思える。そこで、少なくとも本書の以下の叙述においては、自治体の事務処理に対する国の統制制度としての「合法性」の統制と「合目的性」の統制とを概念上区別したうえで、「適法性統制」は、「合法性」の統制とほぼ同義であるが、著しい裁量権逸脱の明白な根拠がある例外的場合に限り「合目的性」の統制を含みうる概念と定義して、これを用いることにする[11]。

他方で本書は、憲法92条の「地方自治の本旨」に反する法令は違憲無効であることを重視し、自治体に対する国の統制も「地方自治の本旨」に適合的

---

8) 村上順他編『新基本法コンメンタール・地方自治法』（日本評論社、2011年）382頁（白藤博行執筆）。

9) 白藤・前掲注8）382頁（是正の要求）及び387頁（是正の指示）の国の関与権発動の要件の説明も、合目的性統制の可能性は否定できないが、特に是正の要求については、極力、必要やむを得ない場合に限定するとの立場を採る。是正の指示についても限定的な姿勢を見せるが、国側の裁量の余地がより広いことは認めざるを得ないとしたうえで、国地方係争委員会で是正の指示の「当・不当性」まで審査すべきと主張する。

10) フランス行政法においても、行政裁判所の管轄権とのかかわりで論じられるものであるが、本来「合法性統制」のみを任務とするはずの行政裁判官が、行政の「明白な過誤」に限ってはその審査対象とすることで裁量統制を行っているという。この点に関して、例えば、拙稿「自治体憲法訴訟論におけるフランス憲法判例の意義」長谷川憲＝植野妙実子＝大津浩編『プロヴァンスからの憲法学──日仏交流の歩み』（敬文堂、2023年）148-149頁を参照されたい。

なものしか許されないとし、さらにこの「地方自治の本旨」には「対話型立法権分有」法理が含まれると解する立場を採っている。したがって、これも後に詳述するように、たとえ国（＝中央政府）から見て「違法」な自治体の事務処理がなされたとしても、地域的観点からの必要性と合理性とが十分に認められる場合には、自治体は国の法令に部分的に抵触するような事務処理をすることも、すなわち部分的に「違法」な事務処理をすることも認めている。この観点からすれば、「合法性」という概念は、単なる「国の法令への適合性」という意味に留まらず、国の現行法令から見て「違法」な自治体の事務処理であっても、憲法92条の「地方自治の本旨」に基づき「憲法的合法性」が認められる場合があるという趣旨を含んだものとして定義されることになる。

　最後に、本書の引用文中に〔　〕で示されている部分は、筆者が補足説明の意味で付け加えた部分であることもお断りしておく。

6　初出について

　既に述べたように、本書の内容は、終章以外は全て、既に別の媒体で公刊されたものに、一定の修正を加えて再録したものである。そこで、以下に各章の論考の初出を示すことにする。しかし、各章の内容については、単に平仄を合わせるなどの理由から若干の表現を修正したに留まる場合もあれば、全体の構成との関係、あるいは発表当時から現在までの法制度や判例の変化の大きさに鑑みて、ある程度、重要な加除修正を行った場合もある。注の引用文献に関しては、執筆時のものが改版された場合もあるところ、特に内容まで改変されたものでなければ、あるいは当該叙述の根拠を示すための引用として改版を用いることが不適切な場合を除いては、本書脱稿時の2024年8月のデータに改めた。そこで、各章の始めに注の形で、再度初出を示すとともに、重要な加除修正を行った場合にはその旨も記すことにした。そうでは

---

11)　少なくとも「合目的性統制」を含む現行法制を疑うことなく「適法性統制」の表現を用いる論者の場合には、上記の広義の趣旨の「適法性統制」が暗黙の裡に想定されているはずであり、彼らの言説を引用、ないし正確に紹介するためにも、上述の「適法性統制」の概念を用いる必要がある。

あれ、筆者の現在の理論的到達点を示す終章を除くその他の章は、できる限り初出の内容を保存するよう心掛けている。なぜなら、そうすることで本書の読者の方々に、時代の変化に応じて、「分権型法治主義」の憲法理論がどのようにして構築され、また変容を辿ったのかを示すことが重要と考えたからであった[12]。

---

12) なお、本書第3部には大都市自治体改革の問題を論じた拙稿「特別自治市制度の憲法問題」法律論叢第94巻第2＝3合併号（2021年）121-160頁も収録予定であった。本書全体の分量の上限問題で諦めざるを得なかったが、自治体を主権者国民の地域的主権行使の場と考える本書の憲法理論の応用形の一つであり、特に憲法95条の地方自治当別法に関する考察を深めているので、本書と合わせてぜひご高覧いただきたい。

目　次

序　章　本書の基本視座　i

    1　地方自治の憲法理論の現実的有効性

    2　「歴史普遍的」な国民主権原理と「対話型立法権分有」

    3　「法治主義」の歴史的変遷と「分権型法治主義」の登場

    4　日本における「法治主義」と分権改革

    5　本書の構成

    6　初出について

第1部　「法治主義」と地方自治

第1章　グローバルな「法治主義」の展開に直面する日本の地方自治　2

    はじめに

    I　グローバリゼーションの下での立憲主義の変容の諸相

        1　地域統合・国際協調の進展と国際「行政国家」化

        2　グローバル「法治主義」の多様な展開

        3　「下からのグローバリズム」としての多様な分権化と自治体国際協力・国際連合化

    II　グローバリズム立憲主義下の地方自治権と「法治主義」の軋轢とその克服方向

        1　国法の全領域支配と軋轢を起こす自治体実務

        2　自治体立法権と「法治主義」の関係

        3　権限重複時の自治体意思の優越可能性

    おわりに

第2章　分権改革における「法治主義」の強まりの意味　16

    はじめに

    I　地方自治法が保障する「地方政府」性

II　国に対する従属の実体と地方分権改革
　　1　制度と運用における巧妙な中央統制
　　2　1999年の地方分権改革
III　「自治体憲法学」の成立と理論課題
　　1　「地方自治の本旨」論争
　　2　「自治体法学」の登場
　　3　「自治体憲法学」の成立
IV　まとめにかえて

第3章　「三位一体改革」と「分権型国家」論　30

はじめに
I　「新自由主義型地方自治」の憲法論成立の背景
　　1　戦後日本における2つの地方自治の憲法理念の相克
　　2　「開発主義型地方自治」の成立と「福祉国家型地方自治」による対抗
　　3　「新自由主義型地方自治」の理念に基づく明文改憲構想の登場
II　自民党と民主党の改憲構想の憲法論的評価
　　1　自民党改憲案
　　2　民主党改憲構想
III　「分権型国家」の憲法論の射程
　　1　巨視的歴史観と憲法学における自律的決定権への傾斜
　　2　「三位一体改革」とナショナル・ミニマムの分権化
IV　まとめに代えて

第4章　国民主権と地方自治の「対話」による法治主義の模索　48

はじめに
I　地方自治論において国民主権を論ずる意味
　　1　「地方自治＝民主主義の小学校」論の限界
　　2　「単一国家」型地方自治論の限界
　　3　「自主法」としての条例という発想の意義と限界
　　4　条例を法律と区別する発想の限界とその背景
　　5　国民主権原理の通説的理解の問題点
　　6　フランスの「国民代表制」に基づく国民主権・「法治主義」と
　　　　地方自治の関係

II 「人民主権」論の史的展開における地方自治の組み込み可能性と
　　困難性
　　1　ルソーの「人民主権」論と「連邦制」論
　　2　地方自治レベルに限られた「人民主権」論の限界
　　3　「人民主権」論の全国化に潜む地方自治の主権原理組み込みの困難性
　　4　「相互行為的なプロセス」としての「一般意思」の再定義が持つ可能性
III 「民主主義の相互行為的プロセス」論における国民主権と地方自治
　　の新たな関係
　　1　「討議民主主義」論による民主主義理論の深化
　　2　「討議民主主義」を踏まえた現代国民主権論と立法権の多元化
　　3　「司法権一元型裁判システム」と立法権の多元化
　　4　「欠缺のある法治主義」による「対抗的対話」と立法権の多元化

第2部　「分権型法治主義」と「対話型立法権分有」法理の成立

第5章　「対話型立法権分有」の事務配分論と
「分権型法治主義」　82

　I　問題の所在
　II　憲法の総合的解釈から導かれる「対話型立法権分有」の法理と
　　　事務配分・財源配分論
　　1　「地方自治の本旨」のあるべき解釈について
　　2　権限配分・財源配分の憲法理論における「補完性原理」の有効性と
　　　　限界
　　3　「対話型立法権分有」を導く国民主権原理
　III　「対話型立法権分有」に基づく新たな「目的効果基準」論
　　1　「目的効果基準」論の新展開
　　2　人権保障最優先の原則と「立法権分有」
　　3　一般的な自治権保障分野における「対話型立法権分有」
　IV　「対話型立法権分有」を保障する自治体適法性統制のあり方
　　1　「分権型法治主義」と法定受託事務
　　2　「分権型法治主義」と「法の欠缺」
　　3　主観訴訟の拡張による自治体の適法性統制の可能性
　　4　「分権型法治主義」に基づく客観訴訟のあり方
　V　司法による紛争解決の前提条件──むすびに代えて

第6章 「対話型立法権分有」法理に基づく新たな「目的効果基準」論　115

はじめに

Ⅰ　事件の概要

  1　法人事業税の欠損金繰越控除と神奈川県財政

  2　本件企業税条例の制定経緯と内容

  3　本件訴訟第1審の内容

  4　本件訴訟控訴審判決の内容

Ⅱ　鑑定意見書の内容

  1　本件の憲法解釈上の争点

  2　「地方自治の本旨」の法的意味と効果

  3　新たな「地方自治の本旨」の規範内容と従来の憲法判例の整合性

  4　結論

第7章 自治体立法としての条例の適法性の基準　164

はじめに

Ⅰ　自治体立法の特質

  1　自治体立法に残存する「行政立法」性

  2　自治体立法の「応答性」と「開放性」

  3　自治体立法に本来的に付随する「不完全性」

  4　自治体立法に他律的に加重される「不完全性」

Ⅱ　「適法性」をめぐる判例と学説から見た自治体立法の「正統性」

  1　自治体立法の「適法性」の分析視角の変化

  2　条例の「適法性」審査における「比例原則」の意味

  3　「不完全性」に立脚した自治体立法の「適法性」と「正統性」

Ⅲ　「法律規定条例」における「不完全性」と「正統性」

  1　「法律規定条例」の意味

  2　「法律規定条例」による法令「上書き」の可否

  3　「法律規定条例」と「根拠」法律の微妙な関係

  4　法定外税に対する地方税法の規律の法的性質と条例の「不完全性」

Ⅳ　まとめに代えて

  ——自治体立法の「不完全性」を治癒する規範理論の展開方向

  1　「立法権分有」法理成立の可能性

  2　自治体立法の「不完全性」の部分的治癒

目次 xvii

第3部 「対話型立法権分有」法理の制度的展開

第8章 「対話型立法権分有」法理から見た地方分権改革 194

はじめに

Ⅰ 分権改革の史的展開としての「対話型立法権分有」
1 世界の主要民主主義国の分権改革における「立法権分有」化の傾向
2 日本国憲法における「対話型立法権分有」法理の成立可能性とその内容

Ⅱ 現代日本の分権改革をめぐる主要論点
1 分権改革における福祉国家見直し論と「立法権分有」法理との関係
2 条例上書き権の憲法上の論点

Ⅲ 「対話型立法権分有」法理の視点からの憲法解釈の有効性と課題
1 「一般的上書き権説」の意義と問題点
2 「対話型立法権分有」法理の有効性

第9章 自治体政府形態選択権と自治体内権力分立制 208

Ⅰ 問題の所在

Ⅱ 世界の自治体政府形態の多様性
1 フランス
2 イギリス
3 ドイツ
4 アメリカ
5 まとめ

Ⅲ 日本国憲法における自治体政府形態の画一性とその修正論

Ⅳ 自治体政府形態多様化の憲法上の根拠と手続き

Ⅴ 「対話型立法権分有」法理にとっての自治体内権力分立制の意義
1 近代立憲主義の権力分立制と自治体政府形態
2 日本の地方自治法制における首長による立法作用への関与の問題性と解決方向

第10章 沖縄の地域自治権保障と「対話型立法権分有」の憲法理論の可能性 232

はじめに

Ⅰ 沖縄米軍基地問題とエスニシティ地域主義

Ⅱ エスニシティ地域主義を保障する国際・国内法制の欠如

xviii

 Ⅲ 辺野古問題を普通法の論理で解くことの困難性
  1 辺野古問題の法的紛争処理と普通法の論理
  2 最優先されるべき考慮事項としての沖縄のエスニシティ的特殊性と
   情念
 Ⅳ 地方特別法の活用によるエスニシティ地域自治体の法認の可能性
  1 スコットランドの経験
  2 地方特別法による独自法制の保障と包括的立法権の「移譲」
 Ⅴ まとめに代えて

第4部　「分権型法治主義」と自治体憲法訴訟論

第11章　憲法規範としての補完性原理の有効性　248

 はじめに
 Ⅰ 補完性原理の思想的起源とその多様な実定法化
 Ⅱ 憲法規範としての補完性原理の意義とその法的射程
  1 ドイツ憲法判例における補完性原理
  2 フランス憲法判例における補完性原理
  3 欧州統合に見る比例原則と連結した補完性原理の規律密度向上の
   可能性
  4 補完性原理と牽連性原理の関係
 Ⅲ まとめに代えて――日本の分権改革にとっての補完性原理

第12章　自治体憲法訴訟論の基本視座　264

 はじめに
 Ⅰ 防御権的理論構成から規範抵触関係的理論構成へ
  1 大陸法型憲法理論における地方自治権の防御権的理論構成
  2 日本国憲法における防御権的理論構成の困難性
  3 規範抵触関係的理論構成における立法権分有制の契機
 Ⅱ 憲法原理論上の自治体憲法理論の意義
  1 絶対的「一者」の存在を前提とする法学的国家論の問い直し
  2 イデオロギー批判を経た地域住民・自治体の意思と全国民・国の
   意思の相補的関係
  3 立法権分有制と法学的国家論とを架橋する動態的・経時的分析視角
  4 連邦国家と単一国家の二分法の問い直し

5 「地域国家」と新たな連邦制概念の模索

Ⅲ　憲法解釈論としての「対話型立法権分有」説

1 「立法権分権」から「立法権分有」へ

2 自治体憲法訴訟論の成立可能性

Ⅳ　おわりに

終　章　「分権型法治主義」の憲法理論の行方　285

はじめに

Ⅰ　「分権型法治主義」と「対話型立法権分有」法理の現在地

1 「穴の開いた法治主義」をめぐるポレーミクと

「分権型法治主義」の可能性

2 沖縄県の辺野古沖埋め立て問題における「法治主義」の問題性

3 「対話型立法権分有」法理に適合的な自治体組織形態

Ⅱ　日本における自治体憲法訴訟論の構築可能性

1 分権型立法裁量統制論の可能性と困難性

2 自治体憲法訴訟論の展開方向

3 「神奈川県臨時特例企業税条例事件」最高裁判決の射程の限定

Ⅲ　まとめに代えて

あとがき　334

【初出一覧】

第 1 章 「グローバリズム立憲主義下の地方自治権論の課題」『憲法理論叢書 6 国際化の中の分権と統合』（敬文堂、1998年）29-41頁

第 2 章 「日本の地方自治と『自治体憲法学』」『憲法理論叢書 9　立憲主義とデモクラシー』（敬文堂、2001年）201-215頁

第 3 章 「『三位一体改革』と『分権型国家』の憲法論」（特集：小泉「構造改革」と憲法学の課題 2 ）法律時報78巻 6 号（2006年）48-54頁

第 4 章 「国民主権と『対話』する地方自治」杉田敦編『岩波講座　憲法 3 　ネーションと市民』（岩波書店、2007年）247-281頁

第 5 章 「『対話型立法権分有』の事務配分論と『分権型法治主義』」拙編『地方自治の憲法理論の新展開』（敬文堂、2011年）121-156頁

第 6 章 「『対話型立法権分有』の法理に基づく『目的効果基準』論の新展開──神奈川県臨時特例企業税条例の合憲性・合法性についての一考察」成城法学81号（2012年） 1 -49（416-368）頁

第 7 章 「国の立法と自治体立法」西原博史編『立法学のフロンティア 2 　立法システムの再構築』（ナカニシヤ出版、2014年）185-215頁

第 8 章 「分権改革のゆくえと『地方自治の本旨』解釈」憲法問題27号（三省堂、2016年）88-99頁

第 9 章 「地方自治──自治体政府形態選択権と国民主権原理の関係から」辻村みよ子＝長谷部恭男編『憲法理論の再創造』（日本評論社、2011年）209-227頁

第10章 「エスニシティ地域自治体としての沖縄の自治」国際人権29号（2018年）34-38頁

第11章 「憲法規範としての補完性原理の可能性」公法研究81号（2019年）214-225頁

第12章 「現代分権改革における自治体憲法理論の課題」憲法研究 8 号（信山社、2021年）35-51頁

終　章 「分権型法治主義」の憲法理論の行方（書き下ろし）

第 1 部

「法治主義」と地方自治

第1章

グローバルな「法治主義」の展開に直面する日本の地方自治

はじめに[1]

　国際的な「規制緩和」の流れは、グローバル・スタンダードを「法治主義」の名の下で地域の末端にまで強制してくる。地方分権進委員会第一次勧告（1996年12月10日）提出時の委員長談話は、こう述べていた。

> 「地方分権の推進により、国が法律による規制を緩和しても、地方公共団体が条例で規制することになってしまうのではないか……。とりわけ、国際的な約束などを遵守するための国の規制緩和策に関しては、国際的な信頼を確保していく観点からの要請がますます増えてくることが予想されますので、地方公共団体においても、国際的な要請に対する理解を深めていただくようお願いしなければなりません。……地方公共団体の条例は、法令に反することはできません。したがいまして、全国流通性を有する産業活動の規制などについては、法令でその趣旨を明確にし、……特に必要な場合には、法令で必要な枠組みを設定することにより、国の規制緩和の趣旨を徹底させることができるものと考えております[2]」。

　グローバリゼーションは、現代立憲主義を様々に変容させつつある。地方自治と「法治主義」の関係をめぐる争いも、その一つであろう。我々は、新たな段階の立憲主義（これをグローバリズム立憲主義と呼ぶことにする）の萌芽

1）　本章の初出は「グローバリズム立憲主義下の地方自治権論の課題」『国際化の中の分権と統合（憲法理論叢書６）』（敬文堂、1998年）29-41頁である。本書に収録するにあたり、現在のEUの制度改革や自治体国際協力制度の進展などへの言及を含めて、必要最小限の加除修正を行っている。
2）　「諸井委員長談話」３頁（配布物のコピー参照）。なお本談話は、斎藤誠『現代地方自治の法的基層』（有斐閣、2012年）95頁及び101頁の注（41）によれば、地方分権推進委員会事務局編『第一次勧告』資料編75頁以下に収録されている。

期に位置しているのではないか。しかしそれは、人権や民主主義にとって、より良い方向に向かうものであろうか。未だグローバリズム立憲主義の内容は不明確であることを認めつつ、ここでは、特に地方自治とのかかわりにおいて、この新たな立憲主義の特質を示してみたい。次に見るように、それは3側面から素描できる。加えてこうしたグローバルな変化の下で、人権や民主主義の保障にとって有利に機能しうる地方自治の憲法理論を構築する可能性も探ることにしたい。

I　グローバリゼーションの下での立憲主義の変容の諸相

1　地域統合・国際協調の進展と国際「行政国家」化

　欧州連合（EU）の実験に顕著なように、グローバリゼーションの下では、主権の「共同プール化」が進行する。とりわけ欧州連合条約（マーストリヒト条約、1993年発効）以降、欧州各国は、連合離脱の自由を事実上失い、主権的権限の協調的共同行使をますます余儀なくされている。それは他方で、「民主主義の欠損」と呼ばれるような、EU政策決定権が行政権力（執政府）の国際連合体に集中する現象を生み出している。このような動きは、国際「行政国家」化と呼ぶことができる。

　周知のように、EU政策の実質的決定権は、ユーロ官僚に下支えされた欧州委員会と各国政府代表からなる閣僚理事会が握っている。欧州議会は、近年では閣僚理事会が採択したEU立法への承認権とEU予算の承認権を通じてEUの政策決定に関与できるようになり、すでに諮問機関と揶揄された状態は過去のものになったとはいえ、その立案と政策具体化の大部分はいまだにユーロ官僚と閣僚理事会にある[3]。各国の議会によるEU政策決定への関与も、当初の各国政府による条約批准の際の承認や自国政府を通じた政治的統制に留まらず、近年ではEU立法に関する政府提案を国会で審議する制度

---

3)　本章の元となった拙稿・前掲注1）30頁では、欧州議会を「未だに諮問機関に留まる。」と記述したが、その後のアムステルダム条約（1999年発効）、リスボン条約（2009年発効）を経て、欧州議会のEU政策決定への関与権はかなり増大したので、文中の表現を改めた。

や、EUと各国との間の権限配分に関する補完性原理への適合性をめぐり
EU諸機関に意見表明を行い、場合によってはEU立法に対して補完性原理
違反を理由に欧州司法裁判所に提訴する制度が整えられるようになったが[4]、
なお十分にEU立法を統制できているとはいい難い。にもかかわらずEUに
移譲された権限分野については、EUの決定が各国末端にまで直接適用され
る。欧州司法裁判所もそれを強制する。

　欧州はそれでも「民主主義の欠損」を埋めるべく努力を重ねていると言い
うるが、欧州の外では、特に経済・貿易分野で、EUとは異なる形で主権の
「共同プール化」が進行している。とりわけウルグアイラウンド合意後の
GATT＝WTO体制下では、各国の経済主権はいっそう狭められてしまった。
なぜなら、GATT＝WTOの決定方式が、それまでの全加盟国の明示的な
意思の一致を求める方式から、議長提案に対していずれの加盟国も明示的に
異議を唱えない限りこれが採択される「ネガティヴ・コンセンサス」方式に
変わったからである。そして、こうした経済主権の「共同プール化」による
国際「行政国家」化で最も利益を受けるのは、自国の基準をグローバル・ス
タンダード化しうる事実上の覇権を持ち、世界単一市場化を推し進めるアメ
リカなのである[5]。

　世界大の経済主権の「共同プール化」の進展に、各国議会はほとんど無力
である。「共同プール化」は各国政府の国際交渉と合意によって進められて
おり、行政権力の国際連帯・協調による、経済分野の立法権簒奪が進行して
いるともいえる。政治学の研究が強調するように、グローバリゼーションと
相互依存の強まりは、支配権力としての国家の死滅を意味しない。それどこ
ろか、資本主義市場経済の恩恵を受ける層の利益保護を本質的任務とする国
家権力、特に行政権力が、一国レベルでは実現困難となってきた政策遂行能
力を、各国行政権力間の協調と権限の共同行使を通じて回復する現象なので
ある[6]。こうした「国家の若返り」現象に着目するならば、憲法学の課題は、

―――――――――――
4）　例えば、現在のフランス憲法88条の4や88条の6（両規定とも2008年7月23日の憲法改正
　　後のもの）を参照のこと。
5）　石黒一憲『国際摩擦と法』（筑摩書房、1994年）128-181頁。なおWTOの説明については、
　　参考にした文献が若干古くなっていることを断っておく。
6）　田口富久治＝鈴木一人『グローバリゼーションと国民国家』（青木書店、1997年）。

グローバリゼーション下での民主主義の回復でなければならない。その意味で、市民の自己決定権を最も強く支えてきた憲法原理である「国民主権」ないし「人民主権」の現代的再生こそが重要なのである[7]。

2 グローバル「法治主義」の多様な展開

グローバリゼーションの進展は、国際的な資本流通にとって不可欠な、各国統治システムの「透明性」や「予見可能性」を必然的に促す。「開発独裁」を続けてきた東アジア諸国においても、20世紀末の不公正な政治・経済体制に起因する通貨暴落と資本の国外流出に見舞われた結果、国内経済の構造改革と統治システムにおける「法治主義」の強化を余儀なくされたことが指摘されている[8]。

だが、グローバルな「法治主義」の展開を手放しで喜ぶわけにはいかない。グローバル・スタンダードの本質は、新自由主義に立つアメリカ型資本主義を世界標準として強制しつつ、世界単一市場化のために各国に「規制緩和」を強制するものであり、「法治主義」要求の中にも、こうしたグローバル・スタンダードの強制の要素が常に伏在しているからである。競争促進と規制緩和の原理は、先進国では「福祉国家」理念の後退として現れる。

グローバルな市場経済化が辿る方向は、OECDが20世紀末に示した「規制改革」の理念から窺い知ることができる。端的に言えば、それは自己決

---

7) 上記拙稿・前掲注1）では、歴史的にフランスを典型例とし、近代・現代立憲主義の下で展開されてきた国民主権原理の中に、市民の日常的な政治決定権の行使を可能にする主権原理である「人民主権」と、主権者を抽象的な「全国民」に限定することで、市民の政治決定の場への参加を原理的に排除し、国民代表による「主権者国民の一般意思」の自由な解釈とその具体的な内容決定を可能にする「ナシオン主権」の区別を採用していた。また両者が不分明な文脈においては「国民主権」と表記していた。「ナシオン主権」と「人民主権」の本質的な峻別論は、もちろん杉原泰雄の主権論三部作（『国民主権の研究』〔岩波書店、1971年〕、『人民主権の史的展開』〔岩波書店、1978年〕、『国民主権の史的展開』〔岩波書店、1985年〕）が構築した視点である。上記拙稿は、この峻別論と主権論の地方自治権論への応用版である杉原泰雄『地方自治の憲法論』（勁草書房、初版2002年、補訂版2008年）にも依拠して理論を展開していた。杉原説は、憲法解釈論は別にして、法科学的認識論としては社会経済史的な視点から徹底した峻別論を採っていた。しかし筆者の場合、上記拙稿執筆時においても現在でも、両原理を全く並存不可能と見るほどに徹底した峻別論は採っていない。

8) トマス・キャロサース「グローバル経済が求める『法の支配』」論座1998年6月号、120-130頁。

定・自助努力と競争を社会の運営原理として再評価し、政府の役割を原則として競争促進のため、競争原理のさらなる貫徹のための監視や規制に限定する方向である。「透明性」や「規制の無差別適用」原理などを骨子とする「規制改革」は、当然ながら行政裁量的規制を撤廃し、ルールに基づく事後的裁判的規制に留めることをめざす。過当競争による倒産防止のための経済的規制は原則として撤廃される。環境や安全の保護のための社会的規制は残すものの、この分野でも、「福祉国家＝積極国家」理念におけるように、経済競争を環境や安全にとって危険なものと考えるのではなく、むしろ情報公開を進めつつ規制を撤廃し、新規参入を促して経済競争を促進させるならば、消費者の自由選択を通じて安全は確保されると考えることになる[9]。したがってグローバルな規制撤廃の動きは、市場原理の貫徹が地域の環境と生活を破壊することへの懸念からこれに独自の規制を加えようとする自治体の試みに対しては、「法治主義」の名の下に中央政府が「規制改革」を強制する結果、自治体との紛争を生み出すことになる。

3 「下からのグローバリズム」としての多様な分権化と 自治体国際協力・国際連合化

　もちろんグローバリゼーションは、政治・経済の支配権を握る側のイニシアティヴだけで動いているわけではない。世界各国の自治体や自治体の連合組織も、地方自治権の保障や自治体国際協力の進展を目指して多様な活動を展開している。それは、欧州地方自治憲章（1985年欧州評議会〔Council of Europe〕採択、88年発効）や欧州自治体越境協力枠組み条約（1980年欧州評議会採択、81年発効、95年追加議定書採択、96年発効）といった国際条約に結実したり、国際自治体連合（IULA）の世界地方自治宣言（1985年・93年の2度の採択）のような半ば公的なNGOの宣言文書に結実している[10]。さらに自治体国際協力は、地球環境問題や南北問題を解決する不可欠の要素として認められつつある。

　この視点からは、広義のグローバリゼーションには、画一的なグローバ

9）　川本明『規制改革』（中央公論社、1998年）。

ル・スタンダードとしての「規制改革」の一方的押し付けではなく、自治体の多様なイニシアティヴが認められる可能性が含まれていることが分かる。この分権化と自治体国際協力の動きは、前述の国際「行政国家」化に対してはこれを阻止する要因として機能し、他方でグローバル「法治主義」の動きに対しては、部分的にこれを進展させることもある[11]。しかしながらそれは、各国政府や国際機関、国際テクノクラート集団からの画一的「法治主義」の強制に対しては、やはり阻害・紛争要因として働くことが多いであろう。

II　グローバリズム立憲主義下の地方自治権と「法治主義」の軋轢とその克服方向

1　国法の全領域支配と軋轢を起こす自治体実務

　20世紀後半の日本の地方自治の現場では、宅地開発要綱や環境保全・産業廃棄物規制条例などに関連して、自治体による事前の行政指導や、違反者に対する勧告、負担金徴収、違反者名の公表などの「非権力的制裁」のような様々な自治体実務が試みられていた。しかしそれは、行政手続法の制定（1993年）、あるいは業者との紛争における裁判での自治体側の敗訴[12]などを通じて、「法治主義」の名の下に実施困難になっている。厳格な「法治主義」の貫徹は、「透明性」や「予見可能性」を求める立場からは称賛され、

---

10)　欧州地方自治憲章や世界地方自治宣言ついては、廣田全男＝糠塚康江「『ヨーロッパ地方自治憲章』『世界地方自治宣言』の意義」法律時報66巻12号（1994年）42-51頁を、また欧州自治体越境協力枠組み条約とその追加議定書については、拙稿「サブリージョンにおける欧州越境協力連合体の法的性格」多賀秀敏＝五十嵐誠一編『東アジアの重層的サブリージョンと新たな地域アーキテクチャ（多賀秀敏教授古希記念）』（勁草書房、2020年）204-206頁を参照されたい。

11)　20世紀末の「ベルリンの壁」崩壊後の旧社会主義国に対する民主主義と「法治主義」の促進のためになされた各国自治体による自主的な国際支援などが例として挙げられる。

12)　例えば、行政指導の限界を示したとされる最高裁昭和60（1985）年7月16日第三小法廷判決（民集39巻5号989頁）、開発指導要綱違反のマンションに対し、要綱の実効性を担保するために設けられた給水拒否措置の発動を水道法違反とした最高裁平成元（1989）年11月8日第二小法廷決定（判時1328号16頁）、この事件と同一の自治体における同種の紛争に関し、開発指導要綱に基づく前記給水拒否の威嚇を背景とした開発負担金の強要が違法とされた最高裁平成5（1993）年2月18日第一小法廷判決（民集47巻2号574頁）などがある。

8

　他方、自治体に積極的な規制を求める現場住民からは大きな障害となる。

　さらに、こうした不透明な要綱行政を改めて、「法治主義」に対応するために自治体独自規制を条例化したとしても問題は解決しない。国法が予定していない規制を自治体が加えようとしたときに、それが国法の趣旨・目的・内容・効果に反することを理由に、やはり業者との紛争の中で裁判所から違法と判断される事例が見られるからである[13]。

　現行の日本の立法実務は、国法が介入できない排他的専管的自治領域を憲法が保障していないことを前提としている。つまり国法の全領域への介入可能性を認め、自治事務領域についても国法が幅広くカバーし、一般的な規律を行うシステムをとっているのである[14]。このような国法の全領域介入可能性は、自治体による「合法的な」独自規制を困難にする。その結果、自治体は国法との明確な抵触を避けるために、ある種「苦し紛れの策」として、「要綱行政」を生み出してきた経緯がある。自治体行政そのものが現場対応型であること、そこから導かれる特殊法的性格が、近代「法治主義」からの逸脱を許す根拠となるという主張も、とりわけ行政法学者の間で一時期は有力になされていた[15]。しかし憲法学としては、「法治主義」に基づき、「透明性」のある最小限度の規制以外は認めようとしない自由主義中心の近代立憲主義が常に支配的であるがゆえに、自治体行政特質論から「要綱行政」を認めることは困難である。もし独自規制をしようとする自治体のために、「要綱行政」の合法性、あるいはその代替物となるような新種の地方自治の手法の合法性を唱えるためには、近代型の「法治主義」からの逸脱を許容する新たな理屈を、現在の新たな立憲主義の中から見つけ出さなければならない。

2　自治体立法権と「法治主義」の関係

　公法学では伝統的に、全国的統治システムとしての国（＝中央政府）の立法権に対抗できる独自の立法権を憲法保障されるのは、連邦国家における支

---

13)　例えば「宗像市環境保全条例事件」福岡地裁平成6（1994）年3月18日判決（判例地方自治122号29頁）。本判決については、次章でもう少し詳しく説明する。

14)　塩野宏『国と地方公共団体』（有斐閣、1990年）22-28頁。

15)　磯部力「自治体行政の特質と現代法治主義の課題」公法研究57号（1995年）147頁以下で展開された解釈論は、そのもっとも有力な擁護論の一つであった。

邦の場合に限られると考えられてきた。特に、国民主権原理を近代立憲主義史上、最も純粋な形態にまで高めることができたフランスでは、有権者からも地域＝自治体からも完全に独立した国民代表が、全国民の意思を自由に解釈し、これを「主権者の一般意思」として立法化できることが定式化された。この国民主権下での「法治主義」は、国会の立法すなわち「主権者の一般意思」が、地方の末端にまで完全に及び、画一的に適用されることを求めることになる。いわゆる「共和国の単一不可分性」と、そのコロラリーである国家形態としての「単一国家」原理である[16]。

　「単一国家」の下でも、公選制自治体の存在や、「特殊事務」としての自治事務の存在は否定されない（例えば1791年憲法第2編第9条前段[17]）。しかしこの場合、地方自治権の本質は「私的・家族的権力」としての「地方権（pouvoir municipal）」に留まる。それは、国法が介入する必要のない領域として放任している「特別事務」領域での自主行政権である。それは、その本質からして統治権力への関与可能性を完全に否定され、立法的権能をすべて剥奪されることで、国（中央の国民代表府）の立法に完全に従属することを憲法上、義務付けられるものであった[18]。ゆえに、フランス革命初期を典型とする「法治主義」と地方自治権との関係は国法全面優位型であった。

　しかしジャコバン独裁や帝政を経た後のフランスは、1982年のミッテラン政権による地方分権改革までは、「国法全面優位型の地方自治権の憲法保障」とすら呼べないほどに、中央の国民代表府が定める画一的な地方制度立法に拘束される中央集権的なシステムであった。任命制の県知事による合法性のみならず自治体の独自政策の適否（合目的性）にまで及ぶ強力な自治体統制制度は、近代立憲主義型の地方自治原理の一般理論の枠から外れており、むしろ19世紀フランスの特殊性を示すものである。

16）　Roland Debbasch, *Le principe révolutionnaire d'unité et d'indivisivilité de la République,* Économica, 1989.

17）　「各市町村を構成する市民は、法律が定める形式に従って、自らの内から期限付きで自治体吏員の名称を持つ者を選出する権利を有する。自治体吏員は、市町村の特別事項（affaires particulières）を管理する任務を負う」。

18）　拙稿「フランス革命初期における地方自治の憲法学的考察」一橋論叢94巻4号（1985年）113-132頁。

20世紀の現代立憲主義は、議会中心主義の後退の反面として、違憲立法審査制度の発達を特徴の1つとする。人権規制立法に対するほどの合憲性統制は生まれなかったにせよ、公選制自治体の制度の存在や何らかの自治事務の存在が、地方自治権の中核部分として、違憲立法審査制によって保障されるという観念が成立した。ドイツの制度的保障論はこの観念の典型であるが、フランスですら、第五共和制憲法に至ると、一定の地方自治の中核部分が裁判的な機関（憲法院）によって保障されるようになる。

　現在のフランス憲法院判例によれば、行政権能の地方分権化としての公選制議会による自治体の「自由行政」の原理と、上院による地方利益の代表の原理が、憲法自体により国会の立法に対しても保障されている。他方、1982年以来の地方分権改革立法に対する憲法院判決に見られるように、立法権能の地方分権化は「単一国制」憲法の限界を超えるものとして常に否定されている[19]。ここから、現代立憲主義における地方自治は、国法全面優位原理を残しつつも、少なくとも自治体と自治事務の制度枠を、違憲立法審査制を有する裁判所的な機関によって保障されるという意味で、国法全面優位と抽象的な自治権保障の両原理が併存する「法治主義」と見ることができる。

　それでは、グローバリズムが進行する中で、地方自治と「法治主義」の関係はどうなるのであろうか。「規制改革」と同一歩調で進行しつつある地方分権改革は、中央政府と自治体の両方の規制を可能な限り縮減することを目指すものである。「小さな政府」を目指す国法が、一定の公的事務領域を包括的・排他的に自治体に委譲することで、当該領域における自治体のいわば「全権限性」が認められるようになる。ここでは、理念上は国の事務領域における「国家法治主義」と自治事務領域における「自治体法治主義」とが、完全に分離されたまま併存することが認められたかに見える。

　しかし前述の「規制改革」論で見たように、グローバルな「法治主義」の国内への浸透は、グローバル・スタンダードに反する地方的必要性からの自治体の独自規制を、国法によって排除することを要求するものだったはずである。そのためには、国の目から見て必要な場合に、国法が自治事務領域に

---

19)　André Roux, *Droit constitutionnel local*, Économica, 1995.

常に介入できなければならない。そして、自治体の「全権限性」を認める方向性の中に潜む「国家法治主義」からの逸脱可能性を、「透明性」原理などによって完全に否定できるように、国法規律部分においては、かえって厳格な「法治主義」が強化されていくことも予想される。つまり、国法の全面介入可能性を認める立法実務が支配する日本では、理念として標榜されている国と自治体の2つのレベルの「法治主義」の並存どころか、実際には、自治体の独自規制条例や要綱行政に対する、裁判統制を通じた「国家法治主義」の一方的で厳格な規制が強まることが懸念されるのである[20]。

3 権限重複時の自治体意思の優越可能性

だが、住民の生活環境に責任を負う自治体は、時にグローバル・スタンダードを無視ないし軽視してでも、独自の規制や国法領域への介入を行わざるを得ない。これを「法治主義」の名において禁圧する憲法理論は、人権保障を最優先に考える「あるべき立憲主義」に反する。グローバル立憲主義下でも、国法の趣旨・目的・内容・効果と自治体意思の趣旨・目的・内容・効果との抵触は常に起こりうる。この場合に、自治体意思を優先させる憲法理論はないのだろうか。

まず、日本国憲法が保障する地方自治権の意味を、国と自治体との間での立法権分有化の意味で、連邦制的に解釈できないかが問われよう。連邦制の古典的定義では、立法権分有を機能させる明確な憲法規定の存在、支邦の管轄領域内での「主権性」、そして連邦決定の場への支邦の代表の参加の3要素が不可欠とされている。しかし現代の連邦制は、連邦と支邦の共管事項の拡大のみならず、支邦の専管的な自治領域においても、補助金交付とそれを通じた介入を通じて、連邦と支邦の分離・独立のシステムが崩れ、むしろ前者が後者に優越しつつ協業するシステムへの移行が顕著になっているとも言われる（「協調的連邦制[21]」）。

加えて、近代・現代立憲主義を貫く国法全面優位原則を前提とする地方自

---

20) 例えば、斎藤誠「『自治体立法』の臨界論理」公法研究57号（1995年）189頁以下の趣旨。

21) Maurice Croisat, *Le fédérakisme dans les démocraties comtemporaines*, Montchrestien, 2e éd., 1995.

治権の憲法保障の考え方は、そのもっとも極端な制度理解をしてきたフランス憲法史を反面教師とするならば、明示的な連邦制の憲法規定がないからといって、そのことを根拠に中央の国民代表による極端な立法権独占を正当化するのは、まさに偏った憲法理論の産物であったことを思い起こすべきである。それは、直接民主主義や自治体の国政参加、並びに立法権分有の法理を徹底的に排除する「ナシオン主権」という憲法原理に基づいている[22]。この点を十分に認識できるならば、「ナシオン主権」の否定的側面からの脱却途中にある日本国憲法では、少なくとも解釈論上では、連邦制と「非連邦制」の厳格分離による連邦制原理の完全否定の思考からは離れることができるはずである。もちろんこのように考えたからと言って、憲法上の明文規定がない場合にまで、自治体に特定の専管的な立法領域を認めることにはならない。しかし極端な「ナシオン主権」原理からの離脱は、たとえ「非連邦国家」の場合であっても、国と自治体との間で何らかの立法権分有はありうるとする憲法解釈論に道を開くことになる。

　何らかの形での立法権分有が認められたとしても、さらに地域的な必要性からやむを得ない場合には、自治体意思を国の立法意思に優越させる憲法理論を探究するという課題は残る。この点で、近年注目を集める補完性原理の適用可能性は検討に値するであろう。補完性原理については欧州連合条約（マーストリヒト条約）３条Ｂ項のそれが有名であるが、同条約上の補完性原理は、欧州連合と加盟諸国との間の分権原理であると同時に集権原理でもあった。また同条約には地方自治保障と関連する条項は欠落している。それゆえ、欧州評議会で1985年に採択された欧州地方自治憲章、特にその４条３項こそが、地方自治に関する補完性原理を初めて国際文書で明示したものとして重要である。

　同条項には、市民に最も身近な当局が公的責任を優先的に遂行すること、上級当局への権限配分には「任務の範囲と性質及び効率性と経済性の要請」が条件となることが示されている。1994年に出された欧州評議会専門家グル

---

22) なお連邦制の場合も、支邦政府と地方自治体（市町村など）との関係では、大部分の場合、「単一国制」原理が貫徹している。連邦国家における地方自治体の立法権分有の否定と「人民主権」の否定（ないし曖昧化）との関連の歴史的な解明は、別の機会に委ねたい。

ープによる補完性原理の研究報告書によれば、①補完性原理はあくまでも改革の指導原理に留まるものであり、これに規範的意味を持たせるのは困難であること、②補完性原理は市民を可能な限り決定の場に近づけるという政治的原理であること、③権限配分の具体的なあり方や分配の型を補完性原理から導くのは困難であるが、公的当局の各レベルにとって「固有」の権限の中核となるものを、法律によって確定する努力は重要であること、④立法による自治体「固有」権限の確定に自治体の代表者が参加しなければならないこと、⑤補完性原理の適用を監視する手続や機関を設けなければならないことなどが、欧州各国に適用しうる補完性原理の内容として挙げられていた[23]。

この報告書に従うならば、補完性原理は、連邦制原理に比べて、自治体の「固有」権限を明示していない憲法の場合にも容易に適用でき、しかも現代社会における柔軟な権限配分の要請にも合致するものと言える。他方で、効率性や経済性という基準によって上級レベルに権限が移譲させられる危険が常に付きまとう。この点で、中央の立法府における地方自治関連立法手続に自治体の代表者が参加することと、権限紛争における裁判的解決の整備は重要である。しかし、権限移譲の必要性の挙証責任をいくら上級当局（最終的には国＝中央政府）に負わせたとしても、権限移譲の立法には常に国＝中央政府の立場からの必要性が唱えられるので、司法その他の裁判的機関がそのような立法が補完性原理に違反すると判定するのはかなり難しいと思われる。欧州地方自治憲章自体、地方自治権の行使を「法律の範囲内」に留めている。しかも欧州地方自治憲章では、自治体に与えられる「包括的・排他的権限」についても、「法律が規定する場合」には国＝中央政府が介入できることになっている（4条2項〜4項など）。

結局のところ、国法の規律事項に関しても、時として自治体意思を優越させる原理にまで補完性原理を高めるためには、多くの条件が整えられなければならない。すなわちヨーロッパでは、欧州評議会の主要付属機関の一つであり、各国の自治体全国組織の代表者で構成される欧州地方・地域自治体会

---

23) Alain Delcamp et al., *Définition et limites du principe de subsidiarité*, Communes et régions, n° 55, Conseil de l'Europe, 1994, pp.32-33.

議の活動を通じて、自治事務として現代の先進国社会における自治体に残されるべき事項の明確化とその欧州スタンダード化が果たされる必要がある。加えて、欧州人権裁判所や各国国内裁判所でこれを保障する判決が積み重なることも必要なのである。

　日本についていえば、憲法92条の「地方自治の本旨」に含まれるべき権限配分原則として補完性原理を読み込むことが考えられる。実は、1996年の欧州地方・地域自治体会議第3回年次総会が、欧州評議会の決定機関である欧州理事会に向けて、欧州地方自治憲章をヨーロッパ域外の国も参加できるように改正せよとの勧告を採択している。この点でも、欧州地方自治憲章への将来の日本の参加が期待できないわけではないといえよう。

おわりに

　欧州スタンダードを日本の地方自治保障に生かすことには、一つ大きな問題が残る。欧州評議会が、あくまでも近代・現代立憲主義を貫徹する国法全面優位型の「法治主義」の建前を守っている点である。それは欧州各国が、「ナシオン主権」の限界を完全に克服しないままで、国際「行政国家」化の道を突き進んでおり、欧州評議会もこの限界を克服できないでいるところに究極の原因がある。この点で日本の憲法学は、「ナシオン主権」を克服する「人民主権」の具体化を試み続けており、また地方自治論でも、「目的・効果」基準論による国法の読み替えで「上乗せ条例」を合法化したり、国法の形式的優越性は認めつつも、住民の人権保障に必要な場合に、条例が国法の限界を乗り越えることを許容する理論[24]などを展開することにより、理論的にも実践的にも国法全面優位型の「法治主義」を乗り越え始めている。

　その経験を、グローバル・スタンダードに反するからと否定し去るのではなく、逆に地域住民の人権保障を優先するもう一つのグローバル・スタンダードを生み出すために、すなわち多元的・重層的な「法治主義」を世界に認

---

24)　兼子仁『自治体法学』（学陽書房、1988年）。杉原泰雄「地方自治権の本質(1)〜（3・完）」
　　法律時報48巻2‐4号（1976年）、特に4号139頁。

めさせるために、活用すべきなのである。そのために日本の自治体やその研究者は、国際交流や国際情報発信を強めるべきであるし、とりわけまずは欧州スタンダードである補完性原理を、人権保障上必要不可欠な時には、国法に対する自治体意思の優越性を正当化する法原理に修正する試みから始めてみるべきであろう。

　この点で重要なのが、自治体の協力・連合権である。欧州地方自治憲章は10条で、自治体の共同利益のために自治体が国内レベルでも国際レベルでも協力し、連合する権利を認めている。欧州自治体越境協力枠組み条約も同様である。自治体どうしが、上級当局や国に頼ることなく、自治体間の協力と連合化によって、単独では処理できない事務を処理できるならば、効率性と経済性の基準によっても、補完性原理に基づく事務配分はいっそう自治体優先となるはずである。国境を越えた協力により、環境問題や南北問題、さらには平和と安全保障の問題すら自治体が部分的ではあれ処理できる時代に我々は移行しつつある。この視点から補完性原理を用いるならば、外交分野を含む国際的事項についても、そこに内在する自治事務関連性を根拠に、自治体国際協力による介入を合法化することが可能となるであろう。

　グローバリズム立憲主義は未だ萌芽的段階にある。それが国際「行政国家」化の方向に進むのか、それとも国内・国外の両面で、人権保障上必要不可欠な場合の自治体意思の優越化の原理を対抗原理として公認する方向に進むのかは、今後の自治体と研究者の取り組みにかかっているといえよう[25]。

---

25)　第1章の原型となった拙稿執筆当時、すでに条例の違法性に関する抽象的規範統制制度の設置が、分権推進委員会第4次答申でも検討課題となっていた。斎藤・前掲論文注2）は、その設置を積極的に評価していた。しかし条例が国法に優越する実験を積極的に評価する拙稿は、文面上は違法であっても、個別具体的状況の中で住民の人権保障の観点から必要やむを得ない場合には「憲法的合法性」が認定される可能性があると考えている。本章の元となった初出論文の執筆当時は、具体的事件に関わる限りでしか条例が司法統制に服さない制度が残っていたが、拙稿の視点からは、国法全面優位型「法治主義」に風穴を開ける効果を持つ点で、「なお捨てがたい魅力」を持つと考えていた。

第2章

分権改革における「法治主義」の強まりの意味

はじめに[1]

20世紀末から21世紀へと推移する時代の流れの中で、世界各地で地方自治のあり方も大きく変動した。日本では、1999年に「明治維新、戦後改革に次ぐ第3の改革」とされる地方分権改革が行われた。しかし憲法学の視点からは、この改革を手放しで称賛するわけにはいかない。以下にその理由を示すことにしよう。

I 地方自治法が保障する「地方政府」性

1947年5月3日に日本国憲法と同時に施行された地方自治法は、日本を民主化するための「新憲法の付属法律」の意味を持っていた。地方自治法はアメリカ型の地方自治の考え方を大幅に導入し、自治体に「地方政府」としての地位を認めた。特に地方自治法で制度化された一連の直接民主主義的手続（直接請求制度）が、自治体の「地方政府」性を強めていた。住民の意思に反して国策に従おうとする自治体の長は、住民が直接罷免できる。また住民自身に政策選択をさせる一般的な住民投票は地方自治法に規定されていないが、条例制定の直接請求を用いて住民投票を自治体単独で制度化し、国策に反対

1）　本章の初出は「日本の地方自治と『自治体憲法学』」憲法理論研究会編『立憲主義とデモクラシー（憲法理論叢書9）』（敬文堂、2001年）201-215頁である。この拙稿の基になったのは、2000年8月に韓国ソウルの憲法裁判所で行われた日韓憲法シンポジウム（憲法理論研究会、国際憲法学会韓国学会の共催）で行った同名の筆者の単独報告である。そのために日本の法制度の概要や歴史が若干細かく説明されている。なお本書に収録するにあたり、必要な加除修正を行った。

の住民意思を明らかにすることで、当該施策が自治体の権限内のものであればその国策を撤回に追い込むこともできる。このように直接民主主義的諸手続は、政治的に見れば自治体に国から独立した「地方政府」としての地位と性格を与えている。

　権限のあり方も、「地方政府」たりうる内実を与えている。戦後の自治体は、独自の判断で権力行政も行えるようになった。自治体の権限は広く住民生活に必要な事項全てと考えられ、同法旧[2]２条に列挙された自治事務は単なる例示とされた。

　国の自治体に対する統制のあり方も、少なくとも法制度上は、ある程度「地方政府」の地位を保障するものとなった。合法的な自治事務の実施に対する国からの政策的な観点からの統制は、法的拘束力を持つものとしては予定されていない。国から見て違法と見なされるような自治事務の創設やその実施も、具体的争訟の中で裁判所により違法無効とされない限りは、国側の判断だけで一方的に違法無効とされることは無く、一方的に取り消されることもない。それどころか、国から自治体に対してその自治事務の行使のあり方が違法であるとの指摘がなされても、自治体がこれを無視した場合には、2012年の新たな地方自治法改正[3]までは、もはや国側には裁判所に出訴してその違法性を確認させる術がなかったため、事実上放置される制度設計になっていた。後にこれは「法治主義の穴」と言われることになる。

　もっとも地方自治法旧246条の２は、自治事務であれ機関委任事務であれ、自治体の違法な事務処理に対して総理大臣が是正措置を要求できると規定していた。そして自治・総務官僚の解釈や一部の行政法学説では、この是正措置要求には法的拘束力があるとの主張がなされていた[4]。しかしながら、これに法的拘束力を認めない行政法学説も有力であった[5]。後者の立場では、

2）　1999年地方分権一括法による地方自治法改正により、廃止あるいは修正された条項については「旧」として表示した。

3）　2012年の地方自治法改正で、国から自治体に対する不作為の違法確認請求訴訟が創設された結果、「法治主義の穴」は大幅に塞がることとなった。本稿は、この改正前の地方自治をめぐる議論を紹介している。

4）　成田頼明「改正地方自治法の争点をめぐって」自治研究75巻９号（1999）17頁。佐藤文俊「地方分権一括法の成立と地方自治法の改正⑷」自治研究76巻３号（2000年）58-59頁。

自治体は、地方自治法旧246条の2に基づく国からの是正要求が出されても、それはあくまでも法解釈の違いに過ぎないとして拒否できることになる。そのうえで、一切の裁判的応答を拒否することが制度的に可能だったのである。

Ⅱ　国に対する従属の実体と地方分権改革

1　制度と運用における巧妙な中央統制

　もちろん周知のように、1999年の地方分権改革前の地方自治法には、権限分配に関する一つの大きな欠陥があった。それは、自治事務とは別に、国の事務でありながら知事や市町村長にこれを委ね、しかも国はこれら自治体の長を国の機関として指揮監督でき、他方で地方議会の方は、これを自ら定める条例によって規律することができない制度、すなわち機関委任事務を、戦前から引き続き存続させたことであった。機関委任事務は多くの自治体、特に都道府県の職員に、自らを国家行政の末端と考える意識を植え付け、自治事務と機関委任事務の別なく常に国の指示を仰ぎ、これに従う慣行を作り出した。

　人事と財政にも問題があった。例えば、旧自治省（現総務省）その他の中央省庁の高級官僚が、都道府県や主要都市の「要請」を受けて、若い時には各部署の課長に、中央省庁で幹部となった後も自治体の三役や部局長などの要職に一定期間「出向」する慣行が広く行われてきた[6]。彼らはいずれ中央省庁に戻る立場なので、中央省庁の意向に沿った自治体運営を行おうとした。

　財政面でも、地方の支出にとって十分な独自財源が保障されていなかった。不足分は起債のほか、財政基盤の弱さに応じて各自治体に交付される財政調整のための地方交付税と、国の政策に従ったときに受け取ることのできる国庫支出金（補助金）によって国から補填されていた。国は主として公共事業などの政策誘導として補助金を使ってきた。したがって中央省庁とのパイプ

5）　塩野宏『国と地方公共団体』（有斐閣、1990年）111頁。市橋克哉「周辺事態措置法案と地方公共団体の協力」法律時報71巻1号（1999年）56-57頁。
6）　木佐茂男「地方自治をめぐる世界の動向と日本」法律時報66巻12号（1994年）36頁。

を太くするためにも、自治体は中央省庁の官僚を積極的に受け入れ、彼らの指示に従おうとしたのである。このように自治体の多くが国の指示に自主的に従う実態があったからこそ、前述の地方自治法旧246条の2の総理大臣の是正措置要求を用いることもせずに（旧自治官僚の解説によれば、昭和30年代に8件出されただけだったという[7]）、国は自治事務についても、国から見て「違法」又は「不当」な自治体の行為を容易に抑止できたのだった。

2 1999年の地方分権改革

　一方で規制緩和と「法治主義」の徹底を求めるグローバリゼーションに対応するために、他方で過疎化と財政赤字膨張の結果、もはや多すぎる弱小自治体に国が責任を負えなくなったことへの対応として、1999年に地方自治法の大幅な改正を含む分権改革が行われた[8]。そして市町村合併が上から強力に誘導され、3200余あった市町村が1700程度に減ることとなった。

　1999年に改正され、2000年4月に施行されたこの新地方自治法は、何よりもまず機関委任事務を廃止し、その一部を国の直轄事務に、一部を自治事務に移し、残りを法定受託事務に変えたことを特徴とする。法定受託事務の定義は、「法律……により都道府県、市町村……が処理することとされる事務のうち、国が本来果たすべき役割に係るものであって、国においてその適正な処理を特に確保する必要があるものとして法律…に特に定めるもの」（新法2条9項1号）である。しかし実際の事務のリストには、都道府県のパスポート発給業務や市町村の外国人登録業務など、本来的に国の事務と考えやすい事務も含まれているものの、産業廃棄物処理事業と処分場設置の許可や児童手当・障害児童福祉手当の認定事務など、国策にも住民の暮らしにも両方係る事務も数多く含まれていた。他方で地方議会は、法定受託事務に対しても条例制定を含む関与ができるようになった。それはもはや「地方に委任された本来的な国の事務」とは言えない。

　そもそも新法は、分権改革の初期にあたる1993年の地方分権推進の国会決

7）　佐藤・前掲注4）57頁。
8）　本書**第1章**、ならびに拙稿「地方分権改革は何を目指すか」法学セミナー548号（2000年）40-43頁も参照されたい。

議の頃に一部で主張されたような、国と自治体の事務領域を明確な基準を持って截然と区別し、自治基本法上に両者の区分を明示する方法を採らなかった[9]。むしろ社会の高度化、広域化、国際化が進む中で、国と自治体の事務領域がますます重複、融合せざるを得ないことを認めたうえで、国と自治体にそれぞれの「役割」に応じた事務を調和的に履行させることを目指していた。確かに新法1条の2は、国の役割について、国際社会における国家としての存立にかかわる事務、全国的に統一すべき事務、全国的な国民の活動や地方自治の基本に関する事務、そして全国規模の施策・事業を列挙することで、これらに関するものが主であることを示し、他方で自治体については「地域における行政を自主的かつ総合的に実施する役割」と規定することで、一見すると両者の峻別の可能性を仄めかしている。しかしながら、後述する「制度的保障説」の代表的論者である成田頼明が、「分権委員会の専門委員として1次〜4次勧告に直接関係し、その後の進捗状況についても関係官庁から逐次説明を受けてきた」立場から、関係各所に「正しい認識に基づく評価をしていただくために」という意図で書いた論文では、この規定が国の事務領域を法的に限定する意味を含むものではないとされている[10]。

　法定受託事務の実質的な定義は困難である。本制度の創設に関わった総務官僚によれば、結局のところそれは、自治体の事務のうちで国の関与がより強く働くものという外ないという[11]。新法においてそれは、具体的には、①その事務の執行にあたって国の処理基準で縛り、②違法あるいは著しく適正を欠くと国が判断したときに出される「是正の指示」に従う義務を負わせ、③それでも是正されない場合に、国側から高等裁判所に職務執行命令訴訟を提起でき、④さらに国側勝訴にもかかわらず自治体が是正しない場合には国が代執行できるという、主に4点の、自治事務にはない「強い統制」が加えられるところに見出される。

　他方で自治事務も、「本来的な自治体固有の事務」という性格は与えられ

9）　佐藤文俊「地方分権一括法の成立と地方自治法の改正(3)」自治研究76巻2号（2000年）87頁。
10）　成田・前掲注4）4頁及び6頁。
11）　佐藤・前掲注9）88頁。

ていない。新法立案者の狙いは、第1に、国が必要と判断した場合には、立法を通じていつでもどの領域にも国の関与が可能になるような制度を整備するところにあり、第2に、国は弱い関与だけにとどめ、日常的には自治体の自由な裁量に委ねてよいと判断した分野を「自治事務」として放任し、自治体の自主性に委ねるところにあった。このように立法を通じ、国の判断によって国の関与に強弱をつける国と地方のあり方こそ、新法が目指した国と自治体の間の「適切な役割分担」だったのである[12]。

したがって新法では、国と自治体との間の紛争処理のあり方が決定的に重要になる。自治事務については、まず助言や勧告、資料提出要求などのソフトな国の関与が加えられる。国が違法あるいは著しく適正を欠くと考える自治事務の処理の場合も、法律でそれを法定受託事務に変えたり、特別立法で個別具体的な規定を設けて国の指示権と代執行手続を制度化しない限りは、国の「是正の要求」が出されるにとどまる。この制度は、是正の仕方に自治体の裁量を認めるものである。

但し新法における国と自治体の間の紛争処理は、自治体が国の関与に不満がある場合に、まず国地方係争処理委員会に審査を申請しその勧告を得ることとし、さらに不服がある場合に、国の関与の取消訴訟を高等裁判所に起こす制度である。自治体にのみ審査請求と取消訴訟が認められ、国にはこれを認めない制度設計になっている以上、その反対解釈として、国の「是正の要求」には最初から法的拘束力がある（自治体はこれに従う法的義務がある）とする解釈も生まれた。旧法から引き継いだ、自治体の違法行為は無効とするという規定（新法2条17項）と併せて読むならば、自治体はたとえ自治事務であっても、国から違法と指摘された場合、国の指示そのものに従うとまでは言わずとも、国の解釈に沿うような是正に至るまで何度でも是正を義務付けられることになる。政府の解釈では、自治事務に関する違法の疑いは自治体内部で、すなわち自治体の長と議会の間や自治体代表機関と住民との間で自

---

12) なお、2024年6月19日の地方自治法改正の結果、「緊急時」の特例としてではあるが、自治事務と法定受託事務の別なく、国が自治体に指示権を行使できる一般規定が設けられた。その結果、本文で述べた両事務の区別がいっそう曖昧化した。この問題は、本書**終章Ⅲ**で再論し、検討する。

主的に解決されるという考え方は拒否されたと考えられている[13]。したがって紛争処理制度が整った分だけ、適法性に関する国の解釈が自治体を強く拘束するようになったともいえるのである。

　以上のように、一方では、国の事務と自治体の事務の区別、あるいは後者の内で自治事務と法定受託事務の区別については曖昧さを払拭できない制度設計をしつつ、他方で実際には、国による統制制度を整備し、国と自治体の関係を法定の明確なものにすることに傾倒するという制度改革の方向性が明確化する中で、一定の国の事務が自治事務に移された。但しこの作業は、分権推進委員会専門家グループと各省庁との非公開の折衝の中で、各省庁が合意したものだけを自治事務化したものに過ぎず、いわば既存体制の中での「実現可能な」改革に留まるものだった[14]。

　財政面では、この時点では国から自治体への財源移譲は実現しなかった。それは2002年から始まった一部の財源移譲と補助金の削減、地方交付税の縮小改変という「三位一体改革」まで待たなければならず、自治体は新自由主義思想の下でかえって歪な競争と淘汰に晒されることになる[15]。1999年改革の時点では、自治体の法定外目的税が新たに制度化され、またこの税と法定外普通税の新設並びに起債に関して、従来の国による事前許可制から事前同意制に規制が緩和されたに留まった。

Ⅲ　「自治体憲法学」の成立と理論課題

1　「地方自治の本旨」論争

　憲法学は、戦後の地方自治の変化にどのような影響を与えてきたのか。実は、憲法学では地方自治分野は軽視され続けてきたと言わざるを得ない[16]。特に権限分配に関しては、立法次第で内容をいかようにでも変更可能なもの

---

13)　佐藤・前掲注4)59-60頁。
14)　「座談会・地方分権改革の意義と課題」『新しい地方自治・地方分権』(有斐閣、2000年)6-11頁(大森・川島発言を参照のこと)。
15)　小泉内閣による「三位一体改革」については、本書第1部第3章を参照のこと。
16)　杉原泰雄『地方自治の憲法論〔増補版〕』(勁草書房、2008年)32-33頁。

として、すなわち憲法問題ではなく行政法分野の問題として扱われてきた。

憲法92条の「地方自治の本旨」規定は、国会の立法権をも拘束する憲法規範のはずであった。しかし戦後しばらくの間は、地方自治の規定を欠く大日本帝国憲法の解釈の影響が残り続けたせいか、一方では、国家成立前、憲法制定以前から存在し、いかなる改変をも許さない地方自治権があるはずとする少数説の「固有権説」と、地方自治権は国家の統治権から伝来し、したがって国家統治権の行使機関としての国会の立法で自由に改変することが可能とする多数説の「伝来説」とが対立していたに過ぎなかった[17]。

1960年代になると、基本的には伝来説に立ちながらも、現行憲法が地方自治を保障する条文を持つことを重視し、憲法92条の「地方自治の本旨」規定の中に、立法指針に留まる部分だけでなく、国会の立法によっても侵しえない地方自治の核心・本質的内容を保障した憲法規範的部分もあるとする「制度的保障説」が通説化した。その代表的論者は、この規範的部分につき、歴史的沿革を考慮要素として加えつつも、主として現行憲法の各条文からの類推でこれを説明しようとした。

それによれば、憲法92条は制度としての自治体の存在を保障するけれども、個々の自治体の存在を保障するものではない。市町村・都道府県の二層制は保障されるが、東京都特別区のような特殊な事情がある場合には例外的に一層制も許される。憲法93条は、首長と議員の公選制を廃止する立法を禁ずるだけでなく、議会の決定権を完全に奪い、諮問機関化する立法も禁止する。しかし、地方自治法が定める直接請求制度などの直接民主制的諸制度は法改正による改廃を免れず、憲法的保障は及ばない。憲法94条は、自治事務における活動領域の普遍性、自主組織権、人事権、自主財政権、条例制定権などを保障するが、自治体の自主性を完全に失わせるものでない限りは、立法による自治事務の改編や剥奪を禁止しない、というものであった[18]。

判例もこの立場に立つ。例えば「大牟田市電気税訴訟」第1審判決は、一

---

17) 旧学説の分布については、杉原泰雄「地方自治権の本質・1」法律時報48巻2号（1976年）91-93頁参照。

18) 成田頼明「地方自治の保障」宮沢俊義還暦記念『日本国憲法体系5巻　統治の機構Ⅱ』（有斐閣、1964年）287-303頁。

般論として憲法94条が自主課税権を保障することを認めつつも、具体的税目に関する決定権、すなわち具体的課税権については、国の法律によってはじめてそれが付与されるにとどまり、法律に対抗できるような自治権の保障はないと明言している[19]。現在まで、法律が地方自治権を侵害しているがゆえに違憲とされた事例は1件もない。そのため、「制度的保障説」は結局のところ制度枠しか保障せず、制度そのものの全廃にでも至らない限りは、極限まで自治を縮減する立法すら合憲にしてしまうと批判されている[20]。

2 「自治体法学」の登場

このような通説・判例の状況に対して、2つの方向から変革の動きが現れた。1つは通説の枠組みを守りつつ、一定の場合に自治権に対する法律の拘束を緩和しようとする立場で、主に行政法学者によって唱えられている。この立場は、特に法律に対する条例の抵触問題に関し、常に法律が条例に優位すること自体に疑いを差し挟むことは無いものの、規律対象が同一である場合に、文言上の抵触から直ちに条例を違法とするのではなく、可能な限り法律と条例の趣旨・目的・内容・効果が矛盾・対立しないように両者を解釈することで、実際上、条例が法律を凌駕する可能性を認めるものである。これを一般に「目的効果基準」論と呼ぶ。

この解釈論に基づけば、国法の規制より厳しい「上乗せ規制」の条例であっても、法律の再解釈から許される可能性が生ずる。例えば最高裁は、デモ行進に対し道路交通法よりも厳しい規制を課した公安条例の合法性をめぐって争われた徳島市公安条例事件において、法律と条例の目的の違い、並びに両者の趣旨や効果の合致を理由に合憲とした[21]。また、1970年前後には、国の不十分な公害防止立法に対して、東京都公害防止条例など各地の自治体の条例が積極的に「上乗せ規制」を行ったが、世論の強い支持を受けて、政府もこれを違法といえなくなり、逆に条例による「上乗せ規制」を認めるための国法自体の改正を行っている。こうした実例を手掛かりに、行政法学者の

---

19) 福岡地判昭和55（1980）年6月5日判時966号3頁。
20) 杉原泰雄「地方自治権の本質・2」法律時報48巻3号（1976年）90頁。
21) 最大判昭和50（1975）年9月10日刑集29巻8号489頁。

一部は、現場の要請に対応するためには、国の法律が規律できる領域とは別の特殊な自治体法領域が存在することを前提として、自治体が法律と明確に対立・抵触しないように工夫して法律を独自に解釈できる場合には、そのような独自解釈に基づく「上乗せ規制」条例の制定や法律の独自の運用が許されるとする「自治体法学」を提唱するようになった。その際に多用されたのが、本来、行政と市民の間の権利義務関係を規律するものではなく、行政内部の実施基準を定めたものに過ぎないはずの「要綱」への抵触を理由にして、あるいは許認可に必要以上に時間をかけることで開発業者の譲歩を引き出す形で開発に規制を加え、さらに事前型の行政指導で開発業者と住民間のトラブルを調整し、しかもそれに従わない業者に対しては名前の公表や「協力金」という名目の金銭負担の徴収、あるいは公共水道サービスの停止などの政策を組み合わせることで、自治体の独自行政に事実上の強制力を生み出す手法であった。しかも「自治体法学」はこうした手法に、高度化した生活環境保全を重視する現代自治体行政に特有の対話とフレキシブルで現場適合的な調整という積極面すら見出そうとした[22]。

　しかしこの手法は、近年のグローバリゼーションによる法治主義の強化の中で、後退を余儀なくされているように見える。まず、1993年の行政手続法の制定などを経て、不透明な行政指導と「要綱行政」が許されなくなる。「要綱」ではなく条例を定めることで法治主義の要請に応えつつ、独自規制を続けようとする自治体についても、当該分野の経済活動に対する規制緩和を推進しようという目的を持つ法律が存在する場合には、この法律に自治体が規制強化の目的から独自解釈を施し、法律が予定していない運用をすることは禁止されていった。たとえば「宗像市環境保全条例事件」では、住民の同意がなければ産業廃棄物処分場を造らせないとする自治体と、もしそのような手続を取り入れたならば、住民の反対によって全国のどこにも処分場を建設できなくなり、国の産業政策が阻害されることを恐れる国とが真っ向から対立した。国の産業廃棄物処理法は、住民の同意抜きで知事の許可だけで

---

22)　兼子仁『自治体法学』（学陽書房、1988年）。磯部力「自治体行政の特質と現代法治主義の課題」公法研究57号（1995年）147-177頁。

処分場の建設を可能としていた。これに対して宗像市の条例は、開発業者に届出を義務付けたうえで、罰則が担保された「計画廃止の勧告」を行う権限を市長に付与していた。しかし裁判所は、条例の規定内容とその運用が法律の目的を阻害するとして違法判断を下したのだった[23]。

ここから分かるように、「法治主義」が強まる現代では、当該領域を規律する法律と条例とが明確に対立する場合に、それでも条例が法律に抵触することは法論理的に許されないとの立場を堅持するならば、住民の人権保障や地域民主主義の発展は不可能である。国の立法意思に基づいて構築された現行の実定法の枠組みの整合的解釈と、「地方自治の本旨」に裁判規範的意味を持たせる憲法理論への関心が乏しい最高裁判例の存在にどうしても拘らざるを得ない行政法学では、この限界を克服するのは困難であろう。条例に示された自治体の立法意思が、国会が示す国の立法意思に優越することを認める可能性を持つのは憲法学の方であろう。なぜなら、憲法学の場合には、立法権をも拘束する憲法規範の存在を主張できるからである。こうして、地方自治に関する憲法学の発展が法学説におけるもう一つの変革の動きとして現れたのである。

3 「自治体憲法学」の成立

70年代後半以降、いくつかの新しい憲法学説が生まれた。その一つが「新固有権説」である。これは、旧「固有権説」のように憲法と無関係に自然権的な自治権を主張するのではなく、現行憲法が人権保障を最高の価値とすることに着目し、住民の人権保障のために不可欠な場合には、自治体の立法意思が国の立法意思を乗り越えることを憲法の要請と見る学説である。あるいは憲法の人権規定が、法人としての自治体にも適用されるという論理を用いて、現行憲法の諸規定に自然権的自治権の具体化を見る学説である。もう一つは、憲法の国民主権の規定を、市民自身による主権の日常的な行使を保障する「人民主権」の意味に近づけて解釈することで、市民に最も身近な政府である自治体への優先的な事務配分や直接民主主義の制度化を、憲法上の要

---

23) 福岡地判平成6（1994）年3月18日判例地方自治122号29頁。

請と見る学説である。これらの説は、重複したり時に相互批判したりしながら、不十分な国の立法を自治体が乗り越えることを認める憲法論を構築しようとしてきた[24]。この潮流は様々な呼ばれ方をするが、70年代から90年代にかけては「自治体憲法学」と呼ばれることが多かった[25]。

　しかし現在に至っても、「自治体憲法学」は公法学界では少数派にとどまっているように見える。法律の規定に真っ向から抵触する条例に合法性を認めるためには、国の立法権から留保された独自の自治領域を明示的に認める憲法規定が必要というのが、従来の通説だからである。このような規定は連邦憲法の場合に限られるとし、日本が連邦国家であるとする規定や、一定の立法領域を自治体に明示的に留保する規定のない日本国憲法ではこのような解釈は無理であり、日本国憲法においては事務配分は国会の立法裁量と見るべきという反論は今も根強い[26]。

Ⅳ　まとめにかえて

　今次の地方分権改革も、「自治体憲法学」の主張を十分に取り入れた改革とは言い難い。1999年改正の新地方自治法は、地方自治の性格を「地域における行政」の実施（1条の2第1項）と規定しており、自治体を国＝中央政府と並ぶ別の政府、すなわち別の「統治体」として十分に認めたものとなっていない。むしろ「統治体」とは異質な、国の立法に完全に従属することを本質とする「行政体」の性格を残す規定になっている。それは、国が自治体に加える関与のみを「法治主義」の保障制度として捉え、それに従う法的義務を自治体に負わせ、その上で国地方係争処理委員会に審査請求させ、そのうえで裁判所に提訴する制度設計になっているところにも現れている。

---

24)　法人の人権論をベースにする「新固有権説」の代表的な論者として、手島孝『憲法学の開拓線』（三省堂、1985年）。人権保障最優先の憲法原理と「人民主権」論を結合させる論者として、杉原泰雄「地方自治権の本質（3・完）」法律時報48巻4号（1976年）133-140頁。

25)　例えば、針生誠吉『自治体憲法学』（学陽書房、1976年）。山下健次＝小林武『自治体憲法』（学陽書房、1991年）など。

26)　成田・前掲注4）6頁。同「『地方の時代』における地方自治の法理と改革」公法研究43号（1981年）156頁。

前述したように1999年改正前の旧法では、自治事務に関する自治体の「違法」行為に対する国の是正措置要求は、国の関与と係争処理のシステムにおける「穴」のせいで、国から見れば十分な法的統制のできないものだった。従来その「穴」は、中央省庁の官僚の地方「出向」の慣行という不透明な人的統制や財政面での誘導を介して繕われてきた。逆にそのような制度上の「穴」こそが、国の政策や法律に憲法の視点から見て重大な欠陥を感じる一部の革新的な自治体には、国からの「違法」という非難に耐えて、こうした国策や法律を実質的に乗り越える余地を、時には法改正すら生み出す可能性を与えてきたのも事実である[27]。こうした「穴」のある「法治主義」は、自治体も国と並ぶ「地方政府」である以上、少なくとも自治事務については、国の強制力を持った関与も法的義務付けも不要であり、自治体内で長と地方議会との間の「水平的権力分立型の統制」や住民自身による選挙やリコール投票などの「下からの統制」で十分とする地方自治権の憲法理論によって正当化されうるものだった。

　しかし「法治主義」の強化を目指す1999年の地方分権改革以降は、国と自治体との関係はより法的で明確なものとなり、曖昧なやり方は通用しにくくなるであろう。このような「法治主義」に対応して、あるべき地方自治の憲法理論を構築するには、以下の2つの方向しかなくなるであろう。

　一つは、フランスのように国会の立法の全面的優越性を認め、自治体には「自由行政」（＝フランス型の地方自治原理）の枠内で「自治行政体」としての役割に留めさせ、したがって自治体の国法逸脱行為はすべて禁止されるとしたうえで、憲法適合的な「国の良い立法」の実現を目指す方向である。もう一つは、憲法に固有の自治事務領域や固有の自治立法領域が明示されていない場合でも、一定の条件を満たす場合には、自治体は不十分な国法を合法的

---

27)　例えば定住外国人に対する在留更新に際して指紋押捺を義務付け、これに応じない外国人に対しては告発義務を自治体その他の関係機関に課していた旧外国人登録法の規定について、1985年2月、伊藤三郎川崎市長（当時）は人権尊重の観点から告発しない旨を表明したところ、これに追従する自治体が増え、また地方議会による指紋押捺制度廃止を求める意見書の採択が相次いだ。その結果、1999年改正で指紋押捺制度は全廃された。以上につき、田中宏「外国籍住民と自治体参加」松下圭一＝西尾勝＝新藤宗幸編『岩波講座・自治体の構想5　自治』（岩波書店、2002年）57-58頁参照。

に凌駕できるとする「もう一つの法治主義」を構築する方向である。確かに既存の憲法理論を前提とする限り、後者の方向は困難な道を進むことになろうが、それでもあえて21世紀の新たな法治主義の可能性に期待をかけたい。

第3章
「三位一体改革」と「分権型国家」論

はじめに[1]

　1999年の地方分権一括法の制定で一応の到達点を見た「第1次地方分権改革」は、グローバル化する社会・経済を前にして、国の負担軽減と財政再建、並びにそのための地域・自治体の自立を促す政策を必然的に伴った。2001年に成立した小泉内閣が標榜した「聖域なき構造改革」の下、2002年から2006年までの地方財政に関する構造改革政策が「三位一体改革」と呼ばれる。なぜならそれは、国家補助負担金の削減と地方への税財源の移譲、並びに地方交付税の縮小改変を特徴としていたからである。

　本章では、財政自主権と地方の自立を目指す地方自治の憲法論に潜む問題点を浮き彫りにすることを目指す。社会・経済的な視点から見るならば、「三位一体改革」とは、グローバリゼーションに積極的に対応しうる国と地方の構造改革を目指す日本の「支配層」が模索した「新自由主義型地方自治」の路線であった。そしてそれは、新自由主義に適合的な「分権型国家」確立のための憲法改正にまで突き進む射程を持つものであった。この点については当時、政治学者の進藤兵が、以下に示すように明快な分析を加えていた。加えて進藤は、この自民党改憲構想に対抗するものとして打ち出された野党・民主党の改憲構想についても、この「新自由主義型地方自治」路線に歯止めをかけるものではなく、むしろその方向を先導する役割を担う、より急進的な「分権型国家」論であるとの批判を展開していた[2]。

---

1) 　本章は、拙稿「『三位一体改革』と『分権型国家』の憲法論（特集：小泉「構造改革」と憲法学の課題2）」法律時報78巻6号（2006年）48-54頁を、一部加除修正しつつ収録したものである。

筆者は、「支配層[3]」の意図とその改革方向に関する限りは、進藤の分析に基本的に同意する。しかしながら、「分権型国家」の憲法論の意義を全面的に否定する進藤の論調には、なお違和感を覚える。そこで本章では、「三位一体改革」の分析と併せて、当時の憲法改正論議の中で提起された地方自治条項の改正をめぐる論点についても分析を行い、あるべき「分権型国家」の憲法論の構築可能性を探ることにしたい。

なお本章は、地方自治の制度改革と憲法改正をめぐる政治的な議論の分析が中心となる。したがって本章の分析対象となるものについても、本書の用語法に従い、これを憲法論、あるいは憲法理念と表現することにする。

I 「新自由主義型地方自治」の憲法論成立の背景

1 戦後日本における2つの地方自治の憲法理念の相克

進藤は、敗戦後の日本国憲法制定過程において、日本の「旧支配層」の地方自治への無関心に近い態度や、むしろ彼らの中に残る「復古型地方自治」を目指す構想と、GHQ のめざす「戦後型地方自治」の構想とが対立した結果、両者の妥協として現行憲法の地方自治条項が作られたと見る。ここにい

2）　新藤兵「地方自治条項改憲論批判」『ポリティーク』11号（旬報社、2006年）150-183頁。
3）　進藤のいう「支配層」とは、既存の政治・経済システムにおいて恒常的・構造的に利益を受ける社会層のうちで、政治・経済・イデオロギー上で支配力を有する具体的な人間集団（いわゆる産官学複合体）を指すと思われる。それは伝統的な階級国家論における「支配階級」の中の政治エリートを指すものであろう。本稿も進藤の分析を紹介する中ではこの意味の「支配層」概念を用いるが、筆者の視点としては、現実の政治・経済における支配のあり方は、「支配層」という具体的な人間集団を想起させるものを手掛かりに考えるのでは足りず、むしろそのような構造的な格差を生み続ける政治・経済・イデオロギーの総体システムとして分析すべきだと考える。なぜなら具体的な人間集団のレベルでは、グローバルな市場経済の下での競争が進む中で、一国内において「支配層」に属していた者たちがそこから滑り落ちる可能性が常に存在するからである。なおリアリズムに立つ限り、どのように改革してみても、この政治・経済システムは姿を変えつつ常に存在し続ける。現在の筆者は、この政治・経済システムから生ずる諸矛盾については、モグラ叩きのように逐次改革していく以外には対処方法はないと考えている。そうではあれ、少なくとも政治イデオロギーやその変種である憲法論のレベルでは、「支配層」がもくろむ政治支配と憲法改革の構想に一定程度有効に対抗しうる別種の変革の理論を提示することは可能であろう。

う「復古型地方自治」とは、地方自治の保障を法律のレベルのそれに留めることと、住民自治についてはこれを軽視することを特徴とする憲法理念である。他方で、進藤が言う「戦後型地方自治」とは、住民自治・地方民主主義を地方自治の中心原理に据えた憲法理念である。それは、憲法が自治体にそれぞれの「憲法」に当たる自治体憲章の制定権を保障することで、自治体による独自の制度や権限の創設を認め、その結果、地方政府としての自治体が中央政府と権力分立の関係に立つことが保障され、さらに地方特別法においては住民投票という直接民主主義的制度を導入することとも相まって、総じて「地方自治を住民が地域共同体における主権者となるような営みとして想定」する憲法論である。

　進藤によれば、両者の妥協として現行憲法に定められた地方自治制度は、自治体の地方政府としての性格が不明確になり、地方自治の憲法論は団体自治中心に組み立てられることになり、その結果、自治体は中央政府による法的統制を受けつつ、地方「行政」の執行作用を担う存在に低められてしまったという。そうではあれ、進藤は、GHQの「戦後型地方自治」の理念を「暗に含むものとして、日本側が『地方自治の本旨』という文言を挿入したこと」を踏まえるならば、その後の運用次第では、現行憲法の地方自治条項の下でも「戦後型地方自治」の理念は実現可能とも見ていた。実際の戦後改革も、初期の頃は「地方自治の本旨」に「戦後型地方自治」の内実を与えるものであった。しかしそれは、1950年代の「復古型改憲」の動きの中で、「復古型地方自治」理念の挑戦を受けることになった。

2　「開発主義型地方自治」の成立と「福祉国家型地方自治」による対抗

　「復古型改憲」の動きそのものは60年安保闘争で挫折する。その後の「支配層」は明文改憲を諦め、高度経済成長政策と地域開発を通じた新しい地域支配の路線を確立することとなった。

　進藤によれば、それは経済への積極介入という点では西欧型「福祉国家」と共通性を持ちつつも、それとは区別される日本型「大きな政府」としての「開発主義国家」の路線である。「開発主義国家」とは、公共事業と輸出産業

の育成を通じた企業の利益拡大の「分け前」を国民に分配することで、企業と行政と利益団体の複合的支配体制の中に国民を統合するものである。ここでは、生存権や社会保障は具体的な憲法上の権利として保障されるのではなく、抽象的な権利保障のレベルないし単なる政策論レベルでしか保障されないため、経済不況と財政危機に直面するとこの体制を維持できなくなるという限界を持っていた[4]。

「開発主義国家」における地方自治の憲法理念の型を「開発主義型地方自治」と呼ぶとすると、それは縦割り・補助金行政による公共事業の実施などを通じ、地域開発や経済成長に自治体を動員する体制である点で一種の中央集権化の側面も有していた。他方でそれは、「草の根保守層」に支えられた自治体自身の地域開発要求に応える側面も強かったため、「地方自治の本旨」に「開発主義型地方自治」を読み込むことも十分に可能なものだった。このような政治的文脈の下で、60年代以降は明文改憲の流れは低調になり、それは90年代のバブル経済崩壊まで続くこととなった。

さらに60年代末から80年代初めにかけては、「開発主義」に対抗して福祉の充実と環境保護を実現しようとする住民運動の高まりを受けて、革新自治体の成立が相次いだ。その結果、憲法を暮らしに生かし地方自治の場でその実現を図る考え方が広まったことも、「支配層」が明文改憲を表立って唱えられない原因となった。進藤は、この住民運動や革新自治体の動きを、「戦後型地方自治」の理念の定着と「福祉国家型地方自治」の理念の実現の両契機が一体となったものと見ている[5]。

3 「新自由主義型地方自治」の理念に基づく明文改憲構想の登場

時が過ぎ、90年代半ば以降になると、グローバリゼーションに適応しうる日本社会への転換の一環として、地方分権改革が「支配層」の中でも重要視されてくる。従来の「開発主義」に伴う中央集権的で現状維持的な利益誘導政治と「開発主義型地方自治」は、巨大な財政赤字への対処と競争原理導入

4）「福祉国家」と「開発主義国家」の違いについては、後藤道夫「25条改憲と構造改革」前掲『ポリティーク』11号140-145頁参照。
5）　進藤・前掲注2）163-165頁。

の必要性に迫られて、「支配層」主流派の中でももはや採用できなくなった
からである。進藤は、従来の「『開発主義型地方自治』を解釈改憲によって
読み込んでいる現行憲法を書き換え、明文改憲によって地方自治の基本原理
〔＝本書の用語法によれば「基本理念」〕を『新自由主義型地方自治』に再編
しようとする動き」こそが、90年代以降再び強まってきた明文改憲の動きの
一つの重要な背景と見ている。そこで、以下では2000年代初頭に提案された
自民党と民主党の改憲構想に限定して、その憲法論的意味を分析することに
したい[6]。

Ⅱ 自民党と民主党の改憲構想の憲法論的評価

1 自民党改憲案

　90年代半ばから財界や「新自由主義」を先導する非自民党政党からの圧力
を受けて、自民党は「新自由主義」に立つ「構造改革」を完遂するために、
再び明文改憲を模索するようになった。2005年10月28日に発表され、同年11
月の党大会で採択された「新憲法草案[7]」（以下、「2005年自民党案」）は、以下
のような特徴を持っていた。なお自民党はその後、2012年4月27日に「日本
国憲法改正草案[8]」（以下、「2012年自民党草案」）を発表しており、こちらの方
が正式の自民党改憲案である。しかし本章が「新自由主義型地方自治」の憲
法理念の視点から自民党改憲案を分析する際に依拠した進藤の論文が2006年
に公刊されたものである点、本章が2002年から2006年にかけての「三位一体
改革」を背景にした改憲構想の検討を中心的な目的としている点、並びに少
なくとも地方自治の章については「2005年自民党案」と「2012年自民党草

6）「新自由主義型地方自治」を目指す90年代の主要な明文改憲構想の分析については進藤論文
　（同上）165-171頁に委ね、ここでは割愛する。
7）　2005年10月28日発表。すでに自民党自身のホームページにはこの草案は資料として掲載さ
　れていない。日本経済新聞が以下のURLにて資料として本草案の全文を載せている。
　https://www.nikkei.com/article/DGXZQOUA27DJO0X20C23A4000000/（2023年8月26日最終
　閲覧）
8）　https://storage.jimin.jp/pdf/news/policy/130250_1.pdf（2023年8月26日最終閲覧）

案」との間に大きな違いがない点に鑑みて、以下の叙述では「2005年自民党案」を検討対象とし、注で「2012年自民党草案」との異同を示すことにしたい[9]。

「2005年自民党案」においては、現行憲法の92条に代わって地方自治の原則を示すのは91条の2である。その第1項は、「地方自治は、住民の参画を基本とし、住民に身近な行政を自主的、自立的かつ総合的に実施することを旨として行う」と定め、第2項は、「住民は、その属する地方自治体の役務の提供をひとしく受ける権利を有し、その負担を公正に分任する義務を負う」と定める[10]。この規定は、1項が1999年改正の新地方自治法1条の2に示されているものと基本的に一致し、また2項は同法10条2項とほぼ同一である。それは「地方自治の本旨」に比べ、より明確な地方自治原理を示しているとされる。しかし進藤の分析によれば、現行憲法92条の「地方自治の本旨」の規定は、GHQが目指した「戦後型地方自治」の理念、ならびに市民・住民運動や革新自治体の試みによってこれをさらに充実させたものとして理解されるべき「福祉国家型地方自治」の理念を含むものと解される以上、こうした理念を憲法の規定上から追放する可能性を持つものだった。なぜなら、地方自治の作用の本質を「行政」と定義することで、立法権を含む統治権能（＝主権から直接派生する権能）を憲法上、国（＝中央政府）と分有する存在としての「地方政府」の性格を失わせ、かつ住民の分任原則を明示することで、自治体財政の自助・自立＝自律の強要と受益者負担主義への傾斜を正当化する意味があったからである[11]。

「2005年自民党案」91条の2[12]は、1項で地方自治体を「基礎地方自治体及びこれを包括し、補完する広域地方自治体」と定義するが、これは現行憲法上不明確であった二層制を憲法保障する意味と、市町村合併や道州制導入

9） 地方自治の条項に留まらない改正案全体の色調として、「2005年自民党案」の方がより「新自由主義型」への傾斜が著しく、「2012年自民党草案」の方はそれを若干弱めて、国家主義的な「国民保護」の要素が付加されているように見える。

10） 「2012年自民党草案」では92条に戻されて同じ内容が規定されている。但し同条2項については一か所、表現が改められている。すなわち「2005年自民党案」では「公正に分任する義務」と表記されていたものが、「2012年自民党草案」では「公平に分担する義務」に変わっている。しかし意味に違いはなかろう。

を容易にする意味がある。同2項は「地方自治体の組織及び運営に関する基本的事項は、地方自治の本旨に基づいて、法律で定める」と規定するが、これは現行憲法の92条を若干修正しただけの規定であり、「地方自治の本旨」概念もここに残されている。もっとも、地方自治の基本理念は91条の2で「新自由主義型」に修正されていることに鑑みると、「地方自治の本旨」に「戦後型」と「福祉国家型」の地方自治理念を読み込む可能性はそれだけ乏しくなる。

　「2005年自民党案」92条は、「国及び地方自治体は、地方自治の本旨に基づいて、適切な役割分担を踏まえて、相互に協力しなければならない。」と規定する[13]。この規定も、前述の1999年改正の新地方自治法2条の2第2項が示す国と自治体の役割分担原則を憲法条項に取り込んだものである。進藤は、この役割分担原則の中に、国の役割を限定することで、教育や社会保障面でのナショナル・ミニマム保障が否定されてしまう危険性と、外交・防衛を国の直轄事務ないし法定受託事務とすることで、機関委任事務の時代に自治体がこの分野に参画し、異議申し立てを行っていた状況が否定され、中央集権化が強まる危険性を指摘している[14]。ここでも、「地方自治の本旨」の文言が従来含んでいた「福祉国家型地方自治」に発展する可能性や、「自治体対抗外交」を合法化する可能性[15]が縮減されているのである。

---

11)　ヨーロッパにおける地方自治権保障のスタンダードである欧州評議会の1985年欧州地方自治憲章（仏語版）が4条3項で規定する「補完性原理」では、「公的責務（résponsabilités publiques）の遂行は一般に、市民に最も身近な当局に帰属する。」とされており、決して「身近な行政」に限定されていない。英語版でもこの点は同様である。同憲章については、杉原泰雄他編『資料現代地方自治』（勁草書房、2003年）67-72頁及び82頁（訳注2）（廣田全男＝糠塚康江訳）を参照のこと。

12)　「2012年自民党草案」では93条で「2005年自民党案」91条の3とほぼ同じ内容が規定されている。修正された部分は、後者の91条の3第1項が「包括し、補完する広域地方自治体」と規定していたのに対して、前者の93条では「包括する広域地方自治体」に簡略化されたところだけである。

13)　「2012年自民党草案」では、この部分は93条3項で、「国及び地方自治体は、法律の定める役割分担を踏まえ、協力しなければならない。地方自治体は、相互に協力しなければならない。」と規定されている。「適切な役割分担」に比べて、「法律の定める役割分担」の方が、役割分担の内容が法律の定め次第で可変である点で、より国＝中央政府に都合の良い役割分担原則になっているように見える。

14)　進藤・前掲注2）175-176頁。

「2005年自民党案」の93条と94条で、自治体の長と地方議会、及び「その他の公務員」の直接公選制や、自治体の権能として「その事務」の処理権能と「法律の範囲内で」の条例制定権を規定する点については、文言上の微修正を越える変化は見られない[16]。他方で、現行憲法95条の地方特別法に対する住民投票の規定は全て削除され、直接民主主義及び国の立法権と自治体立法権の並存を弁証しうる一つの重要な明文の根拠が消失した[17]。

自治体財政分野に目を移すならば、「2005年自民党案」94条の2は、1項で、「地方自治体の経費は、その分担する役割及び責務に応じ、条例の定めるところにより課する地方税のほか、当該地方自治体が自主的に使途を定めることができる財産をもってその財源に充てることを基本とする。」と定め、2項で、「国は、地方自治の本旨及び前項の趣旨に基づき、地方自治体の行うべき役務の提供が確保されるよう、法律の定めるところにより、必要な財政上の措置を講ずる。」とする。その上で同3項では、「83条2項の規定は、地方自治について準用する」と定めている[18]。

上記の83条2項は、「財政の健全性は、常に確保されなければならない。」と規定しており、「2005年自民党案」にとって重要な柱の一つとなるものだった。したがって、94条の2も、地方自治の基本理念を定める他の規定と並んで、自民党案がとりわけ地方自治の場で、「新自由主義型国家」理念を推

---

15) 「自治体対抗外交」については、拙稿「自治体の補完外交と対抗外交」都市問題96巻8号（2005年）4-8頁を参照のこと。

16) 「2012年自民党草案」ではこの部分は94条と95条に定められている。94条1項は地方議会の役割について、「条例その他重要事項を議決する機関として」というように若干の明確化が図られている。94条2項については、「当該地方自治体の住民であって日本国籍を有する者が直接選挙する。」という修正が加えられている。ここには「2012年自民党草案」が持つ、より狭いナショナリスト的性格の強まりが見て取れる。周知のように外国人の地方参政権については最高裁第3小法廷平成7（1995）年2月28日判決において、現行憲法の解釈として、許容説（立法裁量説）が採られているところ、「2012年自民党草案」は立法裁量による外国人地方参政権の許容の可能性すら排除しようとしたのである。

17) 地方特別法に住民投票を義務付ける点では、「2012年自民党草案」はこれを97条で復活させ、内容をより明確化させている。そこでは、地方特別法の要件として、現行憲法のような「地方自治体の組織、運営若しくは権能について」の特別の定めがなされる場合だけでなく、「特定の地方自治体の住民にのみ義務を課し、権利を制限する」場合も含めるものとなっており、この点では一定の前進が見られる。住民投票の成立要件については、「有効投票の過半数」という文言が付け加えられている。

進しようとしていることを如実に示すものだった。

実は「2005年自民党案」は、現行憲法25条の生存権保障規定やその他の社会権規定をほぼ手をつけないままで残している[19]。この点につき、後藤道夫は、自民党案が現行憲法25条には手をつけないままで、地方自治の場でナショナル・ミニマムを保障する現行制度を縮小・崩壊させていると指摘する。確かに後藤が指摘するように、94条の2第1項は、自治体の財源を地方税と自己財産のみに限定することで、従来の国からの財政補助として使途を限定して配分される国家負担金（補助金）の制度を廃止し、福祉や教育予算も自治体の自主財源に委ねる方向性を示している。後藤は、この自主財源の中に地方交付税も含まれると解したうえで、福祉・教育予算の国庫補助が地方交付税化されると見るが、「本来、教育や社会保障、生活基盤整備などにおけるナショナル・ミニマムは、法定の基準とそれを実現するための財源保障を必要とするものであり、地方の自主性にまかせてよいものではない」とする後藤の立場からは、ナショナル・ミニマム予算の地方分権化は生存権を破壊することに通じるものと見なされることになる[20]。

他方で進藤は、上記94条の2第2項の規定についても、自治体に対する国の財源保障が抽象的にしか規定されていない点で、国庫補助負担金のみなら

---

18) 「2012年自民党草案」ではこの部分は96条に収録されている。このうち、1項は「当該地方自治体が自主的に使途を定めることができる財産」とあるところを「その他の自主的な財源」に置き換えたにすぎず、3項は全く同一の文章である。2項については、「2012年自民党草案」では表現を変えており、「国は、地方自治体において、前項の自主的な財源だけでは地方自治体の行うべき役務の提供ができないときは、法律の定めるところにより、必要な財政上の措置を講じなければならない。」と規定する。「2005年自民党案」94条の2第2項における「地方自治の本旨及び前項の趣旨に基づき、地方自治体の行うべき役務の提供が確保されるよう」という文言が「前項の自主的な財源だけでは地方自治体の行うべき役務の提供ができないとき」に替えられたことには、「2005年自民党案」の「地方自治の本旨」に「新自由主義型地方自治」を見る進藤らの立場からすれば、この文言の変更によって、「新自由主義型地方自治」の色彩が若干弱められたと評価することもできよう。

19) 「2012年自民党草案」も、25条〜28条の条文については、若干表現を改めただけで内容は変えていない。但し、26条に3項を設けて、教育環境の整備についての国の努力義務を付加したこと、25条に3つの条文を付け加えて、環境保全に対する国の責務（25条の2）、緊急事態における在外国民保護に対する国の責務（25条の3）、犯罪被害者とその家族の人権と処遇への国の配慮義務（25条の4）をつけ加えたこと（もっとも「2005年自民党案」でも、環境保全と犯罪被害者に関する条文は付け加えられていた）、そして28条に第2項を設けて公務員に対する労働基本権を特別に制限できるようにしたことに違いはある。

20) 後藤・前掲注4）146-147頁。

ず地方交付税も、ナショナル・ミニマムを十分に保障できないレベルにまで縮減されてしまう危険性を指摘している。加えて同3項についても、この「財政健全化主義」が自治体の緊縮財政や地方税増税を生む危険性があることを、80年代に連邦憲法改正で同様の条項を採用したアメリカの例を引きつつ論じている[21]。

2　民主党改憲構想

一方で当時の野党はどのようなスタンスだったのか。ここでは当時の野党第一党であり、実際に2009年総選挙での勝利を通じて、一度は政権交代に漕ぎつけた当時の民主党の憲法改正構想を見ることにしよう。ここで分析の対象とするのは、2004年6月22日発表の民主党「憲法提言中間報告[22]」（以下、民主党中間報告）と2005年10月31日発表の民主党「憲法提言[23]」（以下、民主党提言）である。民主党は明確かつ詳細な憲法改正案を示すことは無く、あくまでも方向性を示す改憲案を公表したに過ぎない。しかし上記の2つの文書は、前述した「2005年自民党案」と同時期に出されて自民党改憲構想に対峙したという意味でも、また本章で度々参照している進藤論文が分析の対象としていた点でも、この2つに絞って検討を加えることには理由がある。

2004年の「民主党中間報告」では、「地球市民」の視点から、「分権改革」の世界的潮流と国家主権の相対化の流れを積極的に受け止めて、「21世紀型憲法モデル」を示す目的から、「分権型国家」を描くことに対する関心がそれなりに強く示されている。そこには「補完性原理」と立法権分有の考え方が明示されており、連邦制の芽生えを見ることすら可能であった[24]。また、国民主権を論じる部分で、「分権型国家」原理をその不可欠の要素と位置付ける点にも、筆者の問題関心に近いものが示されていたように見える。

これに対して2005年の「民主党提言」では、補完性原理に基づく「分権型国家」への転換を謳っている点は変わりないものの、連邦制は明確に否定さ

---

21)　進藤・前掲注2）175-179頁。
22)　http://archive.dpj.or.jp/news/files/BOX_SG0058.pdf（2023年8月28日最終閲覧）
23)　http://archive.dpj.or.jp/news/files/SG0065.pdf（2023年8月28日最終閲覧）
24)　拙稿「地方自治・地方分権」法律時報臨時増刊『憲法改正問題』（2005年）185頁。

れている。主権論と関連付けて捉えられることのなくなった「分権型国家」
では、「民の自立力と共同の力に基礎を置く」こと、すなわち「新自由主
義」に傾斜した地方分権論しか見出せなくなる。だからこそ、国民主権を論
じる章でも「分権型国家」への言及は無くなり、その最優先課題として「首
相主導の政府運営の実現」が置かれることになる。地方自治の課題は、この
項では分権改革との関連で二院制を見直すという提言のみに留まっている。
　「分権型国家」を論じる章（「多様性に満ちた分権社会の実現に向けて」）では、
立法権分有の構想は一応残り、「自治体の組織及び運営に関する事項や自治
体が主体となって実施する事務」についての自治体専管、あるいは優先の立
法権限を保障する旨が示されている。しかし、その立脚する地方自治の基本
理念は、前述した自民党改憲構想と同様に1999年改正の新地方自治法のそれ
と同一であり、「国と地方との役割分担」を明確にしつつ、「住民に身近な行
政」を優先的に基礎自治体に配分することを述べるにすぎないものだった
（同章中の「2.『補完性の原理』に基づく分権型国家へと転換する」）。この基本理
念に立つ限り、自治体が地方政府として国（＝中央政府）と統治権を分有す
る連邦制原理は導き出されえない。それは結局、自治体の自主立法権の制度
枠の保障を示すだけに終わるであろう[25]。なお、自治体の長と地方議会議員
をそれぞれ住民が直接選出する「二元代表制」については、画一的にそれを
保障する現行憲法93条2項に代えて、住民の選択に委ねる考え方を採ってお
り、その一環として住民投票制度の積極的活用も述べている（同章中の「4.
住民自治に根差す多様な自治体のあり方を認める」）。
　他方で「民主党提言」は、自立・自己責任と競争の世界から零れ落ちる個
人や地域・団体への関心が薄いように見える。ナショナル・ミニマムの考え
方は見出せず、セーフティ・ネットを地方分権化の中で再構築する姿勢も見
えない。財政自治権に関しては、「民主党中間報告」と同じ文章が繰り返さ
れ、「現在の地方交付税制度に代えて、新たな水平的財政調整制度を創設す
る」とだけ述べている。

---

25)　なお2004年の「民主党中間報告」でも、「身近な行政」を優先的に基礎自治体に配分すると
　　いう記述は存在しており、「行政」に限定された補完性原理の問題性は当初から意識されてい
　　なかった。

進藤は、以上のような民主党の改憲構想に対して、その本質を以下のように批判する。「実は『補完性の原理』の明記と『国の立法権の制限』＝準連邦国家原則の提起によるナショナル・ミニマムの否定、首長直接選挙制度の選択的廃止、地方交付税制度・国庫補助負担金制度の廃止という点で、自民党よりも新自由主義的であり、"より悪い"構想といわざるを得ない[26]」。

確かに民主党の改憲構想は、自民党のそれとは異なり、自治体代表制度の多様化や住民投票制度の積極的活用を主張している。補完性原理や水平的財政調整制度は連邦制にこそより適合的かもしれない。その人権保障規定や目指すべき国家像と併せて考えるならば、民主党の憲法構想が自民党のそれ以上に「新自由主義的」であり、この構想を少しでも積極評価することは、「新自由主義的地方自治」への流れに掉さすものであるとの見方は、「支配層」の狙いとその進め方を分析する限りでは正しいと言えるかもしれない。

しかし筆者はなお、「分権型国家」論には、「新自由主義型地方自治」の評価だけでは汲み尽くせない意義があると考える。以下、この点を論じてみよう。

Ⅲ　「分権型国家」の憲法論の射程

1　巨視的歴史観と憲法学における自律的決定権への傾斜

19世紀の近代市民社会（自由放任経済型資本主義）を基礎とする「自由国家」（夜警国家）、20世紀の産業社会（修正資本主義）を基礎とする「社会国家」（福祉国家）という巨視的な歴史観から考えるならば、21世紀は近代市民社会の欠点を是正しつつ、産業社会の限界をも克服する社会と国家のあり方が模索されなければならない。特に21世紀型の社会・国家理論として必要なものは、グローバル化する企業・テクノクラート・マスメディア・知識エリートらの支配を制度化した国家及び国際機関主導型の管理システムから個人と「生活世界」を開放する戦略である[27]。この視点からすれば、「開発主義」

26）　進藤・前掲注2）179頁。

に傾斜した戦後日本の「疑似的福祉国家」のみならず、西欧の「真正福祉国家」もまた、その修正・改革が必要である。その一環として、確かに分権改革が世界的潮流となっており、それが補完性原理の再評価にもつながっている。たとえば、近年日本でも地方自治の国際スタンダードを示したものとして注目されている欧州地方自治憲章を生んだ欧州評議会傘下の専門家委員会による補完性原理の研究でも、この原理が今日、脚光を浴びている理由は、福祉国家がイデオロギー的な理由と財政的な理由によって問い直されていることと、市民参加の拡大と具体的状況に適応した決定システムを構築する必要性への認識が高まったところにあることが示されている[28]。

　このような歴史認識は、憲法学にも当然に影響を及ぼす。戦後世代憲法学では、社会権と「社会国家」（福祉国家）を重視する傾向が一時期は強かった。しかし世代交代後の現在では、有力となっている考え方は、価値相対主義を当然視し、個人に「自律的な決定権」を保障するところに人権の中心的な価値を見ており、他方で社会権については、（特に司法権による）積極的な保障までは不要であるとする。なぜならば、結果の平等までも保障する社会は「能力の開発や自己実現に適した社会」ではなく、そのような社会から生まれる「全体としての無気力と停滞とは、資質に恵まれた人だけではなく、恵まれない人にとっても不利益をもたらす」からである。そして自由こそが「社会全体の利益を促進する機能を」有するというのである[29]。

　確かに、こうした価値相対主義に立つ自由権の再評価中心の考え方は、自由競争の中で個人の自律・自助が優先されることを強調するものであるがゆえに、「新自由主義」的改革を支持する方向に誘引される危険性が高い。戦後世代憲法学の最後に位置しながら、「自律的な個人を基礎としつつ、より

---

27)　たとえば、篠原一「近代の変容と市民的公共性」西尾勝＝小林正弥＝金泰昌編『公共哲学⑪自治から考える公共性』（東京大学出版会、2004年）1-17頁は、このような関心を持つものと思われる。

28)　*Définition et limites du principe de subsidialité, Rapport préparé pour le CDLR*, Communes et régions d'Europe n° 55, Conseil de l'Europe, 1994. 全訳として、大津浩＝廣田全男訳「ヨーロッパ評議会編『補完性の原理の定義と限界』」横浜市立大学経済研究所『経済と貿易』第188号（2004年）がある。特に訳文の113頁に、ここで述べたような記述が見られる。

29)　長谷部恭男『憲法』（新世社、初版 1996年）118頁、266頁（第8版 2022年）113-114頁、283-284頁。

自由かつ公正な社会を形成するにふさわしい」新時代の統治システムを展望して現実政治にコミットした結果、戦後世代憲法学の幕引きを担ってしまった佐藤幸治はその典型であろう。なぜなら佐藤は、例えば1997年の行政改革会議『最終報告』の中で述べられていた次のような見解、すなわち「まず何よりも、国民の統治客体意識、行政への依存体質を背景に、行政が国民生活のさまざまな分野に過剰に介入」していた状況を打破すること、その一環として「徹底的な規制の撤廃と緩和の断行、地方自治への国の関与の縮小」を果たすべきという見解を、自著の中で肯定的に紹介していたからである[30]。

　しかし「羹に懲りて膾を吹く」のも間違いである。社会権を権利として積極的に保障しつつ、それをできる限り分権化し、中央省庁や政党間の談合によってではなく、市民自身の自律と自己決定による保障に代えていく第三の道を模索しない限り、巨視的歴史の課題に応えることもできなければ、現在の「構造改革」に対抗する多数派を形成することもできないであろう。企業や行政、利益団体による「囲い込み社会」からの解放を目指しつつ、「小さな政府」ではなく、「安心を保障する有効な政府」に向けた新しい公共サービスの編成を目指し、地方のイニシアティヴと全国的な公共サービス水準の確保との連動を図る「『開かれた』補完性原理」の提言などは、こうした方向性を持つものといえよう[31]。

2　「三位一体改革」とナショナル・ミニマムの分権化

　「三位一体改革」は2002年から2006年にかけての小泉内閣の「構造改革」のスローガンであった。特にその特徴をよく示す2005年11月30日の政府・与党合意によれば、2004年から2006年までに国庫補助負担金を4兆6661億円削減し、そのうち3兆1176億円を地方に財源移譲するものだった。しかしこの財源移譲については、義務教育教職員給与費国庫負担金を従来の2分の1から3分の1に引き下げることによる4317億の「移譲」のように、自治体の裁量権を拡大することなく、国のコントロールを存続させたままのものがあ

---

30)　佐藤幸治『日本国憲法と「法の支配」』（有斐閣、2002年）197頁。
31)　良い社会をつくる公共サービスを考える研究会「公共サービスの再生と刷新で『不安社会』からの脱却を」自治総研328号（2006年）、105-121頁。

り、金額的にはこうした負担率の引き下げの形式をとるものが多かった。さらにこうした負担率の引き下げは、その分を完全にカバーするだけの税源移譲がない以上、負担の地方への転嫁に過ぎないと批判された。さらに地方交付税の総額抑制が目指されており、自治体間格差が拡大し、弱小自治体の財政が破綻するという懸念が示されることとなった[32]。

　このように財源と地方に対するコントロール権を保守しようとする官僚層の抵抗に対しては、小泉「三位一体改革」も腰砕けに終わった。これこそが自民党型「構造改革」の限界であるとの批判も加えられた。確かに小泉政権及びその後継政権は、不十分な税源移譲のままで、財政支出抑制のための地方交付税「改革」を行ったに過ぎないとの評価が妥当しそうである。

　他方で、従来から「新自由主義型地方自治」を推進する財界からは、国や自治体が国民・住民に最低限保障すべき行政サービスはいかにあるべきかとの観点から地方財政計画を見直すことが目指され、「地方単独事業については、投資的事業のみならず、社会福祉分野等の経常的事業について、シビル・ミニマムの徹底した見直しを行い、その抑制を図るべき」との主張がなされ、地方交付税の役割も、「標準的歳出の財源保障から地方自治体間の税収の偏在の調整という地域間財政調整へと重点を変えていく」ことが提案されていた[33]。

　さらにこうした流れの中で、第35回地方分権推進会議小委員会（2003年5月14日）に出された水口弘一小委員長試案[34]の「地方共同税」構想は、日本型水平的財政調整制度を想定したものと言われた。それは、現在の地方交付税の法定率分に限って都道府県に税源移譲し、この部分を財源にして都道府県間の財政調整を行うもので、経済情勢や国税の税制改革により「地方共同税」の税収が減少しても、地方財政対策のような現在行われている予算措置による補填は行わず、国民や住民に十分に説明して税制改革（すなわち増税）で対応すべきとするものである。但し、同構想でも、財政力の弱い自治体に対する財政調整交付金は予定されていたが、それは段階的に定率で縮小され

---

32)　澤井勝「2006年度地方財政計画と自治体」自治総研328号、1 -20頁。
33)　経済再生諮問会議「21世紀型地方行財政制度の確立に向けて」2001年11月2日、4 - 5頁。
34)　「資料・水口小委員長試案」地方行政9541号（2003年5月26日号）16-26頁。

るべきものだった。この試案は、都道府県の枠組みの拡大、すなわち道州制の導入と連動するものであったが、自治体の自主財源を増やしつつ、格差是正のための財政調整は自主財源の範囲内で行い、国はそれ以上、補助も関与もしない構想として論議を呼んだ。

こうした論議を背景にして、2005年の民主党改憲案（「憲法提言」）の「地方交付税に代わる新しい水平的財政調整制度」の提案があったわけで、進藤はこの民主党案について、従来の地方交付税制度に備わっていた2つの機能、すなわち自治体間の財政格差を是正する機能とナショナル・ミニマムのための財政保障機能のうち、後者の機能を廃止するものであり、「福祉国家型地方自治」を「新自由主義型地方自治」に代える重大な意味があり、その点で財政調整制度について曖昧な自民党改憲案に比べてもより悪いものであると痛烈に批判している[35]。

また中村良広も、日本における水平的財政調整制度の導入構想を批判している。中村によれば、水平的財政調整制度は、その例を連邦制ドイツに見ることができるが、ドイツでは州間の水平的財政調整制度に加えて、この水平的調整を行う前に売上税の配分調整が行われ、かつ水平的調整後も連邦補充交付金の交付を行うことで、垂直的財政調整による補充がなされているという。そして、共同税を用いた水平的財政調整には、各州の代表からなる連邦参議院の同意を要する連邦立法が必要なため、立法過程で連邦と州の間及び州どうしの間で利害調整がなされることも指摘されている。このドイツの制度との対比から、中村は、日本における水平的財政調整制度の導入には垂直的財政調整による補完の視点が欠落している点で問題があり、さらに国会の一院を自治体代表機関にすること、もしくは立法過程に自治体を代表する「地方財政委員会」を実質的に関わらせることが必要となるので、憲法改正を要する点でも現実的でないと断じるのである[36]。

---

35) 進藤・前掲注2）179-180頁。進藤は筆者の前掲論文（注23）が財政保障機能を見落としていると批判するが、その真意は、この問題で民主党改憲案に無警戒に見えたことへの批判であろう。

36) 中村良広「日本における水平的財政調整の可能性」『三位一体改革の虚実（地方財政レポート2004）』（地方自治総合研究所、2004年）140-154頁。

Ⅳ　まとめに代えて

　確かに水平的財政調整制度は、垂直的財政調整制度による補完を必要とする。但し、水平的財政調整制度がナショナル・ミニマムとは一切無関係に自治体間格差の最小限の是正しかしないと見るのは間違いである。標準的施設や行政水準を確保するために必要な財政需要の積算から出される基準財政需要額に基づき国が配分する地方交付税とは異なり、水平的財政調整制度は「あるべき税収」を基礎に、自治体固有税、共同税などの自主財源と補正人口から調整額測定値が算出されるが、補正人口には「抽象的財政需要」が勘案されているとされる[37]。補正人口やその他のあるべき需要を勘案した「あるべき税収」の算定基準を設定することができるならば（たとえば面積の広い過疎自治体については自然環境保護や森林保全・保水の役割からの「あるべき税収」基準を付加するならば）、水平的財政調整においても財源保障の要素は出てくるはずである。

　国はまず立法を通じてこのような調整を行い、さらに不十分な場合に垂直的財政調整で補完する。問い直されるべきは、従来の地方交付税制度の基準が国、特に政府・与党・官僚の判断で決められ、地方はその決定にほとんど関与できず、不足分は借金扱いされ、しかも不十分な補助金交付に伴う地方債の返還金に交付金が用いられるため、国策に乗って無駄な施設を借金で作り続けるような主体性のない財源保障だった点である。このような悪幣を止めて、自治体と市民とが「あるべき税収」を考えつつ、いかなる自治体間連帯を構築できるかを主体的に論じ、調整し、決定していくことこそが重要である。その意味で進藤の批判は、現状の民主党改憲案には当てはまっても、水平的財政調整制度一般に当てはまるものではない。また中村による水平的財政制度の日本導入の問題点の指摘は、憲法改正により連邦制まで視野に入れるならば解決されうる。したがって民主党改憲案の欠陥は、改憲による水

---

37)　中村良広『ドイツ州間財政調整の改革（自治総研ブックレット79）』（地方自治総合研究所、2004年）67-68頁。

平的財政調整制度の導入を提案しながら、その基礎となる連邦制型「分権型国家」像を構築することを怠っているところにあるといえよう。

　もちろんそのためには、前もって21世紀型の新しい連邦制ないしそれと同質の「分権型国家」の憲法論を明確に組み立てておかねばならない。その姿が不明確な現状では、確かに「三位一体改革」のうち、国庫補助負担金の削減と税財源の地方移譲に伴い生ずる自治体間の財政力の格差拡大を是正するために、現状の地方交付税による財源保障の水準が維持されなければならず、無謀にも直ちに地方交付税の削減や水平的財政調整制度への移行を目指すべきではない。しかし21世紀型憲法を構想するうえでは、行政（特に中央政府）への依存ではなく、NPO などの市民社会の力を不可欠の要素とするような新しい行政活動の在り方や、他地域を見捨てない市民連帯の意識を育む制度を構想するために、長期的なスパンでナショナル・ミニマムの分権化を論じることは避けられないのである。

第4章
国民主権と地方自治の「対話」による法治主義の模索

はじめに[1]

　地方自治と憲法の関係の論じ方は多様であるが、その中心は常に、地域的な重要性が高い問題について自治体の意思が国の意思に合法的に対抗し、さらには後者に優越することまでも認める憲法理論はありうるかというものである。この問題への接近方法として、法律によっても侵しえない地方自治の固有領域を探求する道があるものの、このアプローチは次に見る連邦制論でも採らない限り、常に失敗を繰り返してきた[2]。本書は、もう一つの接近方法である国民主権原理の中に地方自治を位置づける中で、国会の立法権による干渉を自治体が免れる可能性を追究するものである。民主主義と地方自治の親和性はよく言及されるけれども、憲法原理としての民主主義は国民主権と国民代表制の中でこそ精緻に組み立てられており、これらの原理の中で地方自治の居場所を探そうとすると、実際には多くの困難が待ち受けている。

　以下では、まずこうした憲法理論上の諸困難を概観する。その上で、次に、国民主権の意味そのものをめぐっても歴史的な対立がある以上、最も急進的で民主的な国民主権の原理であれば地方自治の組み込みが可能であるのかどうかを検討する。この検討から分かることは、憲法史上最も民主的と見られ

---

1)　本章の初出は、拙稿「国民主権と『対話』する地方自治」杉田敦編『岩波講座憲法3　ネーションと市民』（岩波書店、2007年）247-281頁である。本書に収録する際に、若干の加除修正を行ったものの、基本的な叙述は変えていない。上記の2011年の論考を執筆した後、筆者はさらに詳細にフランスを中心とする西洋各国（仏独米）の憲法史と地方自治理論史を分析することで、本章の課題に応えている。それが、拙著『分権国家の憲法理論』（有信堂、2015年）である。本章は、この拙著を生み出す過程で筆者が同じ課題にどのように格闘していたのかを示し、筆者の「対話型立法権分有」説の形成過程を明らかにする意義がある。

る国民主権原理であっても、なお地方自治をその中に論理的に組み込むには困難が付きまとうことである。そこでさらに現代の新しい民主主義論を踏まえた、あるべき新たな国民主権原理を探る中で、地方自治を国民主権原理に組み込む可能性を探ることにする。それは同時に、国会制定法を頂点とする「法治主義」の問い直しを求めることになる。そこで本章は最後に、国（＝中央政府）と自治体との間で立法権の分有を法的に可能にする具体的な適法性統制のあり方を考察することにする。

I 地方自治論において国民主権を論ずる意味

1 「地方自治＝民主主義の小学校」論の限界

19世紀前半に、自由も民主主義もない中央集権体制の下にあったフランスから、地方自治と連邦制を不可欠の要素とする大衆民主主義が息づくアメリカの北部と東部を旅行したアレクシィ・ド・トクヴィルは、1835年公刊の『アメリカの民主主義』1篇5章2節において、地方自治の意義について次のような定式化を行った。

2）　自然権思想から着想を得た「市町村固有権（pouvoir municipal）」論の挫折については、河合義和『近代憲法の成立と自治権思想』（勁草書房、1989年）及び拙稿「フランス革命初期における地方自治の憲法学的考察」一橋論叢94巻4号（1985年）113-132頁が詳しい。なおアメリカの「ホームルール制」については、元来アメリカでは、イギリス流の「ウルトラ・ヴァイレス（法人の越権活動禁止）の法理」に基づき、「自治体は州の創造物」であり、州法により明示的ないし黙示的に与えられた権限しか自治体は行使できないとする「ディロンズ・ルール」という判例法理が支配してきたところ、19世紀後半の「革新主義」の波に乗って、州憲法自身の中にホームルール法人資格を得た自治体に「地方事項」の専管的権限を認めるよう規定する運動が広まったことを捉えて、この制度が「主権内主権」としての固有自治権を保障する可能性を持つものとして日本でも注目を集めるようになった。しかし現実には、「ホームルールチャーターを採択する地方法人は……、制定法の否定しない事項につき制定法の制約の枠内において、立法府が非ホームルールチャーター地方法人に与えうるあらゆる権限を行使し、あらゆる機能を遂行しうる」（American Municipal Association, *Model Constitutional Provisions for Municipal Home Rule*, 1953, Sec.6）というような規定に留められているのが実態であり、したがってそれは、「州議会に公の事項全般の介入権を留保する」考え方に変化させられて定着したという分析がなされている（以上は、薄井一成『分権時代の地方自治』〔有斐閣、2006年〕94-148頁参照。傍点も原文のまま）。このように、「連邦制」原理を採用しない場合、固有の自治権を保障する憲法理論を構築するのは未だに難しいのが現状である。

……自由な人民の力は市町村の中に宿る。市町村の〔自治〕制度と自由の関係は、ちょうど小学校と科学の関係と同じである。なぜなら、市町村の〔自治〕制度は、人民の手の届くところに自由を置くからである。またそれは、人民に平和的に自由を用いる体験を積ませ、自由を使うことに慣れさせるからである。市町村の〔自治〕制度が無くとも自由な政府を持つ国民はありうる。しかしそのような国民は、自由の精神を持たない。移ろいやすい情熱や一時の関心、あるいは偶然の状況によって、こうした国民も独立しているように見えることはありうる。しかし社会の中に無理に閉じ込められた独裁政治は、遅かれ早かれ再び表に出てくるのである[3]。

　この部分は、後にいわゆる「地方自治＝民主主義の小学校」論として有名になる。しかし地方自治と民主主義との関係は、単に前者が後者を実質的に下支えする精神的基盤であるというに過ぎないものであろうか。地方自治の憲法理論の最大のテーマは、前述したように自治体意思が合法的に国の意思に対抗ないし優越することを認める憲法理論の存否である。しかし、この「地方自治＝民主主義の小学校」論では、少なくとも国民主権が確立された民主主義国家の場合には、国民代表府たる国会が全国民の一般意思として制定した法律に、住民総体の意思表明としての自治体の条例が優越する論理は見出しえない。

2　「単一国家」型地方自治論の限界

　もちろん、地方自治の究極の形態といえる連邦制を採用する国家の場合には、憲法上、州の専管分野については、その事項の立法権は州（州議会）に専属するので、国民代表府たる連邦議会であってもその事項には介入できず、州法が連邦法を排除するという意味で優越する[4]。しかし憲法で連邦制の採用を明示せず、また自治体に特定分野の公的事項を専管的ないし優先的に規律する権限を明示的に与えているわけでもない日本のようないわゆる「単一

---

3 ）　Alexis de Tocqueville, *De la démocratie en Amérique*, titre 1er, 1835, in André Jardin, (sous la dir.), *Œuvres-Alexis de Tocqueville*, t.2, 1992, Édition Gallimard, p.65-66. トクヴィルの「アメリカの民主主義」については、杉原泰雄他編『資料・現代地方自治』（勁草書房、2003年）149-164頁の拙訳（抄）とその解説、並びに杉原泰雄『憲法と国家論』（有斐閣、2006年）256-259頁も参照されたい。
4 ）　但し、一般に連邦法と州法の共管事項においては、両者の競合時には「連邦法は州法に優越する」という原則が存在する（ドイツ連邦共和国基本法31条、スイス連邦憲法49条１項等）。

国家」の場合には、連邦国家におけるような国（＝中央政府）と自治体との間の立法権分有制は認められないとするのが、これまでの通説的な考え方であった。

例えば、戦後日本の公法学において地方自治権の憲法保障の意味をめぐる通説的見解（「制度的保障説[5]」）を確立した成田頼明は、日本国憲法が連邦制を採用していない以上、憲法94条が「法律の範囲内」での条例制定権を定めていることの意味は、「第一次的に法律が条例の所管の『範囲』を決定すべきことを意味する」のであり、「法律と条例が同じ平面で全面的に所管が競合しているという考え方は、条例の本質を見誤るもの」と述べている[6]。戦後日本の憲法学では、個人の自然権と同様に自治体の前国家的な固有自治権が存在するとの考え方から、あるいは憲法の人権保障規定や国民主権その他の統治機構の諸原理の再解釈から、法律でも侵すことのできない自治体の固有自治領域の保障が導きだされうるとする、いわゆる「固有権」説や「新固有権」説が有力に唱えられてきた[7]。しかし成田の「単一国家」型地方自治論は、こうした理論的営みを否定するものであった。

3　「自主法」としての条例という発想の意義と限界

自治体の意思（条例）は常に国の意志（法律）に劣位しこれに従属すべきであるとする考え方は、「法治主義」（「法治国家」）概念によっても支えられている。例えば行政法学者の田中二郎は、明治憲法末期の議論ではあったが、

5）「制度的保障論」については、成田頼明「地方自治権の保障」『統治の機構（Ⅱ）』（日本国憲法体系第5巻、有斐閣、1964年）289-300頁で展開されている。それは簡単に言えば、地方自治権は国家から伝来することを前提とし、地方自治の制度や自治事務の範囲について一般的には国の立法による改変の可能性を認めながらも、「地方自治の本旨」（憲法92条）の本質的内容又は核心部分についてだけは、憲法が立法による改変からも保障しているとする理論である。しかしこの核心部分とは、地方制度や自治事務を全廃する立法の禁止などの「制度枠」の保障に限られ、地域的必要性から条例が自主的に規律している個別事項について立法による介入や制限までも防ぐ論理を持つものではない。

6）成田頼明「『地方の時代』における地方自治の法理と改革」公法研究43号（1981年）156頁。

7）「固有権」説あるいは「新固有権」説については、星野光男『地方自治の理論と構造』（新評論、1970年）112-123頁、林田和博『憲法保障制度論』（九州大学出版会、1985年）401-411頁、手島孝『憲法学の開拓線』（三省堂、1985年）256-266頁などがある。杉島泰雄「地方自治権の本質・（3・完）」法律時報48巻4号（1976年）133-140頁も、成田からは「新固有権」説の一つと見なされている。

少なくとも国民の「自由と財産」を規制する条例に関する限り、「法治国家に於ては、その一般の原則に従って、形式上の法律による授権を必要とする」ことを力説していた[8]。これは当時の時代的制約からは仕方のないことであった[9]。しかし田中は日本国憲法施行後になっても、明治憲法下の「法治主義」概念を法律と条例の関係に介在させ続けてしまったのである。

　すなわち田中は、戦後になっても特に条例による罰則制定に関して、憲法31条の罪刑法定主義と73条6号但書における政令（命令）への罰則の包括的委任の禁止の規定を根拠に、条例と法律の関係について次のような理論を展開した[10]。第一に、新憲法が条例制定権を保障する規定を設けたこととは無関係に、自治体は地方公共団体としての存立を認められている限りで、その自治権の当然の内容として自主法制定権を持つ。しかし第二に、刑罰は国家法の独占領域に属するので、自主法としての条例の管轄範囲から外れる。したがって条例が純然たる自主法に止まる限り、これに罰則の定めをすることは違憲となる。他方で第三に、条例を純然たる国家の委任命令と見なしてしまうならば、条例に罰則の定めをするには法律による個別具体的委任を必要とするので、自治体の一般的な罰則制定権を定める地方自治法の規定は一般的包括的委任となり違憲となる。しかし第四に、条例は地方議会の議決に基づく民主的性格を持つものである以上、罰則付き条例は国家法による授権に基づかなければならないとはいえ、単純な委任命令とは区別されるべきであるから、地方自治法による一般的包括的な委任で足りる（「一般的包括的法律

8）　田中二郎「公共団体の自主法の根拠と限界」（初出1938年）同『法律による行政の原理』（酒井書店、1954年）317頁。田中は、条例を公共団体の「自主法」と考えており、国家目的からではなくその団体の構成・目的・機能から実質的な制約を受けるに過ぎないとする論理から自治体に一定の自主独立性を認めている。

9）　明治憲法下では、地方自治に関する憲法規定が全く存在せず、自治体の性質や権限は全て法律に委ねられており、その結果、地方制度を定める法律により、自治体の固有事務は非権力行政に限定され、自治体の性質は「統治体」ではなく「行政体」にすぎないと理論構成され、自治体が警察その他の権力行政を行う際には常に国からの委任を必要としていた。他方で明治憲法では、天皇及び国の行政府に幅広い法規範定立権限が認められていたため、ドイツ流の「法規」概念を用いて、せめて「自由と財産権を制限する法規範」の定立作用にだけは、国会の「協賛」を義務付けようとしたのが、当時の立憲学派の「法律による行政」の考え方だった。このような思考枠組みでは、条例が法律の委任もないのに「法規」を定立できるとする発想が生まれ得ないのは当然だった。

10）　田中二郎「条例の性質及び効力」（初出1948年）同・前掲書注8）329-345頁。

授権」説）。こうして条例を「自主法」という曖昧な概念で説明しつつ、法律とも命令とも区別して法律の下位規範と見なす考え方が、「法治主義」尊重の観点にも支えられて、戦後公法学の基本となった。

4 条例を法律と区別する発想の限界とその背景

確かに日本の公法学、特に憲法学は、田中の後の世代になると、自治体に条例制定権を明示的に保障する憲法94条の意義を自覚するようになり、「自主法」としての条例制定権は直接憲法に根拠を持つことを認めるようになる。これが「憲法直接授権」説である。しかし戦後憲法学の主流派は、未だに条例を国会制定法と同等で効力が競合しうる「もう一つの法律」と考えること（「条例＝法律」説）を採ることには躊躇している。現在の通説的な見解でも、条例がその民主的性質から法律に準じることを認めながらも、常に条例は形式的にも実質的にも法律に劣位し、法律の定めにより条例の規律できる範囲は常に変化させられ、少なくとも総合的考慮の観点から見て、なお法律の趣旨・目的・内容・効果に反すると解される条例は常に違法[11]とする「条例＝準法律」説に止まっている[12]。

その原因の1つは、憲法94条の文言自体が「法律の範囲内で条例を制定する」権限を付与していることから、憲法は、少なくとも趣旨・目的・内容・効果の点で法律に反する条例制定権を一切認めていないという理解が文理上

---

11) いわゆる「目的効果基準」論である。これは、成田頼明「法律と条例」清宮四郎＝佐藤功編『憲法講座4』（有斐閣、1964年）208-216頁にすでにその考え方の原型が示されているが、最高裁でも、徳島市公安条例事件（最大判昭和50〔1975〕年9月10日刑集29巻8号489頁）で採用され、その後、公法学における通説となった。

12) 「憲法直接授権」説と「条例＝準法律」説に立ちつつ、「目的効果基準」論を展開する現代の代表的公法学者の例を挙げるならば、芦部信喜〔高橋和之補訂〕『憲法〔第8版〕』（岩波書店、2023年）396-399頁、宇賀克也『地方自治法概説〔第10版〕』（有斐閣、2023年）235-258頁、長谷部恭男『憲法〔第8版〕』（新世社、2022年）469-473頁等がある。なお成田頼明は、完全には「憲法直接授権」説に立ち切れていない。なぜなら成田は、一般論としては憲法94条が条例制定権を自治体に直接授権していることを認めながらも、刑罰権に限ってはこれを本来的国家事務と考えたために、条例による罰則制定の権限の根拠は憲法には存在せず、あくまでも国会制定法としての地方自治法による包括的一般的授権に求めているからである。この点につき、成田・前掲注11) 201-207頁を参照のこと。また、条例と法律の関係に関する学説の分類については、拙稿「条例制定権の意義および限界」小山剛＝山本龍彦＝新井誠編『憲法のレシピ』（尚学社、2007年）306-316頁も参照されたい。

可能だからである。しかしこのような理解では、国会が地方自治に関する立法を行う際に、憲法92条は国会に「地方自治の本旨に基づいて」行うよう義務付けている点が軽視ないし無視されていることを見落とすことになる。そして通説の地位を占めてきた「制度的保障説」は、「地方自治の本旨」について、地方自治の「制度枠」しか保障せず、個別の自治領域に関する保障は一切ないと主張するものであるから、まさに「地方自治の本旨」に関する通説自体がこうした理解を裏から支えてきたのである。

5　国民主権原理の通説的理解の問題点

　それでは、伝統的な「法治主義」理解と結びつく国民主権原理とはいったいどのような本質を持つものであろうか。国民主権原理は何かというテーマ自体が一つの論考を必要とするが、もしそれが「国家法人説」であるとするならば、国民主権原理は国民が最高機関であることを意味するに過ぎなくなり、主権行使のあり方の問題は各国家機関に対する実定憲法上の権限配分問題に解消されてしまう。そのため、国民の現実態である選挙人団（有権者団）の役割は日常的には選挙への参加に留められ、例外的に憲法改正国民投票への参加が認められるに過ぎず、日常の政治は立法権を明示的に付与されている国会の決定に完全に委ねられることになる。松下圭一が鋭く批判するように、この「国家法人説」的発想では、国民（市民）自身の主権発動は永遠に凍結され、市民の日常的主権発動の場であるはずの自治体の役割は主権論からはじき出される。その結果、全ての法規範の形成は「唯一の立法機関」たる国会からなされ、市民や自治体はこれに関われないままで、この国の法律に縛り付けられるという「下降型法ピラミッド」構造が作られることになる[13]。

　近年の通説的見解である芦部信喜の「正当性と権力性の両契機の並存」説においても、その重点は国民代表への自由委任を前提とする「権力の正当性の根拠が国民に存するという契機」（「正当性の契機」）にあって、「国内にお

---

13)　「国家法人説」とこれに対する松下圭一の批判については、松下圭一『市民自治の憲法理論』（岩波書店、1975年）76-133頁を参照のこと。

ける最高権力の究極的な行使者は選挙人団である」とする「権力的契機」は憲法改正国民投票の場面でしか認められていない。「権力は国民のために行使されるべし」という理念しか意味しない「正当性の契機」の下では、「全国民」の「政治的代表」機関である国会が、立法権の行使を通じて独占的に政治的意思決定を行うことが容易に正当化される。芦部は、現代的変化として「社会学的代表制」の理念が付け加わったことを認めるものの、その意味は、普通選挙や「一票の価値の平等」の保障によって民意が選挙を通じて正確に国会に反映されることに止まる。以上の論理からは、当然ながら市民が日常的に主権を行使する論理は出てこないし、市民の日常的主権発動の場としての自治体が法規範形成を積極的に担う論理も出てこないのである[14]。

6　フランスの「国民代表制」に基づく国民主権・「法治主義」と地方自治の関係

　ここで国民主権原理を最も精緻に展開してきたフランス憲法史に目を転ずると、国民主権原理と固く結合した「法治主義」の観念が、国（＝中央政府）と自治体とで立法権を分有する理論的可能性を排除してきたことがよく分かる。周知のように、市民革命によって国民主権原理を確立したフランスでは、憲法制定国民議会に集った政治エリート達が「国民代表制」原理を構築することで、主権者「国民」の意思と国民代表機関たる国会の意思の同一性を主張していた。例えばシェイエスは、フランスのような近代国家にあっては代表制しか採りえず、また選挙人の指示からも地方の圧力からも独立して国民代表が自由に討議し、単一の国民意思たる「一般意思」を表明できるがゆえに、代表制こそがあるべき正しい国民意思を獲得できる唯一の統治形態であると論じている。興味深いことは、国民意思と国民代表の意思は異なると主張することは、フランスを「何らかの政治的関係によって統合された無数の小共和国からなる連邦国家」に分解する考え方に通じるとシェイエスが述べている点である（$A.P.$,[15] t.8, p.594）。つまり一般市民やその市民が日常的に政

---

14)　芦部・前掲注12) 41-43頁、316-319頁。同『憲法制定権力論』（東京大学出版会、1983年）38-45頁、324-326頁。

治参加する自治体に、一部であれ立法権を認めたり、立法参加権を認めることは、すなわち直接民主制と自治体の立法権分有制を認めて民主化の徹底を目指す考え方は、ようやく単一の国民主権国家を確立したばかりのフランスを解体する危険があると認識していたのである。

　もちろん1791年憲法の制定者達は、全ての県と市町村の「行政官」を地方選挙で選ぶ制度を採用していた。しかしシェイエスの代表制論に深く影響を受けた結果、制憲者達は、これらの地方行政担当者が「いかなる意味でも代表者の性格を有しない」ことを宣言し、かつそうすることで、選挙で選ばれた地方行政担当者が「国民主権に由来する権力の行使に関与すること」を禁止したのだった（1791年憲法3篇4章2節2条及び3条）。なお、同種の規定が直接民主制を部分的に導入した1793年憲法82条にも現れることの意味は後に検討する。ここで重要なのは、「代表者の性格」が「国民主権に由来する権力の行使権」、とりわけ立法権を得るための条件だったということである。

　R. デバシュによれば、「国家のユニテ〔統一＝単一性〕」の原理を捜し求めたフランスでは、絶対王政の「君主制的ユニテ」の遺産である「国家のユニテ」を基礎にして、1789年の革命から1791年憲法制定に至る過程で、立憲君主制の形態をとった国民主権に転換する中で、まず「国民的ユニテ」の原理が確立したという。この「国民的ユニテ」は、「主権は単一で、その唯一かつ絶対的な所有者である国民（nation）はこれを行使できない」と考える「国民代表制」論を不可欠の要素とする国民主権の採用によって実現した。なぜならば、「代表制は、〔近代国家としてのフランスに適合するものとして〕考えうる唯一のシステムであるだけでなく、国民全体のユニテを最もよく具現化するシステムでもある」からであった[16]。

　20世紀初頭に、このフランス革命以来の伝統をフランス型「法治主義」（État de droit）としての「適法国家」（État légal）論にまとめたカレ・ド・マルベールは、19世紀の君主制ドイツで展開された「法治国家」（Rechtsstaat）

---

15)　*Archives parlementaires , Recueil complet des débats législatifs et politiques des chambres françaises*, 1er série, imprimés par ordre du corps legislative sous la direction de MM. J. Habidal et E. Laurent, 1867 et s., A.C.R.P.P.（以下では *A.P.* と略し、本文に注記する）.

16)　Roland Debbasch, *Le principe révolutionnaire d'unité et d'indivisibilité de la République*, Economica, 1988, pp.25-81.

論とフランスのそれとの違いを、前者は従うべき法律が民主的なものか否かを問わない純粋に形式的な概念であり、結局は権力の発動の根拠に法律の形式を求めることで「国家の自己拘束」が生まれることを期待するにすぎない原理であるのに対して、後者は立法が「国民代表制」に基づく一般意思の表明であり国民主権の発現であるがゆえに、この法律への全権力の従属が正当化される点に見出している。彼の「適法国家」論は、「主権者国民」の「一般意思の表明としての法律」にのみ至高性を認めるものであったが、この「一般意思の表明」が認められるのは、他の全ての権力から独立し、その意味で全能性を認められる国民代表としての国会（国民議会）に限られていたから、それは、国民代表の性格を一切持たない自治体が立法権の行使に加わることを、「法治主義」の名において完全に排除するものでもあった[17]。

　しかし、フランス革命期に展開された国民主権論は、シェイエスが論じ、また1世紀後にカレ・ド・マルベールが定式化したような国民代表制に基づくそれだけではなかった。すでに先行研究が明らかにしているように[18]、近世以降、歴史的に拡大し続ける「世界資本主義システム」内において、当時のフランスは、資本主義的生産様式と社会の「近代化」の進展により他国を圧倒する支配力を持つシステムの「中心」の一つとなっていたけれども、政治・経済体制の両面でより先行するイギリスを追いかけるために国家による上からの近代化を推し進めようとした結果、特権階級と新興中産階級（ブルジョワジー）と民衆層の三者がそれぞれ独自の主権原理を構築し、これを政治論議の中で戦わせていた。その結果、他のどの国よりも鮮明な主権論の対立が現れたのがフランスであった。シェイエスら国民議会主流派の国民主権

---

17) Raymond Carré de Malberg, *Contribution à la théorie générale de l'État*, Sirey, 1920, t.1, [rééd., CNRS, 1962], pp. 488-494.

18) 「資本主義世界システム」論については、イマニュエル・ウォーラーステイン（川北稔訳）『史的システムとしての資本主義』（岩波書店、1997年）を参照のこと。この「資本主義世界システム」論を踏まえたフランス革命と民衆運動の関係については、柴田三千雄『近代世界と民衆運動』（岩波書店、1983年）、同『パリのフランス革命』（東京大学出版会、1988年）がある。さらに、必ずしもウォーラーステインの研究を踏まえたものではないが、フランス民衆運動の指導者達の「人民主権」論については、杉原泰雄『国民主権の研究』（岩波書店、1971年）、同『人民主権の史的展開』（岩波書店、1978年）、同『民衆の国家構想』（日本評論社、1992年）、同『憲法の歴史』（岩波書店、1996年）が詳しい。

論は新興中産階級のそれであったが、新しい社会の政治・経済エリートにな
れず、「無産階級」に転落する危機感を抱きつつ、伝統的な都市や農村の共
同体における社会連帯と直接民主主義の伝統を維持・強化することを望む貧
農や零細商工業者からなる民衆層の政治運動の指導者達は、シェイエスら国
民議会主流派の国民主権論とは異なる「人民主権」論を展開していたのであ
る。そこで次節では、より徹底した民主主義理論としての「人民主権」論に
おいて、地方自治をその主権原理に組み込み、立法権を中央と地方とで分有
することを認める論理が存在していたのかについて検討してみよう。

II 「人民主権」論の史的展開における地方自治の組み込み
　　可能性と困難性

1 ルソーの「人民主権」論と「連邦制」論

　徹底した民主主義政治理論としての「人民主権」論の代表的な論者は、言
うまでもなく18世紀中葉の仏語系思想家のジャン＝ジャック・ルソーである。
しかしルソーに地方自治論が存在していたのかについては争いのあるところ
であろう。彼の『社会契約論[19]』は、「国民代表制」を採用する当時のイギ
リス政治におけるような代表者による主権者意思の「代行主義」の欺瞞性を
鋭く批判し、真の民主主義は直接民主制に基づく統治システムであることを
力説した。主権者人民は日常的に各地区の主権者集会に参加し、地区集会の
場から、一方で立法権帰属主体として立法権の行使に直接参加し、他方で日
常的に公権力を担当する統治者を任命罷免しコントロールする。この意味に
おいて、各市民は「主権の一万分の一を分有する」のである。しかしこの統
治システムが完全に実現できるのは都市国家のような小国家に限られるし、
都市国家では地方自治の問題は生じ得ないだろう。
　だがルソーは、『ポーランド統治論[20]』において、広大な近代国家を前提

---

19) J.-J. Rousseau, *Du contrat social, ou principes du droit politique*, 1762, in Vaughan, C.
　E. (ed.), *The Political Writing of J.-J. Rousseau*, vol.2, 1915〔1962 ed.〕, Cambridge, pp.21-
　134.

とする限り間接民主制の採用が不可避であることを認めた上で、連邦制を採ることと、州議会から国会に送り出す議員を命令委任で厳格に縛り付けることで、市民による日常的な主権行使の確保と両立しうる地方（州）の自治のあり方を示唆していた。確かに、全ての公的案件について市民が州議会議員を命令委任で拘束し、かつ同様に州議会が国会議員を命令委任で拘束するシステムは、その厳格な運用を法的に義務付けるならば、地方の自由を制限するほとんどの立法は否決されるので、結果的に地方自治権が十分に保障される可能性がある。

　しかし近代の高度化し複雑化した国家における現実の政治を考えた場合、国民代表の立法活動を命令委任によって厳しく拘束するシステムはその運用が不可能となる。この点、命令委任を必須とする「人民主権」論にいかなる「修正」を施すことまでが、原理的に見て許されるのかについて、ルソーは何も述べていなかった。

2　地方自治レベルに限られた「人民主権」論の限界

　フランス革命初期には、憲法制定国民議会ですでに、「単一国家」を前提にした「国民代表制」に基づく国民主権原理を構築し始めていたシェイエスらの政治エリートとは別に、各地の都市下層ブルジョワジーの間では未だに直接民主主義的志向が強かった。そして彼らの起草した政治文書には、そのような志向性の一環として自然権的な発想に基づく固有自治権の主張も散見された。例えば、1789年11月3日にクレルモン＝フェラン市の市民総会[21]で採択された『市町村自治体基本法（Constitution municipale）が基づくべき原則と権利の宣言[22]』は、市民の自治体自主組織権の自然権的性格と市民総会

---

20)　J.-J. Rousseau, , *Considérations sur le gouvernement de Pologne et sur sa réformation projetée*, 1771, in Vaughan, *op. cit.* (note 19), vol.2, pp.369-516. なおヴォーンは、『ポーランド統治論』の発表時期を、ルソー自身の原稿への書き込みから1772年としたが（*ibid.*, p.425）、永見文雄訳『ルソー全集』（白水社、1979年）5巻によれば、1771年の方が正確だとされる（同訳書、504頁）。

21)　本文でも述べるように、当時は制限選挙制が採られていたため、総会参加者の多くは地方の下層ブルジョワジーだった。彼らは、少なくとも革命初期には、共同体生活重視の民衆層に近い心性を残していた。したがって彼らは、ルソーの『社会契約論』の影響を受け、直接民主制に拘る傾向があった。この点は、拙著・前掲注1）39頁も参照されたい。

の最高権威性を強く主張していた。これは、次の12項目からなる。

①市町村自治体基本法は、同一の市町村共同体に生活し、自然的、市民的そして道徳的な不断の関係を持つ同一性質の人々の間に存在する、自然的で不可欠な結合に由来する。②この自然的結合は前国家的なものであり、国家はこれを強化し維持するためにのみ存在する。③あらゆる政治体が内部に自己保存の原則と手段を持つように、あらゆる都市とコミューンも市町村自治体政府（gouvernement municipal）を持つ権利を有する。④あらゆるフランス人は自由かつ権利において平等であり、あらゆる権力は人民に由来するので、市町村自治体政府は各市町村の市民総会において設立されるべきである。⑤この制度は、全市民の生命・財産・自由を保障し、保護することを目的とする。⑥国民衛兵の設立は、フランス国民の古来よりの権利である。⑦国民衛兵を有する各市町村庁は、自己防衛権を持つ。これ以外の軍隊の立ち入りは、市町村当局の何らかの同意が必要である。⑧軍事部門は文民部門に従属する。⑨市町村自治体基本法によって決められた職務を遂行する文民部門及び軍事部門の部局長達を任命する権利は市民総会が持ち、部局長はその職務につき市民総会に報告し責任を問われる。⑩部局長職は、全て期限つきで交代する。⑪文民部門は、立法部局と行政部局とに区分される。⑫都市と農村の間や諸州どうしの統一は、フランス国家の諸市町村自治体機関（l'organe des municipalités de l'État français）によって形成され、かつ日常的連絡によって維持されなければならない。この統一は、国民議会によって承認されなければならない。

　以上のように、この『宣言』にはルソーの『社会契約論』を地方自治レベルで実現させようとする姿勢が明らかに見出せる。しかし、いかなる政治システムで自治体を運営すべきかという問題も、自治体がいかなる分野を扱えるのかという問題も、常に国政と密接に関わるものである以上、自治体と国家の関係を明確にしない限り、単なる地方的希望を「宣言」しただけでは、その実効性は保障されない。第⑫原則に規定された「市町村自治体機関」は、自治体が自発的に連合を組んで作る機関なのか地方自治を担当する国家の内部機関かは不明であるが、いずれにせよこの機関の活動は国民議会による統制を受ける。他方で、ルソーが主張するような、自治体議会から命令委任を受けた議員が国民議会を形成することで、自治体の自治権を国民議会の場で

---

22)　Sigismond Racroix, *Actes de la Commune de Paris, pendant la Révolution*, 1ère série 1789–1790, t.3, 1894, ［rééd., AMS, 1974］, pp.611–612.

最大限守らせつつ、国民議会の多数決により到達する「一般意思の表明」と
しての立法の最高性をも維持するという構想は、ここでは全く示されていな
い。

　実はすでに革命当初から、地域レベルの政治リーダー達も、国レベルでは
「国民代表制」の採用を当然視し、国民代表が選挙区の有権者からも、ある
いは選挙区の有権者集会総体と同一視されがちな自治体からも、完全に独立
することを保障する自由委任の原則を認めていた。当時の自治体リーダー達
も、国民議会議員同様、財産要件に基づく制限選挙制が敷かれていたために
ブルジョワジー出身者に限られていた。そのため、自治体リーダー自身、国
民議会の決定に対する自治体側からのコントロール権は求めておらず、実際
に国民議会に対して彼らが行ったことは、彼らの自主的な市町村基本法草案
の尊重を「請願」することに留まっていた。しかもそれは、最終的にどのよ
うな決定が下されても、自治体側はそれに従うとの弁明つきの請願に過ぎな
かった[23]。したがって、いくら市民総会の場で市町村自治体基本法の自主制
定権の不可譲性を主張しようとも、この不可譲の権利を国民議会に守らせる
ための憲法原理が欠落している以上、この権利は画餅に等しかった。

3　「人民主権」論の全国化に潜む地方自治の
　　主権原理組み込みの困難性

　それでは、ルソー流の「人民主権」論を全国レベルの政治システムとして
展開したフランス革命激化期（1792～93年頃）の議会内急進派の憲法構想では、
主権原理と地方自治との関係はどうなっていたのであろうか。議会内最左派
であるジャコバン派の指導者ロベスピエールは、議会で保守派が多数を占め

---

23)　1790年3月23日にパリ市長のバイイ（Bailly）は、直接民主制の実現にとり不可欠の条件
　である地区集会の常設制を盛り込んだパリ・コミューンの自治体組織案の承認を求めて、国民
　議会で請願書を読み上げている。だが議事録を読む限り、バイイによる地区集会の常設化の要
　求は、諸地区がこれを要求していることと、パリ市の膨大な人口にはこの制度が適しているこ
　との2点を根拠にして述べられているに過ぎない。その後の発言では、もっぱら国民議会がパ
　リ市に対していかなるデクレ（法律）を定めようとも、パリ市民はこれを尊重しこれに服従す
　るという弁明に費やされている。バイイによれば、国民議会は「全国民を代表して法を制定す
　る」のだから、パリ市民は国民議会の命令に常に従わなくてはならない、というのである
　（*A.P.*, t.12, pp.333-334）。

ていた1791年8月10日の演説の中で、市民が日常的に参集する各セクション（地区集会）に「自己に部分的に関わることにつき主権的行為（un acte de la souveraineté）を行う」権利を認めよと主張していた（*A.P.*, t.29, pp.326-327）。この発言は、新憲法で国王に国民の「代表者性」を認めるべきか否かが論争の的となっていた時に、そもそも「国民代表」を選挙民から独立した存在と見る議論自体がおかしいとする文脈の中でなされたものだった。したがって、この主張の真の目的は保守派に対して過激な反論を行うところにあり、人民の主権行使が地区という地域的部分単位への参加を通じて行われることの強調に一面化してしまったのである。その結果、彼の真意は別にして、市民による全国レベルの政治決定への参加だけでなく、地域的部分単位における自治的決定までもが、「主権的行為」に含まれるかのような表現となったのである。

　しかし1792年8月10日のパリ蜂起により、国民議会が国民公会に改組され、なおかつ議会内の保守派が追放されるに至ると、今度は議会内最左派としても現実的な憲法構想を提示しなければならなくなる。その結果、ロベスピエールの憲法論もより精緻なものとなった代わりに、「主権の部分的行使」という表現は放棄されてしまう。1793年4月24日に国民公会に提出された彼の「人権宣言案」（*A.P.*, t.63, pp.198-200[24]）20条では、「いかなる人民の部分も、人民全体の権力を行使できない。しかし人民の一部が表明する要望（vœu）は、一般意思の形成に協力すべき人民の部分的要望として尊重されなければならない。主権者の各セクションは、集会を行った時に、完全な自由を持ってその意思を表明する権利を享受しなければならない。各セクションは憲法で制定されたあらゆる権力から本質的に独立し、その〔内部〕警察とその議決を自由に行う」と述べられていた。その結果、主権の行使は立法権を与えられた議会（国民公会）のみの権限となり、人民の各部分としての各地域単位に認められるのは、市民的自由としての集会の自由と政治的意思表明の自由に限られてしまったのである。

24）　ロベスピエールの人権宣言案及び国民公会における報告については、辻村みよ子『フランス革命の憲法原理』（日本評論社、1989年）417-419頁の邦訳も参照した。

第4章　国民主権と地方自治の「対話」による法治主義の模索　63

　確かにロベスピエールは、この人権宣言案の中で、公権力担当者を人民の受任者とし、人民に受任者の選任権を認めるだけでなく、受任者が人民に活動報告する義務と「人民の審判に尊敬をもって従う」義務を課しているので（14条、22条、34条）、ルソーのように命令委任制を認めているように見える。同年5月10日に彼が自らの「憲法草案」を国民公会に提出した際に行った趣旨説明でも、「人民によって任命された全ての公務員は、自らの受任者を罷免するというその時効にかからない権利が自らにあることのみを理由にして、これらの公務員をその職務に就任させた手続によって罷免することができる」とし、「立法府の議員や執行府の役人や大臣は、その任期終了後に彼らの委任者達による厳粛な審判に付される」ことを主張している（*A.P.*, t.64, p.432）。しかし辻村みよ子やダンデュランも指摘するように、「ロベスピエールの構想は、立法行為自体について、選挙民が一定の強制的な訓令を提示し、議員がこれに拘束されて行動するという」、最も厳格な命令委任制を求めた民衆運動リーダー達の構想とは異なり、「選挙民に対する議員の責任でなく、人民全体に対する議員の責任が問題になっている[25]」にすぎなかった。それゆえ彼は、その後の国民公会における発言の中では、議員の報告義務と人民の審査についての当初の構想を実現困難として改めてしまった[26]。したがって、選挙民（選挙区の有権者団）が国会議員を厳格に拘束し地方に不利な法律を成立困難にすることで、結果的に全自治体の自治権を政治的に保障するという視点は、彼の構想に見出すことはできないのである。

　なおロベスピエールには、5月10日の憲法案提出の際に行った次の有名な演説がある。

　　過度に統治したがるという古来からの政府の悪弊から逃れようではないか。個々人に、家族に、他人を害しないことを行う権利を委ねようではないか。コミューン〔＝市町村〕に、共和国の一般行政に本来全く関わらない全てのことについて、自己の固有の事務を自主的に規律する権限（le pouvoir de régler elles-mêmes leurs propres affaires）を委ねようではないか。一言で言って、公権力に本質的に属するものではない全てのものを個人の自由に任せようではないか。〔そうすれば〕諸君

25）　Pierre Dandurand, *Le mandat imperatif*, Faculté de droit de Bordeaux, 1896, p.78.
26）　辻村・前掲注24）300-301頁。

は、野望と恣意に囚われることがそれだけ少なくなるであろう（*A.P.*, t.64, p.431）。

またこの考えに基づき彼の憲法案でも、「憲法は、コミューンに対し、共和国の一般行政に全く関わらない事項について、自己の事務を規律する権利を委ねる」と定めている（憲法案要約版[27]12条）。しかしジャコバン派が市町村自治体を自然人と同一に扱い、その結果「自己の固有事務の規律権」を保障していたとしても、それはあくまで共和国の「一般行政」あるいは「公権力」に本質的に属さないものに限られており、しかも何が「一般行政」や「公権力」に属するかは、「一般意思の形成」を担当する唯一の機関である議会（国民公会）が自治体の意思から独立して決定するものであるから、いったん立法がなされた場合に自治体がこれを固有自治権侵害であると主張する論理はなお欠落しているのである。

同じく、ロベスピエール側近のサン＝ジュストが1793年4月24日に国民公会に提出した憲法草案（*A.P.*, t.63, pp.201-215）1部2章6条で示した「国民の主権はコミューンに存する」という主張も検討に値する。L．ジョームの分析を用いて説明すると、サン＝ジュストは、シェイエスら議会内保守派が1789年に確立させた地方自治体の限定的な性格規定、すなわちコミューンを「選挙された『行政官』に委ねられた、私的で政治には至らない段階の（pré-politique）利益の管理」に限定する考え方に対抗して、コミューンにこうした行政的性格に加えて政治的性格をも認めようとする意図から、「国民の主権はコミューンに存する」ことを主張したのである。確かにサン＝ジュストは、ジョームによれば、「人民主権」に適合的な「人民代表制」の考え方を展開する際に、「一般意思が尊重されるためには、選挙（それは主権的行為となる）の際に一般意思が表明されると同時に、法律に対する〔人民の〕判定……の際にも一般意思の表明がなされなければならない」と考えていたという。この国会立法に対する人民判定の制度は実際に1793年憲法の「人民拒否制」に具体化された。但し同憲法では、国会が可決した「法律案」を印刷して共和国の全コミューンに配布した後、40日以内に過半数の県において第一

---

27) ロベスピエール憲法案の完全版は参照できなかった。20箇条にまとめられたその要約版は、*Discours et rapports à la Convention par Robespierre*, 1965, Union Générale d'Édition, pp.154-157に掲載されている。

第4章　国民主権と地方自治の「対話」による法治主義の模索　65

次会（選挙人集会）の10分の１の異議が申し立てられなければ「法律案」は
法律となり、異議が成立した時には国会が全ての第一次会を招集して「法律
案」の可否を決する制度となっており（58〜60条）、コミューンが「主権的行
為」に関与する要素は「法律案」の公示の場というに過ぎない。

　実は、サン＝ジュストは、当時対立していた議会内左派の中の穏健派であ
るジロンド派による「大コミューン制」の主張、すなわち大小異なる伝統的
な市町村の区分を均一な人口数の新区分に改造するために、小規模の農村コ
ミューンを統合すると同時に、パリのような巨大な都市自治体は分割すると
いうジロンド派の自治体再編の主張に対抗する必要から、コミューンが分割
不可能な前国家的自然共同体的なものであることを強調せざるを得なかった
という事情があった。さらに真理の単一性を信奉し、「一般意思」は本質的
に不可分と考えるサン＝ジュストにとり、「一般意思」が地域的地理的区分
に基づいて形成されることは本来ありえないことでもあった。したがって彼
の議論は次第に、地域的地理的区分と切り離された市民の集合体である「部
族」（tribus）の単位で選挙などの「主権的行為」を実行すべきであるという
主張に変わっていったというのが、ジョームの分析である[28]。その結果、
「国民の主権はコミューンに存する」というサン＝ジュストの主張はその内
実を失い、市民の直接的政治決定の至高性を強調する意味しかなくなり、自
治体に政治的性格を認める視点は失われてしまった。

　実際1793年憲法では、「主権は人民に存す。」（前文の人権宣言25条前段）、並
びに「いかなる人民の部分も人民全体の権力を行使できない。」（同26条前段）
と規定し、「市町村自治体の行政官も吏員もいかなる代表者の性格も持たな
い。彼らはいかなる場合でも立法府の行為を修正することもその執行を停止
することもできない。」（本文第82条）と規定している。つまり「人民主権」
論を全国レベルで徹底しようとするならば、それは必然的に、「人民代表」
は主権者人民に法的に拘束されているとの推定が働く制度が採用されている
はずであるから、「人民代表」が「一般意思の表明」として定める法律の至

---

28) Lucien Jaume, , « La souveraineté montagnarde : République, peuple et territoire », in J.
　　Bart, J.-J. Clére, Cl. Courvoisier et M. Verpeaux（éd.）, *La Constitution du 24 jun 1793*,
　　Éditions Universitaires de Dijon, 1997, p. 121 et pp.124-129.

高性をそれだけ正当化することにならざるを得ないのである。したがってこ
こでも、自治体が国の立法権に関与しこれを分有する論理は見出せない。

4 「相互行為的なプロセス」としての「一般意思」の
再定義が持つ可能性

　R. デバシュによれば、フランス革命以降2世紀にわたり続いてきたフラ
ンスの政治文化では、ジャコバン派には中央集権と「単一不可分の共和制」
に対する強烈な支持者のイメージが、ジロンド派には「確信に満ちた地方分
権派かつ連邦主義者」のイメージが付きまとってきたという。しかし、確か
にジロンド派の一部には連邦主義的な考え方が存在していたことは事実であ
るにせよ、彼らも実際に政治に携わる者である以上、当時のフランスにおい
て「国家の単一的性格を維持することの必要性」は十分自覚していたのであ
り、フランスを連邦制化する意図は全く無かった。当時の政治家の全てが単
一不可分の共和国の必要性を認めていたからこそ、連邦主義者のレッテルを
貼られることは致命的な失敗を意味した。ジャコバン派もジロンド派も互い
に中傷合戦の中でこのレッテルを利用し合った。したがってジロンド派も、
せいぜいのところ地方分権化により好意的であり、あるいはジャコバン派が
優勢なパリの全能性を避けようという意図を持っていたに過ぎない[29]。

　コンドルセはジロンド派の優れた理論家であり、「ジロンド憲法草案」の
主要起草者でもあったが、彼にしても連邦制の立法権分有制のような主張を
展開することは無かった。とはいえ、再度ジョームの分析を用いるなら、コ
ンドルセが立法権力と「人民による一部の主権行使」との間の「未知の満足
のいく関係」を捜し求めていた点は重要である。この観点から彼は、「主権
と代表との間、『純粋』民主制と『代表』民主制との間の紛争を未然に防ぎ」、
「『人民』と『代表者』の間のこうした敵対関係を矯正する」ために、「一般
意思」の概念自体の再定義を試みている。それによれば「一般意思」とは、
「既に形成済みでありながら隠れており、それを発現させることが重要であ

---

29)　Debbasch, *op. cit.* (note 16), pp.242-246; *Id.*, « L'accusation de fédéralisme dans le
　　processus politique de 1793 » in *La Constitution du 24 juin 1793, op. cit.* (note 28), pp.19-
　　43.

第 4 章　国民主権と地方自治の「対話」による法治主義の模索　67

るような実体」などではなく、「有権者と代表者との間の不断の生き生きとした相互行為的なプロセス」として考えられるべきものであった[30]。

　この考え方からは、特定の自治体やセクションが特権的な位置を占めて他の自治体を圧迫・先導するいわゆる「前衛主義」は認められない。彼は1792年8月10日にパリの諸セクションが示した「前衛主義」（すなわち過激化したパリ民衆層の蜂起を通じた新体制＝国民公会の樹立）に反対し、「市民側からの要求の表明に関して『共和国の様々な部分』の間の厳密な平等を確立することに関心を抱いた」のだった。彼の考えを基に作成されたといわれる「ジロンド憲法草案」における唯一の直接民主主義制度である人民発案制にしても、その真の目的は「有権者団の間の平等」と「全ての個人が持つ抵抗権」を保障するところにあり、ほんの少人数に過ぎない「市民の能動的部分が人民全体として現れることを止めさせる」（*A.P.,* t.58, pp.600-601）ところにあった。この意味でコンドルセは、コミューンや第一次会をサン＝ジュストのように「主権的」と見なすことは決してない。こうして彼もまた、「各第一次会は主権的ではない。主権は人民の総体（l'universalité du peuple）にしか帰属し得ない」（*A.P.,* t.58, p.586）と主張したのである[31]。

　コンドルセは、「国民代表制」が持つ有権者意思の「代行主義」の欺瞞性を十分に意識しながら、なお有権者自身の主権行使についてもア・プリオリにその至高性を認めておらず、「有権者と代表者との間の不断の相互行為的プロセス」の方向に「人民主権」原理を修正しようとしている。それは、ルソーやジャコバンにとっては民主主義の不徹底であるように思えるかもしれない。しかし次に見る「討議民主主義」論者の一人であるサンデルが的確に指摘するように、ルソーが前提としていた「人民」像は均一な市民の集合体であり、このような「人民」の内部では市民間の距離感は存在しない。市民は利己心を捨てて全体の利益のみを考えて投票すると考えられ、そのようにして示される「一般意思」とは、共通利益が予め存在することを前提とする討論抜きの全員一致的決定で発見されるものだった[32]。

---

30)　Jaume, « La souveraineté montagnarde… », *op.cit.* (note 28), pp. 116-117.
31)　*Ibid.,* pp. 117-118.

社会が高度化・複雑化し価値観も多様化する中で民主主義の内実が問い直されている現代の視点から見ると、コンドルセが追究しようとしたものは、完全には不可能である全国レベルの民主主義の徹底化を前提とせず、むしろ一定の不完全さを常に残しつつ漸進的に発展する民主主義を是とした上で、自治体を含む多元的な決定の場による「相互行為的プロセス」を肯定する点で、かえってより優れた理論であったといえよう。この点をより明確にするために、若干唐突ではあるが、現代の政治思想上で注目を集める「討議民主主義」論を現代憲法学の主権論とつき合わせて分析することで、地方自治の国民主権原理への組み込み可能性の新たな方向を探ってみよう[33]。

Ⅲ 「民主主義の相互行為的プロセス」論における国民主権と地方自治の新たな関係

1 「討議民主主義」論による民主主義理論の深化

「市場経済」がグローバル化し、ネオ・リベラリズム的な思想が跋扈する現代において、これと対抗し、共和主義的な政治参加と友愛ないし連帯による社会形成をめざす思想潮流が「討議民主主義」である[34]。「討議民主主義」

---

32) Michael J. Sandel, *Democracy's Discontent*, The Belknap Press of Harvard UP, 1996, pp.319-320.

33) 紙幅の関係で十分に論じることはできないが、18世紀末のフランス政治思想から現代の思想である「討議民主主義」に飛躍するには、多くの説明が必要である。もちろんフランスは、現在に至るまで「共和国の単一不可分性」の憲法原理をなお維持しており、フランス憲法学の主流は「討議民主主義」の考え方を受け入れていない。この点に関して、2003年の地方分権化のための憲法改正とその限界については、拙稿「フランスの憲法改正における補完性の原理と実験への権利」自治総研295号（2003年）1-35頁を、それ以前のフランス憲法学の限界については拙稿「フランス地方分権制と単一国主義」宮島喬＝梶田孝道編『現代ヨーロッパの地域と国家』（有信堂高文社、1988年）44-68頁を参照のこと。しかし日本の憲法学の視点から見ると、「人民主権」論と「討議民主主義」論を連動させて論じることは大いに意味がある。この点についても、拙稿「『市民政治』・『参加民主主義』と憲法学」憲法問題18号（2007年）72-85頁を参照されたい。

34) 現代フランスでも同様の主張が「共和制」論の中でなされる。しかしそれは、国家成立の前提に「社会契約」としての価値観の「ユニテ」を求めており、政治的中央集権に傾斜する特徴を持つものだった。現代フランスの「共和制」論は、レジス・ドゥブレ＝樋口陽一＝三浦信孝＝水林章『思想としての《共和国》』（みすず書房、2006年）を参照のこと。

は民主主義を単なる多数決主義として考えるのではなく、民主主義的決定の内実を問い直し、また「討議」プロセス自体を重視し、その中で参加者の選好の変化が促されることを重視する。

　もっとも、多くの「討議民主主義」論は、市民間の多様な公開討論を通じて市民自身が自己陶冶するところに関心を集中させてしまい、市民の政治への影響は間接的でよしとするので、本稿が追究するような、市民の直接参加と地方自治を国民主権原理に組み込む論理を提示する政治理論たりえない。例えば前述のサンデルも、公民的徳性の強化・涵養の企てを「討議民主主義」として論じつつアメリカの連邦制を高く評価するけれども、その意味については次のように述べているに過ぎない[35]。

> 連邦制は政府間関係論以上の意味がある。それは主権国家とそのような国家が必要とする単一の（univocal）政治的アイデンティティに代わる別の見方をも提供する。この見方によれば、自己統治（self-government）は主権が分散させられ、市民意識が多様な市民間の契約の場を通じて形成される場合に最もよく機能することが示唆される。

　この点で、I. マウスの定式でもある「法的に制度化された国民主権と制度化されていない国民主権の、継続的な結合と相互的融和」という視点から法の新たな民主的形成を模索するJ. ハバーマスは注目に値する。ハバーマスはこの「相互的融和」による法形成を、「法治国家」の枠内での「民主的手続きを通じて、もしくは政治的公共圏のコミュニケーションの網の目で実施される」、より高次の間主観的な了解過程として描き出すが、それは具体的には正規の政治制度と制度化されない市民社会（特にジャーナリズムの影響力を介在させるそれ）の2方向から合法的に法形成がなされるとする「討議民主主義」論である[36]。

　しかし同じく「討議民主主義」論者であるドライゼクは、ハバーマスに対しても、その合法主義から来る限界と平和的・予定調和的な討議イメージの

---

35)　Sandel, *op. cit.* (note 32), p.347. また大森秀臣「現代社会における自己統治回復について(1)(2・完)」法学論叢147巻6号（2000年）21-41頁、149巻5号（2001年）89-116頁も参照。

36)　ユルゲン・ハーバーマス（河上倫逸＝耳野健二訳）『事実性と妥当性（下）』（未来社、2003年）22-26頁、179-183頁。

点で批判を加えている。ドライゼクは、従来用いられてきたDeliberative Democracyに代えてDiscursive Democracyという表現を用いて真の「討議民主主義」を描き出す。それは、現代市民社会においても簡単には合意が得られない差異や敵対的関係が存在することを認めた上で、市民社会内の対抗的な諸勢力が支配的政治経済システムに対して「反乱」としての意味を持つまでの対抗的な「討議」を繰り返す中で初めて、相互行為的な現代民主主義が得られるとするものである[37]。

現代「市民政治」理論として「討議民主主義」論を展開する篠原一も、制度的プロセスと非制度的プロセスの2回路において市民の日常的意思が政治に反映されるべきことを主張しつつ、ドライゼクと同様に対抗的・反乱的な「討議」プロセスの重要性を認める。この観点から篠原は、単なる世論や市民運動を通じた市民社会からの非制度的影響力だけでは不十分であり、政治システムにおける直接民主制のバランスのとれた採用も不可欠とする。但し、現代社会の主要な政治課題はエコロジー問題や少数者差別問題のように、個人の価値観の変革まで促さざるを得ないものであるとの認識から、市民社会が政治システムに直接的影響力を過度に及ぼすことは避け、むしろ市民社会内部で「討議」を活発化することと、この「討議」の制度化を通じた間接的影響力の実効化を目指す方向を提示する[38]。

2 「討議民主主義」を踏まえた現代国民主権論と立法権の多元化

それでは、「討議民主主義」と結び付けて理解される現代の国民主権原理は、具体的にはいかなるものになるのであろうか。まず、シェイエスらが構築し、19世紀の英仏などで主流となった純粋な「国民代表制」に基づく国民主権の原理は、それが前提としていた制限選挙制の撤廃に伴って修正を余儀なくされるであろう。この純粋な「国民代表制」は「純粋代表制」と呼ばれるが、国民代表が法制度上も理念上も一切有権者から独立して、自由に「全

---

37) Johns S. Dryzek, *Deliberative Democracy and beyond*, Oxford UP, 2000.
38) 篠原一『市民の政治学』（岩波書店、2004年）、特に184-187頁。

国民の一般意思」を表明できるとするものであった。しかし大衆運動により普通選挙制が実現し、社会と政治の民主化が進んだ20世紀以降は、「純粋代表制」はその「代行主義」の欺瞞性が誰の目にも明らかとなってしまった。現代の代表制は、有権者による国民代表への命令委任やリコール制などの法的統制は未だに否定されているものの、少なくとも民意に事実上縛られる政治こそ正しいという理念が確立した「半代表制」または「社会学的代表制」に変質している。さらには多くの国で部分的に国民（人民）投票制度が憲法に採用され始めており、こうした「半直接制」への変化は、現代の統治システムがシェイエス流の国民主権とルソー流の「人民主権」の2つの原理の中間に位置するものとの理解を可能にする。

　しかし既に見たように、さらに「人民主権」に近づけて理解する場合には、いくつかの難点が出現し、かえって地方自治を主権原理に組み込むことが難しくなる。もちろん地方レベルでは、「人民主権」原理の実現は可能であり、現代民主主義にとって不可欠でもある。しかしジャコバン派による全国レベルでの「人民主権」実現の試みの検討から分かるように、国政レベルでも完全な「人民主権」が実現すると仮定した場合には、自治体が国の立法に対立・抵抗しこれを修正する契機は一切消滅してしまい、命令委任の厳格化や「人民拒否」制の活用を通じて、地方自治を侵害する立法の成立を市民自身が阻止する以外には自治権を守る術はなくなる。だが高度化・複雑化した現代政治における現実的要請を考えるなら、日常政治ではある程度の独立性と自由を国民代表に認めざるをえないので、結局は全ての法律が「人民主権」に基づく「一般意思の表明」としてその最高性が正当化される危険がある。現代の「人民主権」論者の多くも、もはや厳格な命令委任制を要求せず、部分的な直接民制の導入や党議拘束による国会議員の統制と連動した公約に基づく政党政治で足りるとする「修正人民主権」論である[39]。したがって民主主義の現代的理解からは、国政レベルでは「人民主権」原理は常に不十分にしか実現できないことを認めた上で、国会の立法の最高性は条件付きでの

---

39)　例えば杉原泰雄『憲法Ⅰ・憲法総論』（有斐閣、1987年）200-202頁。同『憲法Ⅱ・統治の機構』（有斐閣、1989年）164-172頁。

み認められ、より民意の反映しやすい自治体意思に、時に国の立法意思に対抗しうる効力を認める立法権の多元化システムこそが正しいのである。

　加えて権力の「正当性の契機」として主権論を考えた場合にも、「人民主権」原理は修正を余儀なくされる。なぜなら、「国民のための政治」という理念から考えた場合、主権者は現存する全成人からなる有権者総体に限られず、意思能力を有しない赤子も含んだ未成年者や将来生まれてくる世代をも含まざるを得ないからである。国際化した現代社会では、国籍のない定住外国人を共同社会の一員としてこの意味の「国民」に含める必要性も高まっている。純粋「人民主権」論は、政治的意思能力を持つ一定年齢以上の国籍保持者の総体（すなわち有権者団）のみを主権者と考え、主権者に権力の実際の行使を保障する「権力的契機」中心に構成されているが、「正当性の契機」から考えるなら、あるべき「全国民」の意思を「有権者団」が「代行」しているに過ぎないことを認めなければならない。

　確かに「純粋代表制」期の国民代表と主権者「国民」の「意思の同一性」神話が崩壊した現代民主主義では、権力正当化の根拠としての「国民」も純粋に抽象的な「国民」ではありえず、可能な限り具体的実在的で構成員数の多い「国民」として概念構成される以外には正当性を保ち得ない。したがって主権者「国民」の意思を「代行」するに最もふさわしい人間集団は、実在的「国民」に最も近い存在としての「有権者団」でなければならず、次に「有権者団」が実際に主権行使を「代行」することが困難な場合に、憲法の権限配分に従い立法府たる国会が「有権者団」の意思表明を「代行」すると考えなければならない[40]。

　しかし現代の民主主義論では、「有権者団」の意思決定であれ国会のそれであれ、そこには常に一定の「代行主義」の欺瞞が付きまとうことも考慮に入れる以上、これらの決定の正当性は、単に憲法の明文上の権限配分によるだけでなく、現実的必要性と決定内容の妥当性に依存するのであり、その正当性は常に実態に応じた相対的なものと考えるべきである。それでも「有権

40）　治者と被治者の「同一性の原理」という芦部の表現（芦部・前掲注14）『憲法制定権力論』
　　　193-196頁）も、こうしたやむを得ざる「代行主義」を述べたものと理解できる。

者団」による直接の意思決定、特に憲法改正国民投票権の行使に関しては、憲法改正権の限界以外にこれを阻止するものは存在しない。しかし「有権者団」の意思表明を「代行」する国会の場合には、実在的「国民」の多様な、そして「討議」を通じて変化する意思の表明「代行」権を独占することはもはや認めがたい。「討議民主主義」を踏まえた現代の国民主権論では、このように便宜的に認められるに過ぎない国会立法の（憲法に次ぐ）最高性は、現実がその例外を要求する場合には否定されることになる。現実に自治体意思の方が妥当であることが立証される場合には、国会立法の最高性は否定され、「討議」プロセス保障の観点から自治体意思が対抗力を与えられなければならない。

　さらに「討議民主主義」の重要な視点である、「討議」過程を通じて当事者の選好が変化するという視点も、国会立法の最高性に修正を促す。「討議民主主義」は、多数者が熟議を経ずに熱意も無く漫然と持つ選好と、少数者が熟議を重ねつつ熱烈に抱き続ける選好の対立を、単に数だけで比較して決着をつけることを許さない。少数者の必死な主張により多数者の考えが変化する実効的プロセスが一定程度保障されなければならない。この点からも、全国レベルでは少数派であっても、一部の自治体が提起する強い要求は、少なくとも一定期間、国会の立法意思への対抗力を保障されなければならない。以上の観点から現代の国民主権は、何らかの形で国と自治体とで立法権が多元化されることを必須とする。

3　「司法権一元型裁判システム」と立法権の多元化

　立法権の多元化が現代の国民主権原理にとって不可欠だとしても、立法への非公式的な影響力の行使は当然のこととして、さらに制度的に立法権分有制を認めるには憲法上の根拠が必要になる。国民主権の規定自体が1つの重要な根拠となるにしても、さらに実定憲法上の主権規定をこのように解すことを裏打ちする別の憲法規定の存在が不可欠である。

　立法権の多元化には、自治体やその連合体が国会の立法作業に参加する方向と、国会制定法の執行に抵抗しこれと競合することで実質的に立法権を分有する方向の2つがある。立法への参加には、地方自治に関わる立法の際に

関係自治体や自治体連合組織の代表に対する諮問手続を制度化する法律を制定することで、国会自身が自己拘束する方法がある。しかし「後法は前法に優越する」原則から、「唯一の立法機関」（憲法41条）たる国会は、いつでもこの諮問手続という束縛を自ら廃止する自由を持つ。連邦制型の自治体（支邦）による立法参加制度を持たない日本国憲法では、憲法で保障された制度としての自治体の立法参加は見出しがたい[41]。

　むしろ日本国憲法における立法権多元化の保障は、法律の執行レベルで自治体意思（条例）が国の法律の効力に対抗しうる裁判的適法性統制制度を採用しているところに見出される。周知のように、日本国憲法が採用する権力分立制において裁判所に帰属するのは司法権である（憲法76条1項）。そして通説的見解によれば、司法権とはあくまでも「具体的争訟に法を適用し裁定する作用」であり、国民の権利利益をめぐる具体的紛争の存在が必要である。したがって本来の権力分立のあり方からすれば、国と自治体との権限や適法性をめぐる紛争も、それが個人の権利利益に関わる紛争でない限り司法作用には含まれず、したがって裁判所の紛争処理権限外の問題となるはずである。

　確かに日本には、地方自治法における住民訴訟（242条の2）や国や都道府県の関与に対する自治体側の機関訴訟（251条の5、252条）のようないわゆる客観訴訟が数多く制度化されている。客観訴訟の合憲性について、学説の多くは、単にそれを制度化する法律の存在を根拠に挙げるに過ぎないが、「憲法によって制定された権力（pouvoir constitué）」に過ぎない国会に憲法上の権力分立制を逸脱するような新たな授権規範を制定する権限を認めるのは立憲主義に反している。特に「国民代表」たる国会の意思と「国民」意思の「同一性」原理が暫定的便宜的なものに過ぎないことが自明となった現代民主主義においては、この種の立法行為の最高性は決して認められない。客観訴訟が合憲となるのは、一部有力学説が述べるように、司法作用を担当する裁判所が当該事件を扱うことが例外的にふさわしくなるような、主観訴訟に類似した具体的背景を持ち一定の「権利利益をめぐる紛争」の外観を持った

---

41)　斎藤誠「地方自治の手続的保障」都市問題96巻5号（2005年）49-53頁は、ドイツを例に挙げながら事前手続保障としての参加を論じるが、そこでの議論は憲法上、参加が許容されるというにすぎず、憲法が義務付けているとするものではない。

第4章　国民主権と地方自治の「対話」による法治主義の模索　75

ものに限られなければならない[42]。

　近年の日本では、グローバル化する「法治主義」を強化する観点から、あるいは自治体に「法治主義」を厳格に守らせた上での地方分権化を進める観点から、客観訴訟の対象を拡大して、裁判所に自治体と国の政治的紛争を法的紛争として処理させようとする傾向が強まっている。確かに、物理的強制力を独占する国との関係において自然人の権利に準ずる一種の主観的権利を自治体も有するとの理解から、法律による具体的定めが無くとも自治権侵害の場合には主観訴訟である抗告訴訟を自治体に認めるべきとの立場からは、前述の国の関与に対する機関訴訟も主観訴訟に準ずるものとして許容されよう。しかし地方分権と「法治主義」の同時強化をめざす政府や財界には、このような「準主観訴訟」の枠すら超えて、「自治体の違法な立法・行政的行為等に対する国の適法性確保措置」としてさらに客観訴訟の対象を広げようとする動きがあることには注意を払わなければならない[43]。

　私人の権利義務にも関わりなく、また自治権侵害を惹起する国の関与に対する自治体側から提起される訴訟のような「準主観訴訟」とも見なしえないもので、なお自治体と国との間で生ずる法的紛争とは、まさに国が自治体意思に対して抽象的規範統制を試みるところから生まれるものである。このような紛争に裁判所を介在させて決着をつけるには、違憲審査の場合にはドイ

---

42)　現行法上の客観訴訟の合憲性について、芦部は次のように述べる。「この制度は、法律で例外的に認められた訴訟であるから許される、と一般に説かれてきた。しかし、この訴訟は何らかの国の行為を争う点では、法律の純粋な抽象的審査ではなく、国の行為と提訴権者の権利・利益の侵害との間に一定の関係があると考えることもできるとし、司法権に含まれる作用だと解する有力説もある」（芦部・前掲注12）364頁。傍点は原文のまま）。なお、周知のように高橋和之は、「法の支配」概念と「司法権」概念を修正することで「客観訴訟」の全てを「司法作用」に含めることを試みている（高橋和之「司法の観念」樋口陽一編『講座憲法学』6巻〔日本評論社、1995年〕23-24頁など）。この新「司法権」概念は、本章の「無数の欠缺のある法治主義」概念を否定することに通じる。

43)　全国知事会第8次自治制度研究会『地方自治のグランドデザインⅡ』（全国知事会、2006年）148頁は、憲法改正と絡めた話であるが、国の違法な立法的・行政的関与に対する司法救済を自治体に保障する以上、自治体の違法立法・行政行為に対する国の適法性確保措置も必要とする意見が出てくる可能性があるとして、その注7（150頁）で、すでに参議院憲法調査会で、「地方自治体の違法行為に対して国として合法性の監督ができるような担保措置を設ける必要がある。同時に、国のチェックが合法的でない場合の司法上の救済措置を設けることが望ましい。」という意見が出されていることを紹介している。

ツの憲法裁判所やフランスの憲法院のように、裁判官の構成が政治的に多様で「討議民主主義」的正統性を確保しうるものに日本の最高裁判所を改革しなければならないし、通常の適法性審査でもドイツやフランスの行政裁判所のように行政事件に精通しかつ独立性と公平性を保つ伝統を持つ行政裁判所裁判官集団が必要である。これには大幅な憲法改正が必要である。

　もし日本が行政裁判所を設けたとしても、例えばドイツのミュンヘン市議会が市内への核兵器の配備と通過を禁止する「非核兵器地帯」決議を可決したところ、連邦行政裁判所から当該決議自体の適法性審査を加えられ、地方自治行政権の限界を超えるもので違法とする1990年12月14日の判決を受けたように[44]、連邦制における連邦と州間の権限紛争でもない限り、客観訴訟は常に国の意思（法律）を自治体意思に優越させる結果を生むものであることには注意を払っておきたい。近年、ドイツやフランスの行政裁判所における国（連邦の支邦を含む）と自治体の権限紛争処理の仕方を研究して、日本でも客観訴訟を積極導入しようとする試みが見られるが、客観訴訟に関する行政裁判所の実例は、そのままでは日本やアメリカなどの「司法権一元型裁判システム」を採る国には妥当しないと考えるべきである。

4　「欠缺のある法治主義」による「対抗的対話」と　　立法権の多元化

　「司法権一元型の裁判システム」では、司法裁判官は具体的事件があって初めて、個別ケースに即して最も適切な判断を下すことができるのであって、抽象的な「合法性」の審査能力を本来有していない[45]。国と自治体の権限紛争も、単に条例が法律に適合しているか否かを審査するのではなく、条例と法律のいずれの効力を優越させたほうが問題となっている人権のよりよい保障になるか、あるいは「準主観訴訟」の枠内で個別的紛争のより公平な解決

---

44)　成田頼明「地方公共団体の対外政策の法的位置づけと限界」芦部信喜古希記念『現代立憲主義の展開（下）』（有斐閣、1993年）540-541頁を参照。
45)　土井真一は、「司法的法形成システム」が持つ固有の正統性の観点からではあるが、主観的権利性と事実関係の具体性が「司法権」概念には不可欠であることを力説する。土井真一「法の支配と司法権の観念」佐藤幸治＝初宿正典＝大石眞編『憲法50年の展望Ⅱ』（有斐閣、1998年）79-141頁、特に123頁。

第4章 国民主権と地方自治の「対話」による法治主義の模索　77

となるかの実質的判断を行うのが司法裁判官の本来的任務なのである。一般的には法律の効力が条例のそれに優越することは認めなければならないが、住民の生命・環境・安全などにとって不可欠であることが立証される場合に条例を法律に優先させる判断なら、司法裁判官でも十分に下せるはずである。

　他方で日本の現行法では、国から見て「違法」な自治体活動であっても、それが自治事務の場合には、具体的争訟が提起されない限り、国が自治体に対して行える適法性統制は、地方自治法245条の5の是正の要求のような、最終的判断が自治体に残されるものに原則として限られている。確かにそれは、国会の立法を頂点とする合法性のピラミッド構造（法治主義）に多くの欠缺を生じさせる。しかし自治体が独自の合法性解釈に基づき国の法律を逸脱する実験が許されなければ、国と自治体の立法権競合の可能性は生まれえない[46]。

　国から提起される裁判的統制を受けない自治事務領域を自治体独自の判断で創出することを可能とする裁判統制システムとなっている現状は、国会が立法政策で作り出したものなどではない。日本国憲法が持つ以下の3つの憲法原理が互いに連動しあってこれを要請しているのである。それは第1に、英米法系の「司法権一元型裁判システム」を採用していることであり、第2に、国と自治体の間で抽象的ながら立法権の分有を示唆する「地方自治の本旨」という独特の自治権保障規定を有することである。そして第3に、強制力の担保による実効性の点では国の意思に劣ることを前提とするにせよ、国の是正要求に対する様々な抵抗を通じて、自治体意思が一定程度存続しうることを「対抗的対話」として認める「討議民主主義」を含んだものとしての国民主権原理を、日本国憲法が採用していると解しうることである。だからこそ、例えば国際条約に基づき国から入港を認められた外国籍軍艦に対して、核兵器搭載の疑いのある場合の自治体管理港への入港業務を拒否する非核条例を制定すること自体は、国の提訴による裁判的統制を受けるものではない。さらに同条例に基づき自治体の通常権限の範囲内で入港を拒む多様な活動を

46）　拙稿「国による統制と裁判的救済の視点から見た『地方自治の本旨』」地方自治職員研修533号（2005年）11-12頁も参照のこと。

展開することも、拒否された者が提起する主観訴訟を除けば裁判的統制を受けないのである[47]。

　裁判所も法規範の統一という点では中央集権的統制機関である。阿部昌樹によれば、「強度の集権体制」においては国の自治体に対する立法的・行政的統制が高密度であるため、かえって司法的統制は低密度になる。これに対して「中間段階」の分権体制では、立法的・行政的統制が少なくなるため、司法的統制が高密度となって国家の統一性を保障する。これに対して立法的・行政的統制が低密度なのに司法的統制も十分ではなく低密度に止まる場合には、国家の統一性が危うくなり、連邦国家どころか州国家の連合体に移行してしまう危険があるという[48]。阿部はこの観点から、国と自治体との紛争を高密度で司法的に処理する方法こそが適度に分権的な優れた手法と見る。しかし以上の検討から分かるように、英米法流の「司法権一元型裁判システム」を採る権力分立制では、司法的統制は常に「一定の欠缺のある法治主義」を前提としており、その意味で司法的統制の密度には常に一定の限界があり、逆にそのことが地方自治権を実際上保障していることも見落としてはならないであろう。

　立法権にまで及ぶ分権化や「討議民主主義」に消極的なフランスでも、最近では「法治主義」概念の修正が始まっているように見える。J．シュヴァリエも、従来は国会のみが一方的に法を定立するという意味で「独白型（monologigue）法治主義」であったが、現在は多様な法源による多元的な法形成が認められるようになり、「対話型（dialogique）法治主義」に変わってきたと述べている[49]。彼の「対話型法治主義」は、本章で展開したような法律の執行過程における自治体意思の対抗を通じた法の多元化まで含むものではないが、それでも、あれほど「国民代表」による独占的な法形成の観念の強かったフランスの国民主権論の変化を窺わせるものである。やはり21世紀の地方自治原理は、「国民主権」に基づく「一般意思」と対抗する場合をも

---

47)　同様に、かつて存在した東京都中野区の教育委員準公選制も、国からの裁判的適法性統制を受けなかった。

48)　阿部昌樹「中央――地方関係における司法府の位置づけをめぐって(1)」法学雑誌43巻3号（1997年）377-414頁。

49)　Jacques Chevallier, L' *État de droit*, Montchrestien, 4e éd., 2003, pp.143-144.

含む「対話」を繰り広げるものでなければならない[50]。

---

50) 本章の記述において、「日本の現行法」と述べているのは、2012年8月の地方自治法一部改正により、自治体の事務の処理が「法令の規定に違反していると認めるとき、又は著しく適正を欠き、かつ、明らかに公益を害していると認めるときに」、自治事務については是正の要求が、法定受託事務については是正の指示が出されたにもかかわらず、なお当該自治体が関与取消訴訟も提起せず、かつ当該不作為を続ける場合に、国から違法確認訴訟を提起できるとする地方自治法251条の7が設けられる前の時点のことである。本章の元となった2007年の拙稿は、「分権型法治主義」の一つのあり方として、「穴の開いた法治主義」の積極的意義を模索するものだった。後に見るようにそのような筆者の模索は挫折するが、本書全体でその過程を示すためにも、本章の日本の地方自治法の分析については、2007年時点での地方自治法を「現行法」として述べる初出拙稿の部分はそのままにしてあることをお断りする。なお、2012年法改正を受けての「分権型法治主義」の新たな展開方向については、後の章で論じる。

第 2 部

「分権型法治主義」と
「対話型立法権分有」法理の成立

第5章

「対話型立法権分有」の事務配分論と「分権型法治主義」

I　問題の所在[1]

　地方自治権の本質と限界を探る上で、国の自治体に対する統制のあり方は死活問題である。後述するように、日本国憲法自体が一定の専管的な自治事務領域を明示しておらず、現実に発生する事件の中で、裁判所の個別具体的な判断を通じて国と自治体との間の権限配分が明確化されると考える場合は、なおさらそうである。この場合には、国と自治体との間の権限紛争を裁判所が処理する際に用いられる適法性の判断基準こそが、どれだけ豊かに自治体にその独自の権限行使領域を認めうるかを決する最重要のテーマとなる。

　この視角からは、さらに自治体に対してどのような主体がいかなる範囲で適法性統制を加えるべきかも重要な論点となる。自治体に対する国家の裁量的な関与を認めないことを明確にした1999年改正後の地方自治法においては、国による自治体に対する統制は法律を根拠とし（「関与の法定主義」地方自治法第245条の2）、また国と自治体との間が紛争状態となった場合にも、少なく

---

1)　本論考の初出は、拙編『地方自治の憲法理論の新展開（自治総研叢書28）』（敬文堂、2011年）所収の第6章の拙論文（121-156頁に掲載の本章と同名論文）である。本書への収録に当たり、ある程度の加除修正を行ったが、2011年執筆当時の法状況が分かるように、当時の叙述を可能な限り残している。本章でも触れた「神奈川県臨時特例企業税条例事件」については、初出論文の執筆時には控訴審判決しか出ていなかったので、これを前提とする記述となっている。また、国からの提訴による、自治体の事務執行に対する違法確認請求訴訟制度は2012年8月の地方自治法一部改正で実現したが、初出論文の執筆時には、すでにその制定の動きが進んでいたにせよ、まだ成立前であった。そのような緊迫した状況下で、本初出論文は「分権型法治主義」をどのように維持・発展させればよいかを模索したのであって、本書にこれを収録するにあたっては、法改正直前のこうした思考過程を明らかにすることが、「分権型法治主義」と新しい「目的効果基準」論との密接不可分の関係を示すうえで有益と思われるので、本文の叙述は修正していない。なお、どうしても気になる場合は注で補足説明を入れている。

とも自治事務に関しては、原則としてそれが違法な場合に限って是正の要求を通じて自治体に法令を順守させる形でしか実現されえないこととなった（地方自治法245条の5[2]）。したがって内閣を含む国の行政機関が自治体に対して、少なくとも最終的な判断権を伴う適法性統制を行うことは禁止されたことになる。しかしそれでは、裁判所が遍く恒常的にこの自治体に対する適法性統制を担うことが絶対的に正しいと言えるのであろうか。逆に、国と自治体との法的な権限紛争を政治的な対立と交渉のルートに委ねることの方が、かえって地方自治権の（実際上の）保障に適する分野も存在するのではないか。この意味で、日本国憲法における適法性統制の問題は、裁判所による統制をどのように組み立てるかという司法統制のあり方とも密接に結びついているのである。

　本章はこうした観点から、まず日本国憲法の新たな総合的解釈に基づいた場合の権限配分に関する憲法理論に簡単な検討を加える。次に、この総合的解釈に適合的な国と地方の権限紛争についての審査基準を明らかにし、結果的に日本国憲法が保障しうると解される豊かな自治事務領域の姿を提示する。さらにその後に、この総合的解釈に即した地方自治体に対する適法性統制のあり方、特に裁判的統制の範囲を考察し、そこから分権型法治主義の新たな像を示すことにしたい。

Ⅱ　憲法の総合的解釈から導かれる「対話型立法権分有」の法理と事務配分・財源配分論

1　「地方自治の本旨」のあるべき解釈について

　最初に簡単に、日本国憲法の地方自治原理の基本を示す「地方自治の本旨」のあるべき解釈について再確認しておきたい。

2）　但し本条は、「違法」な場合以外にも、「著しく適正を欠き、かつ明らかに公益を害していると認める」場合も「是正の要求」を発出できると規定している。言葉の本来の意味での「違法」を超える、裁量権の著しい逸脱濫用をも対象としているが、本章ではあくまでも「違法」な場合に限っての国の適法性統制の本質を考える（本書**序章5**を参照）。

周知のように旧通説の「制度的保障説」は、「地方自治の本旨」の法的意味を自治事務や条例制定権が「実質的に見て存在すること」に見るが、それは実際には自治制度を全廃する法律を違憲にする程度の自治権保障の意味しか持ちえない。したがって自治体の事務や権能を憲法で保障したとはいっても、そのほとんどは法律次第とならざるをえなかった[3]。他方で「(新)固有権説」は、「地方自治の本旨」に地方自治体の不可侵の専管事務ないし専管自治立法領域の保障を見た[4]。しかし、日本国憲法の地方自治規定は、成田頼明が力説するように「連邦制的な」それではないこと[5]、立憲主義の観点からすれば、実定憲法の規定すら超越する不可侵の固有権は自然人以外には認められないこと、時代や社会の変化を踏まえた場合、「(新)固有権説」では、国と自治体の間の権限紛争において個別具体的な自治事務保障の基準を導き出せないことなどの難点があるので、筆者はこの立場をとらない。

　これら2つの学説を克服する可能性を持つものが、地方自治を規定する第8章に留まらない憲法全体からの総合解釈を試みる近時有力説である。人権保障最優先の原理と国民主権の「人民主権」的理解に基づく総合解釈を主張する杉原泰雄[6]のみならず、司法権は除くものの、立法権を含む統治権全体の垂直的権力分立を主張する高橋和之[7]も、論理的にはこの立場に含めることができよう。これらの学説をさらに発展させると、国会による立法権の独占を定める憲法41条や「法律の範囲内」の条例制定権を保障する憲法94条などの規定から、一般的、原則的には地方自治制度のあり方や権限配分については「法律優位の原則」を認めざるを得ないとしても、地方自治保障の観点から一定の場合に「法律優位の原則」に例外が認められ、「条例優位」、つまり国の意思に自治体意志が優越することも認められることになる。それは

3）　成田頼明「地方自治権の保障」『統治の機構 (Ⅱ) (日本国憲法体系第5巻)』(有斐閣、1964年) 287-303頁。

4）　「(新)固有権説」の論者としては、星野光男『地方自治の理論と構造』(新評論、1970年) 112-123頁、林田和博『憲法保障制度論』(九州大学出版会、1985年) 401-411頁、手島孝『憲法学の開拓線』(三省堂、1985年) 256-266頁等が挙げられる。

5）　成田頼明「『地方の時代』における地方自治の法理と改革」公法研究43号 (1981年) 156頁。但し本書は、成田が立脚する完全・絶対的な「法律優位の原則」には賛同しない。

6）　杉原泰雄「地方自治の本質 (3・完)」法律時報48巻4号 (1976年) 133-140頁。

7）　高橋和之『立憲主義と日本国憲法〔第6版〕』(有斐閣、2024年) 472-475頁。

「(新)固有権説」のように予め一定の領域を自治体専管事務とするものではなく、具体的な事件を裁判所が処理する中で、立法事実の審査において必要性と合理性とが十分に認められる場合に、条例が部分的・暫定的に法律に抵触することをも合法とする考え方である。この考え方を用いるならば、自治体が条例制定を通じて独自に創出する制度・権限・事務に合法性が認められる範囲は、国会の立法意志による法的制約から来る限界を超えて格段に拡がることになる。こうした新しい自治権保障論は、日本国憲法の国民主権及び垂直的権力分立の理解における「対話型立法権分有」の理解から導かれるというのが、筆者の基本的立場である。

2 権限配分・財源配分の憲法理論における 「補完性原理」の有効性と限界

このように「地方自治の本旨」を理解した場合、日本国憲法における地方自治保障の憲法原理は、具体的な立法権限を国と(州)自治体とで憲法上明示的に分割する「連邦制」型自治原理でもなく、国の立法権独占の下、自治体に対する権限配分や統制に関しては国会の制定法の定めに完全に委ねられているとする「単一国家」型自治原理でもなく、国と自治体が立法権を分有することを憲法の基本原理として認めながらも、具体的権限配分が憲法上明確ではない、いわば第3類型の地方自治原理ということになる。もっとも、憲法94条が予め一定の具体的な固有自治立法領域を保障していなくても、国民主権の「人民主権」的理解の一つの帰結として「補完性原理」(地方優先、基礎自治体最優先の事務配分原則)を導き出し、さらに国や広域自治体による基礎的・弱小自治体からの権限剥奪・吸収にはかなり厳しい違憲審査基準を設定することでこうした剥奪・吸収の合憲化を困難にすることを通じて、結果的に「条例優位」を導き出しうるとの立論もありえよう[8]。

しかしこの「補完性原理」については、当該自治体のレベルやサイズでは現代社会において必要とされる行政需要は満たせないことが逆に明らかとな

---

8) 杉原泰雄『地方自治の憲法論』(勁草書房、2002年)171-177頁(同増補版、2008年も同一頁)、廣田全男「事務配分論の再検討」公法研究62号(2000年)179-189頁など。本書**第1部第2章**でもこの問題を論じている。

る場合には、国や広域自治体に対して権限が吸い上げられる根拠になりかねないとする批判が根強くある。これとは反対に、「補完性原理」は地方分権改革に大いに資するとしながらも、逆にその本質は新自由主義型の改革イデオロギーにすぎないと見て、日本国憲法25条などに示される福祉国家原理（ナショナル・ミニマムの保障）を縮小・破壊する危険性が孕まれる点や、弱小自治体の吸収・合併のイデオロギーとなりかねない点で、「補完性原理」を日本国憲法の「地方自治の本旨」に読み込むべきではないとの反対方向からの批判もある[9]。

　この後者の批判は、「討議民主主義」のような民主主義原理の深化を通じて、国や広域自治体の政治決定の場で、弱小自治体の存続の保障やナショナル・ミニマムの充実を保障する政治選択を採らせることこそが重要であり、その上で「補完性原理」は、より豊かな行政需要について広く各自治体に委ねる原理であると考えれば、福祉国家原理と「補完性原理」とは必ずしも矛盾・対立するものではないとの反論が可能である。しかし以上の視点からは、なるほど適正な権限配分を予め科学的に決めることは極めて困難であり、その多くは政治的選択に委ねられざるをえないことを認める論理を含んでいることが分かる。したがって「補完性原理」は、政治的文脈においては、あるいは立法指針としては十分な意義を有するにしても、その裁判規範性や違憲審査基準のあり方の点では、なお多くの難点がつきまとうことを認めざるを得ないのである。以上の理由から、本章の以下の叙述では「補完性原理」による自治体権限の法的保障という考え方は考慮の外に置きたい。

　同じく充実した自主財源保障についても、筆者の視点からは、立法指針としてのそれは憲法94条の自治事務権限の一般的な保障から導き出されるにせよ、国が自治体の自主財政権をより制約・削減するような立法を行った時に、予め一定の具体的な財源や財政制度を憲法が保障していることを根拠に、その違憲性を論証しうるような法規範を導き出すことは困難であることを認めざるを得ない。筆者の「対話型立法権分有」の考え方は、受動的・防御的な

9）　例えば進藤兵「補完性・近接性原則批判」唯物論研究会編『地域再生のリアリズム（唯物論研究年誌14号）』（青木書店、2009年）175-204頁。なお、本書第1部第3章Ⅱ2でもこうした批判を紹介している。

自治権保障論というよりも、むしろ能動的・積極的に国から権限を奪いに行く攻撃的な理論という性格が強い。したがって国が自治体の財政自主権を不当に削減する立法措置を講じた場合、自治体はそれが削減され不自由になった程度に応じて、もちろんそのような地域的財政保障の必要性を論証しうるという条件付きではあるが、自治体の課税権や財政自主権を制約する国の租税や財政に関する法令の規定について、その根幹部分にふれない限りでこれに抵触・阻害するような独自の課税をし、あるいは独自の財政運営を行うことが可能となり、そのためのいわば部分的に「違法な」条例制定を行うことも合法視されることになる。これこそが、ここで論証しようとする自治体財源保障の憲法理論である。

3 「対話型立法権分有」を導く国民主権原理

　現代の民主主義論の深化が生み出した成果の1つが「討議民主主義」という考え方である。「討議民主主義」は民主主義を単なる多数決主義として考えるのではなく、民主主義的決定の内実を問い直し、また「討議」プロセス自体を重視し、その中で参加者の選好の変化が促されることを重視する。したがって多数意見と少数意見の間、あるいは全国的意思と地方意思との間に「実質的な対話」が成り立つことを民主主義の不可欠の要素とする[10]。

　日本国憲法は「民主主義」ではなく「国民主権」という用語を用いて民主主義を憲法規範化している（前文、1条、及びその趣旨を明確化するものとして15条1項など）。したがって、以下で簡単に「討議民主主義」と国民主権原理の関係を明らかにしておきたい。

　現代の国民主権原理は、もはや制限選挙制と結びつく、シェイエスらが構築し19世紀の英仏で主流となった「純粋代表制」に基づく「国民（ナシオン）主権」ではない。大衆運動により普通選挙制が実現し、社会と政治の民主化が進んだ20世紀以降は、「純粋代表制」はその「代行主義」の欺瞞性が誰の目にも明らかとなってしまった。その結果、現代の代表制は、有権者による国民代表への命令委任やリコールなどの法的統制は未だに否定されているも

---

10) 「討議民主主義」については、本書**第1部第4章Ⅲ1、2**を参照のこと。

のの、少なくとも民意に事実上縛られる政治こそ正しいという理念が確立した「半代表制」または「社会学的代表制」に変化している。さらには日本を含む多くの国では、部分的に国民投票制度が憲法上でも採用され始めており、こうした「半直接制」への変化は、現代の統治システムがシェイエス流の「国民（ナシオン）主権」とルソー流の「人民（プープル）主権」の2つの主権原理の中間に位置するものとの理解を可能にする[11]。

　他方で、現代の「人民（プープル）主権」論者の多くは、もはやルソーやその忠実な実践者であったフランス革命期のヴァルレら民衆運動（サン・キュロット）指導者のような厳格な命令委任制を要求しておらず、部分的な直接民主制の導入や、党議拘束による国会議員の統制と連動した「公約に基づく政党政治」で足りるとする「修正人民主権」論である[12]。結局のところ現代の深化した民主主義理解では、国会が「全国民の真の意思」を独占的・絶対的・確定的に代行することが否定されるだけでなく、純粋な「人民（プープル）主権」が主権者として想定していた「人民」すなわち「有権者総体」の意思決定であっても「全国民の真の意志」からはズレがあることを認めたうえで、多元的な意思決定者の間の「実質的な対話」のみが「全国民の真の意思に最も近いもの」を生み出しうると考えるのである。

　したがって「討議民主主義」を踏まえた現代の国民主権理解においては、憲法41条に基づき便宜的・暫定的に認められたに過ぎない国会立法の（憲法に次ぐ）最高性は、現実がその例外を要求する場合には否定されることになる。現実に自治体意思の方が妥当であることが立証される場合には、国会立法の最高性は否定され、「実質的な対話」のプロセス保障の観点から自治体意思が対抗力を与えられることになる。さらに「討議民主主義」の重要な視点である「討議」過程を通じて当事者の選好が変化するという視点からすれば、全国レベルでは少数派であっても、一部の自治体が提起する強い要求には、少なくとも部分的ないしは一時的であれ、国会の立法意思に対する対抗

---

11)　杉原泰雄『国民主権の研究』（岩波書店、1971年）、同『人民主権の指摘展開』（岩波書店、1978年）、同『国民主権の史的展開』（岩波書店、1985年）。

12)　例えば杉原泰雄『憲法Ⅰ・憲法総論』（有斐閣、1987年）200-202頁。同『憲法Ⅱ・統治の機構』（有斐閣、1989年）164-172頁。

力が保障されなければならない。

　現実の必要性に基づく自治体意思の国会意思に対する部分的・暫定的な優越化という考え方は、実際の立法過程で自治体の代表者が国の立法に参加するというだけでは確保されえない。現在、「地域主権改革」の一環として地方六団体の代表者と国との協議の場を法制化し、地方に関わりのある国の立法に自治体の意思を反映させようとする試みがなされたが[13]、たとえ自治体連合体の代表者が賛成した立法であっても、その遵守を個別の自治体にまで「法的に」義務付けるのは問題がある[14]。したがって自治体意思に国の意思に対する「実質的な対話的対抗力」を保障するには、ひとたびは（憲法に次ぐ）最高規範性を認められた国の立法が地方において適用・執行される際に、自治体の立法意思、とりわけその条例に一定の対抗力を認めることが不可欠なのである。以上の趣旨において現代の国民主権は、対話的な形で国と自治体とが立法権を分有することを必須の条件とする[15]。

---

13)　国と地方の協議の場の法制化については、例えば2009年10月7日発表の地方分権改革推進委員会第3次勧告の第3章において、常設の仮称「国地方調整会議」の設置の提案がなされた。同会議は、国側は首相、官房長官、総務大臣、財務大臣、その他首相が指名する関係大臣、地方側は地方6団体のそれぞれが指名する者から構成され、国側又は地方側からの申し出で開催され、毎回の会議の議題及び会議に臨む代表団の構成は、双方の事前協議によって定められる。同提案には、「協議が整った事項については、国側と地方側の双方ともに、その実現に向けて誠実に努力するものとする」という規定が含まれている（第3章6）。同勧告については、上林陽治「資料紹介・地方分権改革推進委員会『第3次勧告──自治立法権の拡大による「地方政府」の実現へ』」自治総研373号（2009）78-140頁参照（なお実際に、2011年に「国と地方の協議の場に関する法律」〔平成23年法律第38号〕が制定された）。

14)　政治的な義務に留まるようなものは許されようが、実際に司法審査の場で、当該協議機関での一致を踏まえた国の立法に抵触するような条例制定などをすべて違法とする判断が出るような「法的義務」は認めるべきではない。それは自治体連合の代表者の参加も、やはり「代行主義」の欺瞞の危険を免れないからである。他方で、国は当該協議機関に直接参加しているのであるから、自治体の場合とは逆に、協議の結果に国が「法的に」拘束されることは認められなければならない（上記2011年の「国と地方の協議の場に関する法律」は、7条で協議終了後に協議内容報告書を国会に提出することと、8条で「協議が調った事項については」、協議の場参加者に「その協議の結果を尊重しなければならない。」と規定している）。

15)　討議民主主義の視点から国民主権原理を捉えなおす場合、自治体による立法権分有が不可欠であることにつき、拙稿・前掲注10)「国民主権と『対話』する地方自治」265-269頁（本書**第1部第4章**に再録）を参照されたい。

Ⅲ 「対話型立法権分有」に基づく新たな「目的効果基準」論

1 「目的効果基準」論の新展開

　国と地方との「討議的な対話」という意味での立法権分有の観点から「地方自治の本旨」を理解した場合、国の法律と条例とが実質的に見て一定の摩擦を起こすこと（すなわち抵触すること）を許容しなければならない。もちろん憲法はこうした紛争を未然に防ぎ、あるいは紛争を激化させないための一般基準を予め定めており、それが憲法41条の「国会中心立法の原則」と94条の「法律の範囲内」の条例制定の規定から導かれる「法律優位の原則」である。もっとも最高裁は、1975年の「徳島市公安条例事件」判決（最大判昭和50〔1975〕年9月10日刑集29巻8号489頁）において「目的効果基準」の考え方を示すことで、「法律優位の原則」を維持しつつ、これを状況に応じて若干緩和することを認めた。以上の視点に立つならば、国会は、全国的な必要性と合理性の観点から、自治事務に関わる分野であっても、必要な場合にはこれを義務づけたり枠づけたりする法律を制定することができる。他方で、自治体の方は、すぐ後で述べるような人権のより良い保障に明らかに必要不可欠な場合を除けば、あるいは旧通説でも認めていたように、地方自治の制度や自治事務の存在を実質的に全否定するような明らかに憲法92条以下の条項に違反する法律の場合を除けば、たとえそうすることの地域的な必要性がどれほど高かったとしても、当該分野を規律する法律の趣旨・目的・内容・効果に真っ向から反する条例を定めることはできないと考えざるを得ない[16]。

　しかしこの一般原則も、憲法前文、1条、92条などの総合解釈に立つ限りは、「討議民主主義」的な理解を経た国民主権が要求する「対話型立法権分有」と調和的に再解釈されなければならない。したがって日本国憲法が「法律優位の原則」を定めているからといって、常に目的や効果の点で法律と実質的に抵触しこれを阻害する条例が一切禁止されるわけではない。なぜなら、こうした抵触を一切禁止とすると、そこには国と地方との間の実質的な「対話」はもはや成立しえないからである。

このように法律と抵触しこれを阻害する可能性を持つ条例に、なお一定の合憲性・合法性を認めるための一般基準となりうる注目すべき考え方が、最近示された。それが、「神奈川県臨時特例企業税条例事件」における平成22(2010)年2月25日の東京高等裁判所第2民事部判決（判時2074号32頁）である。同判決は、従来の古い目的効果基準論に従い、条例による国の法律への実質的な抵触を一切認めなかった第1審判決（横浜地判平成20〔2008〕年3月19日判時2020号29頁）を破棄し、条例が違法となるのは「一方の目的や効果が他方によりその重要な部分において否定されてしまう」場合に限られるとする画期的な解釈を示したのであった[17]。この高裁判決が明らかにした、法律の「重要な部分」に対する条例の抵触の有無という基準については、本書の「対話型立法権分有」の憲法理論を踏まえるならば、さらに以下のような説明を付け加えることが有意義であろう。

---

16) この点で2011年以降、政府が進めてきた自治事務に関する法令の義務付け・枠づけの緩和・撤廃の試みは一応は評価できる。しかし、いくら自治体に有利なメルクマールを設けて義務付け・枠づけの緩和・撤廃を試みようとも、国家の監督権限を失うことに抵抗する中央官僚による抵抗と骨抜きの問題があるだけでなく（ナショナル・ミニマム保障必要論がこれを正当化することもある）、義務付け・枠づけの緩和・撤廃がなされたのちに、こうした中央の視点からの緩和・撤廃を超えたさらなる独自の規律を自治体が条例制定などを通じて行おうとしたときには、逆にすでに最大限の緩和・撤廃がなされたとして、更なる独自規律を阻止する根拠となる危険性があることに注意しなければならない。地方自治法に自治体の条例による法令上書権の規定を挿入したり、あるいはそのための通則法を設けるなどして、個別法令の義務付け・枠づけの緩和・撤廃方式の限界を乗り越えようとする提言も見られる（例えば、北村喜宣「法律改革と自治体」公法研究72号〔2010年〕127-128頁）。この方がより一般的に自治体の独自規律を認めやすい点で優れているが、なお、このような規定を有する地方自治法（たとえこれを「基本法」と解したとしても）や通則法が、自治体による独自規律を制限・枠づけするために後に国会が制定する特別法の効力を否定するような法的優越性を持つとする憲法理論は見出しがたい。内閣は行政権なので、「基本法」扱いをすれば後の閣法提出権を制限できるとする主張もあるが、「国民内閣制論」（高橋和之）や憲法73条1号の「国務の総理」規定についての「総合調整機能説」に見られるように、国民主権実現主体として内閣を見る傾向が強い現代「行政国家」においては、特に総選挙の結果に基づく「本格的政権交代」後の内閣が、前の内閣の閣法にすぎない「基本法」に縛られるのはおかしいという点も問題となる。「基本法」による閣法拘束肯定説として毛利透「基本法による行政統制」公法研究第72号（2010年）91-95頁、否定説として塩野宏「基本法について」日本学士院紀要第63巻1号（2008年）9-14頁を参照（上記の点は、本書第3部第8章で再論する）。

17) 同判決の詳しい内容は、本書第2部第6章を参照されたい。

2 人権保障最優先の原則と「立法権分有」

まず、日本国憲法の根本原理が基本的人権の保障の最優先性にある以上[18]、「法律優位の原則」も「対話型立法権分有」の法理も、すべてこの根本原理から理解されなければならない。もちろん、法律と条例のいずれがより良く人権を保障するかについては立場によって意見が異なり、簡単には一義的な答えの出ない問題である。理念的には、法律は国全体、国民全体の観点から人権の保障と規制のより良い調整を図ったものと考えられ、条例は当該地域の住民全体の観点から同様の調整を図ったものと考えられているので、観点が異なれば人権のより良い保障のあり方にも違いが生ずるからである[19]。人権のより良い保障という実質的な観点から考えても一義的明確な答えが出ず、また通説的な法学説において常に重視される法原理である「法的安定性」ないし「法的安全」が、確かに一般的には人権保障に資するといえる以上[20]、一応は憲法の文面が示しているように見える序列に従うことには合理性がある。したがってより良い人権保障という視点についても、既に述べたように、まずは憲法41条の「国会中心立法の原則」と憲法94条の「法律の範囲内」の条例制定権という規定から導き出される原則として、一般的には法律による人権の保障と規制の調整が条例のそれに優越すると考えざるを得ない。

しかしこうした一般論としての「法律優位の原則」を認めたからといって、人権のより良い保障が具体的に問題となる場面において、常に条例が法律に劣位すると考えなければならないわけではない。日本国憲法では憲法上の紛

---

18) たとえば憲法11条と97条は、憲法の最高法規性の根拠をその人権保障規範性に見る。

19) 杉原・前掲注6）133-140頁も人権保障最優先の原理を指摘する。但し杉原のその後の著作である、前掲注8）『地方自治の憲法論』153-179頁では、住民の人権保障上必要やむをえない場合に条例が法律に優越することを認める考え方は示されていない。理由は不明であるが、人権保障最優先の原理をいうだけでは、簡単には条例と法律のいずれが優先するかの答えを導き出せないことが背景にあったのではないかとの推測も成り立つところである。

20) 「法的安定性」は法治主義の要請と深く結びついている。J. Chevallier, *L'État de droit*, nontchrestien, 4ᵉ éd., 2003, p.101以下は、主に人権保障と結びつく実質的法治主義の発展を論じているが、その中で「法的安全」を法治国家の根源的要請としたうえで、この「法的安全」には「規範の不安定性に対する保護」の意味も含まれると論じる。なお同書は、フランスの地方分権化は、「フランス公法のいくつかの伝統的な基本原理を犠牲にして実施されており、『法治国家の風化』という代償を支払わされている」とする（*ibid.*, p.143）。

争が生じた際には関係する具体的な人権の保障が常に最優先されることを考慮するならば、また関連するその他の憲法上の人権規定について地域的視点から再解釈した結果として、あるいは現場に即した実質的な解釈にも依拠するならば、同一事項を規律する法律よりも条例の方が、地域的な現場の必要性と合理性の観点から見て実質的に当該人権をよりよく保障できることが明らかな場合には、なお上記の憲法上の諸規定から総合的に再解釈された「地方自治の本旨」が許容する合憲・合法的な抵触と解する余地が生まれることを認めなければならない[21]。もちろんこの場合でも、一方の側の人権保障が他方の側の人権制限や異なる不利益取扱いとなる場合には、人権制限や異なる取扱いを行う条例の必要性と合理性に関わり、憲法上の人権の価値序列や「二重の基準」などに基づく従来の違憲審査基準が問われることとなるが、それは法律の場合と同様である[22]。

3　一般的な自治権保障分野における「対話型立法権分有」

　地域的特質のある住民の人権保障が特に問題となる場合を除くと、一般的な地方自治権保障の問題は、特定分野を国の専管領域としたり、法律の先占領域としたり、条例による地域的に異なる取り扱いを限定・制限したりする国の立法による関与（当該領域における立法の欠如には、条例による独自の規律を禁止・制限する黙示的な趣旨があると国側が主張する場合を含む）と、自治体意思

---

21)　本章の元となった初出論文では、この部分は「たとえ当該法律の趣旨・目的・内容・効果の『重要な部分』において条例がこれに抵触するとしても、……『地方自治の本旨』が許容する合憲的・合法的な抵触と解すべき」と記述していた（拙稿・前掲注１）130頁）。しかし本書**終章Ⅱ２(2)**では、「重要な部分」への抵触に合法性が認められるのは、当該自治体独自施策が特定の個人や集団の人権を救済するためにやむを得ず国法に抵触する場合であって、しかもその施策が他の人権を制約しない場合に限られ、それ以外は「重要な部分」にまで至るような抵触は極力避けるべきとの立場を示しており、この点で筆者の認識は変化した。そこで、この立場の変化と矛盾しないように、本章の本文の記述に修正を加えている。

22)　法律の場合と同様に、条例の規律対象となる人権の性質に応じて、その必要性と合理性に関する違憲審査基準を区別する考え方について、渋谷秀樹「憲法と条例」ジュリスト1396号（2010年）128-137頁。なお、精神的自由規制条例の場合でも、地方のきめ細やかな対応などの裏付けがあれば明確性や過度に広範な規制の禁止のような厳格審査基準は緩和してよいとの説もある（岩橋健定「分権時代の条例制定権」ジュリスト1396号〔2010年〕145頁）。だがこの問題も、地域的な規制手段の必要性と合理性を具体的かつ詳細に審査すれば足りるはずであり、違憲審査基準の厳格さまで緩和する必要はなかろう。

（特に条例）との間の抵触関係の調整問題に還元される。すでに述べたように、国と地方とが実質的に対話しうる関係を憲法92条の「対話型立法権分有」法理が要求していると考えるならば、立法を通じた国の意思の一般的な優越性は認めながらも、法律側の趣旨・目的・内容・効果から総合的に考えて自治体の意思（特に条例）が法律に実質的に抵触している場合に、なお具体的事件に即し認めうる実質的な必要性と合理性の度合いに応じて、地域の独自意思による地域的な異なる取扱いが部分的に認められることになる[23]。こうした「重要な部分」以外での抵触を合法とする新しい「目的効果基準」は、詳しくは以下のように考えられよう。

　まず当該法律にとって、条例の抵触する個所が「重要な部分」であるのか否かは、法律の当該規定から合理的に演繹される趣旨・目的・内容のうちで、まさにその中核部分であるか否かで判断され、当該規定から合理的に演繹されうる趣旨・目的・内容の全てと考えるべきではない。趣旨・目的・内容の中核部分の確定に際しては、当該法律内の諸規定に留まらず、関連する法令全体の趣旨との調和の中で再解釈されなければならず、さらには現実の必要性（地域的な現場からの必要性を含む）も加味するという意味で、法律の「外」の要素も勘案して判断されなければならない。したがって予め一義的に中核部分を示すことは困難であるが、その極限の姿は、当該立法が最小限これだ

---

23)　最近の行政法学者の間では、単に国の法律の趣旨から法律と条例の抵触関係を論じるのではなく、条例制定の必要性などの立法事実を踏まえてもなお認められるような国の法律の趣旨に含まれる条例に対する束縛に限定をする議論が有力化しつつあるように見える。例えば、斎藤誠「条例制定権の限界」芝池義一＝小早川光郎＝宇賀克也編『行政法の争点〔第3版〕』（有斐閣、2004年）160頁、岩橋健定「条例制定権の限界――領域先占論から規範抵触論へ」小早川光郎＝宇賀克也編『行政法の発展と変革（下巻）』（有斐閣、2001年）357-400頁、角松生史「条例制定の法的課題と政策法務」ジュリスト1338号（2007年）103-114頁、飯島淳子「地方自治論」法学教室357号（2010年）11-16頁などである。なおこれらの論者の多くは、国の法律のあり方や規定の仕方から、条例による独自規律の自由度に差があることを認めており（例えば上記斎藤論文における「並行条例」と「法律規定条例」の区別や、後者における当該法律の規定のあり方に応じた伸縮の幅の相違の議論）、したがって彼らも「法律優位の原則」を否定しているわけではない。法律優位を認めつつ、なお条例による独自規制が許容される幅を、事案に応じて、地域的必要性をも勘案して若干広げるところにその主眼がある。本書の立場も基本的には同じであるが、例外的な場合に限られるにせよ、人権保障最優先原則から、国の法律の目的や効果に条例が正面から反した場合にも条例優位を認める点で異なり、またそれ以外の場合も、国の法律の「重要な部分」以外での抵触を認める点で、法律による束縛を地域的必要性から伸縮させる可能性をより広げるものである。

けは不可欠の目的とするものやその立法の存在理由そのものが当該抵触条例により完全に失われてしまうことの禁止に見出されよう。このように再解釈された法律の趣旨・目的・内容の「重要な部分」に対する条例の抵触は、いかに形式的に見る限り当該法律の趣旨・目的・内容と無関係な体裁を採っていたとしても、違憲・違法と見なさざるを得ない。

　次に効果における抵触については、まず法律の趣旨・目的・内容の「重要な部分」に抵触する条例であっても、その効果が当該法律を一切阻害することがない場合は、結局のところその条例は当該法律に抵触することにならず、条例は合法となる。効果の点で実質的な抵触がない対立関係は、対立する国の意思と地方の意思が互いに示されているだけであり、具体的紛争に至らない限り優先順位に決着をつける必要はないからである。逆に、その法律の趣旨・目的・内容の「重要な部分」に抵触があるだけでなく、この「重要な部分」の適用・実施から当然に予定されるその法律の効果についても、条例がこれに抵触する場合には、この抵触が実質的観点から見て実際に存在するならば、当該条例は違憲・違法と判断されざるを得ない。

　もっとも、上記のように法律の趣旨・目的・内容の「重要な部分」（ないし中核部分）を地域的必要性を踏まえて再解釈し徹底的に限定した時には、法律と条例が効果の点で抵触するとされる場合のほとんどは、実際には条例が法律の趣旨・目的・内容の「重要な部分」以外で抵触し、しかも法律の効果の点でも一定の抵触を起こしている場合に過ぎないであろう。この場合には、さらにこの効果の「重要な部分」への抵触であったか否かで合憲性・合法性を判断すべきである。具体的には、付随的、偶発的、部分的又は暫定的な抵触であったか否かという複数の観点から総合的に検討を加えた結果として、実質的に見て効果の点で「重要な部分」での抵触とは言えない場合に、当該条例は合法となるのである[24]。

　以上から分かるように、「重要な部分」以外で抵触する条例を合憲・合法とすることは、必ずしも常に法律に抵触する条例を合憲・合法とするものではない。むしろ部分的ないし暫定的な立法権どうしの抵触が続く中で国と地方とが「対話」を続け、やがてより良い新たな法が形成されることを期待するところに、「地方自治の本旨」の一内容たる「対話型立法権分有」の意義

を見出すのである。この点で、地方自治に関する法令の規定は「地方自治の本旨に基づいて」解釈・運用すべきとする地方自治法2条12項の規定は単なる立法政策により創設された規定などではなく、むしろ「憲法92条の規定から当然の要請」と見るべきであり（上記企業税条例事件控訴審判決も同旨）、まさに同規定は、「対話型立法権分有」の意味を含む憲法規範としての「地方自治の本旨」を法律上で再確認した規定なのである[25]。

　なお憲法には、特に明文で一定分野における規律についての法定主義を定めているものがあるが（刑罰に関する31条、財産権規制に関する29条2項、租税に関する30条と84条等）、現在では、旧通説を含めて、条例制定権は憲法94条で自治体に直接授権されており、この条例制定権の対象分野の中に刑罰も財産権規制も租税も含まれ、これらの分野でも条例は、独自の規律をする際に「法令に違反しない限り」（地方自治法14条1項）常に合法となり、特に法律による委任（国の法律の根拠）は必要ないという点で異論はない。したがってこれらの分野に特に法定主義の明文の定めがあるにせよ、それは今日では、法律の実質的意味において、明治憲法以来、伝統的に「法規説」が採られてきた名残りとして存在する規定というにすぎず、他の人権規制の分野でも当然のことではあるが、これらの分野を規律するには国のみならず地方も公選制の議会による民主的立法が絶対に必要であり、命令・規則への委任は個別具

24）　アメリカを例に採ると、立法権を含む国家（連邦）の統治権と州や市の自治権の発動としての州法や市条例が抵触した場合に、「付随的、間接的、部分的、又は暫定的」な抵触に留まる限りこれを合法とする判例は、連邦の外交権・条約締結権に抵触する州法や条例に対する司法審査の場で見られる。例えば州法については、「クラーク事件」連邦最高裁判決（Clark v. Allen, 331 U.S. 503, 91 L ed 1633 (1947))、市条例については「バルチモア市条例事件」のメリーランド州最高裁判所判決（Board of Trustees v. Mayor & City Council of Baltimore, 562 A. 2d 720 (1989)）がある。州自治権と市町村自治権の区別の程度、アメリカと日本の地方自治権保障規定の相違、国（連邦）の専管事項とされやすい条約締結権に関わる自治権の限界など、これらの判例を日本の条例の合法化論に適用するにはいくつかの注釈が必要であるが、それでも「付随的・間接的・部分的・暫定的」な場合に条例を合法化する視点は、日本国憲法の解釈上も重要であろう。これらの判例については、拙稿「国際人権保障の視点から見た自治体国際活動」国際人権第8号（1997年）15-17頁も参照されたい。

25）　なお、1999年（平成11年）の地方自治法改正で同規定には「地方自治の本旨に基づいて」という文言に加えて「適切な役割分担を踏まえて」という文言が付け加えられたが、「対話型立法権分有」が憲法上の法理である以上、この改正によっても憲法規範としての「対話型立法権分有」の確認規定としての地方自治法の同規定の意味は変わらないであろう。

体的であることが求められるという意味があるにすぎない。さらに言えば、これらの分野の主要部分は全国一律の規律に適する場合が多いことを憲法自ら明らかにしているという考え方を必ずしも否定できないにせよ、それは1つの留意事項にすぎず、当該分野を独自に規律する条例の必要性と合理性が明らかであり、かつこの条例が法律と抵触する可能性がある場合には、その他の分野と同様に当該分野ごとに実質的な観点から法律の「重要な部分」への抵触の有無で判断するというのが、適切な憲法解釈である[26]。

Ⅳ 「対話型立法権分有」を保障する自治体適法性統制のあり方

1 「分権型法治主義」と法定受託事務

以上のように本稿は、自治体専管となる固有自治立法領域を認めず、一般論としては「法律優位の原則」と、自治体による地域的の必要性のある限りで全ての公的領域に関与できるとする「全権限性」原理の両方を認めたうえで、個別の法律の趣旨・目的・内容・効果の定め方と、これと競合する条例の地域的な独自規律の必要性・合理性を勘案して、場合により部分的に条例優位となることを認める。そうである以上、条例その他の自治体意思を国の法律に適合させるシステムの制度設計こそが、地方自治権を実質的に保障する鍵となることは明らかである。

この統制と条例制定権の範囲との関係をめぐる議論は、特に自治事務について当てはまる。もちろん現行法では、法定受託事務も「地域の事務」として自治体事務に含まれ、「法令に反しない限りで」条例による規律の対象となるので、法定受託事務は法令の定め方による趣旨・目的・内容・効果の縛りがより厳しい事務であるにすぎず、結局は人権保障最優先の原理や地域的必要性の強さや合理性の観点から、条例による独自規律が許される範囲も個

---

26) 塩野宏『行政法Ⅲ〔第5版〕』(有斐閣、2021年) 200-201頁では、憲法29条の法律には条例も含まれることを述べた後、31条についても、憲法は罰則制定権を自治体に直接授権していないとする「大阪市売春防止条例違反事件」最高裁判決(最大判昭和37 [1962] 年5月30日刑集16巻5号577頁)の先例としての意味を、条例の民主的性格からの合法性を認めた部分に限定する見方を示す。

別事案に応じて拡がる点では変わりないと考えられる。確かに法定受託事務
の場合には、その実施について自治体側に違法がある場合に、国による是正
勧告と具体的な内容の履行の指示、並びに国地方係争処理委員会の勧告手続
の後で、国からの提訴を通じて裁判所の判断を介した代執行が認められてい
るので、自治体に対する適法性統制がより厳しく、国の意思がよりいっそう
貫徹しうる制度設計になっており（旧法の職務執行命令訴訟〔旧151条の2〕に
代わる、国対都道府県の場合の代執行訴訟の制度〔自治法245条の8〕。なお市町村の
法定受託事務については、国の代執行訴訟の手続を都道府県知事に代行させることに
なる）、この点で自治体の長の独自処分の範囲だけでなく、この事務への介
入を目的とする条例の制定による独自規律の範囲も大幅に制約される。しか
しなお法定受託事務についても、人権保障最優先の原理などを根拠に、たと
え国から見て「違法な」事務処理がなされたとしても、自治体のこのような
処理の仕方に「合法性」を認めることが全く不可能というわけではなかろ
う[27]。

　こうした本来的には国の役割に関わる事務でありながら、自治体の事務と
しての性格も併せ持たせた場合に、自治体独自の法令解釈に基づき、地方自
治保障の観点から、国の指揮監督に対して自治体に一定程度自由な処理が認
められるとする考え方は、実は旧法下の機関委任事務に対する職務執行命令
訴訟制度においても認められていた。例えば、有名な米軍基地拡張のための
土地強制収用に関する公告・裁決申請書縦覧手続の職務を執行するよう旧砂
川町長に命令することの請求訴訟事件（最判昭和35〔1960〕年6月17日民集14巻
8号1420頁）において、最高裁判所は、機関委任事務であっても地方自治の
実質的な保障の観点から司法が判断すべきことを、次のように明言していた。
「国の委任を受けてその事務を処理する関係における地方公共団体の長に対
する指揮監督につき、いわゆる上命下服の関係にある、国の本来の行政機関

27）　たとえばそれが機関委任事務だった時代の話であるが、市町村に委任されている外国人登
　　録事務に関わって、その更新の際に指紋押捺を強制することが人権侵害にあたる疑いがある
　　ことが問題となった。当時の川崎市長は、国の違法との指摘にもかかわらず、法律上義務付けら
　　れている指紋押捺拒否者を告発しない方針を公にした。国からの職務執行命令訴訟は提起され
　　ず、結局は、こうした自治体側の「機関委任事務」における「違法」行為が、後に指紋押捺を
　　緩和・免除する国の外国人登録法の改正を生んだといえる。

の内部における指揮監督の方法と同様の方法を採用することは、その本来の地位の自主独立性を害し、ひいて、地方自治の本旨に悖る結果となるおそれがある」。「そこで、地方公共団体の長本来の地位の自主独立性の尊重と、国の委任事務を処理する地位に対する国の指揮監督権の実効性の確保との間に調和を図る」目的から生まれたのが職務執行命令訴訟であり、これは「地方公共団体の長に対する国の当該指揮命令の適法であるか否かを裁判所に判断させ、裁判所が当該指揮命令の適法性を是認する場合、はじめて代執行及び罷免権を行使できるものとすることによって……前示の調和を期し得る所以であるとした」ものである。「この趣旨から考えると、職務執行命令訴訟において、裁判所が国の当該指揮命令の内容の適否を実質的に審査することは当然であって……形式的審査で足りるとした原審の判断は正当ではない」。

　確かに同判決は、職務執行命令訴訟で敗訴した自治体の長を罷免する制度を代執行制度と合わせて設けていた1991年改正前の地方自治法に則した判断を行っている点で、長の罷免手続を代執行訴訟と切り離した同法改正以降の機関委任事務については妥当しないし、ましてや1999年改正以降の法定受託事務についてはいっそう妥当しないとの反論もあり得よう。しかし1995年（平成7年）の沖縄米軍用地強制収用手続に係る沖縄県知事の代理署名拒否に対する職務執行命令訴訟（「沖縄代理署名訴訟」）の最高裁判決（最大判平成8〔1996〕年8月28日民集50巻7号1952頁）でも、自治体の長の罷免制度はすでに廃止されていたというのに、なおも最高裁は、「職務執行命令訴訟においては、……主務大臣が発した職務執行命令がその適法要件を充足しているか否かを客観的に審理判断すべき」と述べ、形式審査では済まされず、当該命令の合憲性にまで及ぶ実質審査が必要であることを認めているのである[28]。

2　「分権型法治主義」と「法の欠缺」

　以上で検討した法定受託事務の場合には、それでも国が望んだ場合には裁判所の適法性統制が必ず及ぶという意味で、「分権型法治主義」はなお伝統

28）　本件自体は、当該命令の究極の根拠たる日米安保条約及び地位協定に対する司法審査に統治行為論を当てはめてしまったために、結局、形式審査に逆戻りしてしまった感が否めないが、そのことと原則とは別の話である。

的な法治主義の姿を保っている。しかしそれが自治事務の場合には、国から見ていくら「違法」な自治体活動であっても、具体的争訟が提起されない限り、現行法上、国が自治体に対して行える適法性統制は、地方自治法第245条の5の是正の要求（市町村に対しては是正を要求するよう都道府県に対して出す指示）のような、最終的判断が自治体に残されるものに原則として限られている。しかも自治体の行為の違法性を言い立ててなされる是正の要求などの国の関与に対して自治体側に異議がある場合に、通常予定されている国地方係争処理委員会への審査の申出（自治法250条の13）をせず、またこの申出をしたとしても、その結果出された勧告に不服がある場合に高等裁判所に対して提起する「国の関与に関する訴え」（自治法251条の5）を起こさないままで、なお自治体が当該「違法」行為を続けていた場合には、国の側からその「違法」を是正させる訴訟を提起できないので、国会の立法を頂点とする合法性のピラミッド構造（法治主義）には一定の「法の欠缺」があることになる[29]。

この「法の欠缺」については、法治主義の貫徹の観点から、国側からの提訴権まで認めるべきとの主張も根強い。しかし自治体が独自の適法性解釈に基づき国の法律を逸脱する実験が許されなければ、国と自治体との立法権競合の可能性は生まれえないことに鑑みると、むしろ自治事務に関しては、司法統制の限界という点で一定の「法の欠缺」が存在することこそが「分権型法治主義」の特徴と考えて、これを肯定する余地もありうるのである[30]。

日本国憲法は、独仏のような客観訴訟を当然に扱う終審としての行政裁判所や憲法裁判所を認めず、裁判権としては司法権のみを規定し、この司法権の最終的な帰属を司法裁判所に一元化している。また通説によれば、司法権とは「具体的争訟に法を適用して裁断する国家作用」であり、憲法76条1項により、このように定義される「すべて（の）司法権」は司法裁判所に帰属するが、他方でその他の紛争処理は本来的には司法裁判所に帰属するものではない。もっとも従来は、現在法定されている多くの客観訴訟については、それが「法律で例外的に認められた訴訟であるから許される」とする説明で

---

29) もちろん、この説明が成り立つのは2012年8月の地方自治法一部改正前までのことである。

30) 拙稿「国による統制と裁判的救済の視点から見た『地方自治の本旨』」地方自治職員研修533号（2005年）11-12頁も参照のこと。

その合憲性を認めてきた。しかしこのような説明では通説的な権力分立制や司法権概念との整合性が疑わしい。そこで、「この訴訟は何らかの具体的な国の行為を争う点では、法律の純粋な抽象的審査ではなく、国の行為と提訴権者の権利・利益の侵害との間に一定の関係があると考えることもできる」ので、これらも「司法権に含まれる作用だと解する」説が有力であった[31]。この観点からは、客観訴訟の制度化には、主観訴訟に類似した具体的背景を持った一定の「権利・利益をめぐる紛争」の外観を伴うことが必要となる。

「司法権一元型の裁判システム」では、司法裁判官は具体的事件があって初めて、個別ケースに即して最も適切な判断を下すことができると考えられている。客観訴訟としての抽象的規範統制そのものを目的とする裁判を担当できる機関は、政治的な多様性を前提とした裁判官の政治的任命を不可欠の要素とするフランスの憲法院やドイツの連邦憲法裁判所のような特別裁判所であるが、日本国憲法は明文でこれを禁止している（76条2項）。つまり司法的判断を専門とするキャリアの職業裁判官には、抽象的規範統制のための十分な民主的正当性も、また十分な審査能力もないと考えられるのである[32]。

3　主観訴訟の拡張による自治体の適法性統制の可能性

確かに、現代の司法権概念を巡る学説や実務は、可能な限り主観訴訟の範囲を拡張しようと努めている。例えば行政訴訟においては、原告適格に関わる「法律上の利益を有する者」の範囲について、当該行政処分を定めた法令の主な目的が不特定多数の公益であるとしても、関係する個々人の個別具体的利益をも保護する趣旨を含む場合にまでこれを拡張する傾向（「もんじゅ訴訟」最判平成4〔1992〕年9月22日民集46巻6号1090頁）、あるいは当該処分の根拠となる法令の規定の文言だけでなく、当該法令の趣旨及び目的や処分において考慮されるべき利益の内容・性質も考慮し、さらには当該法令と目的を共通にする関係法令の趣旨・目的まで参酌して考えることでこれを広げる傾

---

31)　芦部信喜（高橋和之補訂）『憲法〔第8版〕』（岩波書店、2023年）364頁。

32)　土井真一は、「司法の法形成システム」が持つ固有の正統性の観点からではあるが、主観的権利性と事実関係の具体性が「司法権」概念には不可欠であることを力説する。土井真一「法の支配と司法権の観念」佐藤幸治＝初宿正典＝大石眞編『憲法50年の展望II』（有斐閣、1998年）79-141頁、特に123頁。

向（「小田急高架訴訟」最大判平成17〔2005〕年12月7日民集59巻10号2645頁）が強まっている（2004年改正行政事件訴訟法9条2項も同旨）。また、「第三者所有物没収事件」（最大判昭和37〔1962〕年11月28日刑集16巻11号1593頁）では、特定の第三者の憲法上の権利を援用することが認められた。加えて、精神的自由に関して「不明確」あるいは「過度に広範」な規制立法の規定自体を不特定の第三者の表現の自由侵害に当たるとして、本人の行為に対する規制の必要性や合理性が認められる場合でも、当該法令の規定の仕方が違憲であるとして「文面上無効」とする判決の手法にも、学界では広い支持が集まっている[33]。さらに「司法権」一元型の裁判システムの母国であるアメリカでは、クラス・アクションなどの極めて客観訴訟的性格の強いいわゆる「公共訴訟」が判例で認められている[34]。このように考えると、主観訴訟中心のあり方を採ったとしても、当事者適格を広げることや法令の規定の仕方自体を例外的ながら問題としうることを通じて、かなりの範囲で個人が自治体の違法な行為に対する裁判所による適法性統制を（拡張された）主観訴訟の枠内で行うことができるのである。

　また、地方自治法における住民訴訟の制度（242条の2）は客観訴訟であるが、法人としての自治体の財産権保障の制度と解するならば、立法による制度化を前提とするにせよ、確かに主観訴訟に準ずるものとして司法裁判所がこれを担当することが憲法上許容される。もっとも住民訴訟制度については、フランス第三共和制期の経験によれば、国による自治体の「合目的性」判断にまで及ぶ統制制度の構想と、住民投票を通じた直接民主主義型の自治体統制の構想が争われた結果として、第三の選択肢として住民訴訟が制度化されたことが想起される。この経験を踏まえるならば、住民訴訟制度は、いくら住民自身のイニシアティヴによる統制だとしても、なお最終的には国の観点

33）　野中俊彦＝中村睦男＝高橋和之＝高見勝利『憲法Ⅱ〔第5版〕』（有斐閣、2012年）300-301頁参照。

34）　アメリカの「公共訴訟」については、藤倉皓一郎「アメリカにおける公共訴訟の一原型」『法学協会百周年記念論文集（第2巻）』（有斐閣、1983年）257-308頁、木下毅『アメリカ公法』（有斐閣、1993年）138-140頁等を参照。なお合衆国憲法は、裁判所の権限として、司法作用とは別に連邦と州ないし州間の紛争の裁判的処理を明文で挙げており、こうした連邦制型司法システムに固有の国・自治体間権限紛争の裁判的処理を司法権と別に論じる根拠と伝統を有する点では、日本との違いを考慮に入れざるを得ない。

からの適法性統制に留まるのであって、国の法令解釈とは異なる自治体独自の法令解釈を裁判所の判決を通じて排除する側面を持つことを見落とすべきではない[35]。しかし「対話型立法権分有」とは、決して常に自治体意思を国の意思に優越させる法理ではなく、多数意見の優先を前提としつつ少数派の地方意思にも異議申立てや国の意思の変化に向けた影響力の行使を保障するところにその主眼があるので、国ではなく地方のイニシアティヴ（とりわけ住民のそれ）に基づくことと、相対的に中央の政治部門の意思（立法及び行政）からの独立性を保障された司法裁判官による適法性統制であることを条件として、最終的に国の意思である法律による自治体統制が貫徹することは肯定しなければならないであろう。

　主観訴訟概念の拡張は、国からの多様な自治権制約的な介入を法人としての自治体の主観的権利侵害と解して、特に当該分野の機関訴訟を制度化した法律がなくとも、この紛争は具体的争訴の一つになるので司法裁判所への提訴が可能とする考え方に通じている。この点で白藤博行は、地方自治の保障の度合いを測る物差しの一つが、「憲法が保障する自治権の実効的な保護が保障されているか、そしてどこまで裁判的保護の可能性が担保されているか」にあるとする[36]。白藤は、地方自治権を「憲法によって直接保護された権利」として概念構成し、国による自治権侵害に対して、行政事件訴訟法上の取消訴訟の原告適格を自治体側に認める「主観法的地位〔権利〕の保護」システムの枠組みの中で、裁判所による関与を主張しているのである[37]。また「住基ネット」制度導入に際し、全自治体にこの全国ネットへの加入を強制する制度の合憲性に関わって、自治体に独自の提訴権を認めるべきとする主張も、こうした自治体の「主観的権利」保障の主張と連動している[38][39]。

---

35)　フランス第三共和制初期における自治体統制構想をめぐる争いについては、拙稿「フランスにおける自治体統制の憲法理論」比較憲法史研究会編（杉原泰雄＝清水睦編集代表）『憲法の歴史と比較』（日本評論社、1998年）343-356頁を参照されたい。

36)　白藤博行「地方分権改革と『自治体行政訴訟』」法律時報79巻9号（2007年）62頁。

37)　白藤博行「国と地方公共団体の間の紛争処理の仕組み――地方公共団体の『適法性の統制』システムから『主観法的地位（権利）の保護』システムへ」公法研究62号（2000年）200-211頁。

4 「分権型法治主義」に基づく客観訴訟のあり方

(1) グローバリゼーションと「法治主義」の拡大

しかしこのような（拡張した）主観訴訟ではまだ不十分として、客観訴訟の対象の拡大を通じた自治体の適法性統制の拡大が主張されている。グローバリゼーションには民主主義の深化と権利保障の進展という側面もあるが、その本質は、常に市場原理の例外なき貫徹とそのための条件整備にある。したがってグローバリゼーションには、ローカル・ルールが横行し、また事前指導型の裁量行政がどうしてもつきまとわざるを得ない地方自治行政に対して、「法治主義」・「法の支配」の観点から枠づけをし、場合によっては国（あるいは国際機関）による権限の剥奪や自治体統制の強化がなされる契機もある。この観点からは、条約で定められたグローバル・ルールとその国内実施法律を阻害する危険性のあるローカル・ルールを予め違法として排除しておくことが、「法的安定性」・「法的安全」の観点から言って確かに望ましい。そこで、国から見て違法な条例制定その他の自治体の行為は具体的事件の発生前から、これらの行為につき国の提訴に基づく裁判所による適法性判断を予め施しておくことが必要となるのである[40]。地方分権推進委員会第4次勧告が1999年地方分権一括法を検討した際に、その第3章Ⅱにおいて、国から自治体に対して出される是正措置要求に無反応を続ける場合等に対する国側から

---

38) 杉並区が実際に提訴したが、最高裁は実質的な審理もせずに上告理由なしとして上告棄却の決定をした（最判平成20〔2008〕年7月8日）。「杉並訴訟」については、兼子仁＝阿部泰隆編『自治体の出訴権と住基ネット』（信山社、2009年）を参照。

39) 国と自治体間の紛争を裁判所を通じて解決することが「分権型法治主義」にふさわしいとする考え方は、広く普及している。たとえば「人民主権」原理に依拠した地方自治権論を唱える杉原泰雄も、「自治事務については、中央政府と地方公共団体が上級庁・下級庁の関係にあるわけではないから、その間で起り得る法的諸問題は、裁判所による司法的解決を原則とすべきであろう」と述べている（杉原・前掲注8）『地方自治の憲法論〔初版〕』〔2002年〕168-169頁）。もっとも、同増補版（2008年）ではこの記述は消えているので、杉原も司法的解決に残る地方自治抑制の問題点について、認識を深めた可能性がある。

40) グローバリゼーションがグローバルな法治主義（法の支配）を要求する点につき、拙稿「グローバリズム立憲主義下の地方自治権論の課題」憲法理論研究会編『国際化の中の分権と統合（憲法理論叢書6）』敬文堂、1998年）29頁は、地方分権推進委員会第1次勧告（1996年）提出時の諸井委員長談話を引いて、こうした視点の存在を立証している（本書第1部第1章に収録済み）。

の違法確認の訴えを起こすことを認めることを提案を行ったことがあるが、この提案もこうした文脈から理解できよう。

　総務省設置の研究会として分権改革の検討を担当した地方行財政検討会議でも、例えば2010年9月30日の第1分科会第6回会議の中で「国・地方間の係争処理のあり方に係る論点について」という資料が配られ、今後議論すべき課題として、現行法では国の関与に関する係争処理手続を国が利用できないために、国の是正の要求などに対し自治体がこれに応じず、かつ審査申出も行わず問題が継続する事態につき、「行政が当然に服すべき法適合性の原則の観点から見過ごすことはできない」との基本認識から、国の提訴による違法確認訴訟又は義務付け訴訟や差止訴訟の検討が提案されている（資料5[41]）。ここからは、政権交代とは無関係に、総務省及びその周囲の研究者・専門家集団が、自治体の「違法」行為に対して国に提訴権を認める客観訴訟の制度を設けることで、一方で自治体の条例制定権の自由度を広げつつも、他方でその限界を常に国の立法を通じて確保しよういう試みを一貫して続けていることが伺われる[42]。以上の経緯からして当然のことであるが、総務省は、国からの是正の要求や指示に対する自治体の不作為の違法確認判決を求めて、国などが直接裁判所に訴えを提起できる仕組みを含んだ「地方自治法抜本改正についての考え方（平成22年[43]）」を2011年1月26日に発表し、これに基づく地方自治法改正案を2011年の通常国会に提出した。そして国会ではさしたる議論も見られないままで、2012年8月29日に通常国会で地方自治法の一部を改正する法律（平成24年法律第72号）が可決、成立した（公布・施行2012年9月5日）。同改正により、現地方自治法251条の7（自治体の不作為に対する国の訴えの提起）と252条（市町村の不作為に対する都道府県の訴えの提起）

41）　https://www.soumu.go.jp/main_content/000084399.pdf（2023年8月31日最終閲覧）。自民党から民主党への政権交代前の2009年7月に総務省が設置した「国・地方間の係争処理のあり方に関する研究会」（座長・塩野宏）が同年12月7日に出した「国・地方の係争処理のあり方について（報告）」が、地方行財政検討委員会第1分科会の議論の基礎となっている。同報告書については、総務省のホームページ（https://www.soumu.go.jp/main_content/000046989.pdf〔2023年8月31日最終閲覧〕）を参照。また解説としては、上仮屋尚「『国・地方間の係争処理のあり方について（報告）』（平成21年12月7日　国・地方間の係争処理のあり方に関する研究会）の解説（1）～（3・完）」地方自治747号（2010年）27-46頁、748号（同年）22-45頁、749号（同年）18-43頁がある。

の条文が付け加えられた。

　磯部力によれば、法務省が「放置された違法状態」と呼ぶこうした事態を容認する制度設計になったのは、国・官僚側の解釈、特に内閣法制局の解釈が国と自治体の法令解釈権における（少なくとも暫定的な）対等性を認めておらず、「自治体の事務処理に対する国の主管大臣からの是正措置要求・指示は、法解釈としてはいわば最終的な権威を持つものなのであって、いまさらその適法違法を論じる余地がないとする発想」があったためとされる。この発想の根源には、法律を所管する官庁の「公定解釈」には「強い公定力＝実体法的な意味での適法性推定」が働くという極めて前時代的な法的思考様式が見られる。こうした発想を批判する磯部は、だからこそ国と自治体が「義務的自治事務」の執行を巡って法解釈上の対立がある場合には、国の是正措置要求・指示がなされた場合には必ず当該事案が国地方係争処理委員会の審査にかかる制度にしなければならず、さらに、国地方係争処理委員会で是正の勧告がなされたというのに何もしない自治体に対しては、国側から裁判所に対し不作為の違法確認の訴えを起こす手続を設けることこそ「分権型法治主義」の発展にかなうと主張するのである[44]。

　上記の白藤のような「主観的権利」保障の立場から国の自治権介入に対する自治体側の提訴権を認める主張は、国対自治体の合法性をめぐる紛争にお

---

42)　1999年の地方自治法改正などの政府側の分権改革に深くかかわった元自治事務次官の松本英昭も、条例による上書き権を一般法で認めることを主張し、だからこそ国の立法と条例との間で合法性をめぐる争いが生じないように、具体的事件が生じていなくとも、あるいは国による自治体への関与の結果としての自治体側からの提訴がなされていなくても、地方議会で条例が可決されただけで、これを違法と見なす国側の提訴によって裁判所が条例に対する適法性審査を行うといういわゆる抽象的規範統制の制度化を主張している（松本英昭「自治体政策法務をサポートする自治法制のあり方について」ジュリスト1385号〔2009年〕94頁）。また総務省との関係が深い研究者とメンバーにおいて類似性が見られる全国知事会第8次自治制度研究会『地方自治のグランドデザインⅡ』（全国知事会、2006年）148頁も、憲法改正と絡めた話であるが、国の違法な立法的・行政的関与に対する司法救済を自治体に保障する以上、自治体の違法な立法・行政行為等に対する国の適法性確保措置も必要とする意見が出てくる可能性があるとして、その注7（150頁）で、すでに参議院憲法調査会で、「地方自治体の違法行為に対して国として合法性の監督ができるような担保措置を設ける必要がある。同時に、国のチェックが合法的でない場合の司法上の救済措置を設けることが望ましい。」という意見が出されていることを紹介している。

43)　https://www.soumu.go.jp/main_content/000098615.pdf（2023年8月31日最終閲覧）。

いては、物理的強制力を事実上独占しており[45]、かつ国側の「公益」上の必要に応じて、憲法に次ぐ最高性を認められた（形式的意味の）法律の制定を通じてその意思を強制しうる国との関係において、政治理念上は国から独立しこれと「対等な政府」となったはずの自治体は、なおその自治権ないし法令の自主解釈権を含んだ政策選択権を「主観的権利」として構成することが必要との考え方に基づくものと考えられる。日本国憲法の地方自治権保障が「連邦制」型の自治権保障でも「単一国家」型の自治権保障でもない第三類型の自治権保障の型であるという本稿の視角は、「対等」でありつつ、多くの場合、結局は国の立法意思に従属するという二面性を持つ日本の自治体の性格を明らかにするが、だからこそ自治体に一定の範囲で「主観的権利」としての自治権が保障されるという理論構成も可能となるのである。この視点は、国側が自治体の「違法」行為により侵害されたとする国の利益はあくまでも「公益」であって、主観的権利保障を主要任務とする司法裁判所で保障されるべきものではないという、いわば「片面的構成論」を導くことになる。

これに対して、具体的な立法がなされることを前提として主張される、自治体「違法」行為の司法的統制のための客観訴訟の整備は、むしろ法令に対する条例の抵触を国と自治体のそれぞれ異なる「公益」どうしの衝突と見て、主観的には国と自治体とが「対等」であることを強調する意図からなされる場合を含めて、立法に具体化された国の側の「公益」実現の方が自治体のそれに常に優越する制度を適法性統制の整備として目指すものである。これは

---

44) 磯部勉「国・自治体関係と法治主義——自治体行政の適法性確保のための制度設計」立教法学73号（2007年）250-245頁。なお磯部は、違法確認訴訟を超えて、さらに一定の措置の履行強制（国による代執行や履行強制金の賦課という間接強制の手段を含む）が必要なのではないかとの問いについては逡巡し、現在のところ自治体の自主性を尊重する立場から違法確認までにとどめて、最後の義務履行の実効性については「国や自治体のような公的主体が確定判決を受けた場合には、課せられた義務を履行するはずであるという一般的な信頼」を持つべきであって、「そういう意味では、自治体側に名誉ある撤退の可能性を残す方がよい」と主張している（同上、256-262頁）。

45) 都道府県警察は、予算権は都道府県に形式的に帰属しているが、人事権は実質的には国の機関である警察庁に帰属し、その結果の警察庁の事実上の指揮監督下に置かれている。そのため都道府県警察は、給与を支払う自治体からの指示を無視してでも国の方針（事実上の指揮命令？）に従って動く現状がある。たとえば、警察内部の不正経理問題を解明するために当時の浅野宮城県知事が当該情報の公開をいくら指示しても、宮城県警は警察庁の方針に反するとして情報を公開しなかった。都道府県警察と地方自治についての検討は他日を期したい。

まさに、本書が論じてきた「分権型法治主義」が必然的に伴う「法の欠缺」
を否定する試みと言わざるをえない。

(2) 伝統的「司法権」概念の揺らぎと国・自治体間紛争の
客観訴訟化の可能性の拡大

　確かに、伝統的な司法権概念は近年揺らいでいる。「法の支配」の再解釈
を通じて、日本国憲法の司法権を「適法な提訴を待って、法律の解釈・適用
に関する争いを、適切な手続の下に、終局的に裁定する作用」とする高橋和
之による新たな定義も提唱され、注目を集めている。この定義では、司法作
用か否かを決する要素は主観的権利をめぐる争いか否かではなく、「適法な
提訴」に基づく「法の解釈・適用に関する争い」であるか否かである。高橋
によれば、「適法な提訴」には当然に主観的権利をめぐる争いが含まれるが、
その他に立法権優位型の「法の支配」の原理に基づき、主観的権利とは無関
係な争いでありながらも、立法府により裁判所が判断するのが適切と判断し
客観訴訟化させたものが含まれることになる[46]。

　この高橋説を用いると、国・自治体間紛争の客観訴訟化を全て立法裁量と
する立場が正当化されかねない。行政法学者として前述の総務省関係の委員
会や研究会で新たな分権改革下の自治体適法性統制を模索した小早川光郎は、
まず1999年改革以降の国と自治体の関係は、「独立主体間関係」となり、「両
者が互いに独立の当事者として相手方の立場を尊重しつつ法のルールに従っ
て調整に努めるという関係」と考える。次に、「現行憲法の理解として、司
法ないし司法権の観念は、基本的人権などの個人の権利に対する尊重の理念
と深く結びついたものとして捉えられるべき」とも述べる。しかしその上で、
「自治体の自治権に関しては、憲法は、裁判所による保護……を憲法自体で
保障するのではなく、地方自治の本旨に即しつつ裁判所の介入をいかなる程
度と態様において制度化すべきかの決定を法律に委ねている（憲法92条）と
解するのが妥当」と述べるのであるが[47]、ここにも国・自治体間紛争の客観

---

46)　高橋和之「司法の観念」樋口陽一編『講座憲法学6』（日本評論社、1995年）23-24頁。
　　同・前掲注7）494-495頁。

訴訟についての立法裁量的見解を見ることができる。

　確かに、具体的争訟（主観的権利をめぐる紛争）性の有無に厳格にこだわる古典的な司法観念では、複雑かつ多様な紛争が多発する現代社会において現実的合理的で公平な解決を目指すうえで不十分であり、司法による紛争処理の方が適切な場合が増していることは認めなければならない。現行法上も多くの客観訴訟が立法を通じて制度化されており、そのうち選挙訴訟などは準主観訴訟性が顕著に認められるけれども、法定受託事務における国側提訴の職務執行命令訴訟のように、準主観的訴訟と見なすことが極めて困難なものも多い。そして準主観訴訟と見なせない客観訴訟が扱っている紛争の全てを、定義上憲法76条の司法権に含まれず、さりとて国の立法権（同41条）と行政権（同65条）にも含まれず、結局はいかなる公的機関による適法性審査にも服さない政治的な紛争と解し、その全てを政治プロセスに委ねることにも躊躇を覚える[48]。おそらくは、新しい司法概念は、主観的権利をめぐる争いを中核的要素としつつ、これと根本的に矛盾することがなく、かつ憲法上の他の基本原理（「地方自治の本旨」もこれに含まれる）にも矛盾しない限りで、立法府がその適切性を判断する限りで客観訴訟もその定義中に含み込むものとなるべきであろう。

(3)　「対話型立法権分有」から導かれる客観訴訟化の限界

　しかし、だからといって国と自治体間の適法性をめぐる紛争の処理の仕方のすべてを立法裁量とし、その結果、この分野では司法裁判所による純粋な抽象的規範統制すら制度化できるとする主張には賛同しかねる。司法裁判官は、主観的権利をめぐる具体的事件の中で、当事者がそれぞれ必死になって自己の正当性（合法性・適法性を含む）を主張する中から事実認定を行い、法的判断を行う特質があり、裁判官の選任・罷免システムや職権の独立などの

---

47)　小早川光郎「司法型の政府間調整」松下圭一＝西尾勝＝新藤宗幸編『自治体の構想2　制度』（岩波書店、2002年）57-71頁。

48)　この点で、筆者が旧稿（前掲「国民主権と『対話』する地方自治」〔本書**第1部第4章**に再録〕など）で伝統的な司法権概念を厳格に維持し続けるべきであると主張しているかのように受け取られる不十分な叙述をしたことは認めなければならない（公法研究70号（2008年）258頁の工藤達郎の学会回顧は、拙稿に対してこのような指摘をする）。

独特の「司法権の独立」に付随する基本原理も、そのような特質に適合的なものとして歴史的に形成・確認されてきたものである。時代の変化に応じて準主観訴訟のみならず明らかな客観訴訟も部分的に扱うことの妥当性・適切性や正当性が認められるようになってきたとはいえ、それはあくまで限られたものである。また前述の磯部のように、むしろ国と自治体の対等性を保障する観点から、国・自治体間の適法性紛争に司法裁判所が関与する必要性を認める考え方には、現実の総務省その他の国家官僚内部の認識の遅れや、これに盲従しがちな自治体職員の意識を前提とする限りで一定の意義を認めうるものの、なお司法裁判所も国家権力の一つとして中央集権に資する側面を持つことを軽視する点で、問題が残るものと言わざるを得ない。

　もし憲法92条の「地方自治の本旨」の中核的要素の一つに「対話型立法権分有」を見ることができるとするならば、国の立法権と自治体の立法権の「実質的な対話」の可能性を否定するような司法裁判所の適法統制は憲法違反となり、そのような制度の立法化は許されないはずである。何が「実質的な対話」を不可能にする客観訴訟に当たるかは今後の検討に委ねざるをえないが、少なくとも国側から見て「違法」と評価される条例を自治体が制定しただけで、国が司法裁判所にその適法性統制を求めて提訴する制度は純粋な抽象的規範統制にあたるので違憲と評価せざるを得ない[49]。上述した行財政検討会議2010年第1分科会第6回会議に出された資料中で示された、「行政が当然に服すべき法適合性の原則の観点から見過ごすことはできない」との

---

49)　地方自治法176条についても再検討を要する。同法は、地方議会の「（条例制定等に関する）議決又は選挙がその権限を超え又は法令若しくは会議規則に違反する」と当該自治体の長が認めた時の長による再議付託・再選挙実施権を規定するだけでなく、この手続を経てもなお議会の「権限を超え又は法令若しくは会議規則に違反すると認めるとき」に総務大臣又は都道府県知事による当該議決又は選挙を取り消す裁定を行う権限を規定し、さらにこの裁定に不満のある議会又は長は裁定のあった日から60日以内に裁判所に出訴することを定めている。そして議会の議決又は選挙の取消しを求める場合は、当該議会を被告として、長がこの訴えを起こすとされている。この制度では提訴権者は自治体の長であるが、その前提として国や知事の裁定による自治体の議決などの取り消しに、一定の提訴期間の猶予つきで確定力と執行力まで与えている。本稿の視点からすれば、選挙についてはこの制度は認めるものの、国から見て「違法」な条例の制定や自治体宣言の議決につき、自治体内部の長と議会との間の対立を国や「上級自治体」としての都道府県の判断により決着をつけることは誤りである。同規定はこの点で、自治体の立法意思を国や「上級自治体」としての都道府県が妨げるような場面では適用できないとする合憲限定解釈を施されるべきであろう。

基本認識は、自治体の立法意志である条例までもこれを「行政」と捉え、自治体の立法意思と国の立法意思との対等性を認めず、両者の「実質的な対話」も認めようとしない誤った考え方から導かれたものである。ここに、現在の分権改革論議における憲法理論の不在を痛切に感じずにはいられない[50]。

　自治体の不作為の「違法」に対する国からの提訴による違法確認請求制度は、自治体の「違法な」条例制定そのものに対する違法確認請求をも含むのであろうか。今回の違法確認請求の制度化は、（国から見て）自治体の「違法な」（裁量権の逸脱濫用に違法性を認めるための要件である「著しく適正を欠き、明らかに公益を害すると見なされる場合」を含む）事務処理に対する国の関与に対して、自治体が無反応でい続けることへの対処として考えられているところからすれば、国が提訴できる「違法な」事務処理とは、あくまでも自治体の個別の事務の執行行為に留まり、一般的抽象的な法規範の定立作用の性格を持つ条例の制定行為や単なる宣言の議決行為は対象から外れると解釈すべきであろう。しかし、前述の元自治事務次官である松本英昭の提言のように、国による関与の対象に条例制定行為まで含めて考えたうえで、条例などに対する抽象的規範統制を展望する主張もあるので、このような法改正や法解釈を成り立たせないような憲法解釈論を構築する必要がある。

　もし自治体立法意思の表明としての条例の制定や宣言の採択についても違法確認請求の対象になりうると主張するのであれば、にもかかわらずそうした論者も、他方では国と自治体との完全な「対等性」を一応は認めるのであるから（1999年地方自治法改正の理念そのものである）、条例の適法性（本稿は、

---

50)　齋藤誠「地方自治の手続的保障」都市問題96巻5号（2005年）49-58頁は、地方自治保障のために、最終的には立法や行政に対する司法的救済の保障が重要とした上で、「『機関訴訟』として構成された国の関与に対する訴えのほかに、自治権を根拠に地方公共団体が出訴することは、理論的に可能」と述べ、「憲法レベルで地方自治を保障し、国の立法・行政組織とは別個に地方公共団体を位置付けている」ことを理由に、「憲法および個別法により、法的に保護された地位を構成することが可能」とする（同上論文、49頁及び55頁。但し、保護の程度は個人の基本権の保護と同程度にはできないと見ているようである）。他方で齋藤は、「司法的救済制度の構築に関しても『平衡化』の視点は必要である。国による裁判利用の拡張（条例の違法確認訴訟や、是正の要求が任意に実現されない場合の訴訟）が議論される所以である。」（同上論文、53頁）とも述べており、自治体のみならず国にとっても適法性を保障するための裁判利用への好意的姿勢が示されている。なお、斎藤誠「地方分権・地方自治の10年──法適合性と自主組織権」ジュリスト1414号（2011年）27-34頁も参考になる。

自治事務に関しては「合法性」に限定すべきだと考えるが）を確保するための国側の提訴権を認める客観訴訟を制度化する際には、その対抗措置として、国の全ての立法につき、それが憲法の保障する地方自治権の侵害に通じると主張する自治体からの違憲確認請求の制度化も、当然に認めなければならなくなるはずである。周知のように、「警察予備隊違憲確認訴訟[51]」で最高裁は付随審査説を採り、純粋に抽象的な法令の違憲審査は現行制度下では不可能と判示した。同判決については、「現行制度下では」という限定があることを強調して、純粋な抽象的違憲審査制（抽象的規範統制）も新たな立法、あるいは最高裁判所規則の制定により制度化可能とする法律事項説も少数説としては存在するが、条例などにまで違法確認訴訟の対象を拡げることを主張する論者は、果たしてこの立場を採ったうえでの主張なのであろうか[52]。

V　司法による紛争解決の前提条件──むすびに代えて

　本章では、国と地方の法的紛争処理は必ずしも司法権の介入が適切というわけでないことと、そのことを考慮に入れた上で、国による自治権侵害に対しては自治体側が必要と判断する場合には準主観訴訟として提訴権が認められるべきこと、並びに国と自治体とが「実質的な対話」を行う可能性を奪わないという条件付きで、国・地方間の合法性（ないし適法性）をめぐる紛争については客観訴訟の制度化も認められることを確認した。以上のような司法手続による紛争解決の場合には、すでに呼べたように「対話型立法権分有」に基づく新しい「目的効果基準」を裁判の場で採用することが、憲法上各裁判官に義務付けられねばならない。そしてその結果、国の法令制定を通じて示される国家意思も、その「重要な部分での抵触」でない限り、条例に

---

51)　最大判昭和27（1952）年10月8日民集6巻9号783頁。
52)　阿部泰隆「国家監督の実効性確保のために国から地方公共団体を訴える法制度の導入について（一）・（二完）」自治研究88巻（2012年）6号3-19頁、7号3-20頁は、国と自治体の対等性の確保の観点、並びに地方自治権侵害の立法をも含む国・自治体間の法的紛争までも「法律上の争訟」として認める立場から、国が自治体の条例の違法性を確認する訴訟を提起できる（但し、自治事務の場合は除くとするが）ようにするとともに、自治体側からも国の立法の違憲性を確認する制度の創設を主張している。

よる一定の阻害が許容されなければならない。「対話型立法権分有」法理の
下で、国の提訴による自治体に対する客観訴訟が認められるためには、この
ような新しい「目的効果基準」が必ず採用されることが前提条件となるので
ある。

　最後に、国・自治体間紛争の司法的決着を認める場合には、とりわけ国側
の提訴まで認めることは、司法の場で法的観点から争うだけの財政的ないし
人的な資源を欠き、訴訟を回避したい自治体をも訴訟の場に無理やり引きず
り出すこととなるので、こうした自治体に対する法情報の提供と財政的援助
の必要性を指摘しておきたい。実際、国側が「違法」と主張するような条例
を制定し、執行し、しかも主観訴訟であれ客観訴訟であれ、訴訟の中で当該
条例の合法性（ないし適法性）を主張することは、かなり大変な作業である。
特に当該自治体は、国側の解釈と異なる法令解釈（憲法解釈を含む）を展開し
なければならないが、そのための情報提供を総務省に求めることは背理であ
る（国側の法的見解を知ること自体は重要であり、その限りでは役に立つが、総務省
の見解に従う必要はない）。実際の条例制定過程で専門家の知見を集めて条例
を合法化（ないし適法化）する論理を組み立てなければならず、さらに訴訟
の場では代理人となる弁護士と契約するための費用が必要である。また訴訟
では、高度な法的見解その他の事案に応じた専門的見解を示しうる鑑定意見
書の提出や証人の供述が不可欠であり、これらを通じて国側の法解釈を乗り
越えなければならないが、鑑定意見書の作成などに要する費用も、事案が高
度な法律・専門的問題になればそれだけ膨大なものとなる。実際にこれを行
いうるような人的財政的能力を有するのは、現状では都道府県や政令指定都
市クラスに限られよう。だからこそ、裁判で争うよりも、国の是正要求に無
視を決め込むことの方が国から見た「違法状態」を継続できるというメリッ
トがあると考える自治体が存在するのである[53]。このような自治体の「不作
為」による抵抗を「対話型立法権分有」に基づく「分権型法治主義」は必ず
しも否定しない。

　しかし、もし司法的判断の場面を今後更に広げることが必要と言うのであ
れば、総務省から独立した自治体の法務サポート機関を設けることと（地方
六団体の独立性と財政力を拡充した上で、その下に設置する方法などがあろう）、訴

114

訟となった時に弱小自治体でも高度な法律論争に対応できるような弁護団を組み専門家を組織するための財政支出を可能とする自治体争訟関係支出保険制度を、国の義務的な財政補助を加えて設立すべきであろう。「実質的な対話」には人的財政的な裏付けも不可欠なのである。

---

53) 「住基ネット」をめぐる矢祭町や国立市の対応も、こうした観点からの説明が可能である。もっとも自治体の不作為による抵抗も、住民自身のイニシアティヴに基づく住民訴訟を通じた適法性統制から逃れることはできない。「住基ネット」への接続拒否に伴う公金の支出の違法を主張して国立市を訴えた住民訴訟において、東京地裁は2011年2月4日に国立市側敗訴の判決を下した。同判決によれば、「住基ネット」不参加により、「住基法が目的とする……事務の効率化は著しく阻害される」ことから、国立市の当該行為は「法律上の義務に違反するもので違法」であり、「その違法は、住民の利便を増進するとともに、国及び地方公共団体の行政の合理化に資することを目的とする住基法に明らかに違反して、その目的の達成を妨害するものであり、また、被告は、……都知事から是正の要求まで受けているのであるから、その瑕疵は重大かつ明白である」とされた。本判決は、住民訴訟上の違法性については、これを単なる国法上の義務違反ではなく、「財務会計的観点から看過し難い」「重大かつ明白」な瑕疵に見出している。しかし「対話型立法権分有」の観点からは、違法性を認める必要性・重大性が十分にあったのか、なお検討の余地がある。同事件東京地裁判決は、2011年の本稿初出論文執筆当時は国立市のホームページ上の市が関与する裁判の紹介のページ（http://www.city.kunitachi.tokyo.jp/shomei/jyuki/004227.html）に掲載されていたが（2011年2月21日閲覧）、現在ではそのURLではもはや見つけることができない。

第6章
「対話型立法権分有」法理に基づく新たな「目的効果基準」論

はじめに

　私見によれば、現代日本における憲法92条の「地方自治の本旨」の法的意味は、以下に示すように、もはや従来通説とされてきた「制度的保障説」（旧通説）の保障範囲に留まるものではなく、より豊かで柔軟かつ具体的な保障内容を持つものである。この見解は、憲法学界や行政法学界の近時有力説とも十分な共通性を持ち、かつ最近の国内外の地方分権化の流れにも合致する。にもかかわらず日本の憲法判例においては、こうした認識を明確に示すものがこれまで存在したとはいえず、このような事情が、新たな地方自治の憲法理論の発展を阻んできたと思われる。とりわけ筆者は、日本国憲法が採用する国民主権の現代的・多元主義的な理解に基づき、憲法による地方自治保障の意味を「主権者国民による地域的主権行使の場の保障」と理解し、その具体的なあり方として「地方政府」性の保障とその実質的担保としての国と自治体との間での「対話型立法権分有」の保障を主張してきたが、従来の憲法判例において、こうした視点は極めて乏しかったと言わざるを得ない。

　ところで筆者は、本書の第5章までの諸論考における分析の中で、グローバルな「法治主義」が進展する中、現在の日本の地方自治においても、国（＝中央政府）の立法意思の貫徹を目指す方向での「法治主義」がますます強まってきていることを指摘してきた。そしてこれへの対抗理論の一つとして、少なくとも2012年の地方自治法改正までは、とりわけ自治事務の領域で、国から見て「違法」な自治体の事務処理がなされた場合で、地方自治法の関与法制の一環として国が自治事務に対して行使する「是正の要求」を発出しても、なお当該自治体が無反応なままでいる場合には、当該事務を法改正によ

って国の直轄事務や法定受託事務に変えでもしない限り、司法の場で、それ以上その「違法性」を問えないがゆえに、事実上の「合法性」が当該自治体の事務処理に認められてしまうという「法の欠缺」状態を、むしろ事実上の「対話型立法権分有」に資するものと見て、「穴のある法治主義」論を展開してきた。しかしこれもすでに述べたように、「司法」の及ばないところでなされる紛争解決は、「法的安定性」にも「人権保障[1]」にも、そして国としての「公益」やグローバルな「公益」の確保のためにも不適切であるとの主張が、日本の地方自治をめぐる議論において優越化することは避けようがなかった。そして2012年法改正によっても、上記の「穴のある法治主義」は、条例そのものの違法確認請求訴訟まではまだ制度化されていないと一般に理解されている点で「首の皮一枚」残っているにしても、同法改正後は、自治事務であると法定受託事務であるとを問わず、国から見て自治体の事務処理の「適法性」が疑われ。国からの是正の要求や指示を受けてなお不作為が続く場合、国から違法確認請求訴訟を提起できる制度（現地方自治法251条の7及び252条）が整えられた結果、ほぼ「穴」は塞がってしまったと言わざるを得ない。

　筆者の認識では、国と自治体との間で「実質的な対話」を保障するルートが存在しなければ、憲法92条の「地方自治の本旨」に含まれているはずの「対話型立法権分有」法理など、完全に画餅に帰すことになる。したがって、もし「穴のある法治主義」を拒否するのであれば、それとは別の「法治主義」によって、国と自治体との立法意思どうしの「実質的な対話」が保障されることが憲法上、どうしても必要になるのである。この観点から、「司法」の場で国と自治体のそれぞれの立法意思の対立・紛争を処理するうえで、国の立法意思を常に優先する方向とは別の形をとる新しい「目的効果基準」論が必要になる。そしてそうであればあるほど、こうした方向性を持つ新しい「目的効果基準」論を少なくとも示唆するような実例を、司法の場で発見

---

1)　もちろん、自治体のそのような「違法」な事務処理によって法律上の権利利益を侵害された私人や団体は行政訴訟を提起できるはずである。ここで言及した「人権侵害」とは、そのような具体的争訟事件に発展する前の「違法状態」が将来的に私人などの権利利益侵害を起こす危険性や、そのような私人などが訴訟を提起しないで放置する場合までも「人権侵害」と呼ぶ立場からの主張である。

することが極めて重要になるのである。

　この点で、東京高等裁判所第2民事部が、神奈川県臨時特例企業税条例の合法性を認めた平成22（2010）年2月25日判決[2]の中で、法律と条例の抵触問題について、条例が違法となるのは「一方の目的や効果が他方によりその重要な部分において否定されてしまう」場合に限られるとする画期的な解釈を示したことが注目に値する。この解釈は、筆者の上記認識と基本的な部分で一致するものであり、高く評価されなければならない。他方で、本件の第1審判決[3]では古い「目的効果基準」論が用いられた結果、同条例は違法とされていた。さらに第1審原告は本控訴審判決を不服として上告したが、その上告理由書の中では、控訴審判決の憲法及び法令の解釈を真っ向から否定する主張が繰り広げられた。この上告人側の憲法及び法令の解釈は、筆者にとっては看過できないものであった。そこで筆者は、被上告人側の鑑定意見書を平成22（2010）年9月13日付で作成し、最高裁判所に提出することとなったのである。

　残念ながら本件訴訟は、平成25（2013）年3月21日に上告審で逆転判決が下され、控訴審判決は退けられた。上告審判決では再び古い「目的効果基準」論が持ち出され、国の立法意思が「強行法規」として設定したものに対しては、条例はたとえ部分的であっても一切の抵触が許されないとする考え方が示されてしまった[4]。この上告審判決の問題性については、本書の終章で論じる。しかしあるべき憲法判例は、このような「後退」に諦めることを許さない。そこで、本章では、上記控訴審判決の積極的意義を再確認するために、控訴審判決を評価する理論を展開した筆者の鑑定意見書を活字化した2012年の学部紀要論文[5]を再録した。

　上記鑑定意見書では、本件に関わる主として憲法解釈上の論点を検討し、必要な限りで関連する法令の解釈も行っている。筆者は、本件において提起された憲法上の主要論点、すなわち法令にその目的・効果の「重要な部分」

2）　東京高判平成22（2010）年2月25日判時2074号32頁。
3）　横浜地判平成20（2008）年3月19日判時2020号29頁。
4）　最判平成25（2013）年3月21日民集67巻3号438頁。判時2193号3頁。本書**第2部第7章Ⅲ**
　　4でも、上告審判決の内容を簡単に紹介している。

以外で抵触したにすぎない条例が憲法94条違反となり、その結果違法で無効と判断されるべきかという論点は、広く学界においても論じられるべきテーマであると考えた。そこで本初出論文の実際の公刊は印刷の都合上、上告審判決が出される直前になってしまったけれども、上告審で決着がつく前に、上記鑑定意見書の内容を公にし、学問的論争を誘発したいと考えたのだった。

　もちろん鑑定意見書は、そのままでは学術論文の形式を満たさないので、各枝番号の表題の変更や注の付加を行った[6]。また内容についても、本章初出論文の執筆時に新たに必要性を感じた部分を付け加え、あるいは若干の修正を施している。しかし以下の本文の内容と上記鑑定意見書は、ほぼ同一である。

　なお本章（及びその初出論文）では、批判・分析対象として、上告理由書の他にも、上告人側と被上告人側が第1審から提出してきた法律専門家の様々な鑑定意見書も用いているが、これらのほとんどは少なくとも本章初出論文発表時には未だ公刊されていないものであった。学問への貢献の見地からは、そのすべてが記録として公刊されることを望むものであるが[7]、とりあえず以下では、本章初出論文執筆時に未公刊だったものも、その作成者の名前と本件において付された書証番号を用いつつ、参照・検討の対象とした。鑑定

5）　本章の本文部分の初出は、「『対話型立法権分有』の法理に基づく『目的効果基準』の新展開——神奈川県臨時特例企業税条例の合憲性・合法性についての一考察」成城法学81号（2012年）1（416)-49（368）頁。なお、最低限必要な加除修正を行ったが、資料的意味を込めて、当時の視点からの記述は極力残している。他方で引用文献の表示は、内容が同一である限り、最新版に直してある。さらに鑑定意見書及び初出論文では人名に敬称を付けていたが、本書は学術論文であることに鑑みて、敬称は全て削っている。本章の枝番号についても、実際の鑑定意見書のそれを変更し、本書の他の章の表記方法に合わせた。

6）　上記鑑定意見書では、裁判官が理解しやすいように、各枝番号の表題の大部分は本文の当該部分の要約となっており、注についても、本文中に最低限の注記をするに留めていた。本章では、公刊されているものは各頁下欄の注に移すことにした。しかし、訴訟当事者双方の書証、あるいは上告趣意書などの出典情報については、公刊された情報ではないので、本章の本文中にそのまま残してある。

7）　本章の初出論文に限らず、他の鑑定意見書もいくつか公刊されているようである。上告審鑑定意見書に限っても、管見では、三木義一「法定外税としての神奈川県臨時特例企業税の適法性」自治総研384号（2010年）48-61頁、人見剛「神奈川県臨時特例企業税条例事件東京高裁判決について」自治総研393号（2011年）71-83頁などがそれぞれの意見を再録している。また、上告後の本件に関する論評を含んだ憲法学者の論考としては、渋谷秀樹「地方公共団体の課税権」立教法学82号（2011年）167-201頁がある。

意見書として法廷に提出されている書証は、それぞれ法律専門家としての身分や経歴を示した上で作成されたものである以上、作成者の意図に関わりなく、公の場で検討あるいは批判されるべき性質のものであると考えるからである。本書での引用した各論者の趣旨について、筆者が誤解していないことを祈っている。

I　事件の概要

1　法人事業税の欠損金繰越控除と神奈川県財政

　地方税法では、主要な都道府県税の一つである法人事業税の課税に当たり、税額算出の基礎（課税標準）である所得の金額を計算する際に、青色申告法人については、前年度以前の欠損金額を当該事業年度に繰り越して控除する定めとなっていた（平成15〔2003〕年の改正前の地方税法72条の14第1項、改正後は72条の23第1項）。その結果、青色申告法人の中で、地方自治体の行政サービスを享受し、当該事業年度においては利益が発生していながら、欠損金の繰越控除があるために、ほとんど、あるいはまったく法人事業税を払わないものが当然に出ていた。

　特に本件被上告人である神奈川県は、もともと県税が経済構造の変化と景気に左右されやすい法人事業税・法人県民税を主力とする不安定な税収構造を持ち、にもかかわらずその歳出構造は税収の急激な減少に相応し大幅な抑制を行うことが困難なものであり、さらに国からの地方交付税も現実の必要から見て不十分で、しかも基金が底をつき、安定的確保が困難な臨時的な財源に依存せざるをえないという脆弱な財政構造を有していた。さらに、バブル経済の崩壊による県内企業の業績悪化とそれに伴う県税収入の大幅な落ち込みにより、平成10（1998）年度決算は293億円の赤字となり23年ぶりに赤字団体に転落し、さらに特別な対策を講じない場合には、平成12（2000）年度以降の5年間で合計1兆150億円の財源不足が見込まれる事態に追い込まれていた（神奈川県平成12〔2000〕年3月「県財政の現状と今後の展望——財政健全化の指針」より）。そして当時、県内の大企業の相当部分が巨額の欠損金を

120

出し、たとえそれが一時的なものであっても、欠損金の額によっては最長で5年（平成15〔2003〕年改正後は7年）の間、繰越して控除され続ける状況にあり、その結果、当該事業年度には利益を出しながらも、法人事業税をほとんど、あるいはまったく支払わない大企業が多数あったことが（平成10〔1998〕年当時で全法人のうちの約7割が欠損法人として法人事業税を負担せず）、こうした県財政の悪化の主要因の一つであると神奈川県は考えるに至った[8]。

2　本件企業税条例の制定経緯と内容

　神奈川県は、学識経験者などによる研究会の検討の結果、県税としては景気変動による影響を受けない外形標準課税が望ましいが、当時の国の議論を見る限り、法改正によりこれを全国一律に導入することは実現困難と考えて、「外形標準課税が導入されるまでの間の臨時的・時限的な対応」として地方税法43条3項の定めによる都道府県法定外普通税を創設するか、あるいは同法72条の19が定める法人事業税の課税標準に特例を認める制度を活用するかして、上記の欠損金繰越控除の弊害を除去すべきとの方針を採るに至った。更なる検討の結果では、同法72条の19の特例制度は、「事業の情況」に応じて、所得によらず資本金額や売上金額などの外形標準課税を用いることができるとするものであるが、従来の通説によるならば、所得を課税標準とすることが不適当な特定の業種についてのみ適用が予定されるものであり、神奈川県が想定する全ての法人に適用可能な制度にはなりえないと判断され、結局、法定外普通税として神奈川県独自の企業税を創設することに決まった。平成13（2001）年3月21日に神奈川県議会は、神奈川県臨時特例企業税条例（平成13年神奈川県条例第37号）案を可決した。

　この条例は、資本金額が5億円以上の県内の法人に対して、法人事業税の課税標準である所得の計算上、「繰越控除欠損金額……を損金の額……に算入しないものとして計算した場合における当該各課税事業年度の所得に相当する金額（当該金額が繰越控除欠損金額……に相当する金額を超える場合は、当該

---

8)　本件第1審判決の事実認定の一部（判時2020号57-58頁）並びに本件控訴人（神奈川県）準備書面（10）6-7頁（判時2074号49頁）参照。

第6章 「対話型立法権分有」法理に基づく新たな「目的効果基準」論　121

繰越欠損金額……に相当する金額）」を課税標準とし、税率を100分の3ないし100分の2（平成16〔2004〕年条例改正前は当該繰越欠損金の控除相当額を課税標準としてその100分の3、但し地方税法72条の22第4項に規定する特別法人は100分の2、改正後は一律に100分の2の税率で課税）とする臨時特例企業税を課するものであった（本件条例3条1号、2号、7条1項、8条）。また、本件企業税は「当分の間の措置」とも規定されていた（本件条例2条）。

　その後神奈川県は、平成13（2001）年3月22日に、平成15（2003）年改正前地方税法259条の規定に基づいて、総務大臣に本件企業税の新設について協議の申し出を行ったところ、同年6月22日付で総務大臣は企業税の新設に同意した。この同意を受けて、本件条例は同年7月2日に公布され、同年8月1日に施行された[9]。

3　本件訴訟第1審の内容

　本件は、企業税の対象となったXが、本件条例は法人事業税について、欠損金額の繰越控除を定めた地方税法の定めを潜脱するもので、違法・無効であるとして、神奈川県に対して、納付済みの平成15（2003）年度分と16（2004）年度分の企業税などの還付を求めた事件である。前掲の横浜地裁平成20（2008）年3月19日判決では、以下のように判示してXの請求を認容し、神奈川県に対して19億円余の支払いを命じた。すなわち、①法定外税の創設により、法人事業税などの法定税に係る規定の趣旨に反する課税をすることは許されない。②本件条例の内容や制定の経緯に照らせば、本件企業税は、実質的には、法人事業税における欠損金繰越控除のうち一定割合についてその控除を遮断し、その遮断した部分に相当する額を課税標準として、法人事業税に相当する性質の課税をするものである。③地方税法下では、法人事業税の課税標準の特例による場合以外には、「欠損金額の繰越控除を含めた地方税法所定の法人事業税の標準課税の規定を全国一律に適用すべきものとする趣旨であると解される」。④したがって「少なくとも、法人事業税と租税としての趣旨・目的及び課税客体が共通する法定外税によって、全国一律に

9）　本件第1審判決の事実認定の一部（判時2020号58-60頁）参照。

適用すべき法人事業税の課税標準の規定の目的及び効果が阻害される」。⑤「企業税の課税により、法人事業税の課税標準につき欠損金額の繰越控除を定めた規定の目的及び効果が阻害される」以上、「企業税の課税は、地方税法の当該規定の趣旨に反するもの」である。⑥「地方団体は、法令に反しない限りにおいて条例を制定することができ（地方自治法14条1項）、地方税法の定めるところによって地方税を賦課徴収することができるとされていること（同法2条）に照らせば、……地方税法に違反する租税を創設する条例を制定することは、地方団体の有する条例制定権を超えるものであるから、本件条例は無効」である[10]。

4　本件訴訟控訴審判決の内容

　神奈川県が上記の第1審判決を不服として控訴したところ、東京高等裁判所は、平成22（2010）年2月25日にこの判決を取り消し、被控訴人（X）の請求を全て棄却する逆転判決を下した。その内容は、概要、以下の通りである。

　①　国や地方公共団体相互間の財源配分などの観点から国家的な調整が不可欠である以上、「租税に関する条例も、憲法の規定に直接基づくのではなく、法律の定めるところにより制定されるべきもの」であり、「条例は法律の定めに反することはできない」。したがって、「憲法により認められた地方公共団体の課税権は、あくまでも抽象的なものにとどまり、法律の定めを待って初めて具体的に行使し得る」。

　②　「しかしながら、地方税法の解釈適用に当たって、憲法が、地方公共団体に課税権を保障し、地方税法の内容が地方自治の本旨にかなうように要請していることを考慮すべきである」。「地方自治法2条12項などの規定も、これと基本的な観点を同じくする」。

　③　条例が法律に違反するかどうかは「徳島市公安条例事件」最高裁大法廷判決の示した「目的効果基準」に基づいて判断される必要があるが、最終的に問題となるのは「両者の間に矛盾抵触があるかどうかである」。「矛盾抵

---

10)　判時2020号29-30頁の解説文を利用しつつ、判決の内容を独自にまとめ直した。

触」とは、「複雑な現代社会を規律する多様な法制度下」では、「単に両者の規定の間に大きな差異あるとか、一方の目的や達成しようとする効果を他方が部分的に減殺する結果となることをいうのではなく、一方の目的や効果が他方によりその重要な部分において否定されてしまうことをいうものと解される」。

④　地方税法による法定外普通税の位置づけは、法定普通税が基幹的、法定外普通税が補充的なものとみなされるが、その間に優劣があると解すべき根拠はないので、「法定外普通税は法定普通税について具体的に示された準則に従わなければならないというべき理由はない」。また、「地方税法は、地方税が、すべてにわたって全国一律同一でなければならないと考えているものではなく、二義的かつ付加的であるとしても、地域ごとに異なる税制があってもよいと考えている」。

⑤　「法定外普通税の形式を採りつつも、法定普通税の課税要件等それ自体を変更することが許されないのはもとより、法定普通税と全く同じ課税客体及び課税標準の法定外普通税を創設して、法定普通税について定められた税率を超える課税をすることなども、許されない」が、「趣旨・目的は法定普通税と近似しているが、課税客体あるいは課税標準を異にする法定外普通税までが、許されていないというのは、論理的に飛躍があり、これが同法により一般的に禁じられているというべき根拠は見いだせない」。

⑥　地方税法の「課税要件等を定めるそれぞれの規定は、一般に、当該税目について規定するだけにとどまっており、趣旨や目的の異なる他の税目の課税要件等についてまで干渉するものではない」。「そのことは、法律と条例の抵触矛盾を考えるに際しても、同様に当てはまる」。

⑦　地方税法は、「法人事業税について、欠損金の繰越控除が全国一律に必ず実施されなければならないほどの強い要請があるとまで考えていない」。「ましてや、同法が、法人事業税においては原則として欠損金の繰越控除により課税しないものとしている控除前の利益について、別の税が課税されることを強く否定していると解さなければならない理由があるとはいい難い」。

⑧　「企業税が課されることにより、法人事業税において欠損金の繰越控除を認めて税負担を軽減することにした地方税法の目的及び効果は、徹底さ

れない結果を生ずることは否定し得ない。しかし、企業税の税率が2～3％にとどまることも考慮すれば、そのことから、直ちに地方税法の欠損金の繰越控除規定の目的及び効果を阻害するとまでいうことはできず、両税の間に矛盾抵触があるとはいえない。二つの税制の目的及び効果が異なるために、一方の政策の一部が他方の政策により減殺されてしまうことは、起こり得ることであり、そのことから直ちに両制度が矛盾抵触しているというべきではない」。

⑨　企業税は、「理念としては応益性を考慮しながら課税標準の選択においては応益性をほとんど取り入れていない法人事業税とは別個の、より応益性を重視した性格を有する税目として成り立ち得る」し、「法人事業税を補完する『別の税目』として並存し得る実質を有するものというべきである」。したがって「本件条例は、地方税法の法人事業税に関する規定を実質的に変更するものであるということはできないから、これと矛盾するものとは解されず、これに違反するということはできない」。

⑩　Xのその他の主張（本件条例の立法事実の不存在、担税力のない欠損金額を課税標準とすることが憲法29条違反、大企業を狙い撃ちする違法、比例原則違反、投機活動による利益を有しないXに本件条例を適用することの違憲性、総務大臣の同意を得ないで期間を延長した違法、租税公平主義違反）にも理由は無い[11]。

II　鑑定意見書の内容

1　本件の憲法解釈上の争点

(1)　上告理由書における憲法解釈の問題点

(a)　比例原則違反、適用違憲、財産権侵害、平等原則違反の主張について

　上告人は、本件条例の違憲性について、平成22（2010）年4月30日付の上告理由書の中では、「徳島市公安条例事件」最高裁大法廷判決[12]に依拠しつ

---

11)　判時2074号、32-34頁の解説文も参照しながら、判決の内容を独自にまとめた。

12)　最大判昭和50（1975）年9月10日刑集29巻8号489頁。

第6章 「対話型立法権分有」法理に基づく新たな「目的効果基準」論　125

つ、条例が地方税法の趣旨・目的・内容・効果に実質的に抵触するので「法律の範囲内」の条例制定権を定める憲法94条に違反するという主張（上告理由第4）以外にも、憲法29条2項の財産権保障に内在する比例原則に対する違反の主張（上告理由第1）、「投機的欠損金」の繰越控除の場合以外での本条例の適用を財産権侵害で違法とする立場からの適用違憲の主張（上告理由第2）、本件条例のそもそもの制度設計が担税力欠如者を課税客体としている点でやはり財産権侵害であるとする主張（上告理由第3）、そして憲法14条で保障された租税公平主義に違反するとする主張（上告理由第5）を展開している。しかし本件訴訟の最重要の論点は、あくまで本件条例が「法律の範囲内」を求める憲法94条に違反するか否かであり、その他の論点は、以下に示すように、全てこの最重要の論点についての上告人の理解が誤っていることに起因するものである。

(i)　比例原則違反の主張

　まず上告理由第1についてであるが、そもそも租税とは本来、「国又は地方公共団体が、課税権に基づき、その経費に充てるための資金を調達する目的をもって、特別の給付に対する反対給付としてではなく、一定の要件に該当する全ての者に対して課する金銭給付」である（「旭川市国民健康保険条例事件[13]」）。したがって、課税要件の法定主義（条例主義）及び租税の賦課徴収手続に関しては明確性の原則その他の厳格な基準による合憲性審査が求められるものの、租税の制度設計に関する限りは、「国家財政、社会経済、国民所得、国民生活等の実態についての正確な資料を基礎とする立法府の政策的、技術的な判断にゆだねるほかはな」いというのが事柄の本質である。それゆえ裁判所が租税制度の合憲性を審査するに際しても、当該「立法目的が正当なもの」でなく、その課税のあり方（控除のあり方を含む）が「右目的との関係で著しく不合理であることが明らかでない限り」、立法府の判断を尊重すべき（同旨、「サラリーマン税金訴訟[14]」）という緩やかな審査基準が租税条例

---

13)　最大判平成18（2006）年3月1日民集60巻2号587頁。
14)　最大判昭和60（1985）年3月27日民集39巻2号247頁。

にも当てはまるはずである。

　上告人も、租税関連立法に関する広い立法裁量については、これを否定していない。本件条例には、少なくとも国の租税関連立法が有する程度の課税目的の正当性や課税の制度設計の合理性は十分に見出される（換言すれば目的が不当で、制度設計が目的との関連で著しく不合理であることが明らかとまでは言えない）。したがって本件条例の合憲性審査には比例原則を用いて判断すべきではなく、また少なくとも国法と同程度の合理性を持つ本件臨時特例企業税を、国法上の通常の租税と区別して特に財産権侵害や平等原則違反とみなす理由もないはずである。

　ところが上告人は、金子宏意見書（甲56）などを引用しつつ、「租税条例の制定における地方議会の裁量は、地方税法という枠法あるいは準拠法の範囲内で、これに従って租税条例の制定が行われる場合に初めて認められる」としつつ、「地方税法によって地方税に関する課税標準、税率等の詳細が厳密に定められており」、かつ現在の網羅的な国の税制により「法定外の税源は限られているという状況下」では、「租税条例の制定における地方議会の裁量の範囲は、税法制定における国会の立法裁量の範囲と比較するとずっと狭い」との理由により、上記昭和60年最高裁判決の緩やかな審査基準は当てはまらないとするのである（上告理由書45-46頁）。この主張は、「租税条例が法律の範囲外で、または法令に違反して制定された場合には、もはや地方議会の裁量について議論する余地は全く残されていない」（同45頁）との主張に基づくものであるが、この点につき、上告人側の長谷部恭男意見書（甲179）も、「地方議会の条例制定における立法裁量は法令に反しない限りにおいて認められるもので、……本件企業税条例が地方税法の法人事業税の規定の趣旨に反する以上、もはや地方議会の立法裁量を論ずる余地は残されていない」とする。

　しかしながら憲法94条の「法律の範囲内」の条例制定の規定に関するより柔軟な解釈を用いた場合には、事情は全く異なってくるはずである。すなわち、もし法律と条例の抵触関係を両者の趣旨・目的・内容・効果の面から実質的に解釈した後で、なおその法律の根幹をなす「重要な部分」への実質的な抵触がある場合に限りそのような条例を憲法94条の「法律の範囲内」から

外れた違法な条例とし、それ以外の部分への抵触については、現実の諸状況と事柄の本質から当該条例の必要性と合理性が国の租税関連法律と同程度に見出せる場合には、地方自治体の正式かつ民主的な決定の結果である以上、憲法92条の「地方自治の本旨」の法的効果として当該条例には合法性を認めうるのであり、つまり国会と同様の広い立法裁量が租税条例制定時の地方議会にも認められることになるはずである。

(ii)　財産権侵害又は平等原則違反の主張

　上告人は、本件企業税の課税客体が実質的には「担税力のない繰越欠損金」であるとして、憲法29条2項により保障された上告人の財産権を侵害するとの主張を展開している（上告理由3）。また、「ある事業年度について同額の当期利益を上げた大企業が複数存在する場合において、法人事業税の課税標準である所得金額の計算上、欠損金の繰越控除が適用された法人にのみ企業税を課す」点で、「何の合理性もない恣意的な基準によって企業税を課す結果となる」から、本件企業税は「憲法14条1項によって保障された租税公平主義に反して違憲無効である」との主張も行っている（上告理由5）。

　しかし、本来、法人事業税は法人税や所得税とは異なり、法人の事業活動と地方自治体の行政サービスとの応益関係に着目してその事業に課税するものである[15]。したがって実際の法人事業税が地方税法制定当時の便宜性から「所得」に課税する形式を採っており（企業への行政サービスの量を事業の結果としての「所得」から推し量ったもの）、その結果、「応能課税と応益課税の混合タイプ」となっているにせよ、それは収益への課税の要素を無視することはできないという意味が付け加わったにすぎず、「受益に応じた負担こそが重要」である点に変わりはない（原判決28-29頁）。ましてや本件企業税は、法人事業税における繰越欠損金控除額と同額のものをその課税標準としているにせよ、その税率が2～3パーセントにすぎないことを合わせ考えるなら[16]、その本質はなおいっそう行政サービスに対する応益課税の性格が強いのである。したがって、当該年度に限って見れば当該法人に一定の収益があ

---

15)　本件神野直彦鑑定意見書（乙128）3-5頁。

り、欠損金繰越控除がなければそれだけ法人事業税として払わなければならなかった当該年度の行政サービスへの応益税を、たまたま欠損金繰越控除があるためにその分につき免れていた法人に対して、その企業活動が不可能にならない合理的な範囲で企業税として応益課税しても、それは決して財産権侵害になるものではない。また欠損金繰越控除がない企業は、当該年度の「所得」がある場合には必ず法人事業税を支払わなければならないので、本件企業税は法人事業税と併せて考えるなら平等原則違反となるものでもない。

　以上の反論は、確かに本件企業税が法人事業税とは別の税の形式をとりながらも、その実体は応益課税としては不十分な法人事業税の欠点を補い、両者が一体となることで公平な応益課税制度を形作っていることを認める論理を含んでいる。それは、あえて言うならば法人事業税上の制度である欠損金繰越控除の目的や効果を本件企業税が実質的に修正することを認める論理を含んでいることになる。だからこそ上告理由書も、財産権侵害を論難する部分の最後で、「なお、企業税を法人事業税と一体として見た場合には、……企業税条例は、法人事業税の……欠損金の繰越控除を遮断し、同税の課税標準規定を実質的に変更する法定外条例として評価する外ないから、企業税条例は『法律の範囲内』とはいえない憲法94条違反の無効な条例となる」と述べるのである。しかし後に詳しく述べるように、憲法94条の「法律の範囲内」とは、憲法92条の「地方自治の本旨」と併せて読むならば、条例が法律の効果を阻害することを一切許さないものではなく、法律の趣旨・目的・内容・効果を実質的に修正することを一切許さないものでもない。法人事業税における欠損金繰越控除規定についても、たとえそれを地方税における全国一律適用を義務づけたものと解することができたとしても、なおそれは法人事業税におけるその本質に直結する「重要部分」とまではいえず、また地方的な必要性が認められることを条件として、欠損金繰越控除制度の効果を一定程度阻害する別の効果を有する地方税条例の制定を一切許さないものでもないのである。

---

16)　平成16（2004）年条例改正前は当該繰越欠損金の控除相当額を課税標準としてその100分の
　　　3、但し地方税法72条の22第4項に規定する特別法人は100分の2、改正後は一律に100分の2
　　　の税率で課税している。

(iii) 適用違憲の主張

上告理由第 2 の適用違憲の主張については、上告人の仮定的な主張そのものに無理がある。上告人は、「投機的欠損金」の繰越控除の場合の課税には一定の合理性が見出しうると仮定したうえで、本件企業税条例自体、制定時の議論としてはこのような「投機的欠損金」の場合についての課税の必要性への言及があったことを根拠に、にもかかわらず本件条例が、一定の事業規模の事業主につき、当該年度の収益があり、さらに法人事業税の控除対象となる繰越欠損金がある事業主全てに対して当該繰越欠損金の控除相当額を課税標準としてその 2 ～ 3 パーセントの税率で課税することで、違憲的な適用まで可能とする制度を設けてしまい、その結果、「投機的欠損金」のない本件上告人に課税した点で適用違憲と主張する。しかしこれは、条例によって「投機的欠損金」以外の法人事業税の欠損金の繰越控除相当額に課税することが違憲であるとの主張を前提としてなされうるものにすぎない。しかし「投機的欠損金」以外の欠損金の繰越控除相当額に課税することそれ自体が違憲であるとするには、そのような課税制度が上述のような比例原則違反、財産権侵害、あるいは平等原則違反であることが前提となっており、この前提自体が成り立たないとすれば、適用違憲の主張も成り立たないこととなる。

(b) 上告理由書における条例の合法性に関する憲法解釈の問題点

上告人は、宇賀克也判例評釈[17]（甲263）を用いつつ、本件紛争の本質が国と地方自治体の権限紛争ではなく、条例により私人が違法に権利を侵害されたか否か、すなわち「国が法律で欠損金繰越控除により私人の財産権を保護する制度を設けたにもかかわらず、地方公共団体が法律による保護を条例で違法に外して」、私人の財産権を侵害したか否かであるとし、このような場合には、「憲法92条（ないし、その趣旨を具体的に宣言した地方自治法 2 条12項）を考慮した解釈を行うこと」はできないとする（上告理由書44頁）。またこの宇賀評釈では、原判決が条例の民主的正統性を強く意識している点について

---

17) 宇賀克也「法定外普通税条例の適法性——神奈川県臨時特例企業税事件」法学教室356号（2010年）32-40頁。

も、「憲法は、民主的正統性を有する法律と条例の関係について、『法律の範囲内で条例を制定することができる』と定め、法律に違反する条例を認めていないのであるから、条例の違法性を審査する場合に、条例の民主的正統性のみに配慮して、違法性審査を緩やかに行うことは、均衡を欠く」と主張する[18]。

しかしこの見解は、司法審査制を採る日本国憲法の場合、機関訴訟や住民訴訟など、法律上明示的に認められた例外的な客観訴訟の場合を除けば、国と地方自治体の権限紛争も、常に私人の権利をめぐる具体的争訟の中で初めて裁判所が審査できるにすぎないことを無視する議論である。当該訴訟が条例による私人の権利侵害をめぐる争いに関わるものであったとしても、当該条例が憲法94条の「法律の範囲内」にあるか否かの審査については通常の国と自治体との間の権限紛争で用いられる一般的基準を用いて審査すればよく、その他の違憲の主張については、条例が「法律の範囲内」にあるか否かの審査とは別個に、当該分野に適した違憲審査基準によりその条例の違憲性を審査すればよいのである。

ところで上記の宇賀評釈は、原判決が「目的効果基準」論に関して「重要な部分」の阻害の有無という画期的な基準を打ち出したことに関わって、これを「憲法92条を踏まえてのものであるかもしれない。」と述べているにもかかわらず、この言及の直後に、「徳島市公安条例事件」最高裁判決が示した「目的効果を『なんら阻害することがない』という……基準」も「当然、憲法92条を視野に入れて基準を設定しているはずである」から、原判決の新しい基準は採用することができないと述べるだけで、「地方自治の本旨」の意味を積極的に示そうとしておらず、従来の古い憲法解釈に論証抜きで追従している[19]。

同じく上告人側の長谷部恭男意見書（甲179）も、「問題となる法律が『地方自治の本旨』に反する等の特別の事情がない限り、条例が法律の規定に違背抵触した場合に無効となるのは当然である。」としつつ、「地方自治の本

---

18)　同上、36頁。
19)　同上、36-37頁。

旨」の法的な意味を一切示さないままで、「地方税法の定める法人事業税に関する規定は、『地方自治の本旨』に反するものとは解されないので……」と、論証抜きで直ちに条例と法律の抵触問題に議論を進めている（１頁及び３頁）。ここでは、「地方自治の本旨」が単なる免罪符ないし飾り言葉として使われているにすぎないことは明らかである。

　さらに、上告理由書の引用していない部分ではあるが、長谷部の別の意見書（甲269）では、上位法と下位法の関係の一般論まで引き合いに出して、「上位法と下位法とが矛盾抵触するか否かは程度問題ではなく、あるかないかの問題である。」との主張が展開されている。なお同意見書は、上位法と下位法の関係は授権・委任関係とは別としたうえで、上位法を国の法律、下位法を条例のみならず政令（命令）や最高裁判所規則などの法律以外の憲法上別形式の法規範を含むものと見て論じている（２頁）。

　しかしこの主張は失当である。憲法41条後段が規定する、国会を「唯一の立法機関」とする原則、特に「国会中心立法の原則」は、法治主義の観点から考えると、何よりも行政権との関係において厳格に守られるべき意味があり、したがって上位法と下位法の関係も、法律と政令（命令）との関係では上記原則が厳格に妥当する。しかし最高裁判所規則については、「司法権の独立」（憲法76条）、「司法権の自主性」（憲法77条）の趣旨から、必要性と合理性が認められる場合には、司法に関する法律の「重要な部分」以外への抵触をなお合法と見なす主張が従来から有力に唱えられてきたことを、長谷部は無視しているのである[20]。条例についても、後述するように、憲法92条の「地方自治の本旨」の主要な法的意味の一つを、国と地方の「対話型の立法権分有」法理の遵守を立法・行政・司法の場で義務づけたものと解する場合には、やはり法律に対するその「重要な部分」以外での条例の部分的抵触を許容するものと読むことができるはずである。しかしながら長谷部は、条例と法律の関係について、「地方自治の本旨」に反する法律の場合を除き、条

---

20) 例えば佐藤幸治『憲法〔第３版〕』（青林書院、1995年）325頁は、法律が規則に優位するのは「刑事手続の基本原理・構造など国民の権利・義務に直接かかわる事項」の場合に限られ、「裁判所の自律権に直截にかかわる」事項については規則が優位すると主張している。また同書同頁は、最高裁判所自身、その小法廷の権限について、規則で法律規定を修正するような定めをしたことがあり、後に法改正により国会の方がこれに追従したという実例を紹介している。

例が法律の趣旨・目的・内容・効果に抵触することは一切許されないとするのが憲法94条の「法律の範囲内」の意味であると述べるのみで、実際には「地方自治の本旨」の具体的な意味を何も示していないのである。

宇賀評釈や長谷部意見書に見られるように、憲法92条の「地方自治の本旨」については、それが国会の立法によっても侵し得ない具体的な固有の自治領域を示していないことを根拠にして、換言すれば日本国憲法の地方自治の諸規定のあり方が、自治立法権として保障される固有領域を憲法上で明示する連邦制型の憲法とは異なることを根拠にして、一定の制度枠や制度の存在の保障しか認めない古い考え方が暫く前までは支配的であった。しかし現在、有力になりつつある新しい憲法解釈は、個別の領域を地方自治体の専管（条例）事項とするのではなく、国法と条例の相互乗り入れによる競合・抵触の可能性を広く認めつつ、両者の適切な役割分担と「対話型の立法権分有」の観点からこの競合・抵触問題を合理的に処理していく紛争処理の原則こそが、「地方自治の本旨」の重要な法的意味の一つであると考えるものである。長谷部意見書も宇賀評釈も、この近年有力な考え方を無視している点で、重大な欠陥を持つ。

分権改革が世界的に進む現状と日本国民の地方自治に対する評価の深化を踏まえて、以前は十分に認識できなかった憲法92条の法的意味が新たに明確になったとするような解釈の手法は、憲法解釈では通例のことである[21]。また後に詳述するように[22]、「徳島市公安条例事件」最高裁判決自体、解釈によっては法律の目的や効果の「重要な部分」への抵触以外は条例による修正を認めると読むことも可能な論理を含んでおり、このように考えるなら、原判決を最高裁の判例違反と解すべき理由はないのである。したがって本件の合理的な解決のためには、憲法92条の「地方自治の本旨」の法的意味の解明

---

21) 例えば、精神的自由規制立法の違憲審査は経済的自由規制立法のそれよりも厳格な基準によるべきとする「二重の基準」は、憲法解釈上の人権論の深化を踏まえて「小売市場事件」最高裁大法廷判決（最大判昭和47〔1972〕年11月22日刑集26巻9号586頁）により判例上でも確認されたが、この「二重の基準」が「公共の福祉」（憲法12条・13条・22条1項・29条2項）の規範内容の一つをなし、裁判官をも拘束する憲法規範であることについては、今日では異論はない。

22) 本章 I 3(1)を参照のこと。

第6章 「対話型立法権分有」法理に基づく新たな「目的効果基準」論　133

を避けて通ることはできないのである。

(2)　原判決の憲法解釈上の画期性

(a)　「条例意義重視説」の採用について

　確かに原判決も、「法律が地方税の準則を定めつくすべき」かどうかは憲法原則ではなく、「国の立法機関である国会が自由に決めることができる」と述べたり（原判決14頁）、「国が同法〔＝地方税法〕において具体的に制度設計をした法人事業税を条例で変更することは許されない」（同15頁）、あるいは「法定外普通税の形式を採りつつも、法定普通税の課税要件等それ自体を変更することが許されないのはもとより、法定普通税と全く同じ課税客体及び課税標準の法定外普通税を創設して、法定普通税について定められた税率を超える課税をすることなども、許されないことは、当然と言わなければならない」（同17頁）などと述べている。ここには従来の古い憲法解釈のように、国と地方との間の権限配分における「法律優位の原則」のみならず、当該法律の趣旨・目的・内容・効果は立法者意思から、すなわち法律それ自体の規定内容と制定趣旨から定まるとする「法律趣旨重視説」を認めているかのような表現が見出される。

　しかし原判決の考える法律と条例の関係は、「法律優位の原則」それ自体は否定しないものの、「法律趣旨重視説」については実質的にはこれを否定していると解される。確かに原判決は、地方税法が都道府県に制度設計を委ねている法定外普通税については、都道府県が独自の制度設計をすることを地方税法自体が予定していること（同15頁）、地方税法自体、法定の普通税と法定外普通税の優劣関係を定めていないから、法定外普通税が法定普通税について具体的に定められた準則（その中に欠損金繰越控除制度も含まれる）に従わなければならないわけではないこと（同13頁）、本件企業税のように「趣旨・目的は法定普通税と近似している」にせよ、それでも「課税客体あるいは課税標準を異にする」と見なしうる法定外普通税は禁止されないことを述べる部分は、一見すると地方税法の内容の解釈だけに絞っており、その限りでは「法律趣旨重視説」を維持しているように見える。しかし他方では原判決も、「企業税が課されることにより、法人事業税において欠損金の繰越控

除を認めて税負担を軽減することとした地方税法の目的及び効果は、徹底されない結果を生ずることは否定し得ない。」ことを認めているのである（同31頁）。そのうえで原判決は、条例が法律の目的と効果を阻害し、法律と矛盾抵触を生ずるものとして憲法94条が禁じている場合というのは、「一方の目的や達成しようとする効果を他方が部分的に減殺する結果となることをいうのではなく、一方の目的や効果が他方によりその重要な部分において否定されてしまう」場合に限られると主張するのである（同12頁）。

　しかし、条例による法律の目的や効果の一定程度の減殺は阻害あるいは矛盾抵触ではないとする原判決の論法に対しては、「法律趣旨重視説」の立場に立つ長谷部意見書が「法人事業税において課税対象から意図的に除外されている金額を対象として条例で法定外税を定め、繰越欠損金の控除の遮断をはかることは、欠損金繰越控除制度に対する潜脱であると同時に、法人事業税の制限税率の規定をも潜脱するものであり、当該税制の目的と効果を阻害する違法な行為」、「かりに目的が完全に同一といえないとしても、全国一律の法人事業税の欠損金繰越控除規定の目的と効果を阻害することは明白であり、地方税法に違反し無効」という反論を加えているところからも分かるように（甲179、3頁）、原判決の見解と「法律趣旨重視説」とは整合性が取りにくいことも事実である。なぜなら地方税法の文面それ自体からは、一義的かつ明快に原判決の解釈のみが導かれるとは言い難いからである。つまり上告人の側は、立法者である国の視点のみから地方税法の法人事業税とその繰越欠損金控除制度の目的と効果を捉え、かつ法律と条例の関係を単純な上位法と下位法の関係で理解した結果として、地方税法の当該規定は全国一律的な欠損金繰越控除の目的と効果を持つと見たうえで、条例がこの目的と効果に抵触することを一切違法とするのである。これに対して原判決の方は、地方税法の法人事業税とその欠損金繰越控除の規定について法定外普通税の規定をも含む地方税法の全体構造からの法解釈を行っているという形を採りつつも、実際には立法事実を含む本件企業税条例の必要性と合理性に関する理解から、本件企業税が地方税法上の法人事業税の欠損金繰越控除の効果を実質的には一定程度阻害することを認めて（一定程度の減殺という表現を使っているが）、にもかかわらず地方税法自体がこの程度の抵触・阻害は容認、ない

し少なくとも絶対的に禁止しているわけではないと解するのである。

　原判決は、法律の文面に限定して解釈する限り、欠損金繰越控除を全国一律の適用の義務付けの規定と見ようとする立場にも相当な根拠があると思われる地方税法の目的や効果とこれに対する抵触・阻害の問題について、地方分権改革が立法権の分権化にまで及びつつある現状と本件企業税条例には地域的に見る限りその必要性と合理性が十分に見出せるという事実、すなわち本件条例を取り巻く立法事実を重視して再解釈しているのである。したがって原判決はすでに、条例を取り巻く立法事実を重視して法律の趣旨などを修正する再解釈を認める「条例意義重視説」に立っているものと見ることができるのである。

(b)　現代民主主義の多元的理解と「条例意義重視説」

　以上のように、上告人は、地方税法の欠損金繰越控除の規定が法定外普通税を定める条例をも全国的に一律かつ完全に拘束するものであると主張している。もし地方税法の趣旨・目的・内容・効果を法律それ自体に限定して解する場合には（単純な「法律趣旨重視説」）、上告人の主張が認められる可能性もあろう。しかし法律の制定当時の立法者意思や法律に示された全国的利益の観点だけから、当該法律の規定が、目的や効果の点で部分的に法律の規定を阻害する条例による独自の規律を一切許さない趣旨であるか否かを判断するのは間違いである。

　少なくとも単純な「法律趣旨重視説」は、法律と条例の抵触問題について「上位法＝法律／下位法＝条例」の考え方に立って、常に法律の趣旨のみから条例と法律の抵触問題を判断している。しかし現代社会は、国会がどれほど多様な意見と情報を集めて立法を行おうとも、複雑で多様かつ多元的な利害を全て調整し尽くした立法を単独で行うことは不可能である。複雑な現実に対応するために異なる時期に定められた様々な国の法律の間で矛盾・抵触が生ずることがあるだけではない。地方＝現場の必要性の点からこれまた様々な時期に作られた多様な条例が国の法律と一定の抵触関係を孕むこともやはり避けがたいのである。それゆえ、条例の制定を必要とした立法事実（すなわち制定の背後にある現実の諸事情や社会変化を踏まえて再構成された事柄の

本質までも）を考慮に入れて、場合によっては条例の趣旨が法律の趣旨に実質的に優位し、その限りで条例の目的や効果が法律のそれを阻害することまで認める「条例意義重視説」が近年では支持を集めつつあるのである[23]。

　この点で原判決は極めて重要かつ画期的な指摘を行っている。すなわち原判決は、上述した「重要な部分」における抵触以外には、条例の趣旨や効果が法律のそれを減殺したとしても合法となるとの主張の前提として、「複雑な現代社会を規律する多様な法制度の下においては、複数の制度の趣旨や効果に違いがあるため、互いに他方の趣旨や効果を一定程度減殺する結果を生ずる場合があることは、避けられない」という認識を明言しているのである（原判決12頁）。さらにこの認識に続けて原判決が、常に「地方議会の制定した条例を法律に違反するがゆえに無効である」としてしまうことが民主主義にとって大きな問題を孕んでいることにまで言及している点を踏まえると（同12頁）、原判決は、現代日本における社会の複雑性の進展と多元的な民主主義理解の深化を踏まえて、国の法律と自治体の条例が一定程度競合しうる関係にあり（すなわち単純に一方が常に他方に優越する関係ではない）、法律の趣旨だけからではなく当該条例を必要とするに至った立法事実に基づき、憲法94条の「法律の範囲内」の意味を再解釈することを主張していると見ることができるのである。確かに原判決も、憲法92条の「地方自治の本旨」から帰結されるものとして憲法94条の「法律の範囲内」の再解釈を行ってはいるわけではない。しかしその社会の複雑性と多元的な民主主義への視座は、本来、憲法92条の「地方自治の本旨」の新しい解釈の基底をなすものそのものなのである。

---

23)　磯崎初仁「自治体立法法務の課題」ジュリスト1380号（2009年6月）89頁は、「徳島市公安条例事件」最高裁判決の「目的効果基準」論についてこの2つの理解の仕方が対立しているとする。

2 「地方自治の本旨」の法的意味と効果

(1) 旧通説（制度的保障説）における「地方自治の本旨」と 「法律の範囲内」の条例制定権の意味

(a) 旧通説における「地方自治の本旨」の理解の限界

　成田頼明の「制度的保障説」を代表例とする旧通説によれば、日本国憲法は、一方では大日本帝国憲法とは異なり地方自治保障の章（第8章）を持つので、国の立法に対しても何らかの憲法による保障があることは認めながらも、他方では憲法の規定上はいかなる自治体の専管的な立法領域も具体的には規定されていないこと（すなわち連邦制的な憲法構造ではないこと）を根拠に、具体的な固有の自治事務の憲法保障を認めない。成田の憲法92条解釈を簡単に述べれば、地方自治権は国家から伝来すること（すなわち自然権的固有権ではないこと）を前提とし、地方自治の制度や自治事務の範囲について一般的には国の立法よる創設や改廃の可能性を認めながらも、「地方自治の本旨」の本質的内容又は核心部分についてだけは、憲法が立法による改変からも保障しているという理論である。しかしこの核心部分とは、憲法93条2項の定める自治体の長や議員の直接公選制のような憲法が直接具体的に保障している一定の地方自治制度と、憲法94条が自治事務の存在を当然に予定していることに基づき、自治事務を全廃する法律は違憲となるというように、憲法92条から95条までの規定から論理必然的に演繹できる若干の制度枠ないし自治事務や自治制度の存在自体の保障に留まる[24]。

　成田はこの「制度的保障説」に基づき、かつ日本国憲法が連邦制を採用していないことも併せて根拠として、憲法94条が「法律の範囲内」での条例制定権を定めていることの意味は、「第一次的に法律が条例所管の『範囲』を決定すべきことを意味する」と解し、「法律と条例が同じ平面で全面的に所管が競合しているという考え方は、条例の本質を見誤るもの」と主張した[25]。旧通説のような「制度的保障説」を採る限り、自治事務や自治体の財政自主

---

24)　成田頼明「地方自治の保障」宮沢俊義先生還暦記念『日本国憲法体系(5)統治の機構II』有斐閣（1964年）287-303頁。

25)　成田頼明「『地方の時代』における地方自治の法理と改革」公法研究43号（1981年）156頁。

権を一切否定するという極端な場合以外には、自治事務を修正・削減し財政自主権を拘束するいかなる立法であっても「地方自治の本旨」に反することはなくなる。その結果、憲法94条の「法律の範囲」の規定については、憲法92条の「地方自治の本旨」という憲法上の拘束を実質的には法的意味のないものとして無視しつつ、いかなる法律であれ（但し、上述の極端な場合を除く）常に条例に優位し、法律に少しでも抵触する条例は常に無効となるという解釈が成立したのである。

(b) 条例「自主法」説の限界

　条例を国の法律とは質的に異なり、本質的に法律に劣位する別の法形式とする考え方は、条例を「自主法」と理解する田中二郎の考え方にも起因する。田中は、まず大日本帝国憲法時代末期に、地方自治を憲法で保障せず単なる法律事項とし、地方自治体に非権力行政しか認めていなかった当時の限界の中で、法治主義尊重の観点からではあるが、国民の「自由と財産」を規制する条例に関する限り「法治国に於いては、その一般原則に従って、形式上の法律による授権を必要とする」と主張した。しかしその結果、日本国憲法制定後になっても、田中は条例を法律と同視することがどうしてもできず、条例による罰則制定に関する議論の中では、憲法31条の罪刑法定主義と憲法73条6号但書における法律の委任を欠く政令（命令）による罰則制定の禁止の規定を根拠に、自治体はその自治権の当然の内容として「自主法」制定権を持つが、刑罰権は国家に独占されているので法律による授権がなければ条例で罰則を定めることはできず、しかし条例は民主的性格を持つことから単なる委任命令とは異なり地方自治法による一般的包括的な委任が許されるとする、曖昧な条例の性格規定を行ったのである。その結果、「自主法」としての条例は、法律と政令（命令）の中間的な位置に身を置くこととなった[26]。

　その後、日本の公法学は、権力行政分野を含めて「自主法」としての条例の制定権は憲法94条から直接地方自治体に授権されており、法律の委任は不

---

26) 田中二郎「法律の性質及び効力」（初出1948年）同『法律による行政の原理』酒井書店（1954年）329-345頁。

要とする考え方を明確にするようになる。成田頼明も、条例を「自主法」と捉え、財産権規制や課税については法律による委任がなくとも条例による規律を認めた。しかし成田は、罰則制定についてだけはなお法律による委任を必要とすると考えており、ここに田中の影響力を見ることができる[27]。判例でも、有名な「大阪市売春防止条例事件」最高裁大法廷判決[28]は、罰則の制定が憲法94条の保障する条例制定権には含まれず、その法廷根拠は地方自治法（平成11〔1999〕年改正前）の2条3項の自治事務の例示規定と同14条5項を委任規定と見る判断を示しているが、ここにも田中らが有していた当時の限界の影響を見ることができよう。

　もちろん現在では、罰則を含む権力行政に関する法規範定立権も憲法94条が直接授権していると見るのが通説である[29]。しかし、このような曖昧でありつつ常に法律に劣位する性格の「自主法」という観念は、なおも残り続けている[30]。条例の本質を、法律とは異なりこれに常に劣位するものと理解する限り、憲法94条の「法律の範囲内」の意味も、たとえ「目的効果基準」論を用いることで抵触禁止の憲法規範について一定の緩和が認められるようになったとしても、法律と条例の実質的な抵触問題の場面では、なお常に法律の趣旨のみから当該法律の目的・内容・効果を理解した上で、条例による実質的抵触の有無を判断する傾向が強いのである。

(c)　固有の自治立法領域の否定と条例の法律への抵触可能性の肯定との関係
　上述の傾向は、結局のところ旧通説としての「制度的保障説」が、憲法92条によっても、もちろん憲法94条に依拠しても、国の立法権から保護される具体的な自治立法領域は認められないとの結論だけで、直ちに国と自治体の

---

27)　成田頼明「法律と条例」清宮四郎＝佐藤功編『憲法講座4』有斐閣（1964年）201-207頁。なお成田は、同書208-216頁で、法律と条例の抵触問題についても、すでに「目的効果基準」論の原型となる考え方を提示している。

28)　最大判昭和37（1962）年5月30日刑集16巻5号577頁。

29)　最高裁は判例変更を言わないが、上述の「徳島市公安条例事件」最高裁判決でも罰則付き条例に法律による委任の根拠を求めてはいない。塩野宏『行政法Ⅲ〔第5版〕』（有斐閣、2021年）201頁も、「大阪市売春防止条例事件」最高裁判決について、委任立法を必要とする部分には判例としての意義を認めていない。

30)　例えば芦部信喜（高橋和之補訂）『憲法〔第8版〕』（岩波書店、2023年）395-399頁。

間のその他の権限紛争問題についても思考停止していることがその原因となっている。旧通説は、「地方自治の本旨」の法的意味については、自治制度や自治事務の存在そのものを否定するような極端な立法の場合を除き、いかなる固有の自治立法領域も保障していないとの結論から、たとえ固有の自治立法領域が認められなくとも、法律と条例の抵触が問題となる場合に、実質的に見て条例が優位する場合もありうることを認める憲法規範が「地方自治の本旨」に含まれていると解することを、直ちに放棄してしまったのである。

　しかし憲法92条が（そして92条との関連で94条も）専管的な固有の自治立法領域を保障していないことを確認することと、条例の必要性と合理性を導く立法事実を手掛かりにして、場合によっては条例が国の法律に実質的に優位することを認める憲法規範が「地方自治の本旨」に含まれているとする解釈について、これを論証抜きで否定することとは直結しないはずである。国と自治体が共通の公的領域にそれぞれ独自の立場から介入する必要性が増え、その結果、法律と条例の間で摩擦の生ずる可能性が格段に高まっている現代社会では、「地方自治の本旨」によって保障される固有の自治事務領域（先占領域）が何かではなく、法律と条例の重複・摩擦関係においていかなる解決方法が「地方自治の本旨」にかなうかを探ることこそが重要である。旧通説は、後者の思考を直ちに排除する意味で、もはや時代遅れと言わざるを得ない。

(2)　近時有力説における「対話型立法権分有」の意味

(a)　近時有力説における憲法の全体構造からの総合的解釈の傾向

　上記の旧通説に対しては、古くは実定憲法の構造を無視して、地方自治権を自然権的固有権として論証しようとする試みもあった。しかしこれは、全ての公権力の根拠を実定憲法に求める近代立憲主義の観点からは否定されざるを得なかった。しかし、もし憲法92条の「地方自治の本旨」の法的意味を憲法第8章の諸規定の解釈のみから導き出そうとする場合には、「地方自治の本旨」という文言自体が極めて抽象的であるため、実際には旧通説の「制度的保障説」のように地方自治を完全に否定する極端な場合以外、全ての立法を合憲としてしまう憲法解釈しか導き出されないのは当然である。そこで、

その後に有力となった新しい憲法解釈では、ニュアンスの差はあれ全てが、憲法第8章の諸規定のみに留まらず、日本国憲法の全体構造、特にその中心原理である人権保障と国民主権、さらには権力分立の趣旨をも踏まえた総合的な理解から、「地方自治の本旨」の意味を導き出すようになっている。

　例えば、杉原泰雄は、日本国憲法の中心原理を人権保障と国民主権の二つに見たうえで、国民主権の意味については、市民が日常的に主権を行使できることを保障する制度原理としての「人民主権」と理解し、そこから市民に身近な政府である地方自治体優先、特に市町村自治体最優先の権限配分（いわゆる「補完性の原理」）を導き出す。加えて杉原は、国と地方の間の立法権の配分のあり方（すなわち法律と条例の関係）についても、憲法94条の「法律の範囲内」の規定を根拠に原則としては法律優位と理解しつつも、人権保障を最上位の価値とする立憲主義の観点から、「住民の人権保障上不可欠な場合には……なお例外が認められる」とするのである[31]。

　杉原と同世代の芦部信喜には、特に地方自治に関する注目すべき見解は見られない[32]。しかし芦部の後の世代に属する高橋和之の場合は、憲法の全体構造の分析から「地方自治の本旨」の意味を示そうとする姿勢が見られる。すなわち高橋によれば、中央集権国家体制も連邦国家体制もいずれも採用しない日本国憲法の場合には、「憲法がまず政治（統治）の領域と法の領域を区別し、次いで、政治の領域を中央と地方に分け」、かつ「中央も地方も政治の領域はそれぞれ立法と行政に分立され」ると解している（なお、法の領域は一元的に司法権が担当）。このような憲法構造の理解に基づく「地方自治の本旨」の意味として、高橋は、第1に「個人の尊重」の基礎としての地域的共同体の尊重、第2に国家と地域的自治団体との間の「垂直的権力分立」による個人の自由の保障、第3に日常生活に密着した身近な地域共同体の特性に鑑みて、個人にその公共事務の共同決定に参加する権利を認める意義の3つを指摘するのである[33]。高橋の場合は、法律と条例の抵触問題について

---

31)　杉原泰雄「地方自治の本質（3・完）」法律時報48巻4号（1976年）133-140頁。法律と条例の優先順位に関する例外については同139頁。杉原泰雄『地方自治の憲法理論』（勁草書房、2002年、増補版2008年）はこれを修正したものである。

32)　芦部・前掲注30）は、「地方自治の本旨」の意味を単に住民自治と団体自治と述べるだけにとどめている（393頁）。

「地方自治の本旨」から何ら具体的な規範を導き出していないという問題点は残る。しかし日本国憲法自身が立法権を含む統治権を国と自治体とに分有させ、そのうえで法分野の決着は司法権がつけるというその立論には、法律と条例の競合可能性を認め、その決着のつけ方も単に法律の趣旨のみによるのではなく、地域共同体の尊重や「垂直的権力分立」、市民の公共事務参加権保障の観点から、必要かつ合理的な場合には条例優位となるような多元的関係まで認めうる論理が含まれている。他にも中村睦男は、高橋らとの共著である『憲法Ⅱ』の中で、杉原と同様に、「地方自治の本旨」の意味について、「結局は、憲法の基本的人権の保障と国民主権の原則に従って、『地方自治の本旨』を解釈して、地方公共団体の自治事務を歴史的、経験的に確定していくことが必要である」と述べている[34]。

(b) 「地方自治の本旨」の要素の一つとしての「対話型立法権分有」
(i) 国民主権原理に関する留意点

　日本国憲法の全体構造、とりわけその基本原理から「地方自治の本旨」を理解する場合、上記の中村の簡潔な解説にもあるように、近代立憲主義に立つ日本国憲法がその価値序列の最高位に置く基本原理としての人権保障の最優先性と、次いで統治機構における中心原理である国民主権及び権力分立の規範内容とを結びつけて「地方自治の本旨」を理解する必要がある。国民主権原理については、その強い政治的な意味合いから実定憲法の解釈ではこれに依拠すべきではないと批判する論者もいる[35]。しかし、例えば最近の「地域主権改革」に関わり、平成22〔2010〕年6月22日に閣議決定された「地域主権戦略大綱」によれば、「『地域主権改革』とは、『日本国憲法の理念の下に、住民に身近な行政は、地方公共団体が自主的かつ総合的に広く担うようにするとともに、地域住民が自らの判断と責任において地域の諸課題に取り組むことができるようにするための改革』でもある。『地域主権』とは、こ

---

33)　高橋和之『立憲主義と日本国憲法〔第6版〕』（有斐閣、2024年）472-475頁。
34)　野中俊彦＝中村睦男＝高橋和之＝高見勝利『憲法Ⅱ〔第5版〕』（有斐閣、2012年）365頁。
35)　例えば高見勝利「主権論──その魔力からの解放について」法学教室69号（1986年）16-21頁。

の改革の根底をなす理念として掲げているものであり、日本国憲法が定める
『地方自治の本旨』や、国と地方の役割分担に係る『補完性の原理』の考え
方と相まって、『国民主権』の内容を豊かにする方向性を示すものであ
る[36]」(1(1)(b))とあるように、国民主権と「地方自治の本旨」がそれぞれ密
接な関係を持ち、相互に補完し合ってその法的意味を豊かにしているとの認
識は、一部の憲法学者の空理空論ではなく、現在では行政の中でも認知され
た考え方である。またこれと連動した「地域主権推進一括法案」が現在国会
に上程されている[37]。

　したがって、主権概念を放逐する主張の方が憲法の規定する文言と現実を
否定する空論であり、国民主権の再解釈から「地方自治の本旨」の法的意味
を捉え直すことは否定されるべきでない[38]。重要なことは、国民主権の解釈
と称して、一方的な政治的主張に反論の余地のない権威を付与し、これによ
り一刀両断的にあらゆる懸案を処理しようとするのではなく、多様な利害調
整の術としての現代民主主義の発展の成果を十分に組み入れた国民主権の理
解によって、現実の通用性・妥当性のある、調和のとれた紛争解決のあり方
を提示できるような国民主権の解釈を示すことなのである[39]。

---

36)　「地域主権戦略大綱」1頁。傍点は引用者。

37)　その後、本法案を含む新たな改革法案は「地域主権改革3法」(「地域の自主性及び自立性
　を高めるための改革を図るための関連法律の整備に関する法律」〔第1次一括法〕、「国と地方
　の協議の場に関する法律」、「地方自治法の一部を改正する法律」として、平成23 (2011) 年4
　月28日に可決成立した (同年5月2日公布)。また同年8月26日には第2次一括法も可決成立
　した (同年8月30日公布)。

38)　なお、「地域主権」という用語自体は、憲法解釈における法概念としては問題がある。この
　点について、拙稿「現代日本における『分権国家』と『地域主権国家』の憲法概念」拙編『日
　本とフランス (及びヨーロッパ) における分権国家と法──2009年12月12日成城大学日仏比較
　法シンポジウムの記録』(成城大学法学部憲法教室発行〔非売品〕2011年) 16-24頁を参照され
　たい。

39)　同旨、高橋和之「主権」芦部信喜他編『講座・基本法学　第6巻　権力』(岩波書店、1983
　年) 53-79頁。

(ii) 現代民主主義の深化を踏まえた国民主権原理の理解と
「地方自治の本旨」

条例が、地域住民の人権のより良い保障という目的に直結するものでなく、一般的な地方自治権の保障に関わるものである場合には（例えば本件のような財政自主権に関わる場合）、国民主権と権力分立の現代的な理解から導き出される法律と条例の抵触問題の処理のあり方が、「地方自治の本旨」の規範内容の一つとなる。地方自治と関わる権力分立の原理とは、前述の高橋和之も言うように、自治体内部の権力分立だけでなく、国と地方の間における立法権を含む統治権（但し司法権を除く）の分有による「垂直的権力分立」のことでもある。後者の意味の権力分立こそ「地方自治の本旨」に関わるものであるが、この「立法権分有」の意味については、結局のところ以下に示すように国民主権の理解によるところとなる。

国民主権の意味については、前述の杉原が主張するような市民の日常的主権行使の制度的保障としての直接民主主義的制度の保障や「補完性の原理」、あるいは若干視点は異なるが塩野宏が主張するような自治体内部組織・運営権の中核部分の保障[40]といった規範内容を導くことも可能であろう。しかし本件に関わっては、現代民主主義理論の発展の成果であり、日本やアメリカなどの先進民主主義国において近年広く受け入れられている民主主義理解であるところの「討議民主主義」（deliberative democracy。「熟議民主主義」・「協議民主主義」とも訳される）としてこれを理解することが重要である。「討議民主主義」とは、多様な価値観を持つ人々が共存する現代社会において、一方では単純な多数決による政治決定ではほぼ全ての人がある程度納得しうるような民主主義（すなわち暫定的との条件付きではあるが一応「真の民主主義」と認めうるもの）の実現はできないとし、他方では個人や集団の選好は十分な討議と自己陶冶を通じて変化しうると考えて、とりわけ一時的には少数者に留まっていても、その必死の訴えと「討議」・「熟議」により多数者の選好も変化しうることを重視して、価値観の多様性を認めつつ一定の共通性を持つ価値観の形成・発展をも生み出しうる現代共同社会に不可欠な政治決定のあ

---

40) 塩野宏「地方自治の本旨に関する一考察」自治研究80巻11号（2004年）28-29頁。

り方を示す政治理論である[41]。「討議民主主義」論者の中には、市民集会による「熟議」と自己陶冶に関心を集中させる者もいるが、これは憲法解釈とは関係がない。

「討議民主主義」の理論の中で「地方自治の本旨」の憲法解釈と関係があるのは、憲法規定上、日常政治の最高決定権を与えられている国会の立法についても、その立法過程において国会議員のみならず多様な利害関係者が多様な形で立法に参加することを通じて、より良い民主的な決定としての立法がなされるという視点（この意味では立法に関する国と地方の協議の場の制度化が重要である）と、さらにはこのように現状において最良の民主的決定で作られたはずの国会の法律であっても、なおそれは暫定的な最高性と正当性しか認められないのであって、その執行過程でも多様な利害関係者がその妥当性を問い直す道が保障されるべきであるという視点、とりわけ単なる圧力団体や利害関係団体とは異なり、地域住民すべてを代表する議会による決定という意味で、国会の立法と同等に民主的正統性を強く有する条例については、それが国会の法律の趣旨・目的・内容・効果の点で部分的・暫定的な抵触・阻害をすることを通じて、かえって実質的な「対話」を国の立法意思との間で行いうるという視点である。この視点からすると、国と自治体の間の法律と条例の部分的暫定的な抵触・阻害を通じて、すでに成立し施行されている法律であっても、地域的に見て現実の妥当性の点で多くの問題がある場合には、これと異なる趣旨・目的・内容・効果を持つ条例の制定・実施によって事実上一定程度の「修正」がなされ、その結果、実際にはより妥当性の高い法が形成されること、さらに必要な場合には、やがて国会の側からより良い内容に法改正する動きも生まれることこそが重要である。この意味での法律

41）「討議民主主義」の簡潔な紹介として、木下智史「アメリカ合衆国における民主主義論の新傾向」法律時報73巻6号（2001年）70-82頁がある。近年話題の『これからの「正義」の話をしよう』早川書房、2010年〔NHK「ハーバード白熱教室」の元になったもの〕の著者としても有名なマイケル・サンデルも「討議民主主義」論者の中に数えられる。但し、本稿が依拠するような、対抗的・競合的な「対話」を不可欠な要素とする「討議民主主義」については、Johns S. Dryzek, *Deliberative Democracy and beyond*, Oxford UP, 2000や、篠原一『市民の政治学』（岩波書店、2004年、特に184-187頁）の方がより本稿の考え方に近い。現代フランス民主主義理論において類似する考え方を示す Pierre Rosanvallon, *La contre-démocratie*, Seuil, 2006や、Id., *La légitimité démocratique*, Seuil, 2008もここに挙げておきたい。

と条例の部分的・暫定的な抵触こそが、国（国会の立法）と地方（自治体の条例）との間の「対話型立法権分有」に他ならない。この意味の「対話型立法権分有」こそ、「討議民主主義」的に理解された日本国憲法の国民主権（憲法前文・1条・15条1項）の重要な要素の一つであり、国民主権原理と連動して再解釈された場合の憲法92条の「地方自治の本旨」の主要な規範内容の一つと考えるべきなのである[42]。

　以上の国民主権原理の理解からすれば、条例は国の法律と共に、主権者市民の多元的かつ「討議民主主義的」な主権行使の結果の一つと理解される。したがって条例は、旧通説が述べるような、本質的に法律とは異なりこれに常に劣位する「自主法」などではなく、国会の法律と並びこれと競合するもう一つの法律そのものなのである。また、国会の法律との優劣関係についても、条例はこれに常に劣位すると考えるべきではなく、以下に示すような憲法上の規範間紛争処理のルールに基づいて、それぞれの場合に応じて決せられるだけのことなのである。

(iii)　国と地方の「討議的な対話」としての「地方自治の本旨」の
　　　理解から導かれる条例の合憲性・合法性の基準

　国と地方との「討議的な対話」という意味での立法権分有の観点から「地方自治の本旨」を理解した場合、国の法律と条例とが実質的に見て一定の摩擦を起こすこと（すなわち抵触すること）を許容しなければならない。もちろん憲法はこうした紛争を未然に防ぎ、あるいは紛争を激化させないための一般基準を予め設けており、それが憲法41条の「国会中心立法の原則」と同94条の「法律の範囲内」の条例制定の規定から導かれる一般原則としての「法律優位の原則」である。したがって国会は、全国的な必要性と合理性の観点から、自治事務に関わる分野であっても必要な場合にはこれを義務づけたり枠づけたりする法律を制定することができ、次に述べるような人権のより良い保障に明らかに必要不可欠な場合を除けば、あるいは旧通説でも認めてい

───────────

42)　以上について、拙稿「『市民政治』・『参加民主主義』と憲法学」憲法問題18号（2007年）
　　72-85頁、同「国民主権と『対話』する地方自治」杉田敦編『岩波講座・憲法第3巻　ネーションと市民』（岩波書店、2007年）247-281頁（本書第1部第4章）を参照されたい。

たように、地方自治の制度や自治事務の存在を実質的に全否定するような明らかに憲法92条以下の憲法条項に違反する法律の場合を除けば、自治体はたとえ地域的な必要性が高かったとしても、当該分野を規律する法律の趣旨・目的・内容・効果に真っ向から反する条例を定めることはできない。

　しかし、だからといってこの一般原則が、目的や効果の点から見て法律と実質的に抵触しこれを阻害する条例を一切禁止したものと考えるべきではない。抵触を一切禁止とすると、そこには国と地方との間の実質的な「対話」はもはや成立しないからである。このような法律と抵触しこれを阻害する可能性を持つ条例になお合憲性・合法性を認めうるための一般基準こそが、本件の原判決が明らかにした法律の「重要な部分」に対する条例の抵触の有無という基準である。この「重要な部分」への抵触の有無という基準については、さらに以下のような説明を付け加えるべきである。

　まず憲法には、特に明文で一定分野における規律についての法定主義を定めているものがあるが（刑罰に関する31条、財産権規制に関する29条2項、租税に関する30条と84条）、すでに述べたように現在では、旧通説を含めて、憲法94条によって条例制定権は自治体に直接授権されており、この条例制定権の対象分野の中に刑罰も財産権規制も租税も含まれており、これらの分野でも条例は、独自の規律をする際に「法令に違反しない限り」（地方自治法14条1項）常に合法となり、特に法律による委任（国の法律の根拠）は必要ないという点で異論はない。したがってこれら3分野に特に法定主義の明文の定めがあるにせよ、それは今日では、法律の実質的意味において、旧憲法の頃から伝統的に「法規説」が採られてきた名残として存在する規定というにすぎず、他の人権規制の分野でも当然のことではあるが、これらの分野を規律するには国のみならず地方も公選制の議会による民主的立法が絶対的に必要であり、命令・規則への委任は個別具体的であることが厳格に求められるという意味があるにすぎない。さらに言えば、これらの分野の主要部分は全国一律の規律に適する場合が多いことを憲法自ら明らかにしているという意味もあるにせよ、それは一つの留意事項にすぎず、当該分野を独自に規律する条例の必要性と合理性が明らかであり、かつこの条例が法律に抵触する可能性がある場合には、その他の分野と同様に当該分野ごとに実質的な観点から法律の

「重要な部分」への抵触の有無で判断するというのが、適切な憲法解釈である。

　当該法律にとって、条例の抵触する個所が「重要な部分」であるのか否かは、まず法律の当該規定から合理的に演繹される趣旨・目的・内容のうちで、まさにその中核部分であるか否かで判断されるべきであり、当該規定から合理的に演繹されうる趣旨・目的・内容の全てと考えるべきではない。趣旨・目的・内容の中核部分の確定に際しては、当該法律内の諸規定に留まらず、関連する法令全体の趣旨との調和の中で再解釈されなければならず、さらには現実の必要性（地域的な現場からの必要性を含む）も加味するという意味で、法律の「外」の要素も勘案して判断されなければならない。このように再解釈された法律の趣旨・目的・内容の「重要な部分」に対する条例の抵触は、いかに形式的に見る限り当該法律の趣旨・目的・内容と無関係な体裁を採っていたとしても、違憲・違法と見なさざるを得ない。

　次に効果における抵触については、まず法律の趣旨・目的・内容の「重要な部分」に抵触する条例であっても、その効果が当該法律を一切阻害することがない場合は、結局のところその条例は当該法律に抵触することにならず、条例は合法となる。逆に、その法律の趣旨・目的・内容の「重要な部分」に抵触があるだけでなく、この「重要な部分」の適用・実施から当然に予定されるその法律の効果についても、条例がこれに抵触する場合には、たとえそれが軽微なものであろうとも、この抵触が実質的観点から見て実際に存在するならば、当該条例は違憲・違法と判断されざるを得ない。

　しかし条例が法律の趣旨・目的・内容の「重要な部分」以外で抵触し、しかも法律の効果の点でも一定の抵触を起こしている場合には、さらにこの効果の「重要な部分」への抵触であったか否かで合憲性・合法性を判断しなければならない。具体的には、後に示すアメリカの憲法判例などを参考にすると、付随的、偶発的、部分的、又は暫定的な抵触であったか否かという複数の観点から総合的に検討を加えた結果として、実質的に見て「重要な部分」での抵触とは言えない場合に、当該条例は合法となるのである。

　以上から分かるように、「重要な部分」以外で抵触する条例を合憲・合法とすることは、必ずしも常に法律に抵触する条例を合憲・合法とするもので

はない。むしろ部分的ないし暫定的な立法権どうしの抵触が続く中で国と地方とが「対話」を続け、やがてより良い新たな法が形成されることを期待するところに、「地方自治の本旨」の一内容たる「対話型立法権分有」の意義が見出されるのである。原判決も、地方自治に関する法令の規定は「地方自治の本旨に基づいて」、「適切な役割分担を踏まえて」解釈・運用すべきとする平成11（1999年）年改正地方自治法2条12項の規定を、同改正で創設された立法政策的な規定ではなく、「憲法92条の規定から〔の〕当然の要請」とするが（10-11頁。〔 〕は引用者による付加）、まさに同法2条12項は、「対話型立法権分有」の意味を含む憲法規範としての「地方自治の本旨」を法律上で再確認した規定なのである[43]。

(ⅳ) 人権保障最優先の原理と「地方自治の本旨」

　なお、人権保障最優先の原理から「地方自治の本旨」を再解釈する場合には、条例制定権の限界がさらに広がるので、ここで留意点のみを述べておきたい。法律と条例のいずれがより良く人権を保障するかについては、立場によって意見が異なり、簡単には一義的な答えの出ない問題である。理念的には、法律は国全体、国民全体の観点から人権の保障と規制のより良い調整を図ったものと考えられ、条例は当該地域の住民全体の観点から同様の調整を図ったものと考えられているので、観点が異なれば人権のより良い保障のあり方にも違いが生ずるからである。人権のより良い保障という実質的な観点から考えても一義的明確な答えが出ない以上、とりあえずは憲法の文面上に示された序列に従うほかはない。したがってより良い人権保障という視点についても、既に述べたように、まずは憲法41条「国会中心立法の原則」と憲法94条「法律の範囲内」の条例制定権という規定から導き出される原則として、一般に法律による保障と規制の調整が条例のそれに優先すると考えざるを得ない。

　しかしこうした一般論としての「法律優位の原則」を認めたからといって、常に人権のより良い保障が問題となる場面において条例が法律に劣位すると

---

43)　なお、地方自治の本旨に基づくべしとの規定は旧地方自治法の同条同項にも存在していた。

考えなければならないわけではない。実質的な憲法の最高規範性は人権保障にあることを示す憲法11条と97条に基づくならば、また関連する憲法上のその他の人権規定の解釈にも依拠するならば、地域的な現場の必要性と合理性の観点から見て実質的に当該人権をよりよく保障できるのが、同一事項を規律する法律よりも条例であることが明らかであり、かつ条例を優先させる地域的・実際的な必要性が明らかに高い場合には、たとえ当該法律の趣旨・目的・内容・効果の「重要な部分」において条例がこれに抵触するとしても、なおも上記の憲法上の諸人権規定から再解釈された「地方自治の本旨」が許容する合憲・合法的な抵触と解すべきことになる。もちろんこの場合でも、憲法上の人権の価値序列（「二重の基準」等）や一方の人権保障が他方の人権制限となる場合に問題となる人権制限に関する違憲審査基準については、条例の必要性と合理性を判断する際にこれが問われることとなるが、それは法律の場合と同様である[44]。

　もっとも本件企業税条例は、地域住民のより良い人権保障と直接関係のある問題ではなく、自治体の自主課税権という地方自治権の問題なので、ここで述べた憲法解釈は本件には妥当しない。本件企業税条例は神奈川県内の一定の事業規模の法人に課税するものであるから、法人の財産権を含む関係者の人権をより制限するという意味で人権保障の問題であるとする反論もあろうが、以下に見るように法律の「重要な部分」以外への条例の抵触は合法とする立場からは、国の租税関連立法に許される程度の立法裁量が地方税条例にも認められることになるので、あえて人権のより良い保障の観点から本件条例の地方税法に対する抵触問題を論じる意味はない。

(c)　近年の行政法学における「対話型立法権分有」への接近傾向

　近年では、とりわけ若手又は中堅の行政法学者を中心に憲法94条の「法律の範囲内」の意味の問い直しが盛んである。これらの行政法学者によれば、

---

44)　以上の「対話型立法権分有」の法理については、本鑑定意見書作成後に、これを踏まえた以下の拙稿を公にしている。併せてご参照願いたい。大津浩『「対話型立法権分有」の事務配分論と『分権型法治主義』」大津浩編『地方自治の憲法理論の新展開』（敬文堂、2011年）121-156頁（本書第1部第5章）。

従来の古い議論は自治体の専管的な立法領域があるか否か（「事項的保護システム」の有無）をめぐるものであり（これは「先占領域論」と呼ばれる）、その帰結は、常に日本国憲法では固有の自治立法領域は示し得ないがゆえに国の立法権のみが国と自治体の所管を決定できることになり、そこから「法律先占論」も生み出されていた。しかし、「徳島市公安条例事件」最高裁判決以降は、当該事務が国ないし自治体のいずれの先占領域かを探るのではなく、両者の並存と競合を認めつつ、いかなる抵触関係までが許されるのかの議論（これは「規範抵触論」と呼ばれる）に移ってきたという。この傾向は、2000年の第1次分権改革以降、地方自治法における自治事務の例示的列挙規定の消滅と「適切な役割分担」の下での「住民の福祉の増進」に必要な「住民に身近な行政は可能な限り地方公共団体に委ねる」原則の登場（地方自治法1条の2）、そして国の立法・解釈・運用における「地方自治の本旨」と「適切な役割分担」への配慮の定め（同法2条11項・12項）や自治事務の「地方の特性」に応じた処理への特別配慮（同法2条13項）の諸規定の登場により一気に加速された。そしてそれは、単なる学者の議論に留まるだけではなく、次第に判例にもその影響が表れているというのである[45]。

　特に斎藤誠はこの点につき、「法律が『地方の実情に応じて、別段の規制を施すことを許容する趣旨か』どうか（徳島市最判）という判断基準とその適用において、当該法律『外』のファクター（地域的必要性など条例に関する立法事実群）を充填可能とすることは、自治法の前記規定〔＝1条の2、2条11項・12項・13項〕からも正当とされよう。」と述べており、注目される[46]。ここで斎藤は地方自治法2条などの規定を根拠にしているが、それは斎藤が、単に立法政策によってこのような「『法』外のファクター」を抵触問題での考慮事項として組み入れる制度が作られたと考えているからではない。斎藤自身、「地方自治の本旨、及びそれを具体化した〔地方自治法〕2

---

45) 例えば、岩橋健定「条例制定権の限界——領域先占論から規範抵触論へ」小早川光郎＝宇賀克也編『行政法の発展と変革（下巻）』（有斐閣、2001年）357-400頁、角松生史「条例制定の法的課題と政策法務」ジュリスト1338号（2007年7月）103-114頁、飯島淳子「地方自治論」法学教室357号（2010年6月）11-16頁などが挙げられる。

46) 斎藤誠「条例制定権の限界」芝池義一＝小早川光郎＝宇賀克也編『行政法の争点〔第3版〕』（有斐閣、2004年）160頁。引用文中、〔 〕は引用者が付加したものである。

条諸規定」とも述べているところから窺い知れるように[47]、明確に述べられてはいないものの、こうした解釈上の考慮義務を憲法92条「地方自治の本旨」の具体的内容であるとする憲法解釈が、そこには存在しているはずである。

3　新たな「地方自治の本旨」の規範内容と従来の憲法判例の整合性

(1)　従来の日本の憲法判例の再解釈

　「徳島市公安条例事件」最高裁判決やその他の日本の憲法判例も、条例が法律に部分的に抵触することを憲法が必ずしも禁止してはいないと解しうる余地を残している。以下、若干の検討を加える。

　「徳島市公安条例事件」最高裁判決は、法律と抵触する可能性のある条例の合法性について次の3つの事例を挙げて説明していた。すなわち、①法律の規定の欠如が当該分野を規制することなく放置する趣旨と解される場合は、当該分野を規律する条例は違法、②特定事項を規律する法律と条例が併存する場合に、両者の目的が異なり、かつ条例が法律の「目的と効果をなんら阻害することがない」場合の条例は合法、③同じく両者の並存の場合で、かつ同一目的の場合であっても、その法律自体が「必ずしも……全国的に一律に同一内容の規制を施す趣旨ではなく」、地方の実情に応じた自治体独自の判断による「別段の規制を施すことを容認する趣旨である」場合の条例は合法としたのである。上告人の主張は、この最高裁の挙げた事例をそのまま条例の合憲性・合法性の審査基準と捉え、特に②の基準をそのまま本件に機械的に当てはめようとしたものである。

　これに対して「徳島市公安条例事件」最高裁判決の本当の趣旨ないし意義は、従来の古くて窮屈な法律先占論から脱却し、条例の独自で新たな法創造機能の意義を認めるところにあると見たうえで、可能な限り法律と条例とを調和的に解釈することで、法律に抵触する可能性のある条例の違法性の軽減・消滅を図ることができることを示そうとしたと理解する別の解釈も存在する[48]。この立場からは、上記最高裁判決の①～③の3つの事例は単なる例

---

47)　同上、159頁。引用文中、〔　〕は引用者が付加したものである。

示にすぎなくなり、より実質的な観点から見て許されうる抵触か否かを個別ケースごとに判断することこそが重要となる。分権改革の進展は自治体独自の立法の増加を当然に招くが、自治体独自の多様な立法の集積は結局のところ国全体の法秩序を豊かにするとの認識に立つ場合には、後者の立場から上記最高裁判決を理解すべきこととなる。「重要な部分」の抵触のみが禁止されるとする紛争処理基準の憲法規範を「地方自治の本旨」から導き出す新たな憲法解釈は、上記最高裁判決についてのこうした柔軟な解釈と結びつくものである。

　「徳島市公安条例事件」最高裁判決以降の憲法判例も、同様にして合理的な解釈に基づき、条例が法律と実質的に抵触することを一切許さないわけではないとする憲法解釈を許容するように読むことができる。「高知市河川管理条例事件」最高裁判決[49]は、法律の趣旨に反してより強力な規制を設けていた条例を「裾切り条例」として違法としたものであり、条例の合法性の基準としての目的や効果は常に法令の明文の規定又はその趣旨のみから導かれるそれであることを示したものと見る解釈が従来は有力であった。しかし近年では、同判決が「普通地方公共団体が、条例により、普通河川につき河川管理者以外の者が設置した……施設をその設置者等権原に基づき当該施設を管理する者の同意の有無にかかわらず河川管理権に服せしめることは、同法に違反し、許されないものといわざるを得ない。」と述べた部分について、これを単なる河川法の趣旨などへの違反を述べたのもとして捉えるのではなく、個人の財産権に対する規制である以上、比例原則（憲法29条2項）と抵触するものであるところにこの条例の違法性が見出されるのであって、こうした憲法規範を具体化したものとして河川法を引き合いに出したと見るべきとの解釈が有力に唱えられている[50]。

　さらに最近では、法律判断の部分は下級審のそれに限られてはいるが、「東郷町ラブホテル規制条例事件[51]」が、当該条例と風営法及び旅館業法との抵触関係に検討をとどめず、町内の地域的特性や風俗営業の地域的な規制

48）　上述の若手ないし中堅の行政法学者の立場がまさにこれに当たる。

49）　最判昭和53（1978）年12月21日民集32巻9号1723頁。

50）　例えば村上順「最新判例批評33」判時954号〔判例評論254号〕（1980年）156頁。

の必要性といった法律の「外」の立法事実を考慮に入れて条例の合法性を導き出した例も現れている[52]。このように、国の法律と抵触する可能性の強い条例を、法律の「外」の条例制定の必要性に関わる立法事実の点から合法と解する手法は、見方を変えるなら、必要性と合理性が強く認められる場合の条例は、文面上のみならず実質的にも法律と抵触する部分があろうとも、それが「重要な部分」に至らない限り許容され、合法と判断された（その限りで、当該法律の趣旨や目的自体が「合条例的」に〔すなわち合憲的に〕再解釈された）ものと言えるのである。

　なお、部分的に本件と類似する論点を含む「東京都外形標準課税条例事件」については、上告審の途中で和解しており、最高裁判例としての先例の性格はないので詳しい分析はここでは避けるが、それぞれ都条例を違法とした第1審判決[53]と控訴審判決[54]についても、「対話型立法権分有」の法理に即して、条例の法律への抵触が「重要な部分」であったか否かの観点から再検討して見たい。東京都外形標準課税条例は、法定外普通税である本件神奈川県臨時特例企業性条例とは異なり、法定普通税として外形標準課税を独自に導入しようとしたものであった。したがって東京都外形標準課税条例との関係における地方税法の「重要な部分」の範囲も本件条例より広いと考えざるを得ず、それだけ条例による地方税法の趣旨・目的・内容・効果への合法的な抵触には制約が大きいことは認めなければなるまい。それでも、地方税法旧72条の19の「事業の情況に応じ」の意味に地方の実情を踏まえた再解釈を許さず条例を違法とした第1審は、批判されるべきであろう。また同法旧72条の22第9項の均衡原則違反とした控訴審については、税の増減に関する地方税法上の均衡原則規定を法定税の枠内での変動に限ったものと見ることこそ、「対話型立法権分有」の法理に基づく新しい「目的効果基準」論の理解として正しいといえよう[55]。

---

51)　名古屋地判平成17（2005）年5月26日判タ1275号144頁、名古屋高判平成18（2006）年5月18日、判例集未搭載（原島良成『自治立法権の再発見』〔第一法規、2020年〕333-337頁に資料として掲載）、最決平成19（2007）年3月1日（実質審理なし）、判例集未搭載。
52)　岩橋健定「分権時代の条例制定権」ジュリスト1396号（2010年）140頁参照。
53)　東京地判平成14（2002）年3月26日判時1787号42頁。
54)　東京高判平成15（2003）年1月30日判時1814号44頁。

(2) アメリカの憲法判例における類似性

不必要に外国の事例に準拠すべきではないが、アメリカの憲法判例には参照に値するものがある。ドイツでは地方自治は「自治行政（Selbstverwaltung）」、フランスでは「自由行政（libre administration）」が地方自治権の憲法保障を示す原理であり、地方自治権をあくまでも「行政権」の枠内でのみ理解しようとする傾向が強いため、立法権を含む統治権が憲法から地方自治体に直接授権されていると観念する日本国憲法の場合には、少なくとも国と地方の立法権どうしの抵触・紛争問題については、これらの国々は参照に値しない。これに対してアメリカ合衆国の場合は、もともと地方自治を立法権を含む統治権のあり方の問題と理解し、「local self-government」と表現してきた。また連邦制における州自治権の場合は当然に憲法上で立法権の分有が規定されているが、州憲法で市町村自治体に「地方的事項」に関する包括的立法権が付与されたと観念する「憲章自治体（chartered city or county）」の場合には、国としての州と「憲章自治体」との間で具体的分野は示されないにせよ、憲法に基づく何らかの立法権の分有が意識されているので、本件の参照事例としてふさわしいのである。

アメリカにおける「憲章市」の条例と州法の抵触問題を検討した塩野宏の『国と地方公共団体』が紹介する事例[56]を手掛かりにして、より詳しい分析を試みるならば、州法が禁じていない種類の賭博行為を禁止し処罰する市条例の合法性が問われた1964年の Hubbard 事件[57]におけるカリフォルニア州最高裁判所の判決が注目される。なぜならば、州最高裁は、条例と州法の抵触問題については「それぞれのケースを取り巻く諸事実と諸事情の観点から答えを出さなければならない」と述べて、市条例を合法と認めたからである。州最高裁によれば、「憲章市」は(a)「当該事項が独占的に州の関心事となっていることを明白に示すほどに一般法律〔＝州法〕が当該事項を完全に規律している場合」、(b)「一般法律が当該事項を部分的にしか規律していない場

---

55) この東京都外形標準課税に関する部分は筆者の上告審鑑定意見書では論じておらず、今回、新たに付け加えたものである。

56) 塩野宏『国と地方公共団体』（有斐閣、1990年）259-266頁。

57) In re Hubbard, 41 Cal. Rptr. 393 (1964).

合でも、何らかの最重要の（paramount）州の関心事が、更なる、あるいは付加的な地方の行為を許容していないことを明確に示すような言葉を用いている場合」、(c)同じく「一般法律が当該事項を部分的にしか規律していない場合に、州の一時滞在者的な市民に対する地方条例の逆効果が、当該自治体のあるべき利益より重要であるような性質を当該事項が有する場合」の3つの場合を除けば、「地方的事項」については自治体が完全な立法権（full power to legislate）を有するというのである。ここでは、確かに州法の文言も条例の合法性の主要な基準の一つとなってはいるが、州法が当該事例を完全に規律することを明文で明確に規定する場合（(a)の場合）を除けば、州法が条例の関与を禁止する趣旨を持っている場合であっても、なおその規律対象が州の利益の「最重要な」部分に当たらない場合や（(b)ではない場合）、自治体の「あるべき利益」が市民に対する不利益を上回る場合（(c)ではない場合）には、条例は州法に抵触したとは見なされないと判断しており、州法の「外」の立法事実、特に条例制定の必要性と合理性から、州法に対する抵触を軽減する視点が示されていることが分かるのである。

同判決については、同じ州最高裁判所が、この判決以前の1962年に出されたLane事件判決[58]だけでなく、この判決後の1972年に出されたLancaster事件判決[59]においても、法律の文言だけでなく制定法の全目的及び立法体系の射程距離などの観点から州法と条例の抵触の有無を判断するとしながらも、結局、条例は州法の内容に違反すると判断したために、これらの判決との間で整合性が取れていないので先例にはなりえないとの批判がある。しかし塩野も指摘するように、1962年と1972年の判決は、個人の性的自由を不必要に規制する条例を州法違反としたものであり、賭博行為の規律と性行為に対する規律とでは憲法の人権保障のあり方が異なることに着目するならば、より個人の自由を尊重しなければならない分野では州全体における統一的規律の方が適しているとの判断を裁判所が行ったものと見ることができるので[60]、問題となる分野がいかなる人権に関わるものかという点を含めて、当該州法

---

58) In re Carol Lane, 22 Cal. Rptr. 857 (1962).

59) Lancaster v. Municipal Court, 100 Cal. Rptr. 609, 610-11 (1972).

60) 塩野・前掲注56) 262頁。

の「外」の立法事実その他の要考慮事項から、法律と条例の抵触を柔軟に判断する思考枠組に変化はないとの理解が可能である。

　立法権を含む国の統治権と条例が抵触した場合に、付随的、間接的、部分的、又は暫定的な抵触に留まる限りこれを合法とする判例は、連邦の外交権・条約締結権に抵触する州法や条例に対する司法審査の場で見られる。外国人の州内財産の遺言検認手続に際して、相手国の法律が合衆国市民に同様の権利を保障しない限りこれを認めない旨を規定するカリフォルニア州法を合法と判断した1947年の「クラーク事件」連邦最高裁判決[61]は、当該事項が州の固有権限であり、かつ当該事項を規律する条約が見当たらない場合には、条例が外交問題に触れたとしても、それは「外国に何らかの偶発的あるいは間接的な影響を与えた」に過ぎないと述べている。

　この判決については、連邦憲法が州の具体的な専管的立法権を認めているがゆえに、州法に限ってこのような部分的抵触を合法とする判断が出されたのであり、州法ではない市町村の条例にはこの基準は当てはまらないとする批判も想定されようが、これは正しくない。なぜならば、連邦と市自治体との関係においても、市職員年金基金の運用に関して「反アパルトヘイト」の立場から当時の南アフリカと取引のある企業への投資を禁じたバルチモア市条例について、メリーランド州最高裁判所は、この市条例が外国に「ある程度付随的な影響」しか与えていないことを理由に、やはり合法との判断を下しているのである[62]。他方で、1968年の「チェルニック事件」に対する連邦最高裁判決[63]では、「クラーク事件」のカリフォルニア州法に類似するオレゴン州の遺言検認法について、これを「持続的かつ巧妙なやり方で国際関係に影響を与え」、「国の外交政策の実効的な遂行を害する」と判断して違法・無効とした。しかしこの判決でも、「クラーク事件」判決が示した「偶発的・間接的影響」のレベルであれば許容する立場は維持されている。

　これらの事例は、一方では外交権・条約締結権という憲法上明確な国の専権事項に関わるものであるという点で、法律と条例の抵触に関する事例とは

---

61)　Clark v. Allen, 331 U.S. 503, 91 L ed 1633（1947）.

62)　Board of Trustees v. Mayor & City Council of Baltimore, 562 A. 2d 720（1989）.

63)　Zschernig v. Miller, 389 U.S. 492, 19 L ed 2d 683（1968）.

区別する必要がある（だからこそ、「当該分野を規律する条約の欠如」という違法性の基準が示されたのである）。また、「地方自治の本旨」という憲法上の一般原則による地方自治権の保障から法律と条例の抵触の可能性を広く認めつつ、その調整原理を探ろうとする日本に比べて、伝統的に州や市自治体の専管的な固有の立法権の内容を確定することに注意が向きがちなアメリカという違いもある。にもかかわらず、司法審査制の中で国と自治体とが何らかの形で立法権を分有するとの考え方を採る場合、両者が抵触した場合の解決の仕方については、一方的に法律の目的・効果だけで条例による抵触の合法性を判断するのではなく、法律の「外」の立法事実を考慮に入れつつ、部分的、間接的、付随的、又は偶発的な抵触を合法とする思考方法において共通性が見られることが重要である。

4　結　論

　以上の検討結果を神奈川県臨時企業税条例に当てはめるならば、同条例は合憲・合法である。以下、必要な点を確認していく。

① 本件企業税条例には、十分な必要性と合理性が認められること

　本件の場合に考慮されるべき立法事実については、とりあえず、本件条例と地方税法との抵触問題を考慮に入れずに、本件条例それ自体の必要性と合理性の有無を検討すべきである。本件条例の必要性と合理性については、本鑑定意見書以外の被上告人側のこれまでの下級審に提出された多くの意見書においてすでに立証されているので、ここでは詳述はしない。すでに述べたように、本件が租税関連立法に関する訴訟であり、広い立法裁量が認められるべき事案であることに鑑みると、緩やかな審査基準が当てはまるので、本条例が地方議会の幅広い立法裁量を甚だしく逸脱して不合理な制度設計になっていると見ることはできない。その立法目的は公共の財源確保という公益にあり、正当である。またその手段についても、県内の法人のうち十分に担税力があると見込まれるもの（資本金5億円以上の大法人）に限り当期収入がある限りで、しかも欠損金繰越控除制度によって法人事業税を免除されている分に限り、2ないし3パーセントの企業税をかけるという制度設計自体に

第6章　「対話型立法権分有」法理に基づく新たな「目的効果基準」論　159

は、法人事業税を含む地方税の多くが、本来、行政サービスに対する応益課税としての性格を持っていることと重ね合わせて考えると、その制度設計が目的との関係で著しく不合理であることが明白とは決していえないのである。

それどころか、神奈川県の制定当時の状況に鑑みるならば、本件条例には強い必要性ないし正当性が認められる。すなわち、①大都市圏である神奈川県に特有の財政構造として、歳入は景気変動の影響を強く受けるのに対して、歳出はこれに即応する形で削減することができないという特有の問題があること、②神奈川県では、全法人のうち7割を占める欠損法人が、多様な行政サービスを受けながら法人事業税をほとんど支払っておらず、応益課税の観点からは明らかな税負担の不公平が生じていたこと[64]、③応益課税としては外形標準課税を全国的な制度として導入することが望ましいが、国の論議の動向から見て、早期導入の見通しが立たず、自治体独自の臨時的な対応を迫られていたこと[65]などの諸点だけで、当時の神奈川県が地方税法の法人事業税制度だけでは財政自主権が甚だしく脅かされており、独自の法定外普通税としての企業税条例の制定を必要としていたことは明らかなのである。

② 本件条例は、その趣旨・目的・内容の点では、地方税法における法人事業税とその欠損金繰越控除の制度の趣旨・目的・内容の「重要な部分」に抵触していないこと

本件条例は、地方税法の法人事業税の規定に基づくものではなく、地方税法上の別の規定である法定外普通税の形式と手続きにより制定されたものである。都道府県の法定外普通税を定めた地方自治法259条から290条までの規定の趣旨・目的・内容におけるその「重要な部分」とは、地方税の適正な手続と実体、並びに全国の課税制度との適切な調和を条件としつつ、都道府県がその自主課税権を独自に発動することを容易にするための枠組みの提供という制度の中核的な趣旨から合理的に導き出される範囲に限られる。地方税法は、この点では、第262条で法定外普通税の非課税の範囲を明示的に定め

---

64) 以上、被上告人の控訴審準備書面（10）7頁の指摘による。

65) 神奈川県地方税制等研究会の平成12（2000）年5月25日付け中間報告書（甲11の8の4）の指摘。原判決32-33頁の引用による。

ることで、それ以外について自由に課税することを認め、また全国的な税制度との調和については259条から261条にかけて自治体と総務大臣との間の事前協議及び総務大臣の同意の手続きを要すると定めるのみで、それ以外に実質的な全国的租税制度との調整を明示していない。これらは、憲法94条の課税自主権の保障の観点から見ても必要最小限の規定に留まり、したがって地方税法の法定外普通税の趣旨・目的・内容の「重要部分」と見てよい。

　他方で、法人事業税の欠損金繰越控除の規定については、法文上から「重要な部分」と判断できるのは、自治体が行政サービスに対する応益課税を法定普通税の形式と手続きで行う際には、全国一律で欠損金の繰越控除を行うべきことが義務になるという部分にとどまる。さらに、外形標準課税制度を導入した平成15（2003年）の地方税法改正前でも、改正前同法72条の19において、電気供給業など以外に対する事業税の課税標準について特例を認め、「事業の状況に応じ」、「所得」によらずに「資本金額、売上金額、家屋の床面積若しくは価格、土地の地積若しくは価格、従業員数等」を課税標準とすることも可能としていたことに鑑みると、このような課税標準の特例が適用された場合には、欠損金繰越控除が実際には適用されない地域や法人が出現する可能性を（改正前）地方税法自体が認めていたことも見逃すべきではない。したがって地方税法の法文から明らかな趣旨・目的・内容としては、自治体が法定普通税の法人事業税制度を用いつつ、かつ改正前地方税法72条の19の特例によることなく、同法上の欠損金繰越控除を否定する趣旨・目的・内容の独自の上乗せをすることが違法となるということだけである。

　以上確認した諸点からは、法人事業税の欠損金繰越控除の趣旨・目的・内容が法定外普通税条例にまで及ぶものであるか否かは必ずしも明らかではない。地方税法もその他の現行法も、それが法定普通税において全国一律に控除の対象とするものを、法定外普通税などの自治体独自の制度により実質的に修正することについては、明文上は禁止も許容もしていないのである。

　そうであっても上告人のように、改正前地方税法72条の19の特例が適用されたわけではない本件において、地方税法の法定普通税における全国一律控除の義務付けの趣旨は当然に法定外普通税などの自治体独自の制度にまで及ぶとする主張を排除するには、なお不十分とする反論はあろう。特に本件に

ついては企業税条例が法定普通税の欠点を修正する趣旨を有する点や、企業税条例は法人事業税と並存させることで初めて公平な制度になるという点を考え併せるなら、趣旨などの点でなお一定の抵触があるとの主張が成立する余地は残ろう。

　しかしこうした地方税法の趣旨の解釈は、もしそれが認められるとしても、なお地方税法の法人事業税制度の規定にとって本質的、中核的なものではなく、「重要な部分」ではないと考えるほうが正しい法の解釈である。なぜならば、第1に地方税法はこの点を明文で何も規定していないからである。そして第2に、法人事業税自体が、その本来の趣旨として応益課税であり、現実の制度が収益への課税（応能課税）の要素を加味しているといっても、制度の本質として欠損金繰越控除を絶対的に必要としているわけではないからである。そして第3に、上述したように改正前地方税法72条の19自体が「資本金額、売上金額等の外形を標準に法人事業税を課税することとなるものが出てくることも、またその点において法人事業税の課税標準が全国一律同一にならないことになっても、やむを得ないと考えてい」たことからしても、「同法は、法人事業税について、欠損金の繰越控除が全国一律に必ず実施されなければならないほどの強い要請であるとまで考えていない」（原判決25頁）と考えるのが自然だからである。そして第4に、何よりも重要な事であるが、上述の本件条例の必要性と合理性の所で確認したように、地方税法「外」の立法事実として、本件条例制定当時の神奈川県には、法人事業税の欠損金繰越控除制度の欠陥を一つの主な要因とする深刻な財政危機の中で、この欠陥を何らかの形で修正する必要性が顕著であり、この欠損金繰越控除の問題を避けて通れない状況にあったからである。この第4の観点は、法律の趣旨・目的・内容の「重要な部分」を当該具体的な紛争において確定する上で重要な役割を果たすものであり、自治体の独自施策を法律がその趣旨などの面で束縛していても、その趣旨などをいっそう緩和する解釈を施すべき要素となることを、憲法92条の「地方自治の本旨」が義務付けているのである。したがって、法定普通税である法人事業税上では全国一律的な趣旨の欠損金繰越控除について、法定外普通税の手段を用いて事実上否定ないし修正する制度を設けたとしても、地方税法の当該制度の趣旨・目的・内容に全く

抵触しないと解することも可能であるし、あるいは少なくともその「重要な部分」に抵触していないことは明らかである。

③　本件条例は、その効果の点でも、もし何らかの抵触が認められるにしても、せいぜいのところ上記の趣旨・目的・内容の「重要な部分」以外の派生的な部分から導かれる効果に「部分的・暫定的」に抵触しているにすぎず、この程度の抵触は、憲法92条の「地方自治の本旨」の新たな理解に基づく憲法94条の「法律の範囲内」に収まる合法的な抵触であると解すべきこと

　たとえ本件条例が、その黙示的な趣旨において全国一律の欠損金繰越控除の持つ弊害の解消策を法定外普通税に求めている可能性がある点で、この控除制度の趣旨・目的・内容の「重要な部分」以外の部分で地方税法に抵触すると解したとしても、その効果の面での抵触が付随的、間接的、偶発的ないし暫定的といった諸点から許容される程度のものであれば、やはり本件条例は、憲法92条の「地方自治の本旨」により再解釈された場合の憲法94条の「法律の範囲内」の条例と見なされる。

　本件条例が、法人事業税の欠損金繰越控除制度の効果を一定程度減殺させている（言い方を変えれば抵触している）ことは事実であり、これは原判決も認めている。しかし本件企業税によっても、法人事業税の欠損金繰越控除の対象となった企業が、その控除分の全てを企業税の課税で失うわけではなく、この控除額相当分の2〜3パーセントの課税分のみを徴収されることを考えると[66]、本件条例は効果の点でなお部分的な阻害・抵触しか加えていないと評価すべきである。つまり法人事業税の欠損金繰越控除の効果は、企業税を課されたとしてもそのすべてが消滅してしまうのではないのであって、応益課税という税の本質に応能課税の要素を組み込んだ法人事業税という特質に鑑みると、相当程度、応能課税性が残されていれば（すなわち応能課税性のコロラリーとしての欠損金控除の要素が残されていれば）、本件条例による地方税法

66）念のために詳述すれば、法人事業税は当該年度の所得に対して、本件のような大企業の場合には約10%課税されるところ、繰越欠損金の額がこれを上回っていれば全額控除されることになる。これに対して本件企業税は、控除前の所得総額に対して2〜3％の課税をするものであるから、控除額（＝所得）相当分の2〜3％の徴収となる。これは欠損金繰越控除の適用がなかった場合の法人事業税の20％〜30％にあたる額を企業税として徴収することを意味する。

の効果への抵触はなお「重要な部分」ではないと言えるのである。なお、平成15（2003）年の地方税法改正に伴い、応益課税としてはより純粋な制度である外形標準課税制度が導入された結果、これに伴い本件企業税条例も平成16（2004）年に一部改正され、企業税の税率が一律2パーセントに引き下げられたが、これも本件企業税がその効果における抵触を「重要な部分」に及ぼさせないための配慮の一つと見ることができる。

　さらに本件条例は、第2条で「当分の間」と規定するところから分かるようにその暫定性を特徴の一つとしている。実際に、外形標準課税制度の実効性がある程度確認される中で、本件条例は平成21（2009）年3月31日に廃止されている。このように見ると、「地方自治の本旨」に適合的な法律と条例との有効な「対話」がなされたものということができる。このような条例を、その効果の点で「重要な部分」にまで至る抵触を犯していると見ることは絶対にできない。

　以上のように、本件企業税条例を地方税法違反とし、その結果憲法94条違反とするのは、憲法92条の「地方自治の本旨」の「対話型立法権分有」という憲法規範を無視した違憲の解釈と言わざるを得ないのである[67]。

67）本章の初出論文の公刊後であるが、塩野宏『行政法Ⅲ』の2021年刊行の第5版（本章注29））205-207頁でも、上告審判決が「準則」の名において地方税法が「詳細かつ具体的な規定」によって地方税条例が拘束されるとした結果、「課税自主権の入り込む余地は解釈論上はなく」なってしまうことに鑑みて、憲法原理としての自治体の「課税自主権の否定につながる」と述べている点も重要である。

第 7 章

自治体立法としての条例の適法性の基準

はじめに[1]

　「法がその『正当性』を否認する人々に対してもなお『法』として『忠誠』を要求しうるような『正統性』」を見出すことは可能であろうか。とりわけ井上達夫のように、「法の『正当性』をめぐって価値観が尖鋭に分裂競合する現代の多元的社会」を前提とし、道徳的な論拠ではなく法を生み出す「社会的事実の認定」のみに依拠しながら、それでも望ましい社会秩序の形成のための法理論を見出そうとする「排除的——規範的法実証主義」の場合には、これを究明する作業は困難を極める。1つの可能性は、公選の議会による充実した討議と決定とを中核とする民主的プロセスに「正統な法」の基本条件を求める途であり、井上もこの方向を模索する[2]。「立法の復権」を唱えるウォルドロンも、多様な意見の違いと対立の存在を前提としつつ、多数決によりこれを調整する最も適切・妥当なシステムとしての「民主的議会による立法」にこそ「正統性」が見出されることを強調する[3]。しかし議会の討議による「正統性」獲得という視点を採ったとしても、国の立法と自治体立法との関係において「正統な立法」を見出すことは決して簡単ではない。なぜなら、国全体の必要性と合理性から国会が行う立法と、地域的な特殊性

---

1) 本章の論考の初出は、「国の立法と自治体立法」西原博史編『立法学のフロンティア2　立法システムの再構築』（ナカニシヤ出版、2014年）185-215頁である。必要な最小限の加除修正を加えてある。
2) 井上達夫「立法学の現代的課題——議会民主制の再編と法理論の再定位」ジュリスト1356号（2008年）128-140頁。
3) ジェレミー・ウォルドロン（長谷部恭男＝愛敬浩二＝谷口功一訳）『立法の復権——議会主義の政治哲学』（岩波書店、2003年）188-205頁。

あるいは先行実験的な見地からその地域に限っては必要性と合理性が十分に認められるような地方議会の立法とが、互いに民主的「正統性」（「正当性」？）を根拠に衝突し、阻害し合う可能性があるからである。

この点、古い学説や判例は、国会のみを「唯一の立法機関」とする憲法41条、ならびに条例制定権を「法律の範囲内」と定める同94条の伝統的な解釈から、国の立法と自治体立法との質的な相違を直ちに導き出し、後者の前者に対する恒常的な従属を、さらには前者の「先占領域」に対する後者の関与の違法性を導き出してきた。しかし近年ではこのような解釈は激しく動揺している。周知のように地方自治法（以下、地自法）の1999年改正（以下、新地自法）を含む第1次地方分権一括法による機関委任事務の廃止と国・自治体間への「法治主義」の導入、そして2011年4月、8月、2013年6月の3次にわたり制定された「地域の自主性及び自立性を高めるための改革」推進のための一括法（以下、地域自主性一括法）による法令上の義務付け・枠づけの緩和・撤廃の試みが示すように、現在の分権改革の流れは、国と自治体の対等関係の確立と「立法権分権」が目指されている。後述のように、それは国・自治体間で立法権を分有化させる方向に進む可能性さえ秘めている[4]。

この流れが歴史的必然なら、自治体立法は公選の議会による民主的な法規範定立作用として国の立法と同質の「正統性」を有し、したがって統治作用としての両者の本質に違いはないことになる。憲法の統治機構上の両者の同質性についてはなお争いがあるものの[5]、現在の通説的学説も、自治体の立法権が国の立法による委任ないし法令上の根拠を要さずに、憲法から自治体に直接授権されていることについては異論がない[6]。判例も、過去には罰則付き条例を委任命令の如く扱うなど、憲法上の法律留保事項については曖昧

4）　地方分権改革推進委員会第2次勧告（2008年12月）は、「『地方政府』の確立には……立法権の分権が不可欠」と明言している。「立法権分有」については以下の本論で詳述する。
5）　憲法直接授権説にも、憲法94条のみを根拠とし、したがって「法律の範囲内」の条例制定を字義通りに解するものと、同92条の「地方自治の本旨」に条例制定権の保障が含まれ、その結果、同94条の意味も国と自治体の両立法の対等性を保障する意味に変化するとの立場から、92条と94条を二重の根拠とするものとの対立がある（辻村みよ子『憲法〔第7版〕』〔日本評論社、2021年〕501頁）。
6）　塩野宏『行政法Ⅲ〔第5版〕』（有斐閣、2021）146頁。松本英昭『新版　逐条地方自治法〔第9次改定版〕』（学陽書房、2017年）154頁。

さが残っていたにせよ[7]、今では全分野における憲法直接授権説を暗黙の前提としているはずである[8]。

　民主的プロセスとは別に、法の形式面と内容面から「正統性」の条件を探求する途もあろう。一般論として言えば、異なる価値観を持つ者の間でもなお法としての完成度が高いと認めざるを得ない法規範の場合には、政策選択の是非を超えた説得力が生まれ、その意味で「正統性」が認められることは確かである。実際、国の立法の「正統性」をめぐる研究は主に法規範としての完成度の高さに向けられてきたのではなかったか。しかしこの点でも、後に見るように通説や判例では未だに自治体立法に対する国の立法の全面的優位という観念が残り続けてきたために、現実の自治体立法はかなり不完全で歪なものが多い。このような「不完全性」を身に着けることで、常に「正統性」を主張する国の立法との全面対決を避けながら、自治体立法は自らの「小さな正統性」を確保してきたともいえる。では、「不完全性」ゆえの「正統性」とは、規範論的にどのように説明できるのであろうか。

　こうした問題関心から、本章は国の立法と抵触する可能性を持つ自治体立法を検討対象としつつ、その民主性と完成度の観点から見た「正統性」を考察する。以下では、まず基礎作業として、自治体立法の特質と現代社会におけるその重要性を確認する。次に、国・自治体間の立法紛争において形成されてきた自治体立法の「正統性」の現実の姿を確認する。そして最後に、現在の「立法権分権」化の流れと新たな地方自治の憲法理論の展開を踏まえた時に見えてくる、日本の自治体立法のあるべき「正統性」論の方向を確認する[9]。

7）　罰則付き条例については、古い判例（「大阪市売春勧誘取締条例事件」最大判昭和37〔1962〕年5月30日刑集16巻5号577頁）では、条例を公選の議員からなる議会の議決で制定される「自治立法」と見て、「法律の授権が相当な程度に具体的であり、限定されておればたりる」としたが、なお「法律の授権」を要するとしていた。最高裁は正面から判例変更を述べていないが、現在では特に法令の根拠を探すことなく罰則付き条例も憲法94条の条例制定権に含められることを当然のこととして論じているので、もはやこの判例には条例の民主的性格の指摘以外に先例の価値を認めるべきでない（塩野・前掲注6）201頁。

8）　芹沢斉＝市川正人＝阪口正二郎編『新基本法コンメンタール憲法』（日本評論社、2011年）495-496頁〔大津浩執筆〕。

I　自治体立法の特質

1　自治体立法に残存する「行政立法」性

　日本の立法活動は自治体立法抜きには語れない。ある推計によると、2011年10月1日時点で国の現行法律の数は1,864であるのに対して、都道府県の条例は1万4千余り、市町村と特別区の条例は約27万にも達するという[10]。条例の中には、地方議会の任意の判断で制定され、内容面では地自法などの「枠組み法」のみに従い、個別法令の根拠も規律も要しないいわゆる「独自条例」がある。それとは別に、個別の法律にその「存在」が規定、あるいは法律の趣旨からその「存在」が予定され、そうした法律及びそれに基づく政省令の規定する制度の一部をなしつつ、これら国の法規範による制限・規律の下で実施されると考えられてきた条例も数多くある。いわゆる「法律規定条例」である[11]。後者は従来、それを規定する個別法律の「委任条例」と考

9）　長と議員とが別々に選挙される「二元代表制」の地方政治においては、「議院内閣制」を採る国政以上の「民主的正統性」が行政権の長に認められる（「行政までの民主主義」）。にもかかわらず、少なくとも「重要事項」の自治体立法については地方議会にそれが独占されることの憲法理論的論証や、地方議会が長の規則制定や個別処分を規律する範囲についての憲法理論的解明は重要である。このテーマは、紙幅の関係で別稿の課題としたい。

10）　田中孝男「地域自主性一括法対応の条例などから見た条例論の課題(1)」自治研究88巻2号（2012年）56-57頁。

11）　田中孝男の定義では、「独自条例」（田中は「自主条例」と呼ぶ。「独立条例」と呼ぶ者もある）とは、「その制定改廃について、個別の法令による制約がないもの」であり、「法律規定条例」（田中は「法定条例」と呼ぶ。「法律実施条例」と呼ぶ者もある）とは、「個別の法令により（一定の事項を行うときには）条例の制定が義務付けられたり、条例を定める際に内容面で準拠すべき事項や基準が法律若しくは政省令……によって定められていたりするもの又は明文の法令の定めはないがこれらに準ずるもの」をいう（田中孝男「地方公共団体における条例制定の裁量」宇賀克也編・行政法研究3号〔2013年〕74-75頁）。「法律規定条例」という表現は斎藤誠の論考（「条例制定権の限界」芝池義一＝小早川光郎＝宇賀克也編『行政法の争点〔第3版〕』〔有斐閣、2004年〕160頁〔斎藤誠執筆〕、あるいは『現代地方自治の法的基層』〔有斐閣、2012年〕301-305頁）から借りている。北村喜宣は、新地自法以降は言葉の本来の意味での「委任条例」は存在しえないとしつつ、この種の条例をあえて「委任条例」と呼び（北村喜宣『分権改革と条例』〔弘文堂、2004年〕172頁以下）、あるいは地域自主性一括法以降のそれを「分任条例」と呼ぶ（北村喜宣「分任条例の法理論」自治研究89巻7号〔2013年〕18-25頁）。後述の小早川光郎のように、分権改革後も「法律規定条例」に「行政立法」の諸特徴の残存を見出そうとする者も、「委任条例」の表現を採る傾向がある。

えられ、委任立法が定める要件・効果の規範内容に、あるいはその基準設定が国の政省令に委任されている場合にはこの国の政省令の内容にも拘束され、その裁量が大幅に制限されてきた。

国の行政機関が定める政省令や規則は、憲法41条の「国会中心立法の原則」が国会に国レベルでの実質的立法権の独占を命じているため、同73条6号の内閣の政令制定権の規定もこの趣旨で解釈され、したがって国の政省令などは法律の執行命令か委任命令、すなわち講学上の「命令」としてしか存在できない。立法に依存・従属せずには存在できない規範定立作用はその本質において行政であり、「行政立法」と呼ばれる。しかし同41条から「国会中心立法の原則」が導き出されるのは、あくまでも国レベルの権力分立が問題となる場合に止まる。国・自治体関係においては、同92条の「地方自治の本旨」による再解釈を経た同94条の条例制定権の規定により、垂直的権力分立という別種の権力分立が成立する。垂直的権力分立が成立する場面では、同41条はもはや国会による立法権独占を命ずる意味を失い、国の立法と自治体立法とが競合し互いに「正当性」を主張することを前提とし、時に例外を許す原則としての「国の立法優越」を意味するに過ぎない。自治体の条例制定権は、一定の優劣関係の中で国の立法権と並立・並存するもう一つの立法権となる。

したがって問題は国と自治体の立法間の優劣関係のあり方に行き着く。通説も判例も、「独自条例」であれ「法律規定条例」であれ、なお国の立法に常に従属すると解している。しかし、もし条例に国の立法との競合性を認めず、前者が後者に常に全面的に従属するというなら、それは結局のところ条例を「行政立法」と見ることと違わないのではないか。

2　自治体立法の「応答性」と「開放性」

近年の分権改革の進展を背景にして、行政法学を中心とする学者と現場の実務家との共同作業による自治体政策法務学が急速に発展しつつある。その中核をなす自治体立法法務学を先導する礒崎初仁は、国の立法学を参照しつつ、その研究方向を以下のように論じる。

まず①「適法な法」の形成（法的検討）と②「優れた法」の形成（政策的検

第7章　自治体立法としての条例の適法性の基準　169

討）とが区別される。次に①の分野については、(a)法内容に関して、憲法適合性や比例原則、条例制定権の限界などの検討を通じた「法治主義」の確保、(b)立法技術に関して、法的に正確な法文作成、(c)立法過程に関して、法的に瑕疵のない手続き（利害関係者の参加やパブリック・コメントなど）のそれぞれが検討課題となる。他方で②の分野についても、(a)政策内容に関して、立法事実や有効性・効率性などの課題の検討を通じた政策目的の実現、(b)政策技術に関して、政策合理的な法文作成、(c)政策過程に関して、政策合理的なプロセスの探究がそれぞれ検討課題となる[12]。最終的に目指されているのは、「適法性」を前提とする、より完成度の高い、その意味で「正統な」自治体立法である。

　他方で礒崎には、自治体立法そのものに独自の本質を見出そうとする視点もある。礒崎によれば、近代法の特質は私的自治と人権の保障や公権力の抑制を目的とし、法の支配、特に司法による法規範の実現を重視し、予め明確化した準則を個別事例に当てはめ結論を導くところに法の役割を見る「要件・効果モデル」、並びに事案を適法か違法かのみで裁断する「デジタル型思考」を基調とする「自律型法」であった。これに対して経済・社会の複雑化・多様化に伴い行政の積極的介入が進み、公共部門の拡大・専門化が高まる現代では、一方で政策目的実現のための手段選択の合理性を重視する「目的・手段モデル」が法観念の中心となる。それはまた、個別事情を考慮し最も妥当な措置を追求する「アナログ型思考」の法を、換言すれば広い行政裁量を容認する「政策型法」への変化を生み出す。他方で現代では、国民・住民の政治参加と自己決定の要求も高まるため、個人やNPOなど多様な主体の参加と協力により問題解決をめざす「参加・協働モデル」も法の理念となる。この場合は、個別事情の下で広く合意を図る「調整型の思考」を基調とする「自治型法」が生まれる。礒崎は、この「政策型法」と「自治型法」が絡み合って発達するところに、自治体立法（礒崎の用語では自治立法）の成立根拠を見る[13]。

---

12)　礒崎初仁「自治体立法法務の課題」ジュリスト1380号（2009年）85-92頁。
13)　礒崎初仁「自治立法の意義と政策法務」川崎政司編『シリーズ自治体政策法務講座1　総論・立法法務』（ぎょうせい、2013年）38-44頁。

さらに礎崎は、「政策型法」と「自治型法」の占める割合の拡大が「近代法治主義」の変容をも招くことに言及する。礎崎も、「多様な価値観と利害を代表する公開の討論と議決のプロセス」が民主的「正統性」の確保と住民の合意形成にとり不可欠との視点から、「多様な行政活動を展開するには議会制定法たる条例を基本とすべき」とする点で、なお「近代法治主義」の枠内にとどまる。しかしそれを前提としたうえで、形式的完全性・完結性や形式的平等性を犠牲にしてでも、現実的実質的な正義の実現のために公権力発動の柔軟性、適応性、自己修正能力を認める「法治主義」、すなわち「開放性」と「応答性」を優先する「柔軟な法治主義」への変化が意識されているのである[14]。こうして条例をより柔軟な制度にすること、すなわち「目的・手段モデル」や妥協的調整モデルに立脚した法規範に作り替えることや、自治体行政における計画・要綱などの法規的性格の部分容認、国の法令の「政策目的の実現と社会の現実を踏まえた目的論的解釈」、あるいは「法令と条例のベストミックス」などが展望される。さらにこうした「近代法治主義」の超克を正当化する思想的根拠として、礎崎は自治体における「コミュノタリアニズム（共同体主義）」の要素への着目の重要性にも言及するのである[15]。

3　自治体立法に本来的に付随する「不完全性」

　以上の礎崎の視点を本書の関心に即して整理し直すなら次のようになろう。すなわち、一層の多様化・複雑化が進行する現代社会の下で確認されるべき自治体立法の特質は、その「応答性」と「開放性」、並びにそこから必然的に生ずる「不完全性」である。個別事案への対応を重視し、しかも現場の諸主体との対話を重視する特質を持つ自治体立法は、こうした特質ゆえにこそ現代社会に適合的な「開放性」を秘めている。もちろんその「開放性」は、明確性、予見可能性、形式的平等性を要素とする「近代法治主義」から見れ

---

14)　ここでの叙述は、礎崎による説明を、礎崎自身が依拠しているノネ＆ゼルニックの著作における説明（フィリップ・ノネ、フィリップ・ゼルニック〔六本佳平訳〕『法と社会の変動理論』〔Philippe Nonet & Philip Selznick, *Law and society in transition: Toward Responsive Law*, Harper & Row, 1978〕岩波書店、1981年、115-181頁）で補っている。
15)　礎崎初仁「自治立法の可能性」松下圭一ほか編『岩波講座　自治体の構想2　制度』（岩波書店、2002年）103-104頁。礎崎・前掲注13）48-52頁及び57-63頁。

ば「不完全性」の特徴にもなる。だからこそ、その欠点を補うだけの現実的妥当性を確保するために、住民代表府たる議会による充実した討議に基づく条例の制定とその柔軟な執行、並びにこうした条例と国の立法との不断の「対話」・「応答」のプロセスが不可欠なのである。

自治体立法の特質に関連して議論の的となったのが「広島市暴走族追放条例事件」であった。同事件では集会規制の規定の仕方が過度に広範であることが問題となった。上告審判決（最三小判平15〔2007〕年9月18日刑集61巻6号601頁）は条例全体の趣旨や本条例から委任を受けた本条例施行規則の規定などから、当該規定の規制範囲を、正当な目的、合理的な手段、利益の均衡という3条件を充足する範囲に限定解釈できると述べて合憲としたものの、その「規定の仕方が適切ではな」いことを明言した。さらに同判決藤田宙靖反対意見は、直ちに「過度の広範性の故に……違憲無効」とすべきと主張した。

他方で同判決に対しては、自治体行政の特質に鑑み、「自治体ならではのきめの細かい対応」の方が法文の「完全性」より重要との判断から、「立法内容の厳密な特定性より住民にとっての理解可能性」を優先してよいとの反論が加えられている[16]。また同判決堀籠幸男補足意見は、「一般に条例については、法律と比較し、文言上の不明確性が見られることは稀ではない」としたが、この見解も、自治体立法の特性に理解を示して厳格審査基準の緩和を容認したものと見られている。

これらの擁護論は、自治体立法の「開放性」と「応答性」に本来的に由来する「不完全性」を考慮するならば、必ずしも受け入れがたいものではない。優越的人権の規制立法であっても、地域的規制を必要とする重大な有害性と、ある程度漠然とした規定でなければそれを抑止できない地域的事情とが十分な立法事実によって裏付けられる場合には、自治体立法の合憲性審査において、国の立法に比して厳格審査基準を緩和することが許されよう。しかし現実には、例示規定を加えれば漠然性を相当程度縮減できるのにこれを怠り、あるいは過度に広範な規制を避けうる適切な文言が容易に見つかる場合も多

---

16) 岩橋健定「分権時代の条例制定権」ジュリスト1396号（2010年）145頁。

い。そのような場合には、もはや自治体立法の特性を理由に厳格審査基準を緩和することは許されない。

4　自治体立法に他律的に加重される「不完全性」

　判例ではかえって精神的自由規制の分野で、厳格審査という憲法の要求を軽視する傾向が見られる。これとは逆に、経済的自由、社会福祉、そして課税の分野では、それを規律するのが国の立法の場合には、司法はこれに広範な立法裁量を認め、緩やかな審査基準で済ませる傾向が強かった。しかし国の立法府と行政府は、この分野でこそ自治体の立法・行政能力に根強い不信感を抱いており、だからこそ分権改革後の現在も、なお規律密度の強い国の法令で極めて広範な公的領域を規律し続けているのである[17]。このような状況下で、国の立法についてのみ司法が甘い態度を採るならば、自治体立法に対して過度に規律密度の高い国の立法に抵触することを避けようとして、自治体立法の側が不本意ながらも、他律的に更なる「不完全性」を背負い込まなければならなくなる。

　したがって、少なくとも後に述べるような国と自治体との「立法権分有」を認めようとしない通説・判例や法制度が存在し続ける現状では、法の完全性という意味での「正統な」自治体立法を論じることは困難となる。それは「開放性」と「応答性」が求める「不完全性」のせいだけでなく、自治体立法を尊重しない国の立法による過度の規律、先占のせいで更なる「不完全性」を帯びざるを得ないからでもある。そして逆説的だが、こうした二重の「不完全性」が自治体立法に不信観を抱かせる理由にもなっている。

　加えて自治体立法の実効性についても、行政代執行法の2条が「法律（法律の委任に基づく……条例を含む）」が命じた義務の不履行に本法を適用すると定めているため、通説的解釈では法律の委任の根拠を欠く自治体立法の実施手段として行政代執行を用いることができないという問題が指摘されている[18]。さらには刑罰の利用についても、そもそも罰則付き条例が計画される場合にはその制定前に、それを義務付ける法律の根拠もないのに、予め自治

---

17)　西尾勝『地方分権改革』（東京大学出版会、2007年）67頁。

体と地方検察庁との間で意見照会と協議（「検察協議」と呼ばれる）を行うことが実務上慣行化している。検察が独自の判断で当該条例を国の法律に反すると解して「同意」しない事例や、検察の「同意」を欠いて無理やり制定した条例の場合に、違反者が出て自治体側がこれを告訴したにもかかわらず、検察側が起訴しないという事例が度々発生している[19]。この点でも自治体立法は、国の立法との関係で「不完全性」を帯びざるを得なくなるのである。

II 「適法性」をめぐる判例と学説から見た自治体立法の「正統性」

1 自治体立法の「適法性」の分析視角の変化

自治体立法の「適法性」の基準は何か。現代の学説や判例は、国と自治体の規律領域の抵触から「適法性」を判断する「領域抵触論」から離脱しつつある。むしろ国の立法と自治体立法とが並存し一種の競合が生ずることを認めたうえで、両立法の抵触が実際に起きた時には、憲法41条や94条を根拠とする「法律優位の原則」に基づき、かつ事案に即した柔軟な解釈によって両規範の抵触を処理する「規範抵触論」に移行しつつある[20]。

「規範抵触論」の観点から自治体立法の「適法性」を分析する時、不可欠となる審査基準の研究も近年目覚ましく発展しつつある。その出発点をなすものは「徳島市公安条例事件」判決（最大判昭和50〔1975〕年9月10日刑集29巻

---

18) 北村喜宣は、憲法94条を根拠に行政代執行法2条の「法律」を「条例」と読み替えることを主張するが（北村喜宣「自治立法と政策手法」川崎編・前掲注13）132頁）、そのための憲法論が必要となる。

19) 鑓水三千男によれば、「検察協議」は1973年1月25日に開催された全国都道府県総務部長会議で法務省刑事局長から出された要望に基づくものとされる（鑓水三千男「自治立法のプロセスとシステム」川崎・前掲注13）80頁）。市民参加の検察審査会による強制起訴が制度化され、検察の公訴権独占がすでに崩れている現在では、「検察協議」は単なる助言以上の効果を持たせるべきでなく、人権侵害が明白な場合を例外としつつ、自治体による告発に強制起訴の効果を認めるべきではないか。

20) 岩橋健定「条例制定権の限界——領域先占論から規範抵触論へ」小早川光郎＝宇賀克也編『塩野宏古稀記念・行政法の発展と変革（下）』（有斐閣、2001年）357-379頁。塩野・前掲注6）202-203頁。原島良成「自治立法と国法」川崎・前掲注13）196-199頁。

8号489頁）が示した「目的効果基準」論であるが、これだけではあまりにも荒い理論であった。また本判決については、地域的な必要性と合理性を重視して自治体立法の趣旨や存在意義の立場から法律の趣旨・目的・内容・効果を再解釈する「条例意義重視説」と、あくまでも国の立法趣旨を優先し、そこから導かれる法律の目的と効果への条例の抵触から「適法性」を判断する「国の立法趣旨重視説」の対立があり[21]、後の判例は後者に留まる傾向があった[22]。

2　条例の「適法性」審査における「比例原則」の意味

条例の「適法性」審査は、元々は人権規制型条例の違憲審査論として発達してきた[23]。近年の違憲審査論の中で特に注目される「比例原則」と「立法事実」の考え方を法律と条例との関係における「適法性」審査に適用したのが神崎一郎である。神崎は、旅館業法より強度の規制を定めた条例を「比例原則」に違反するがゆえに旅館業法の趣旨に反し違法・無効とした「飯森町旅館建築規制条例事件」控訴審判決（福岡高判昭和58〔1983〕年3月7日行集34巻3号394頁）と、同じく風営法・旅館業法より強度の規制を定めた条例を「比例原則」に違反せず合法とした「東郷町ラブホテル規制条例事件」（名古屋高判平成18〔2006〕年5月18日判例集未搭載。裁判所ホームページ掲載[24]）を対比することで、条例の「適法性」審査における「比例原則」などの意義を検討した。

飯森町条例は、それが建設予定地付近にある場合に規制対象となる施設として旅館業法が挙げたもの以外の施設についての規制を設け、また附近に当たる距離の要件も加重していた。東郷町条例の方は、規制対象となるラブホ

---

21)　礒崎・前掲注12）89頁。
22)　国の法令から横出し規制禁止の趣旨のみを読み取って条例を違法とした「高知市普通河川管理条例事件」判決（最判昭和53〔1978〕年12月21日民集32巻9号1723頁）参照。
23)　川崎政司「自治立法と法」川崎・前掲注13）148-171頁。
24)　現在は、裁判所ホームページには掲載されていない。本判決については、北村喜宣「ラブホテル規制条例と風営法・旅館業法」磯部力＝小幡純子＝斎藤誠編『地方自治判例百選〔第4版〕』（有斐閣、2013年）60-61頁を参照。また、原島良成編『自治立法権の再発見（北村喜宣還暦記念）』（第一法規、2020年）の「条文・判例資料編」（原島作成）の「file13」（330-337頁）でも、同条例や関連法令の抜粋と併せて、本判決の主要部分が収録されている。

テルの条件として風営法が挙げたものに該当しない事実上のラブホテルまで規制できるように、町長にホテル建築に関する同意の権限と、不同意だった場合にあえて建築しようとする者に最終的には刑罰による強制力が担保された中止命令を発する権限を与え、町長の同意判断に際しては、ラブホテルの建設が極めて困難となるようなホテルの構造・施設の独自基準をクリアすることを求めていた。

神崎によれば、人権制約が必要最小限に止まることを要求する憲法原則である「比例原則」は、法律も条例もこれを等しく遵守しなければならない。したがってもし旅館業法や風営法が定めている規制が合憲だとするならば、それは「比例原則」に適合していたからと考えなければならない。そうである以上、今度は条例において法律が「比例原則」に則って定めた規制以上の内容を規定するには、「相応の合理性」が肯定されなければならず、これが肯定されない場合には、条例の規制は「比例原則」に反し、「法律の趣旨に背馳」することになる。つまり神崎は、「憲法の法律に対する立法拘束としての比例原則」が「法律の条例に対する立法拘束としての比例原則」に転化すると考えたのである。

その上で神崎は、「飯森町条例事件」については町側が「相応の合理性」を立証できなかったと見た。他方で「東郷町条例事件」については、判決が営業の自由には積極目的規制もあることに言及しつつ、本件条例の目的と手段との関係に「相応の合理性」が見られるので「比例原則」に反しないと述べたことに着目した。神崎によれば同判決では、規制目的の違いに応じた「立法者の規範的な処理」のなされた条例の「立法事実」が、「合憲性の推定」を許す程にまで十分に準備・整備されている場合には、司法審査には厳格度を低めた「比例原則」を用いるべきことを示したというのである[25]。

規範的処理を済ませた「立法事実」の整備の度合いが、条例と法律の抵触問題における「適法性」の審査密度を変化させるという神崎の視角は、本来は必要最小限の規制手段を測る基準であった「比例原則」に、「制限される

---

25)　神崎一郎「法律と条例の関係における『比例原則』『合理性の基準』『立法事実』」自治研究85巻8号（2009年）79-110頁。

権利の重要性、制限の強度のほか、権利の特殊性、規制目的の特殊性、規制が行われる分野」などに応じ、しかもそれらを「総合的に考慮」することで、司法審査の密度に「寛厳」の差をつけてよいとする近年の一部憲法学の傾向[26]に従ったものである。ドイツ流の「比例原則」審査は、論者によっては審査の際に裁判官を予め拘束する基準を欠いた「裸の利益衡量」を許す傾向が見られる点には警戒を要する[27]。その点を留保したうえで、「規範的に処理」された条例の「立法事実」に十分な必要性と合理性が見出され、かつ「総合考慮」から「比例原則」審査をある程度緩める場合に当たるとの判断がなされる限りで、国の立法以上の規制を行う自治体立法にも「適法性」が認められよう。

3 「不完全性」に立脚した自治体立法の「適法性」と「正統性」

ところで、規範的に処理された「立法事実」とは何を意味するのか。それは単に規制の地域的な必要性や規制しない場合の有害性に関する事実の整備に留まるものではない[28]。それは国の立法との抵触関係を可能な限り低減させる立法的工夫がなされ、その結果、国の立法の目的や効果が実質的に阻害されていないという事実までも意味するはずである[29]。確かに「東郷町条例事件」では、当該条例がラブホテル以外のホテルの建設を阻害せず、条例の定めが旅館業法の趣旨にも反しない構造・施設基準であることや、当該条例が定めた構造・施設基準を守るホテルであれば、ラブホテルとして使用すること自体は禁止されないこと、ラブホテル建設を直接禁止するのではなく、施設基準面などで間接規制を行うに留め、しかもラブホテル建設それ自体を処罰するのではなく、中止命令に対する違反者に命令違反として刑罰を科す手法（「ハイブリッド型規制」と呼ばれる）を採っている点などが、国の法令と

---

26) 芹沢他・前掲注8）75-79頁〔小山剛執筆〕。
27) 高橋和之『立憲主義と日本国憲法〔第6版〕』（有斐閣、2024年）142-143頁。
28) 営業の自由規制に関して積極目的（田園的雰囲気と住宅地という街の個性の保護）の場合には審査基準が緩和されるはずという法的正当化論の整備もここに含まれる。
29) 「実質的に阻害されていない」とは、自治体立法が国の立法を部分的にでも阻害することを認めたがらない判例や学説の言い方であり、本稿が後述する「立法権分有」法理の場合には、それは国の法律の重要部分に至らない範囲での部分的・暫定的な抵触に留まる場合ということになる。要は部分的抵触を表立って認めるか否かであり、実質は変わらない。

の関係における「適法性」に留意したことを示す「立法事実」と言えよう。

　しかしこうした「適法性」への留意を示す「立法事実」は、別の見方をすれば、それだけ当該自治体立法がその本来の立法目的から見て「不完全な」内容となるリスクを負うことも意味する。実際「東郷町条例事件」では、中止命令を受けた業者がそのままホテル建設を強行し営業している。自治体が命令違反として業者を告発したにもかかわらず、検察は不起訴処分とした。ここには前述したような自治体立法の実効性にまつわる「不完全性」が現れている。一方、東郷町はラブホテル禁止の意思をより明確に示す目的から、中止命令と命令違反者への処罰の制度は維持しながらも、本事件係争中に当該条例を改正し、ホテル建設予定地の隣接地権者全員及び周囲300m以内の住民の3分の2の同意がない限り、町長は同意できない旨の規定を新設した。これに対しては「旧条例を適法とした第1審および控訴審の丁寧な説示を無にするような対応」と見て、「比例原則に反して違法」と批判する者もいる[30]。ここからは、条例の立法目的が「不完全」にしか実現できない制度設計の方が、規範的処理を踏まえた「立法事実」の観点からみれば、かえって自治体立法の「適法性」を、さらにはその「正統性」をも担保していることが理解できよう。

Ⅲ　「法律規定条例」における「不完全性」と「正統性」

1　「法律規定条例」の意味

　以上の自治体立法の「適法性」と「正統性」に付随する「不完全性」の分析は、主に「独自条例」が国の法令と規範抵触を起こす可能性に焦点を当てたものであった。規範抵触を惹起する「独自条例」は、その意味で「並行条例」とも呼ばれる。道路交通法と「徳島市公安条例」、あるいは風営法や旅館業法と「東郷町ラブホテル規制条例」の関係では、趣旨・目的・内容・効果において国の立法と規範抵触する可能性がある限りにおいて自治体立法に

---

30)　北村・前掲注24）判例百選内の判例解説（61頁）。

規範抵触回避のための「不完全性」が現れるにすぎない。もちろん規律内容
の点で、もしそのような個別の国の法令との規範抵触の恐れがない自治体立
法の場合でも、条例制定の範囲やその手続き、あるいは刑罰を科す場合の刑
の上限などについては地自法で一般的な制約を課されているので（14条、16
条、96条、112条以下など）、見方によっては、この地自法の一般規定が地域的
に必要な条例制定範囲や手続きを一定程度制約し[31]、あるいは同14条3項の
刑罰の上限が低すぎて、自治体立法が当該有害行為を禁圧するに足りる実効
性を確保できなくなっていると考えることは可能である。しかし次に見る
「法律規定条例」に比べれば、「独自条例」に対する国の法令の拘束の度合い
は、自治体立法の自主性ないし内容面での裁量性を阻害しないレベルに留ま
る。この意味で、地自法や地方公務員法など、「独自条例」を一般的に規律
する法律を「枠組み法」と呼ぶ者もいる[32]。

　しかし日本の法制度は昔から分権改革後の現在に至るまで、ほとんどの自
治体の事務が国の事務と有機的に連結ないし融合しており、簡単には切り離
せない制度設計となっている。さらに人や情報の地域的流動化と均一化が進
んでいる現代社会では、事務や領域の性質を手掛かりに国と自治体の立法領
域を峻別することはいっそう困難である。塩野も言うように、通貨発行と生
活道路整備のように直観的に国家事務と自治体事務とに分けて考えうるもの
があるにせよ、「国（国民）の関心と地方公共団体（住民）の関心の度合いは
連続的に繋がっており、その間に本来、非本来の〔法定受託事務の〕区別が
立法実務的にはつけがたい」。結局、自治事務と法定受託事務の区別も、「国
（都道府県）の地方公共団体（市町村）に対する関与の手法〔の違い〕」にしか
求められない[33]。

　しかし国の立法府及び行政府は、こうした事務・規律領域の不可避的な融
合化の事実を暗黙の前提としつつ、国全体の利益ないし関心事であることを
理由に、分権改革前は遍くほとんどの公的な領域で、また分権改革以降も法

31）　2011年改正新地自法96条2項は、条例により同1項に列挙された議会議決事項を拡張でき
　　るが、「法定受託事務に係るものにあっては、国の安全に関することその他の事由により議会
　　の議決すべきものとすることが適当でないものとして政令で定めるもの」を除外する。
32）　塩野宏・前掲注6）152、209頁。
33）　同上、178-179頁。

定受託事務と（法定）自治事務とを問わず未だに広範な領域で、自治体にとって規律密度の高い法令を制定・維持し続けている。例えば旅館業法4条2項や公衆浴場法2条3項などのように、法律で知事や市町村長の許可権限を定め、その許可要件などの基準を条例の定めとするものが数多くある。「法律規定条例」は、それを規定する国の個別法律に定められている制度・手段を用いつつ、「法律の一部として、融合的に」適用されるので、「独自条例」の場合のように実効性を担保するための「フル装備」を要しない[34]。

「法律規定条例」のうちの多くは、新地自法以前は「機関委任事務」とされていた分野を規律する条例であった。「機関委任事務」は、国の立法により「国の事務」を自治体執行機関に「委任」し、かつ後者を国の機関として国が当然に統制するものと考えられており、自治体が条例を定めて「機関委任事務」を規律することは、法律の委任がある場合を除いては禁止されていた。その意味でまさに、「機関委任事務」時代の「法律規定条例」は委任命令にすぎなかった。「機関委任事務」が廃止された新地自法下では、自治事務であれ「法定受託事務」であれ、いずれも国の立法が国の直轄事務としなかったことに鑑みて全て自治体の事務と観念されるようになり、自治体は憲法がそれに直接授権した条例制定権を用いて（通説においては「法令に反しない限り」で）両事務を条例で規律できるようになった。しかし以前は「機関委任事務」であり「法定受託事務」や「法定自治事務」となったもののみならず、以前から自治事務であったもので、分権改革以降に国側の必要性に基づき規律密度を高めてこれを「法定自治事務」にしたものも含めて、条例の内容まで統制する規律密度の高い法律が残り、増え続けている。それこそがここにいう「法律規定条例」である[35]。「法律規定条例」においては、条例を規律する「根拠」法律やそれに基づく政省令の規定内容が具体的で詳細なものとなり、その分だけこれら国の法規範を遵守すべきとの立法趣旨も強まると考えられる。それは条例のいっそうの「不完全性」を誘発しかねない。

34）　北村・前掲注18）118頁。

35）　村上順＝白藤博行＝人見剛編『新基本法コンメンタール・地方自治法』（日本評論社、2011年）72頁〔市橋克哉執筆〕。

2 「法律規定条例」による法令「上書き」の可否

塩野宏はこれらの「法律規定条例」（塩野の用語では「委任条例」）を「政省令等と同じく国家法令の制定権限の委任」と見るので、「委任条例においては、当該条例の内容が委任の範囲に収まっているかどうか」が条例の「適法性」の基準となる。但し「通常の法律と政省令との関係よりも適法性審査の基準はゆるいと見るのが、地域の自主性の理念に合致する[36]」。しかし塩野にとっては、「委任条例」はあくまでも国の立法による「委任」を根拠とする法規範定立作用であるから、その本質は国の立法とは異質なもの、むしろ委任立法に従属する「行政立法」となる。したがって、自治体執行機関（長など）への許可権限の「委任」を規定する法律において、その審査や処分の基準を条例で定める旨の規定がない場合は、別個に「独自条例」を定めて法律と異なる目的からそのような基準を設けることが適法となる可能性は否定しないにせよ、当該法律自体は、それを実施するために必要な基準の設定を自治体執行機関に直接委ねる趣旨であったと解されるので、当該法律の制度・手段を用いつつ実施することが予定される「委任条例」で勝手に基準を設定することは違法となる[37]。

小早川光郎も「委任条例」の表現を用い、これらの条例が法律による「委任」を受けたものである以上、条例が法律の「委任」の趣旨を逸脱して勝手に基準を設けることを違法とする[38]。もっとも小早川は、当該委任立法が規制や給付などの法的仕組みを完結的に規定するものではない場合には、「案件処理における考慮事項の範囲」を変化させない基準設定に留まる限り、

---

36) 塩野・前掲注6）207頁。

37) 塩野宏『行政法Ⅲ〔第3版〕』（有斐閣、2006年）173頁。なお、同書第5版（前掲注6））208-209頁では、「法律規定条例」の全てが「委任条例」ではないとして「枠組み法」に基づく条例の場合を論じる。

38) 小早川は、「案件処理規範の一定のものについて、法律自体ではなく条例でそれを定める旨を定めている場合」を「規範定立の委任」、「その法律が、自治体の事務に係る案件処理規範を自ら定め、その一方で、一定の範囲において地域の実情に応じ条例でそれに修正（追加・変更・排除）を加えることを特に許容する」場合を「法律による条例への委任の一種」としての「規範修正の授権」と呼んで区別する（小早川光郎「基準・法律・条例」小早川他編・前掲注20）386頁）。

「委任条例」でこれを定めることを認め（小早川はこれを「行政機関の裁量」としての「基準補充の作業」と呼ぶ）、あるいは「委任条例」が付加しようとする基準が要件・効果規定の構造を持たない一種の「目安」に過ぎない性質のものであり、委任立法が自治体行政機関に与えた裁量の行使に際して要考慮事項の範囲そのものを縮減ないし追加する程度に至らない範囲に収まる場合には、これも「適法」とする。しかし法律の定める要件やこれに付随する要考慮事項そのものの修正となるような基準を独自に定める条例の場合は、法律自身が条例による修正を認める規定ないしそのような趣旨を持つ場合を除き、その「適法性」を一切認めない[39]。

　これに対して、自治事務に関する国の立法は、それが「法律規定条例」を予定している場合には、審査・処分基準を条例に委任する法律の定めの有無に関わりなく、常に条例による「地域適合化」のための基準設定を許す「ナショナル・ミニマム」としての「標準規定」と解すべきことを主張するのが北村喜宣である。北村は、現在の地方分権改革を「立法権分権」の流れに位置づけ、新地自法2条11項～13項を憲法92条の「地方自治の本旨」の具体化と見たうえで、国の立法上の規定がどうであれ、法定自治事務を含めて自治事務については、その事務の本来の性質上、「地域の特性」に応じて条例による「地域適合化」が必要となる。したがって自治事務を自らは不完全な形で規律し、その完結を条例に委ねる法律がある場合は、その法定自治事務の性質に応じ可能な範囲で、そのような「委任」を受けた条例（2004年時点では「委任条例」、2013年には「分任条例」と呼ぶ）により「根拠」法律の「上書き」をすることも許されると主張するのである[40]。

　もっとも北村に対しては、国の自治事務関連立法の規範内容を「地域適合化」のために修正する条例を「適法」とする根拠を、自治事務の本来的性質論に求める点で無理があるとの批判が加えられている[41]。これとは別に、法律が「法律委任条例」（「分任条例」）を予定する場合は、国と「対等な統治主体である自治体」に、しかも「民主的正当性が高い議会の議決」に国の法律

---

39)　小早川・前掲注38)〔注20)〕381-400頁。
40)　北村・前掲書注11)58-61頁、116-133頁、168-177頁。同・前掲論文注11)30頁。
41)　原島・前掲注20)201-206頁。

の完結を委ねる趣旨があることに鑑みて、法律が国の政省令にその完結を委ねる場合とは質的に異なるという視点から、この種の条例と「根拠」法律の関係を理解すべきと北村が主張していることについても[42]、このような主張は、国と自治体の立法を並立関係と見る「立法権分有論」にでも立たない限り不可能との批判が加えられている[43]。

確かに本稿の視点からも、本来的に自治事務の性質のあるものについては、「地域の特性」が要請する限り法律の趣旨を無視してでも当該法律の規律の意味を「ナショナル・ミニマム」と見なせるという解釈論には無理があるように思える。事務の本質論に頼らずに条例に法律の「上書き」まで認める解釈論を組み立てるには、確かに国の立法と自治体立法との間の同質性と競合可能性を正面から認める憲法解釈論が必要である。この点北村は、新地自法の規定から逆算して、憲法92条に条例による法令「上書き」権まで認める趣旨が内在していたはずとの解釈論を展開しているが、憲法の下位法に過ぎない法律の規定を根拠に憲法規範の意味変化を説明するのは「本末転倒」の誹りを免れない。それは後述のように、「歴史普遍主義」的な憲法原理の探求によってしか根拠づけられないであろう。

なお、「立法権分権」の理念を具体化したはずの地域自主性一括法は、法令による義務付け・枠付けを緩和するために、個別に法律を改正してこれまで政省令が定めていた基準を「法律規定条例」で定めることを許す方式を採用している。これは個別の法律の規定によらずに条例による法律の「上書き権」一般を認めようとする北村の考え方ではなく、小早川の考え方に近く、個別法律の「委任」が必要な「行政立法」の思考枠組みに立つものである。今回の改革では、法定自治事務における施設・公物の設置管理基準など些末な一部領域に限って、法律の定める要件の遵守を前提としつつ、要件具体化のために政省令が定めるとされた基準について、これを法律の中で明示的に「従うべき基準」、「標準」、「参酌すべき基準」に分け、後2つに限って条例による自主的な基準設定の余地を認めたものだった。実際に条例に委ねられ

---

42) 北村・前掲論文注11) 24頁。
43) 田中孝男「地方公共団体における条例制定の裁量」行政法研究 3 (2013年) 82頁の原注 (52)。

たものは、議会の審議を必要とせず、自治体の長の行政裁量の範囲内で容易に定められる技術的基準がほとんどであり、現場からは、「必ずしも条例への委任である必要〔の〕ない」ものを「国に縛られ、定めさせられた」にすぎず、「自由な自治立法の余地を与えられたとは言えない[44]」との不満がある[45]。

3　「法律規定条例」と「根拠」法律の微妙な関係

　「法律規定条例」における「根拠」法律の規律の法的性質は、法律と「並行条例」の関係に立つ「独自条例」のそれと本質的に異なるのであろうか。例えば、地方税条例は「法律規定条例」の1つと言われるが、「根拠」法である地方税法は、まず地方税一般について3条1項で、「その地方税の税目、課税客体、課税標準、税率その他賦課徴収」について自治体の条例で定めるとしたうえで、法定普通税についてかなり詳細にその規律内容を定めるものの、法定外普通税については259条以下で、その制定手続きと徴収手続、ならびに非課税の範囲に関する最低限の規律内容のみを定めている。

　学説を一瞥するなら、前述のように小早川は、「委任」する法律に明文の根拠がなくとも、「委任条例」が当該法律の要件・効果規定に修正を加えない範囲で国の基準に修正を加えることを認める。しかし小早川によれば、この程度の修正を許容する法律を「枠組み法」（小早川の用語では「外枠法律[46]」）と見ることはできない。地方税法についても、自治体が独自に法定外税条例を定めることを許容しているけれども、それは「この法律の定めるところによって」地方税を賦課徴収できるとの「前提に立ったうえでそうし

---

44)　濱田律子「『義務付け・枠付けの見直し』への対応と今後の課題——兵庫県伊丹市の経験を踏まえて」自治総研423号（2014年）119-120頁。

45)　このような今次改革の限界に鑑み、小泉祐一郎は、政策分野ごとにその政策全体を包括的に規律する独自の目的規定を持つ条例を制定し、この条例には委任立法の趣旨を踏まえつつも概括的な処理基準のみを規定し、具体的な実施基準はさらに条例から首長の規則に委任する方法を提案する（小泉祐一郎『地域主権改革一括法の解説』〔ぎょうせい、2011年〕105-158頁）。

46)　「外枠法律」とは、自治体の事務に関して法律が国家的な意思全国的な観点から一定の範囲で規定するものでありながら、「その事務をいかに処理するかは本来的には各自治体に任せられたことがらであって法律の定める枠の内で各自治体が何かを付加することは当然に可能であるとの立場で立法されているもの」である（小早川・前掲注38）385-386頁）。

ている」に過ぎないのだから、地方税法を「枠組み法」と見ることはできないとするのである。このように、地方税条例を「委任条例」と見なす論者は、法定外税についても地方税法に「枠組み法」の性格を認めない。それは、地方税の賦課徴収事務全般を規律するかのような現行地方税法を、憲法92条の「地方自治の本旨」に基づく自治課税権保障の観点から問い直すことをせずに、地方税条例を地方税法の「委任」に基づく「行政立法」と見ているからであろう[47]。

他方で「委任条例」という思考枠組から逃れるために「法律規定条例」という表現を用いる論者の中には、法定外税条例を「法律規定条例」と見たうえで、「法律規定条例」の「根拠」となる地方税法の税条例に対する規律については、税条例の内容の根幹をなす課税標準や税控除の基準などについても法律による絶対的な拘束力はなく、税条例の制定手続きその他の大枠のみに拘束力を認める点で地方税法を「枠組み法」と解する立場もあり、それは一部の判例の中にも現れつつある[48]。

法定地方税に関する条例は、確かに地方税法に基づく「法律規定条例」といえよう。しかし法定外地方税条例は、その制定が自治体の任意である点や「フル装備」に近い制度設計となる点に鑑みれば、むしろ「独自条例」と見るべきかもしれない。他方で、法定外地方税条例も地方税法の予定する地方税制度の一部をなし、法定外地方税を直接対象としない地方税法の規定もこれを全面的に規律するとの立場を採れば、やはり「法律規定条例」と見なされよう。もっともこの立場にも、地方税法の規律は「枠組み法」レベルに止まるとの見方もあり、その性格は極めて曖昧である。現在までで、個別の法律で条例制定を義務付け、かつ自治体の「従うべき基準」まで政省令で定めることを予定している場合（地方自主性一括法後の典型的な「委任条例」の場合）

---

47)　塩野は、地方税法と自治体の税条例一般との関係を論ずる中で、両者を「授権・委任の関係に立つものではなく、各地方公共団体はそれぞれ包括的な税条例を定め、そこで、地方税法とは別に改めて課税標準を自ら定める」としたうえで、地方税法を税条例の「枠組み法」と説明している（塩野・前掲注6）209頁）。なお「企業税条例事件」についても、塩野は、地方税法を「枠組み法乃至準則法」と見るだけでなく、課税自主権を保障する憲法原理に鑑みるならば、法定外税条例が地方税法の「詳細かつ具体的な規定」による拘束から一切逃れられないことに疑問を呈するに至っている（同上、205-207頁）。
48)　村上他編・前掲注35）77頁〔市橋克哉執筆〕。

に、なおこの基準、さらには法律自体が定める要件・効果部分にまで「上書き」したために、訴訟でその「適法性」が争われた条例はまだないと思われる。そこで本稿では具体的な事例として、それが「法律規定条例」であること自体微妙であることを留保しつつ、「法律規定条例」の「適法性」が争われたとの評価がなされている「神奈川県臨時特例企業税（以下、企業税条例）事件」を検討したい。

4　法定外税に対する地方税法の規律の法的性質と条例の「不完全性」

　本件当事者の神奈川県は、企業税条例の制定理由として、応益課税（行政サービスに対する課税）の理念を持ちながら実際には応能課税（収益に応じた課税）の制度設計となっている地方税法上の法人事業税において、恒常的に自治体の行政サービスを受けていても、巨額の赤字を計上した企業には当該年度に留まらず次年度以降も欠損金の繰越控除が認められていたために、特に経済構造の変化と景気に左右されやすい法人事業税に依存する県の財政が危機的状況に瀕したことと、景気変動に左右されない外形標準課税の一般的な導入が長い間叫ばれながら、国の地方税制改革の遅れでなお実現されていないことを挙げていた。そこで同条例は、「当分の間」〔同条例2条[49]〕、「繰越控除欠損金額……を損金の額……に算入しないものとして計算した場合における当該各課税事業年度の所得の金額に相当する金額（当該金額が繰越控除欠損金額……に相当する金額を超える場合は、当該繰越控除欠損金額……に相当する金額）」を課税標準として100分の3の税率（一部100分の2、2004年の条例改正後は一律に100分の2の税率）で県独自の企業税を課したのだった（同条例3条1号、2号、7条1項、8条）。それは、企業税条例を違法と見る立場からすれば、実質的には繰越控除欠損金額そのものを課税標準とするのと同じであり、その結果、欠損金繰越控除前の法人事業税のうちの約30％分に対して控除を遮断するものと見なされかねない内容を含んでいた。そのため、企業税条例の目的と効果が地方税法の法人事業税欠損金繰越制度の趣旨・目的・内容・効果を阻害

---

49)　なお2004年の企業税条例改正の際には、5年後の2009年3月をもって本件企業税を廃止する旨が条例に挿入された。

していないか、あるいは法定外税条例との関係で地方税法を、制定・徴収手続きと非課税の制約を除き「枠組み法」に留まるものと見ることができるかが争われた。

　本件上告審判決（最判平成25〔2013〕年3月21日判時2193号3頁）は、自治体が「国とは別途に課税権の主体となることが憲法上予定されている」として抽象的には憲法が自治体に課税権を直接保障するかのような解釈を示したものの、憲法が自治体の「課税権の具体的内容」を規定していないことを根拠に、結局のところ自治体に「具体的課税権」を認めようとしなかった。すなわち同判決は、憲法92条を単なる自治体の運営・組織の法定主義、同94条を単なる法律の範囲内の条例制定権の保障と解する古い憲法解釈を示したうえで、地方税の「税目、課税客体、課税標準、税率その他の事項」については、憲法上、租税法律主義（84条）の原則の下で、法律において地方自治の本旨を踏まえてその準則を定めることが予定されて」いるとした。しかも、これらの事項については準則となる法律の規定は任意規定ではなく「強行規定」であるとした。その結果同判決は、法定税条例と法定外税条例とを区別することなく、地方税法の法人事業税の欠損金繰越控除の規定を全ての地方税条例に適用される「強行規定」と解し、この適用を一部遮断する企業税条例を法律の「強行規定と矛盾抵触するものとしてこれに違反し、違法、無効」と断じたのだった。このように最高裁は、法定外税との関係でも地方税法を「枠組み法」と見てはおらず、むしろ地方税の基本部分は常に国の立法による「準則」定立を待って初めて条例制定が許され、しかもこの「準則」に細部まで拘束され、一切抵触できないとしたのだった[50]。

　破棄された控訴審判決（東京高判平成22〔2010〕年2月25日判時2074号32頁）では、主に地方税法の「法人事業税に関する規定が、法人事業税について繰越控除欠損金額に相当する当期利益には課税しないとしているにとどまらず、条例で他の税を創設してこれに課税することも許さないとしているかどうか」という点が検討された。その結果、企業税と法人事業税とは目的も効果

---

50)　本件第1審判決（横浜地判平成20〔2008〕年3月19日判時2020号29頁）も、企業税条例を、目的・効果において地方税法に抵触、あるいは法人事業税の課税標準規定を「上書き」したことを理由に違法・無効とした。

も異なっており、そうである以上、「一方の政策の一部が他方の政策により減殺されてしまう」としても、その程度では「両制度が矛盾抵触しているというべきではない」として合法と判断された。つまり同判決は地方税法を「枠組み法」と見たのであり、そうである以上、企業税条例は地方税法における法人事業税の課税標準規定の「上書き」にもあたらないと解したのだった[51]。

なお控訴審判決は、条例が法律に抵触するのは、「一方の目的や効果が他方によりその重要な部分において否定されてしまう」場合に限られるとする解釈も示している。同判決は、それ以外を「抵触」ではなく「減殺」（又は法律の目的及び効果が「徹底されない結果を生ずる」場合）に過ぎないとすることで、「枠組み法」たる地方税法の「上書き」にはならないことを示す意図があったと思われるが、そこには法律と条例との抵触問題について、法律の趣旨・目的・内容・効果の「重要な部分」以外はこれに抵触する条例を合法とする論理をも含まれており、後述する「立法権分有」法理との関連性が注目される[52]。

本書の視点から見て興味深いのは、控訴審判決が企業税条例を地方税法との目的の違いの点からだけでなく、その効果においても条例の暫定性（外形標準課税実現までの「当分の間」）と効果の部分的限定的な性格（資本金5億円以上の大企業への適用限定や30％程度の繰越控除効果の「減殺」）をも根拠として挙げていたことである。これは、租税立法としては「不完全性」を示すものであるが、自治体の課税権を過度に制約する規定に満ち溢れている現行地方税法にあからさまに抵触しないための工夫であり、少なくとも控訴審判決の視点からは、条例の「適法性」を確保するうえで不可欠の「不完全性」として、むしろ「正統性」が認められるべき規定であった[53]。

---

51) 村上他編・前掲注35) 76-77頁〔市橋克哉執筆〕。

52) 拙稿「『対話型立法権分有』の法理に基づく『目的効果基準』論の新展開——神奈川県臨時特例企業税条例の合憲性・合法性についての一考察」成城法学81号（2012年）20-21頁（同論考は本書第2部第6章に再録されている）。

Ⅳ　まとめに代えて
　　——自治体立法の「不完全性」を治癒する規範理論の展開方向

1　「立法権分有」法理成立の可能性

　日本国憲法は国の立法権と同様に自治立法権を直接授権したはずであり
ながら、連邦憲法のように憲法が具体的な権限領域を国と自治体（州）とで
明示的に分割されていないことが過大視され、その結果、日本の地方自治も
ドイツやフランス流の「自治行政」・「自由行政」という「行政分権」の枠内
で理解する古い憲法解釈が長年実務を支配し続けてきた[54]。その結果、実際
にはほとんどの領域で自治体立法を排除ないし過度に締め付ける規律密度の
高い法令が量産され続けてきたために、自治体立法はその本来の属性（開放
性と応答性）から来る「不完全性」とは別に、国の法令との関係でも多くの
「不完全性」をも背負い込まざるを得なかった。しかも「根拠」法律の「枠
組み法」的性格が否定された場合の「法律規定条例」は、この程度の「不完
全性」さえ許されない。結局それは、自治体立法を未だに法律の「委任」に
基づく「行政立法」の地位に押し込める思考様式である。これでは自治体立
法の「正統性」は国の立法次第となりかねない。しかしそれは、自治体立法
の憲法直接授権性と矛盾することになるのではないか。

---

53)　条例の暫定性については、国会が地方税法を改正して不十分ながらも一般的な外形標準課
　　税を認めた2004年の時点で、条例制定の立法事実が変化したことに鑑み、いったん企業税条例
　　を廃止した後に、不十分と考える部分に絞り、総務大臣との事前協議などを含む新たな法定外
　　地方税条例制定の手続きをとるべきであったとの興味深い指摘もある（其田茂樹「神奈川県臨
　　時特例企業税最高裁判決——残された論点」自治総研417号〔2013年〕52-53頁）、この点で条
　　例の「不十分性」から「正統性」が失われた可能性はある。課税対象を限ったことの恣意性・
　　不合理性については、最高裁が国の租税立法に対して極めて緩やかな審査基準を用い合憲とし
　　てきたことに比して、自治体租税立法の審査基準のみを厳しくしていることが問題となる。
　　これを「規範としての法律と条例の性質の問題」として正当化する者もいるが（岡田正則「地方
　　分権改革後における条例制定権の範囲に関する一考察——神奈川県臨時特例企業税条例事件控
　　訴審判決の検討を中心に」早稲田法学87巻1号〔2011年〕31頁）、自治体立法の本質を見誤っ
　　た議論である。
54)　例えば、成田頼明「『地方の時代』における地方自治の法理と改革」公法研究43号（1981
　　年）156頁。

第7章　自治体立法としての条例の適法性の基準　189

　私見では、地方自治に関する既存の実定法秩序を前提とし、その枠内で実質的には憲法解釈論抜きで展開してきた「判例理論」及び通説的学説では、この矛盾を解決できない[55]。日本の憲法学はよりラディカルなことが特徴だった。すなわち日本国憲法には、近現代立憲主義の普遍的な歴史を貫きながらも、社会の変化と人々の人権や民主主義の意識の深まりに応じて内容的な「深化」を遂げるものと観念される憲法原理が継受され内在しているとの視点から、現状の最高裁判例がどうであれ、こうした「歴史普遍主義」的な憲法原理の分析から、国の立法をも規律する憲法規範が探求されてきたのだった。こうしたラディカルな規範理論から見た日本国憲法の自治体立法の本質を略述すれば、以下のようになる。

　①自治体立法は国民主権（憲法前文、1条、15条1項）の発動である。「歴史普遍主義」的な憲法原理としての国民主権も、それを前提とする現代の法治主義も、主権者市民が多様な場で構成する多元的な立法主体の実質的・討議的な「対話」による暫定的な「正統性」の確定という文脈の中でしか再構成され得ない[56]。立法の「暫定性」に「正統性」を見る以上、立法の執行の場でも多様な「対話」が継続することがその「正統性」の不可欠の条件となる。

　②自治体は国の立法の地域的執行としての「行政」の場ではなく、あくまでも主権者市民が地域的に主権を行使する「統治・政治」の場であり、その

---

55)　田中はこのような「判例理論」に分析対象を限定することで、「立法権分有論」をその検討対象から排除し、その上で条例を「行政立法」に準ずる法規範と考える視角から「条例制定裁量論」の構築を試みる（田中孝博「地方公共団体における条例制定の裁量」行政法研究3号〔2013年〕65-119頁）。行政裁量論を発想の中心とするその理論は、それゆえに本書が探求するような自治体立法のあるべき姿を展望するものとなりえていない。なお「企業税条例事件」上告審判決が「立法権分有」を述べる筆者の鑑定意見書を「一顧だにしなかった」（田中・同上論文83頁）のは、同意見書を部分的に引用した被上告人答弁書が、原審勝訴の立場からして、条例の法律抵触を認めたうえで真正面から「立法権分有」の憲法解釈を述べる必要がなく、かえって訴訟戦術的にはこれを回避すべきだったからである。そのため同答弁書による同意見書の引用のされ方は、原判決破棄とする場合には最高裁がこれに直接言及する必要のないものであった。

56)　多元的な立法主体の実質的・討議的な「対話」による暫定的な「正統性」の確定という視点から現代民主主義を再構成する者として、以下のような有名な論者たちがいる。Johns S. Dryzek, *Deliberative Democracy and beyond*, Oxford University Press, 2000; Pierre Rosanvallon, *La contre-démocratie*, Seuil, 2006; Id., *La légitimité démoctartique*, Seuil, 2008; Jacques Chevallier, *L'État de droit*, 4e éd., Montchrestien, 2003, pp.143-144.

意味で国の（中央）政府と対等の地方政府である。自治体立法は、単に自治体内部で「正統な」立法となるだけでなく、国の立法との「対話」を通じ互いに影響を与え合うことで、国の立法と自治体立法とで形成する「正統な国全体の立法」の不可欠の要素となる。

③連邦憲法の形をとっていない日本国憲法の場合、国と自治体とで固有の立法領域を予め区別することはできず、両立法の対象領域は、特定の時点で（これも常に暫定的）ほぼ「自明」と観念される若干の分野（例えば国の立法領域としての通貨管理）を除き、融合ないし重複する可能性を常に秘める。したがって両立法が競合し、時に抵触する可能性を認めなければならない。だからこそ国会中心立法の原則（憲法41条）と「法律の範囲内」の条例制定権（同94条）は、両立法が競合した時の「国の立法優位」の原則を定めたものと解される。

④「国の立法優位」原則は絶対的なものではなく、国の立法と自治体立法による現実性・妥当性の観点からの「正統性」の競い合いで変動する。具体的紛争において、現場のステークホルダーから見た自治体立法の必要性と合理性が「立法事実」に即して十分に根拠づけられる場合には、例外的に「条例優先」とすべきことが憲法上義務付けられる。

⑤こうした国の立法と自治体立法とが必要な場合に競合し、これを司法や政治過程における「対話」を通じて解決することこそ、「歴史普遍主義」的に「深化」した国民主権と法治主義に基づく「正統な国全体の立法」の条件である。このような「対話に基づく立法権分有」こそが、憲法92条の「地方自治の本旨」の中核的な意味である[57]。

前述の「企業税条例事件」控訴審判決は破棄されたとはいえ、またその記述ミスや論理の荒さなどが指摘されるにせよ、そこには「立法権分有」法理に近い視点が存在していた。すなわち同判決は、「複雑な現代社会を規律す

---

57) 拙稿「地方自治と『対話』する地方自治」杉田敦編『岩波講座　憲法3　ネーションと市民』（岩波書店、2007年）247-281頁（本書第1部第4章）。同「『対話型立法権分有』の事務配分論と『分権型法治主義』」拙編『地方自治の憲法理論の新展開』（敬文堂、2011年）121-133頁（本書第2部第5章）。本稿の初出後に、こうした視点は拙著『分権国家の憲法理論——フランス憲法の歴史と理論から見た現代日本の地方自治論』（有信堂、2015年）に結実することになる。

る多様な法制度の下においては、複数の制度の趣旨や効果に違いがあるため、互いに他方の趣旨や効果を一定程度減殺する結果を生ずる場合があることは、避けられない」と説示し、さらにこの文章に続けて、もし例外なく「地方議会の制定した条例を法律に違反するがゆえに無効である」と考えるならば、それは民主主義を否定することにもなりかねないことが明言されていたのである。

2　自治体立法の「不完全性」の部分的治癒

　「立法権分有」の憲法解釈を採る場合には、「並行条例」として国の立法と抵触する可能性のある「独立条例」の「適法性」はより容易に認められるようになる。もちろん法律に抵触しかねない条例は、その抵触ができる限り部分的・暫定的なものに留まるよう配慮してこそ、規範的に処理された「立法事実」が積み重なる点でより強い「正統性」を獲得できることは、「立法権分有」法理においても違いはない。その限りで「不完全性」ゆえの「正統性」の要素は残り続ける。しかし国の法律があまりにも不合理なために「並行条例」としての「独立条例」の実効性を過度に歪めてしまう場合には、「条例優位」を認めることで条例の「不完全性」をかなりの程度治癒することが許されるはずである。

　「法律規定条例」についても、国の立法上の都合でそのような規律密度の高い状態が作り出されたにすぎないのだから、必要性と合理性が十分に認められる場合には「憲法的合法性」に基づき、やはり「根拠」法律に部分的・暫定的に抵触して「上書き」することが認められよう[58]。「法律規定条例」が「根拠」法律の定める手段・制度に依存する問題についても、国の立法が国の直接執行事務とはせず、憲法上は自らと同格の立法の性質を持つ条例に規範定立を部分的に委ねたものであると考えるならば、国の立法と自治体立法との「融合体」が成立したと考えるべきである。憲法92条と同41条を前提とする二種の立法の「融合体」では、一般的には国の立法が定める要件や、

---

58)　原島良成も、「法律規定条例」の「根拠」法律への抵触問題は、究極的には「独自条例」の「適法性」問題に還元されることを認める（原島・前掲注20）190頁）。

その授権により国の政省令が定めた「従うべき基準」を自治体も遵守しなければならないが、地域的な必要性と合理性とが明白な場合には、これを逸脱する条例で「上書き」し、法律が定めた制度を利用しつつそれを実現することを国の立法自体、黙示的に認めているとの合憲限定解釈を採るべきである[59]。もしそのような「上書き」を禁止する趣旨が明確な規定を法律で定めていた場合には、それは「立法権分有」法理の意味を含む憲法92条の「地方自治の本旨」に違反するので、「部分無効の法理」に従い当該禁止の趣旨が明確な部分のみを無効とし、残りを有効としたうえで、「上書き」条例でこれを補完することを認めることになる[60]。

　ただし国も、多くの場合はナショナル・ミニマム確保の観点から十分に説得力のある根拠を用意して全国一律の要件を規定し、あるいは基準設定を国の法令に委ねている場合も多いであろうから、この場合に条例で「上書き」することに「正統性」を持たせるには、地域的特殊性あるいは地域的実験の必要性に関する相当に強力な「立法事実」が必要となる。「法律規定条例」で「上書き」するためには、「独自条例」の場合以上に「根拠」法律を尊重し、その「強行規定」とされる立法趣旨に「遠慮」した自治体立法を心がけなければならない。したがって、なお一層の自治体立法の「不完全性」が「正統性」の要素となろう。しかし自治体立法自体は「不完全」でも、それが国の立法と共に形成する「国全体の立法」としては「完全性」が確保され、「正統性」が保たれると考えるべきなのである。

---

59)　北村・前掲書注11）172-176頁。
60)　「部分無効の法理」は本来、法律の一部文言を違憲無効とすることで、実質的に当該法律を合憲的な内容に読み替える手法であるが（宍戸常寿「司法審査──『部分無効の法理』をめぐって」辻村みよ子＝長谷部恭男編『憲法理論の再創造』〔日本評論社、2012年〕195-208頁）、条例と法律の関係では、地域の事情から「上書き」が特に必要な自治体に限り法律が「部分無効」となる（なお本書**終章**では、「部分無効の法理」ではなく「地域的適用違憲」の手法を用いる方が良いと考えるに至り、この点では改説した）。

第 3 部

「対話型立法権分有」法理の制度的展開

第8章

「対話型立法権分有」法理から見た地方分権改革

はじめに[1]

　本章は現代の分権改革から垣間見える可能性に着目し、憲法92条の「地方自治の本旨」をめぐる従来の解釈論の限界を乗り越える新たな解釈論の構築を目指す。特に近年では、分権改革と連動して憲法改正の必要性を説く政治議論も高まっている。本章はこうした動向をも視野に入れつつ、憲法解釈論としての「対話型立法権分有」法理の意義を示してみたい。

I　分権改革の史的展開としての「対話型立法権分有」

1　世界の主要民主主義国の分権改革における「立法権分有」化の傾向

　近年の分権改革をめぐる西欧諸国の憲法改正の動きを概観するならば、連邦国家と単一国家の差異の縮小、並びに国と州の間の競合立法事項を整序する試みの進展という2つの特徴が浮かび上がる。

　前者については、何よりもイタリアやスペインのような「地域国家（État régional）」の出現に注目しなければならない。例えばイタリアでは、1948年の憲法制定当初から「単一不可分の共和国」を宣言しつつ、同時に地方自治の承認と促進並びに行政の広範な分権を述べ、「自治と分権の要請」に適合

---

1)　本論考の初出は、「分権改革の行方と『地方自治の本旨』解釈」憲法問題27号（2016年）88-99頁である。この論文は全国憲法研究会2015年秋季研究総会での筆者の同名報告を活字化したものであった。本章収録に当たり、本書全体の用語法に統一するための若干の修正を加えている。

すべきことを立法原則としていた（5条）。そして2001年の憲法改正により、「共和国」の構成要素として市町村や州と共に国を列挙し（114条）、州と国との間で立法権を分割し、国の立法権を国の専属事項と州との競合事項における基本原則決定のみに限定し、残余の全事項を州の立法事項とするに至った（117条）。他方でその憲法裁判所の2003年判決303号を筆頭に、多くの憲法判例が、憲法の定める補完性と最適性の原理（118条）を統一性強化の方向に解釈することで、上記の憲法上の権限配分原則では国の立法事項とは言えないほとんどの領域で国の立法による規律を合憲としたため、連邦国家に比べて州立法権保障の程度が弱いという特徴も持つ。このようにまさしく「地域国家」という存在は、連邦国家と単一国家の中間に位置することで、例えば1980年日本公法学会の成田頼明報告に見るような、立法権分割の有無を連邦国家と単一国家の本質的区別の指標とする古い固定観念を崩壊させた[2]。

　確かに、最も古典的な単一国家であるフランスの場合には、「分権国家」への転換を宣言した2003年憲法改正後も、なおも立法権不分割を「単一型分権国家」の指標としている。しかしそれは、地方自治原理を「自由行政」と表現し、条例制定権を国の政令制定権と同性質の「命令制定権」と表現する憲法の規定と、その根底にある固定観念に災いされてのことである。実際にはフランスでも固定観念を掘り崩す政治論や法実務の変化が見られる。若い法学者の中には、若干の憲法改正さえ経れば、フランスでも単一国家を維持しつつ国と州自治体との「立法権分有」が可能と述べる者も現れている[3]。

　こうした単一国家側の変化（連邦国家への接近）の一方で、典型的な連邦国家であるドイツでは、連邦と州との間の「立法権分有」について、憲法による単なる立法事項の分割に留まらない新しい傾向が示されるようになった点が注目に値する。ドイツでは1994年の憲法改正により、72条で連邦法と州法との競合事項において前者が優越するための要件が厳格化された（均一生活の創出や法的・経済的統一にとっての必須性の証明）。さらに2006年憲法改正では

2）　成田頼明「『地方の時代』における地方自治の法理と改革」公法研究43号（1981年）156頁。
　　　イタリアは芦田淳「イタリア憲法改正と州の自治権」自治総研445号（2015年）1-21頁を参照。
3）　詳しくは拙著『分権国家の憲法理論』（有信堂、2015年）286-329頁。最近の立法権分有化論は、Géraldine Chavrier, *Le pouvoir normatif local: enjeux et débats*, L.G.D.J, 2011を参照。

競合事項を新たに3区分し、連邦法が常に優位する事項以外に、完全競合事項（後法が前法に優越する原則で競合を処理）と、必須性要件を満たす場合に限り連邦法が優位する事項とに整序することになった（72条2項、3項、74条）。これは必須性要件事項につき連邦側が必須性を証明できなくなった場合に、州法による連邦法の上書きを認める法体系が採用されたことを意味する[4]。

　近代公法理論の発祥地である西欧においては、このように連邦国家と単一国家の区別の相対化が模索され、特に相対化の中心は州自治権に向けられる。しかし伝統的に地方自治を local self-government と観念してきたアメリカ合衆国の場合には、19世紀末以降の「ホームルール・憲章」制度の発展を受けて、統治権分有の意味で州自治権と憲章市自治権に近似性を見る傾向が強い。それゆえ憲章市では、州法と同一対象に重複的に規律する市条例にもいわゆる「目的効果基準」論的な視点から合法性が認められている。さらに州立法権については、連邦立法権との間で立法事項の分割があるだけでなく、連邦の専管領域とされる外交事項についても、それが州の固有立法事項とも重複する要素を有する場合は、部分的・暫定的な「抵触」に留まる限りで合法性を認めてきたのである[5]。

　以上から次の2つの仮説を立てることが許されよう。第1に、たとえ現在でも連邦制と非連邦制とを区別することが可能だとしても、その指標は統治権の多元化でも「立法権分有」の有無でもないということである。筆者は、連邦制の本質的指標を「憲法制定権力としての主権主体の地域的分割」に見る。たとえば国民主権国家の場合、それは憲法改正の際に地域を単位として主権者国民が意思表明する制度の存在である。

　次に、このように伝統的な「地方自治＝自治（自由）行政」、「条例＝地方命令」の固定観念から脱却する場合には、第2の仮説が見えてくる。それは、連邦国家や「地域国家」におけるような憲法による具体的立法事項の分割規定がなくても、日本国憲法92条の「地方自治の本旨」のように統治権レベル

4）　ドイツの州立法権については人見剛「『枠組み法』研究序説」自治総研438号（2015年）49-72頁。

5）　州法に「抵触」する市条例の適法性を認めた判決として In re Hubbard, 41 *California Reporter*, 393（1964）。州法による連邦外交権への部分的・暫定的「抵触」の合法性を認めた判例として Clark v. Allen, 331 US Reports 503, 91 L ed 1633（1947）。

で自治権保障を認める何らかの一般規定が憲法に存在し、かつ国民主権の多元的行使を認める憲法解釈が一般化する場合には、地方自治を国民主権の地域的行使と理解することが可能になり、その結果、州に留まらず全ての自治体に「立法権分有」が認められるという仮説である。

2　日本国憲法における「対話型立法権分有」法理の成立可能性とその内容

　以上の仮説から導かれる筆者の「対話型立法権分有」法理の概要を予め示そう[6]。

　まず国民主権の再解釈が必要である。フランスを典型例として、西洋民主主義国家で広く採用されてきた「国民（ナシオン）主権」原理は、直接民主主義やフェデラリズムからの挑戦に抗しながら変容し「深化」を続ける本質を持つ。「純粋代表制」→「半代表制」→「半直接制」と「深化」する過程は、中央の国民代表が立法権を独占する原則の揺らぎを、さらには水平的関係のみならず垂直的関係においても立法権の多元化を必然とする。それは結局のところ、多元的な立法意思主体間での対話的相互作用を通じた調整により、暫定的に最高の国民意思を確定するシステムを導く。

　有権者団をも含むいかなる公的機関も真の意味での「ラストワード」を持たず、対話を通じた暫定的な最高国民意思が認められるに過ぎないとする思想は決して奇異ではない。フランス革命期にコンドルセ（N.Condorcet）の起草による「ジロンド憲法草案」（1793年2月15＝16日国民公会提出）が構想した「人民審査制」は、まさに「ラストワード」のない立法手続であった。そして第三共和制期に国民主権の法理を地方分権の法理と一体化させたオーリゥ（M.Hauriou）にも、さらには「対抗的民主主義」論で現在注目を集めるロザンヴァロン（P.Rosanvallon）にも同様の傾向がみられる。彼らは全て、「有権者と代表者との間の不断の生き生きとした相互行為的なプロセス[7]」を民主

6）　詳しくは拙著・前掲注3）、及び拙稿『「対話型立法権分有」の事務配分と『分権型法治主義』」拙編『地方自治の憲法理論の新展開』（敬文堂、2011年）121-156頁（本書**第2部第5章**）。

7）　Lucien Jaume, « La souveraineté montagnard: République, peuple et territoire », in J Bart et al. (*éd.*), *La Constitution du 24 juin 1793, L'utopie dans le droit public français ?,* Éditions Universitaires de Dijon, 1997, pp.116-117.

主義の「深化」として描き出す。

　これらの議論はフランスにのみ限定されるものではない。近年多くの国で支持を集める討議民主主義論も上記のフランスの議論に近似する。したがって多元的立法主体間の対話による暫定的な最高意思の決定とその永続的問い直しは、「深化」した国民主権の現代的理解として普遍化できる[8]。但し憲法理論としては、討議民主主義論のように制度化された国民代表と非制度的な市民社会との対話を中心に据えた構想に留まることはできない。憲法理論はあくまで制度論に拘るべきで、市民により近い「制度化された代表意思」とより遠いがゆえに抽象化・脱個別利益化する特徴を持つ「制度化された代表意思」との対話の制度化を中心に据えるべきである。したがって主権者国民の意思を代表する制度の中で、より市民に近い代表機関（地方議会、二元代表制では直接公選の自治体の首長も）と抽象化された全国民意思の代表機関（国会、二元代表制では直接公選の大統領も）の両立法権による実質的対話の制度化こそが、「深化」した国民主権の中核となるべきである。

　「地方自治の本旨」とは、まさしくこのように「深化」した国民主権の地域的実現として地方自治を解し、国の立法権と自治体立法権との実質的対話を保障する憲法解釈を、司法権を含むすべての公権力に義務づけることを中核原理とする憲法規範なのである。日本国憲法の解釈論として、それは以下の諸規範を含む。

　1）　上記のような国民主権と「地方自治の本旨」の新解釈に基づくなら、憲法92条と94条により自治体立法権（条例制定権）を直接授権された自治体に、それが地域的に規律可能である限りであらゆる公的事項に独自の必要性判断に基づき任意に介入し規律する可能性を認める「全権限性」が保障されることになる。その結果、国の立法権と自治体立法権とが常に競合する可能性が生ずるので、水平的権力分立（国レベルの三権分立）では国会に立法権の独占を義務づける憲法41条が、国・自治体間では、両立法権が競合する際に一定の例外を許容しつつ国の法律を優越させる原則として機能することになる。

8）　篠原一編『討議デモクラシーの挑戦』（岩波書店、2012年）238-239頁はコンドルセを「歴史上はじめての討議デモクラート」と呼ぶ。

2）　憲法92条の「地方自治の本旨」は、国の法律優位を原則としつつも、より良い全国民的意思の形成を目指して国の立法権と自治体立法権との間の実質的対話を保障する制度を憲法保障し、またそのような解釈を公権力に義務づける。もっとも国会の権限配分立法については、実質的に自治事務の完全剥奪となるような明らかに地方自治原理の存在自体を否定する極端な場合を除き、これを違憲とする法規範性を「地方自治の本旨」は持てない。その意味で補完性原理も立法指針に留まる。しかし司法権に対しては、「地方自治の本旨」は両立法権の紛争時に実質的対話が可能になるような解釈を行う法的義務を課している。

3）　実質的対話を可能にする法解釈とは、法律と同一の目的・対象に条例が重複的関与をする場合に、国の法律優位原則にもかかわらず、地域的実験的な必要性と合理性が十分に立証できる限りで例外的、部分的ないし暫定的に条例が優位しあるいは上書きできるとする解釈である。ここにいう実験的必要性とは、必ずしも地域的特殊性が見出しえない場合で、現実に自治体が行政を遂行する際に現場の実態として自治体の独自規律の方がはるかに合理的であることが明白であるにもかかわらず、当該事項を規律する法律がこれを阻害している時に、部分的・暫定的に法律に抵触せざるを得ないことをいう。

Ⅱ　現代日本の分権改革をめぐる主要論点

1　分権改革における福祉国家見直し論と「立法権分有」法理との関係

1995年7月の地方分権推進委員会の発足から、地方自治法改正を含む1999年の分権一括法の成立までの第1次分権改革、そして2001年以降の経済財政諮問会議と地方分権改革会議が進めた「三位一体改革」を挟み、2007年4月の地方分権改革推進委員会発足以降の第2次分権改革は決して手放しで称賛できるものではなかった。確かに第1次分権改革の結果、国と自治体の対等性や適切な役割分担、両者の関係の法治主義化、自治体に対する行政的関与の縮減と機関委任事務の廃止がそれなりに立法化された。機関委任事務の廃

止に伴い、国の直轄事務化されなかったものは自治事務と法定受託事務（両者を合わせて「自治体事務」と呼ぶ）に振り分けられた。しかしその後も条例への「委任」の形式を通じ法令が厳しく束縛する法定自治事務が広範に残り、さらに機関委任事務廃止の代わりにこれがかえって増大したことに鑑みて、第2次分権改革では、法定自治事務における「条例に対する法令の義務付け・枠付けの緩和・撤廃」が課題となり、「立法権分権」（2007年11月「中間的なまとめ」）の標語の下、2011年4月、8月、2013年6月の3次にわたる地域自主性一括法の制定により一定の「緩和・撤廃」がなされた[9]。しかしそれは、筆者が日本国憲法に内在すると考える「真の立法権分有制」に進むものではなかった。

　2次にわたる分権改革では3つの思想潮流の対立があった。そもそも今回の分権改革は、公共事業と輸出産業育成による企業の利潤拡大の分け前を国民に分配することで、企業と行政と利益団体とによる国民統合を可能にしてきた「日本型福祉国家」路線の行き詰まりを背景に、国と地方の行財政改革として始まったものだった[10]。その結果、憲法の基本価値の1つである福祉国家理念への対応のあり方と「立法権分権」の進め方、とりわけ条例による国の法令上書き（以下、条例上書きと略す）の法認のあり方とが絡み合い、3路線への分岐が生じた。すなわち福祉国家であれ国の法令による地方支配であれ、従来の中央官僚主導型国家を手直ししつつ維持しようとする路線（a）、市民と地域の自立と自己決定、自己責任を徹底し、その一環として条例上書き権を全面的に認める新自由主義改革の路線（β）、そして市民の自己統治の発展の中に西欧型福祉国家理念の確立と自治体による「立法権分有」との両立を目指す民主主義深化の路線（γ）の3つである。

　この場合、福祉国家の維持・拡充としては$\gamma > a > \beta$であるが、立法権分有化については$\gamma > \beta > a$である。しかし野党や学者の一部を除き、主要な国政の場（政府や審議会、国会など）ではγは十分に顕在化しえず、「立法権

9）　第4次一括法（2014年6月）は国の地方出先機関権限の地方移譲を、第5次一括法（2015年6月）は若干の権限移譲と農地転用許可などでの義務付け見直しを行ったに留まる。

10）　後藤道夫「25条改憲と構造改革」ポリティーク11号（2006年）137-148頁。拙稿「『三位一体改革』と『分権型国家』の憲法論」法律時報78巻6号（2006年）48-49頁（本書第1部第3章）。

分有」はβの中に吸収され、福祉国家の存続はαの中にしか現れなかった。それゆえ、立法権分有化は新自由主義的改革に積極的な自治体によるナショナルミニマム掘り崩しと同一視されがちとなる。結局、条例上書き権を一般的に認めるβ路線ではなく、官僚が個別に許した領域と範囲内に限り条例上書きを認めるα路線が勝利する。地方自主性一括法はこうして生まれた[11]。

　地方自主性一括法は法定自治事務のうち、法律が直接条例に「委任」する場合を除き、個別の法律がまず政省令に基準設定を委任したうえで、この基準を次の3分類のいずれかに割り振ることを定める。この3分類とは、政省令の基準に対して手続きさえ踏めばほぼ自由に条例上書きを認める「参酌」、地域の実情に基づく合理性が立証される場合に上書きを認める「標準」、上書きを認めない「従うべき基準」である。このうち前2者については条例上書きが認められるが、反対解釈として「従うべき基準」の修正につながる条例上書き・補正は一切認められないことになる。加えて実際に一括法が認めた上書き許容事項は、施設や公物の設置管理における細かな事務処理基準がほとんどで、法律の要件・効果の基本そのものの修正を認めるものではなかった。

2　条例上書き権の憲法上の論点

　条例上書き権の法認には多くの憲法上の論点が潜んでいるにもかかわらず、これまで公法学界の関心が薄かったことが批判されている[12]。特に憲法学界では、法律と条例の関係はこれまで「徳島市公安条例事件」最高裁判決（最大判昭和50〔1975〕年9月10日刑集29巻8号489頁）が示す「目的効果基準」論で解決済みとされ、それ以上の探究がなされてこなかった。しかし徳島市公安条例は、国の法律（道交法）から独立して自主的に制定され、要件と効果、そのための実施基準と強制手段とを「フル装備」する規定をもって法律の規律事項に競合的に介入するいわゆる「独立・並行条例」であった。この場合

---

11)　3路線の特徴づけは筆者独自のものだが、森田朗「地方分権改革の政治過程」レヴァイアサン33号（2003年）33-34頁、上林陽治「経済財政諮問会議の分権改革と『条例による上書き権』」自治総研442号（2015年）24-54頁もこうした対立を示唆する。
12)　北村喜宣「2つの一括法による作業の意義と今後の方向性」自治総研413号64頁。

には、条例の抵触が疑われる法律の趣旨次第ではあるが、その趣旨が許す限りで、法律と条例のそれぞれの目的の相違、あるいは当該法律の趣旨自体によって条例の適法性を論証することができた。

これとは別に、実際の日本の法体系では無数の法律がその実施の一部を条例に「委任」することで条例制定を義務付け、かつ法律とその委任を受けた政省令を通じて条例の内容を厳しく規律している。昔はこのような法令による条例の完全支配は「委任条例」ゆえに仕方がないことと理解されてきた。しかし憲法学界では早くから条例の憲法直接授権説が優越化し、第1次分権改革後は行政法学界においても憲法直接授権説が通説化するようになった。その結果、法律が条例に「委任」すると規定している場合にも、それは法律を通じ自治体が2次的立法権を授権されたものではなく、単に法律優位原則により、自治体に憲法から直接授権されている条例制定権を法律が外から拘束したにすぎず、しかもこ法律自体、憲法92条の「地方自治の本旨」による拘束を受けるため、「地方自治の本旨」を侵害する範囲にまで条例を拘束することは許されないとする解釈が一般化した。最近の行政法学は、従来「委任条例」と呼ばれてきたものを「法律規定条例」や「法律実施条例」と呼ぶことで、法令による条例の規律密度や強度を弱める解釈を試みている[13]。

規制行政の場合には、「独立・並行条例」は法律と同一対象を二重規制するのに対し、「法律規定条例」は法律の規範内容を上書きするため一重規制となる。それは法律の規定内容に比べ規制緩和する方向で機能することが多く、この点で新自由主義と一定の親和性がある。

分権改革論議の過程では、上記β路線の論者のみならず、これとは直接関係のない旧自治省の元官僚や自治体幹部の間からも、こうした条例上書き権を一般的に認め、かつ後の立法でこれを覆すことのできないようにするために、地方自治法の改正や自治通則法を定める提案がなされた[14]。しかしこれ

---

13) 現在の通説は、塩野宏『行政法Ⅲ〔第5版〕』（有斐閣、2021年）146-156、199-211頁、斎藤誠『現代地方自治の法的基層』（有斐閣、2012年）、北村喜宣『分権改革と条例』（弘文堂、2004年）、同「法律改革と自治体」公法研究72号（2010年）123-136頁参照。

14) 松本英昭「自治体政策法務をサポートする自治法制のあり方」北村喜宣他編『自治体政策法務』（有斐閣、2011年）92頁。岡田博史「自治通則法（仮称）制定の提案(1)(2・完)」自治研究86巻（2010年）4号105-124頁、同5号124-138頁。

に対しては、上記 α 路線と親和性の強い伝統的官僚法学の立場（内閣法制局や総務省の現役官僚）から否定的な見解が示されている。

例えば地方分権改革推進委員会第3次勧告（2009年10月7日）は、憲法41条が国権の最高機関たる国会に立法権を帰属させていること、同94条が法律の範囲内での条例制定を定めていること、同73条6号や内閣法11条などが政省令には法律の委任を義務付けていることを指摘し、暗に条例を政省令レベルの法規範と同格と見なすことで、個別立法による委任を欠く一般的な条例上書き権の法認に否定的な態度を示した。さらに総務省で地域自主性一括法制定に深く関与した官僚の解説は、より明快に「通則法のレベルの立法の原則も、現行の他の法律の規定も同じレベルの法律に過ぎない」と述べて、条例上書き権を保障する法律が他の法律や後の立法に優越することを否定する[15]。ここには、2009年公法学会で論点となった基本法の法的性格をめぐる問題が形を変えて現れている[16]。

基本法や通則法といった法の形式論では条例上書き権を国の立法権から保障できないことに鑑みて、北村喜宣は憲法92条の「地方自治の本旨」が、「自治体事務」を定める全ての法律を「標準法」化することを、すなわちこのような法律の法規範性を制度枠組みや原則を規定する部分に限定することを要求しており、自治体による法律の地域的実施部分については、常に条例による地域適合的な上書き・補正を許しているという解釈を展開する。この場合、個別立法による上書き許容の根拠も通則法などによる一般的根拠も不要である。また改正地方自治法2条11項から13項にかけての規定は、こうした憲法規範の確認規定と見なされる。この北村説を本章では「一般的上書き権（の憲法保障）説」と呼ぶことにする。「一般的上書き権説」は真正面から憲法解釈を展開しているだけに、憲法学からの真摯な検討が必要である。

---

15) 田中聖也「義務付け・枠付けの見直しの到達点（下）」地方自治767号（2011年）47-50頁。

16) 塩野宏「基本法について」日本学士院紀要63巻1号（2008年）1-30頁は基本法と一般法の上下関係を否定する。毛利透「基本法による行政統制」公法研究72号（2010年）87-99頁も法律間の上下関係を否定するが、閣法準備段階で基本法による行政権統制を認める。

III 「対話型立法権分有」法理の視点からの憲法解釈の有効性と課題

1 「一般的上書き権説」の意義と問題点

「一般的上書き権説」は、法定自治事務につき個別立法で許容した場合に限り条例上書きを認めようとする官僚法学と現行法に抗して、法律の地域適合的な実施の場面で実定法の根拠を必要とせずに常に条例による上書きを認める点で、地方的実験に意欲を示す自治体に大きな勇気を与える。また法定自治事務に留まらず法定受託事務であっても、これを定める法律を「標準法」化しうる論理を内包する。

しかしなお同説には疑問が残る。まず一般的上書き権を認める対象となるのが法定自治事務と法定受託事務に留まるため、国の立法により「自治体事務」から排除した事項に対して条例で抵触的介入をする根拠が見出せない点である。つまり上書き可能な範囲が法律次第で変動するのである[17]。もっとも北村は、本来的法定受託事務と非本来的法定受託事務を区別する議論を行っているので、事務の本来的性質に応じて憲法上一般的上書き権が認められるものとそうでないものに区別する視点も垣間見える。しかし事務の本来的性質に頼る議論は、これまで固有権説が常に陥った問題、すなわちグローバル化が進む現代社会では国際レベルと全国レベルと地域レベルの事務が重複・融合する現象が進行しているため、事務の本来的性質を基準とする永遠に固定された事務の区別は不可能になっているという反論に抗しえない[18]。

もう一つ問題となるのは、北村自身の本意ではないにせよ、「一般的上書

---

17) 法定「自治体事務」以外の場面で国の法律が規律する事項に自治体が介入するケースは、結局のところ「独立・並行条例」の適法性の問題に還元されよう。残念ながら北村説には、この場面で法律に「抵触」する条例を合法化する論理を見出しえない。

18) 北村が事務の本質的区別論に立つことを指摘するものとして原島良助「(第5章)自治立法と国法」川崎政司編『総論・立法法務』(ぎょうせい、2013年)201-206頁。現代事務論における本質的区別の困難性については塩野・前掲注13) 178-179頁、及び拙稿「自治体の国際活動と外交権」公法研究55号 (1993年) 79-94頁。

き権説」が新自由主義的な規制緩和論と親和性を持ってしまう点である。法定「自治体事務」の全分野で国の法律を「標準法」化し地域的実施部分では各自治体が自由に上書きすることを認める理論は、とりわけ福祉行政の分野で地域多数者による「規制緩和＝福祉国家の掘り崩し」の危険を孕む。なぜなら、いくら国会が特定の福祉行政分野において保護基準の切り下げを防止するために細部に亙る基準を立法化しても、自治体は上書き・補正条例の制定によりその基準を緩和できるからである。しかし、いくら日本国憲法が国民主権の「深化」を踏まえた「地方自治の本旨」理解として「立法権分有」を義務づけていると解したとしても、同時に憲法25条が示すように憲法は福祉国家理念も有していることに鑑みるなら、国会における討議の結果として、少なくとも福祉行政などの一定の分野で全国一律の最低基準を設ける政治選択を行うことを、憲法が禁止しているとは思えない[19]。

2 「対話型立法権分有」法理の有効性

　ドイツのように憲法で連邦と州の扱うべき具体的事項を列挙して立法権の分割や競合事項における連邦立法の常時「標準法」化を定めていない日本の場合、福祉国家の維持と分権的な規制改革との関係は、原則として国会での討議を通じた立法による暫定的決定と、その後のこれに抵抗を示す自治体立法との対話を通じて、試行錯誤しながら可変的に確定し続けるしかない。もちろん国会での討議の結果、基本法なり通則法なりその名称は何であれ、条例による上書き・補正を一般的に認める法律を作ったうえで、国会として上書きを認めたくない事項を例外規定として定めることも合憲であるし、またその方が第2次分権改革のように個別立法による例外的な上書き許容よりはるかに望ましい。しかし「一般的上書き権説」のように、現在という特定の一時期の分権改革状況を根拠に、今後は「自治体事務」を定めた法律は全て常に「標準法」の効力しか持たないという解釈を憲法92条と94条が義務づけ

---

19)　福祉行政では国の法令による義務付け・枠付けも必要なことを指摘するものとして笠井映里「地方分権と社会保障政策の今後」ジュリスト1361号（2008年）138-145頁。また分権改革の新自由主義的傾向を総批判するものとして進藤兵「地方自治条項改憲論批判」ポリティーク11号（2006年）150-183頁、同「補完性・近接性原理批判」唯物論研究協会編『地域再生のリアリズム』（青木書店、2009年）176-204頁。

るに至ったと解釈し、二度と不可逆的な憲法解釈を許さないのは行き過ぎであろう。全国一律規律が必要であると後に判明すれば、後の立法により条例の上書き（すなわち当該法律の「標準法」化）を原則として禁止することも許されなければならない。

　他方で、国の立法による条例上書き禁止はあくまでも原則に留まり、現場の必要性と合理性が十分に認められる場合には、例外として部分的・暫定的に法律に抵触する条例に「憲法的合法性」を認めることも必要である。この点で、「対話型立法権分有」法理の方が法律と条例の関係についての柔軟で可変的な解釈により、法律に抵触する自治体施策が現場にとって本当に必要であり合理性も高い場合に限り、法律に抵触する条例に合法性を認めうる点で優れている。この説では、いくら法律で自治体立法の介入を厳格に制限し禁止し、またはそのような趣旨を明確にしていたとしても（当該事項を「自治体事務」から除外する規定を設ける場合を含む）、特定の自治体における具体的な状況において、それが「法律規定条例」の場合には条例による上書きや補正の必要性と合理性とが、「独立・並行条例」の場合には上乗せ・横出し規制の必要性と合理性とが十分に認められる時には、憲法92条の「地方自治の本旨」により条例に「憲法的合法性」が認められることになる。逆に、社会権保障を実際に掘り崩す条例上書きは、必要性と合理性を欠くので「憲法的合法性」が認められない。なおこの説は、法律抵触条例の必要性と合理性の審査基準こそが重要となる。「独立・並行条例」と「法律規定条例」の違いに応じた審査基準の明確化は、今後の課題としたい[20]。

　現在の日本では、安倍政権（当時）のみならず「改革派」の自治体首長の側からも「前のめりの改憲論」が強まっている。後者については、法律の趣旨のみを基準とし、そこから「準則」と見なされるあらゆる規定について条例による抵触を一切認めようとしない頑なな法律優位原則を採用した「神奈川県臨時特例企業税条例事件」最高裁判決（最一小判2013年3月21日判時2193号3頁）がかなりの悪影響を及ぼしている。というのは、彼らが立法権分有

---

20)　試みの1つとして拙稿「国の立法と自治体立法」西原博史編『立法システムの再構築』（ナカニシヤ出版、2014年）185-215頁（本書**第2部第7章**）。

化のためには憲法改正しか道はなく、改憲を目指す安倍政権の姿勢はかえって好都合と主張するからである[21]。しかし同事件の控訴審判決（東京高判2010年2月25日法時2074号32頁）は、現代社会における立法権どうしの競合の常態化を認め、条例による部分的・暫定的な抵触に事実上の合法性を認めていたのである。つまり今必要なことは改憲に前のめりになることではなく、最高裁を含む法の運用者に日本国憲法が立法権分有を認めていることを納得させることではないだろうか。この意味で、憲法学の役割は限りなく重いといえよう。

---

21) 例えば、飯泉嘉門知事時代に発表された徳島県の改憲案など。同改憲案に関しては、地方行政10474号（2014年4月28日号）2-6頁、10475号（同年5月8日号）2-7頁を参照されたい。

208

第 9 章
自治体政府形態選択権と自治体内権力分立制

I　問題の所在[1]

　地方分権改革が進む中で、自治体の政治的決定とその執行をめぐるあり方についても問い直しが進みつつある。例えば2005年の第28次地方制度調査会「地方の自主性・自律性の拡大及び地方議会のあり方に関する答申」は、①地方の自主性・自律性の拡大のあり方、②議会のあり方、③大都市制度のあり方について提言しているが、①については「地方公共団体の執行機関の組織の形態等については可能な限り地方公共団体が地域の実情に応じて選択できるようにすることが重要である」と述べ、地方自治制度の弾力化を打ち出している。また②についても、地方議会が多様な民意を反映していない現状を克服し、政策形成能力の充実と執行機関への監視機能の強化を目指す観点から、「議会の権限、長との関係など議会制度の基本的事項については法律で定めることとし、その組織及び運営についてはできるだけ議会の自主性・自律性にゆだねる方向で見直すことが必要」と述べている[2]。その提言の多くは、自治体政府形態の問題にまで及ぶものではない。しかしこの答申についての解説を行った自治（総務）官僚は、その解説の末尾で、「『自治制度の弾力化』というテーマを設定し、これを突き詰めていけば、現行憲法が規定している長の直接公選制を含め、地方公共団体の組織形態を憲法レベルでど

---

1)　本論考の初出は、「地方自治——自治体政府形態選択権と国民主権原理の関係から」辻村みよ子＝長谷部恭男編『憲法理論の再創造』（日本評論社、2011年）209-227頁である。但し本書に収録するにあたっては、本書全体の趣旨に副うようにⅣに修正を加え、またⅤを追加した。それ以外の部分も一部修正している。

2)　第28次地方制度調査会の「地方の自主性・自律性の拡大及び地方議会のあり方に関する答申」（2005年12月9日）2頁及び15頁。

のように定めるのかという基本的なテーマに及ぶことになる」との重要な指摘を行っており、改憲論議までも視野に入れようとしている[3]。

　道州制の政府形態をめぐっては、憲法第93条に定められた長と議員の直接公選による二元代表制を変更すべきかが、さらに直截に議論されている。例えば、2003年の第27次地方制度調査会「今後の地方自治制度のあり方に関する答申」では、「広大な区域と大きな権限を有することとなる道州が、現行の地方公共団体と同じく、それぞれ住民の直接公選による二元代表制であることでよいか」という問いが発せられている[4]。この問いに関しては、2006年の第28次地方制度調査会「道州制のあり方に関する答申」は、長の直接公選制を維持する選択を示している[5]。しかし元自治官僚で上記調査会専門小委員会委員長の松本英昭によれば、委員会内の議論としては、「現行制度のような首長制度（大統領制度）だけではなく、議院内閣制、長を外部の候補者から議会において選出する制度なども可能なようにするべきであるとする意見も少なくなかった」ことが紹介されている[6]。

　さらに2009年の政権交代後は、自治体政府形態の多様化をめぐる議論が一層活発化した。自民党政権時から地方分権改革を担い2010年3月末に解散した地方分権改革推進委員会に代わり、民主党政権の地方分権改革を担った地域主権戦略会議（2009年11月設置）が2010年6月にまとめ、同月22日の閣議決定を経た「地域主権戦略大綱」においては、主要課題の一つとして掲げる「地方政府基本法の制定（地方自治法の抜本的見直し）」に関わって、憲法の「伝統的な解釈に沿った二元代表制を前提としつつ」、「地域主権改革の理念に照らし、法律で定める基本的な枠組みの中で選択肢を用意し、地域住民が

3）　久元喜造「第28次地方制度調査会第一次答申と地方自治制度改革の課題について（下）」自治研究82巻3号（2007年）48頁。

4）　第27次地方制度調査会「今後の地方自治制度のあり方に関する答申」（2003年11月13日）26頁。

5）　第28次地方制度調査会「道州制のあり方に関する答申」（2006年2月18日）13頁。

6）　松本英昭「道州制について（4・完）」自治研究82巻8号（2007年）14-15頁。なお松本は、憲法は地方公共団体二段階制を原則として要求していないという立場から、道州を憲法上の地方公共団体ではないものとした場合、自治立法権と自治行政権は憲法第94条に由来することはなく、法律の定めを介して初めてこれらの権限を保障されると主張する（同上、28-30頁〔原注80〕）。この観点からすれば、二元代表制（ないし長の直接公選制）を定める憲法93条も道州には適用されないことになる。

自らの判断と責任によって地方公共団体の基本構造を選択する仕組み」を検討する旨が明示されている。またこうした流れの中で総務省内に設置された地方行財政検討会議（実際にはそのメンバーや理念はその後の地方制度調査会のそれと大部分が重なる）が2010年6月22日に発表した「地方自治法抜本改正に向けての基本的な考え方」の中でも、日本の二元代表制を融合関係を含んだ独特なものと見たうえで、「長と議会の関係の見直しの考え方」として、(a)融合関係を拡大し、議会が執行権限の行使に事前の段階からより責任を持つ方向と、(b)議会と執行機関のそれぞれの責任を明確化し純粋な二元型代表制に純化する方向の2つがあるとした。特に(a)については、議員が執行機関の構成員として参画する制度も検討されている。そして「考え方」では、これら2方向の採用が可能と判断された場合には、地方自治法に両方を選択肢として提示し自治体側に選択してもらうことや、基本類型のみを法定化し自治体の判断で異なる制度も選択可能とすることなどが検討課題として挙げられている[7]。

　以上のような政治や行政の動きを目にしたときに、憲法学はいかなる対応をなすべきであろうか。もちろん現在でも公法学者の間では、自治体の政府形態は憲法93条によって二元代表制（ないし大統領制）に固定されており、憲法改正をしない限りその変更は不可能であるとする主張が一般的である。たとえば成田頼明は、かの有名な論文の中で、「93条は、憲法上の地方公共団体の基本的組織形態を画一的に公選制首長・議会制と定めているから、法律でこれと異なる組織形態（市会支配人制、委員会制、参事会制）を定め得ないことはいうまでもない」と力説している[8]。しかし本章のⅢで見るように、現行憲法の下でも必ずしも自治体政府形態の多様化は禁止されていないという主張も存在する。また今後、各地住民の自発的な自治体改革が進展した結果として、住民自身の中から既存の二元代表制とは異なる新たな自治体政府形態を選択する要求が現れた場合に、憲法改正が行われない限り、そのような

7）「考え方」の正文については、その解説も含め、堀内匠「資料・『地域主権改革』の動向について」自治総研381号（2010年）81-123頁、「戦略大綱」の正文とその解説については岩崎忠「資料解説・地域主権戦略大綱」自治総研382号（2010年）52-97頁を参照。

8）　成田頼明「地方自治の保障」宮沢還暦記念『日本国憲法体系・第5巻　統治の機構Ⅱ』有斐閣（1964年）296頁。

試みは不可能であると結論付けてしまうことにも躊躇を覚える。

　そこで本章では、現行憲法下でもこうした自治体政府形態の多様化が禁止されないとする主張の成立可能性を憲法原理に即して検討してみる。またその前提として外国の政府形態の多様性も紹介する。但し筆者は、現状ではそのような自治体政府形態の多様化が必要不可欠とまでは思っておらず、むしろ自治基本条例や議会基本条例の制定・実施を通じた地方議会や地方民主主義の活性化の実験をまずは積み重ねる方が重要であると考えている[9]。したがって本章での主張は、あくまでも一つの思考実験に止まるものである。さらに、本書全体で展開している「対話型立法権分有」法理にとっては、自治体の執行機関と立法機関との間の権力分立を明確化し、地方議会を真の立法機関化することが重要と考えている。この視点からは、二元代表制の優れた部分を残し、発展させることの方が重要であることに鑑みて、自治体組織形態多様化の限界を本章のVで論じることにする。

　なお日本国憲法は自治体の執行権（行政権）帰属主体を「地方公共団体の長」と呼んでおり、他方で総理大臣については、国の執行権（行政権）の帰属主体である内閣の「首長」であるとする議論が一般化しているため、「首長」の表現は総理大臣にのみ用いるべきとの主張が有力である。しかし本章では、外国の自治体執行機関で独任制を採るものについても扱う関係上、独任制自治体執行機関を「首長」と呼ぶ場合があることを了解承きたい。

II　世界の自治体政府形態の多様性

　現代欧米の民主主義国家に限ってみても、自治体の政府形態には多様なものがある。本稿では主に、自治体国際化協会の比較地方自治研究会調査報告書『欧米における地方議会の制度と運用[10]』を利用しつつ、簡単に各国の自治体政府形態の特徴を述べてみる。なお、この報告書は、地方制度調査会

9）　この点で、「協働型議会の構想」を提言する江藤俊昭「自治を担う議員の役割とその選出方法」『分権型社会の政治と自治（日本地方自治学会年報17巻）』（敬文堂、2004年）23-50頁、あるいは地方議会基本条例制定の動きを「対話」型民主主義との関係で検討した糠塚康江「自治空間における『対話』の重層化──地方議会改革と自治権論考」ジュリスコンサルタス（関東学院大学法学研究所）17号（2007年）149-172頁などが参考になる。

（第29次）の第５回専門小委員会（2007年12月21日[11]）においても、「住民自治・議会制度・監査制度等について」という議題に関わって行政課長が紹介した「諸外国における地方自治体の議会制度について[12]」という資料の基となったものであり、政府の地方自治制度改革に一定の影響を及ぼすものといえる。

1　フランス

　フランスでは、住民が選ぶのは地方議会議員だけであり、地方議会が執行府の首長や副首長その他の執行府構成員を選出し、彼らが自治体の政策決定と執行を行い、自治体を対外的に代表する、いわゆる「議員内閣制[13]」が採られている。フランスの場合、「〔地方〕公共団体は、法律の定める条件に従って、公選制の評議会（conseil élus）により自由に自己の行政を行い……」と規定する憲法72条３項に基づき、自治体政府形態は、市町村（communes）から県、レジオンまで全てで画一的な「評議会（conseil）制」が採用されている[14]。「評議会制」では、住民から直接選挙で選ばれた地方議員で構成される評議会の内部から互選で選ばれる首長（市町村では市町村長と呼ばれ、県とレジオンでは議長と呼ばれる）及び複数の副首長が執行機関を構成する。但し副首長の権限は首長の委任に基づくので、首長こそが単独で自治体を代表し行政を最終的に統括すると考えられている。選挙法上、人口3500人未満の

---

10)　比較地方自治研究会『平成16年度比較地方自治研究会調査研究報告書・欧米における地方議会の制度と運用』（自治体国際化協会、2005年）。本資料は以下のウェッブサイトから入手できる。https://www.clair.or.jp/j/forum/series/pdf/h16-1.pdf（2023年10月３日最終閲覧）

11)　https://www.soumu.go.jp/main_sosiki/singi/chihou_seido/singi/No29_senmon_5.html（2023年10月３日最終閲覧）

12)　https://www.soumu.go.jp/main_sosiki/singi/chihou_seido /singi/pdf/No29_senmon_ 5 _si2.pdf（2023年10月３日最終閲覧）

13)　前記報告書におけるイギリスの自治体政府形態の表現による。議院内閣制はフランス語を用いるなら régime parlementaire であり、「議院」内閣制というよりは「議員」内閣制と表現した方が適切である。しかし国の制度についてはすでに永らく議院内閣制の用語が定着しているので、憲法学においてはこの用語を用いる他はない。しかし地方自治の場合には、両院制を採っているわけでもないので議院内閣制の用語を用いることは確かに不適切である。そこで本章でも、「議員内閣制」の表現を用いることで、議会から執行府（特にその首長）が選出され、議会と執行府とで協働する権力分立制を表現することにした。

14)　但し2003年憲法改正前の「海外領土（公共団体）」、改正後の「海外公共団体」には、その固有の利益を考慮した特別の地位と制度が組織法律によって与えられ、またニューカレドニアは「分有主権」と呼ばれる程の特殊な地位を有するが、本章では考慮の外に置く。

自治体を除き、比例代表選挙で第一位の名簿に過半数を与える仕組みが採られており、その上で選挙の際に各党派の候補者名簿の筆頭に首長候補者を掲載して名簿式の選挙を行うので、実際の地方評議会選挙は住民自身が首長及び副首長を選ぶ効果を発揮している。住民自身も地方選挙は主として首長選挙という意識を持っている。いったん地方評議会の多数派が崩壊した後も、議会内の新たな多数派が首長や副首長を不信任決議によって解任する制度はない。なおフランスでは、地方において「全国的利益、行政統制、法律の尊重」を確保するために各県ごとに国家代表（「知事」の名称を持つ）が中央から派遣されている。

2　イギリス

　イギリスは軟性憲法と議会主権を採るため、自治体政府形態は全て国会の立法に委ねられてきた。地域的違いがあるが、イングランドとウェールズの制度に限定して述べると、昔は一般に「委員会（council）制」が採用されてきた。「委員会制」は、住民から直接選挙された議員によって構成される議会（council）が地方自治体の最高の意思決定機関となり、同時に執行機関ともなる制度であり、行政分野又は地域別に小委員会を設置して行政を執行し、その最終責任も負わせていた。委員会の議長（Chairman や Mayer）は議事進行と対外的な自治体代表の任務を持つが、政治的権限はなく、議長とは別に議会多数派の議員が互選で選ぶリーダー（Leader）が実質的な政治的権限を有しており、施策の決定や自治体運営に大きな影響力を有していた。この制度は2000年制定の地方自治法によって、人口85000未満の自治体に限られることになった（但し、後述の首長公選制導入のための住民投票が否決された場合には、人口の大きな自治体にもこの制度が残っている）。

　2000年地方自治法は、従来の「委員会制」が立法機能と執行機能が未分化だったことを克服し、議員を政策決定に責任を負うエグゼクティヴ（「内閣」構成議員）と政策評価を担当するバックベンチャー（一般議員）に明瞭に区分するために3種類の制度のいずれかを自治体に選ばせるものだった。ほとんどの自治体は従来の「委員会制」を維持しつつ、幾つかの重要委員会の機能を「内閣」に集中させた「リーダーと議員内閣制」を採用している。これは、

本会議で選出されたリーダーと、リーダー又は議会から任命されたその他の執行委員とで「内閣」を形成するもので、リーダーの指揮の下で「内閣」が政策決定と執行を担当するもので、フランスの「評議会制」に近いものである。第2の型は、住民の直接選挙で選ばれた首長が従来のリーダーと議会議長と事務総長の全役割を独占する「直接公選制首長と議員内閣制」である。「内閣」構成員は首長又は議会が議員の中から任命又は選出するが、いずれにせよその担当職務は首長が決定するので、「内閣」の統括権は首長にある。この制度を採るには住民投票による同意が必要であり、また5％以上の住民がこの住民投票を求めた場合にその実施を義務付けるなど、「直接公選制首長と議員内閣制」には直接民主制の要素が付加されている。この制度では首長と議会の対立も予想されるが、議会による首長解任の制度はなく、住民によるリコール制もない。第3の型は「直接公選制首長とカウンシル・マネージャー制」である。この制度は第二の型を採用した上で、議会本会議が任命・罷免するカウンシル・マネージャーが内閣に代わる制度である。この場合、公選制首長が基本的戦略的な政策立案を行い、これを議会に提案し議会の決定を経て、カウンシル・マネージャーが日常的な政策実施を担当することになる。政府は当初、首長公選制導入のための住民投票を強制する介入を試みたが上手くいかず、現在は自治体の自主的判断に委ねているという。

3　ドイツ

　ドイツは連邦制を採るので、連邦基本法28条の「州、郡及び市町村においては、国民は、普通、直接、自由、平等、秘密の選挙に基づく代表機関を設置しなければならない」という制限の他は、自治体組織形態は全て州法で決められる。州により、「カウンシル・マネージャー制」に近いものから独任制執行機関の首長を議会が選任するものまで多様であったが、1990年代の各州の改革により、現在では、住民が首長と議会を別々に直接選挙し、首長が議会議長を兼任し自治体立法権と執行権の全てを統括する「南ドイツ評議会制」に収斂しつつある。自治体政府形態は州毎に違うものの、州内では単一のようである[15]。

4 アメリカ

アメリカでは合衆国憲法上、地方自治制度は州の管轄事項であり、州憲法又は州法によって規定されている。したがって州により多様な制度を採るが、それだけでなく37州で一般法により選択的政府形態を都市自治体に認めているため、一つの州内で複数の政府形態が見られる（7種類を認める州が1つ、6種類が2州、5種類が6州、4種類が6州、3種類が17州、2種類が5州）。自治体政府形態は極めて多様であるが、大別すると日本の自治制度に近い「市長・議会型（Mayor-Council Form）」（但し強い市長型と弱い市長型の2種類がある）、イギリスの「委員会制」に近い「理事会型（Commission Form）」、そして「カウンシル・マネージャー制」の原型ともなった「議会・支配人型（Council-Manager Form「シティ・マネージャー制」）」の3形態がある。この他に、ニューイングランド地方の諸州では議会ではなく「町民総会（タウンミーティング）」も残っている。「シティ・マネージャー制」は、立法権と執行府統制権を持ち決定権を独占する議会の下で、議会から選定罷免され、政治的には中立の支配人が行政運営全般を担当し、議会に対し責任を負う制度であり、議員の互選で選ばれた市長は儀礼的役割と市議会議長の役割を持つに留まる。

アメリカの場合、19世紀後半までは自治体を州の創造物と見做し、その権限も州法が明示的に付与したものに限定する「ディロンのルール（Dilon's rule）」が支配していたが、その後、各地の自治権拡大運動の結果、ホームルール・チャーター制を中心とする多様な自治憲章制度が一般化した点に特徴がある。ホームルール・チャーター制においては、州憲法又は州法に基づきホームルールを認められた自治体はチャーター制定により「地方的事項（municipal affairs）」に関する全権限を持ち、州の一般法が規制しない限りで公的全事項を規律できるだけでなく、州法と市条例が競合する時にも「地方的事項」に関する限り市条例が優越する（その他の事項は州法が優越）。そしてこの「地方的事項」には、少なくとも自治体政府形態の選択、部局の設置と

---

15) ドイツについては、前記報告書（注10）でドイツの参考文献として挙げられていた論考を再録した人見剛『分権改革と自治体法理』（敬文堂、2005年）313-332頁も参照した。

統合、市議会議員の選挙方法、職員給与などが含まれることが通説・判例化している。さらに、アメリカでは国土全域に自治体が遍く設置されるのではなく、住民が自治体創設の請願をカウンティ裁判所に提出して初めて設置手続が始まる点や、チャーター制定に際しては住民投票を義務付けることが多い点など、直接民主制との結びつきが強いことにも注目すべきである[16]。

5　まとめ

　以上の多様な自治体政府形態のあり様は、本章の視点からは以下のようにまとめることができよう。第1に、ヨーロッパでは「議員内閣制」型が多く見られるが、これは首長と議員を直接公選する二元代表制に比べると立法府と執行府の峻別の度合いは弱いものの、イギリスの「委員会制」のような未分化の状態は克服されているといえる。しかも議会多数派から首長のみならず主要な執行府構成員（副首長など）を選出し、彼らが行政各部を指揮監督するので、二元代表制の日本で良く見られるような超党派を標榜する公選制首長の下でキャリア公務員が非政治的に地方自治行政を運営する状態に比べて、より政治的な政策選択に基づく地方行政を促進できるという長所がある。第2に、フランスであれドイツであれ、多くのヨーロッパ大陸諸国では地方自治は「自治行政（selbstverawaltung）」ないし「自由行政（libre administration）」と観念されており、だからこそこれらの国では国法（連邦制の場合には州法）が自治体（政府）組織形態を一方的に上から決定する傾向があると考えられる。これに対してアメリカやイギリスでは一国ないし一州内で多様な自治体政府形態があり、しかもそれは直接民主制を踏まえた自治体住民の選択に委ねられている。これはアメリカやイギリスが自治体を地方政府と観念し、中央政府成立の論理と同じ論理で市民による政府の設立と統治権信託を考える伝統に由来するものである。つまり地方自治を行政作用に限定する考え方と統治・政治にまで及ぶ作用（つまり国民の地域的な主権行使）と観念す

---

16)　ホームルール・チャーター制については、福士明「アメリカのホーム・ルール・チャーター制度と自治基本条例」比較地方自治研究会『平成15年度比較地方自治研究会調査報告書・世界地方自治憲章と各国の対応』自治体国際化協会（2004年）52-55頁も参照した。但しホームルール制の直接民主制的要素については、同論文はオレゴン州の事例を述べているにすぎず、全国的特長とする本章の叙述はあくまでも一つの仮説である。

る考え方の原理的対立こそが、住民自身による自治体政府形態選択権の存否と結びついているといえる。第3に、同じ大陸法の国でも、特にフランスでは自治体組織形態の画一主義が際立っているが、これはフランスで支配的となった国民主権が、均一の市民像を前提としつつ、全国民の代表者たる国会議員のみが中間団体の介在を全て排除し、一般意思の表明たる立法を独占的に行うことを正当化する原理へと「純化」したことと深い関係があると思われる。つまりこの主権論の下では、地方自治も地方自治法その他の国会立法の執行、すなわち「行政」の一部として観念され、したがって全国で画一的に法律を執行することこそ平等と国民主権を守ることになると観念される傾向が強かったことの反映と思われるのである[17]。

Ⅲ　日本国憲法における自治体政府形態の画一性とその修正論

　最近の研究によれば、日本国憲法の制定過程で、法律の範囲内という留保つきではあるが、当初のマッカーサー草案第89条に規定されていた自治体のチャーター制定権が、その後の日本側の翻訳作業（実際には修正作業を含む）の中で消滅し、その趣旨は現在の92条の「地方自治の本旨」規定と94条の条例制定権の規定に移されたことが明らかとなっている[18]。この翻訳・修正作業を担った当時の自治官僚である佐藤達夫が、マッカーサー草案に対して、「われわれとしては、そもそも憲法自身でプレジデンシャル・システムというところまで押し付けて置きながら、いまさらチャーターの制定権でもあるまいというような感じを抱いた」と後に述懐しているのは有名な話である[19]。

　文言上、自治体政府形態は二元代表制に固定されているように見え、これに対する異論も最近までほとんど存在しなかった。僅かに、93条が「議事機

---

17)　もちろん現代のフランスでは、地方自治は「自由行政」ないし「分権型行政」と観念されるようになったため、法律が許容する範囲内で実際には自治体の行政裁量の幅は広い。しかしここで許容される「自治」は、あくまで自治体に地方事務に関する一般的権限を与えた地方自治法の「執行」の結果として観念されていることを見落としてはならない。

18)　佐々木高雄「『地方自治の本旨』条項の成立経緯」青山法学論集46巻1＝2合併号（2004年）152（1）-79（74）頁。

19)　佐藤達夫「憲法第8章覚書」自治庁記念論文編集部編『地方自治論文集』（地方財務協会、1954年）53頁。

関と執行機関の関係や両機関の組織形態については直接規定していない」ことに着目し、「委員会制」や「シティ・マネージャー制」に倣って、「純然たる二元代表制と異なった組織形態をとりいれる余地が残されているのではないか」とする政治学からの議論があったに留まる[20]。

　この点で、近年、より緻密な憲法解釈論を展開しつつある渋谷秀樹の論考は注目に値する。渋谷は、一方で憲法が「議会を議事機関として定めるほかは、長が執行機関であると明示する規定も、さらには長が執行機関たる地位を独占する規定も置いてはいない」ことから、「議会が長と共に執行機関となる可能性を指摘」し、「参事会制」のような合議体による執行権行使の可能性を認める。加えて、首相と内閣の関係に擬えて公選制の首長と「議院（議員）内閣制」の合体にも違和感はないとする。他方で渋谷は、内閣の行政権自体を執政機能と純粋の行政機能に区別する議論を利用して、「長の権限の定め方によっては、地方政府を統轄・代表する権限と、地方政府の事務を管理し執行する権限を異なる自然人に認める」ことも可能として、公選の首長には前者の権限しか認めないことで「シティ・マネージャー制」の採用も合憲と見る。加えて、国会中心立法の原則を定める憲法41条の規定と比べて、憲法の地方自治条項は議事機関としての地方議会が必ずしも地方立法権を独占する表現を採っていないことから、「首長その他の機関および地方公共団体の機関たる有権者にもそれを認めていると解される」と述べ、首長の規則制定権（広義の条例制定権）のみならず、議会に代えて有権者の総会である町村総会を設置し自治体の議決権をこれに与える地方自治法94条と95条の合憲性までも論証しようとする。さらに同様の論法から、地方議会による実質的意味の行政権行使も正当化する[21]。

　しかし渋谷の解釈論にはなお問題が残る。なぜなら、もしその主張が憲法上の文言を恣意的に読み替える（ないし拡張解釈する）ものであるとすれば、

---

20)　今村都南雄「地方公共団体の組織編成」雄川一郎他編『現代行政法大系8　地方自治』有斐閣（1984年）72-73頁。なお、佐藤達夫＝前掲論文（注17）53頁の注**も、「長」という規定の再解釈は可能とする。但し、「立案者にはそこまでの意図はなかった」とする。

21)　渋谷秀樹「地方公共団体の組織と憲法」立教法学70号（2006年）215-233頁。同「地方自治」ジュリスト1334号（2007年）123-143頁、同『憲法』（有斐閣、初版 2007年）681-684頁、（第3版 2017年）744-747頁参照。

それは硬性憲法型の立憲主義に反することになるからである。もちろんこの立憲主義においても、憲法の他の規定や憲法の基本原理によりそのような読み替えが許容ないし要請されることを論証できる場合には、当該規定の一義的に明確な意味に反しないことを条件として読み替えは許されるであろう。しかし渋谷の解釈論は、地方自治の原理論の分野では地方自治権の根拠につき、「憲法が社会契約をとった以上、地方公共団体の統治権も憲法制定という契約締結（または合同行為）によって、直接その地域住民から信託されたと解すべき」との社会契約説を採るに留まっている。他方で、「国民主権・人権保障説」と渋谷が呼ぶ直接民主制原理（命令委任型の人民代表制を含む）を国民主権の基本に据えて主権原理から国政と地方自治を再解釈する学説（「人民主権説」[22]）については、「社会契約的な理解は提示されてはいない」と評してむしろ批判的であり、またその国民主権を論ずる部分では地方自治権保障に関わる論理は一切触れていないので[23]。渋谷の解釈論は、内閣とのアナロジーを別にすれば、国民主権原理ではなく社会契約の論理のみを憲法の基本原理に置いて、そこからこうした読み替えを許容ないし要請する論理を導き出していると見るほかはない。

　フランス革命史が証明するように、社会契約の論理はそれだけでは主権者の観念及び主権者と国民代表との関係について「人民主権」から「ナシオン主権」まで多様な帰結を導き出しうる。そして、もし「ナシオン主権」を認め、国民代表における自由委任の原則を際限なく認める場合には、たとえ自治体レベルでは社会契約論に基づく自治体政府形態選択権を自主的に宣言しながらも、国会に対してはそのような要望を受け入れてくれるよう請願することしかできず、かえって国会の立法がどのようなものになろうとも、一般意思の表明者たる国民代表の決定としてこれを受け入れる旨を述べざるを得なかったフランス革命期のパリ市やクレルモン＝フェラン市の自治体基本法

---

22) 杉原泰雄「地方自治権の本質（3・完）」法律時報48巻4号（1976年）133-140頁。同『地方自治の憲法論』（勁草書房、2002年、増補版2008年）。

23) 渋谷・前掲書（初版）注21）43-50頁。なお第3版47-53頁では、社会契約説の色彩は薄められ、「国民」概念について折衷説（融合説）を採りつつ、「民主主義の構造的理解」を中心に説明している。しかしこの立論においても、主権の原理論から統治機構論を組み立てることを避けていることには変わりはない。

宣言の事例を思い起こすべきである[24]。

　したがって、もし渋谷の国民主権論が自由委任の原則を強調する立場であるならば、地方自治制度についても広い立法裁量が認められることになるから、憲法の文言を大幅に逸脱したとしても、解釈の工夫一つで、国会の立法内容に応じて画一的あるいは複数の自治体政府形態を上から付与しうるということになる。他方で、違憲審査制が制度化され国民代表府の最高独立性が制約されつつあるとする現代立憲主義の視点を重んずる場合には、なお立法府に課された最低限の憲法的拘束として、憲法93条の文言上明らかな二元代表制を否定する趣旨や効果を有する立法は違憲と見ざるをえない。後者の視点からは、議会に代わる町村総会を定める地方自治法の規定も違憲と断ぜざるを得ない。そしてこの２つの立場のいずれにせよ、国民主権原理を通説的に理解する限りは、自治体の住民自身に自治体政府形態選択権を必ず保障すべきという憲法上の論理は存在しないのである。

Ⅳ　自治体政府形態多様化の憲法上の根拠と手続き

　地方自治権に関する憲法学説のうち、旧固有権説や制度的保障説の欠陥の克服をめざす現代の有力学説は、憲法全体の論理構造を再解釈しつつ、とりわけ統治機構の根本原理たる国民主権原理をその再解釈の根拠に据えるものである[25]。現代の国民主権原理の理解についても前述のように対立が見られるが、近現代立憲主義の歴史の流れが「ナシオン主権」原理を出発点としながらも、その国民代表制の内実が「純粋代表制」から「半代表制」を経て「半直接制」にまで変容したことを踏まえるならば、日本国憲法も採用する国民主権の現代的理解は、主権者人民の決定に対する立憲主義による拘束を認め、したがって代表制原理（そしてその中核をなす自由委任の原則）の一定程度の残存を認めながらも、なお最終的な場面では直接民主制が代表制に優越

---

24)　拙稿「国民主権と『対話』する地方自治」杉田敦編『岩波講座憲法３　ネーションと市民』（岩波書店、2007年）256-258頁（本書**第１部第４章**）を参照のこと。

25)　拙稿「地方自治の本旨」大石眞＝石川健治編『憲法の争点』（有斐閣、2008年）308-309頁で、憲法伝来説及び統合理論として紹介している。

第9章　自治体政府形態選択権と自治体内権力分立制　221

すること（憲法96条の憲法改正国民投票制がその根拠となる）、あるいは両者の
「討議民主主義」的な、ないしは「対話型」の競合と調和を目指す原理とな
っているとの理解（いわば「修正人民主権説」とも呼びうる理解[26]）に至るはず
である。この場合には、代表制の色彩の強い憲法規定を形式的に遵守しつつ、
可能な限り直接民主制の契機を強化することが憲法原理からの要請となる。
そしてこうした憲法解釈に基づくなら、憲法93条の文言との明白な矛盾・抵
触がないことを条件として、住民の直接民主主義的な決定（例えば住民投票に
基づく独自の自治憲章条例の制定など）によって二元代表制の修正、その他の自
治体政府形態を多様化することも合憲となるのである。なお、憲法93条が画
一的な二元代表制を採用していることについても、その究極の意義は、自治
体の決定の究極的な淵源が常に住民にあることを示すところにあることと、
当時の憲法原案起草者（実際にはGHQ）にとっては、根強く残る旧憲法下の
非民主主義的な地方自治のあり方を転換し、住民自治を基本とする民主的な
地方自治を確立するには、当時としては画一的な民主的決定の型を憲法に明
記することが不可欠と思えたからであって、画一的な地方自治制のあり方を
押し付けることそのものは本意ではなかったと考えることができる。

　憲法93条の規定に正面から違反しないやり方で「議員内閣制」を導入する
試みとしては、例えばイタリア型の自治体選挙方式が一定の示唆を与える。
イタリアでは市町村の首長と議員は住民の直接選挙で選ばれるが、議会議員
選挙の際、有権者に示される各党派の議員候補者名簿上に首長候補者の氏名
が別途記載されているので、議会議員選挙と首長選挙は連結している。人口
1万5千人以下の自治体の場合には名簿中の議員候補者1人とそれと結びつ
いた首長候補者1人を選ぶ投票が行われ、議席割り当てでは当選した首長の
党派に全議席の3分の2が与えられ、残りの議席が他の党派に比例配分され
る。当選者は、各党派名簿の候補者の個人得票順に決定される。人口1万5
千人以上の自治体の場合は、首長候補と結びつかない名簿も認められ、複数
の名簿が同一の首長候補を掲げることも認められる。首長は直接選挙で選ば

26）「修正人民主権説」とそれに基づく地方自治権論について、詳しくは拙稿「『市民政治』・
　『参加民主主義』と憲法学」憲法問題18号（2007年）72-85頁、並びに拙稿・前掲注24）を参照
　されたい。

れるので、有権者は異なる党派の首長と党派名簿のそれぞれに投票できるが、当選した首長の党派名簿が少なくとも60％の議席を獲得することになっており（その党派名簿自身が60％以上の票を獲得した場合にはその比率の議席が配分され、60％以下の場合のみ60％が与えられる）、残余の議席を他の党派名簿で比例配分する。議員の当選者は、名簿への投票の際に有権者が定数の３分の２以上の範囲で投票用紙に記載する候補者個人名の集計により得票順に各党派名簿内で決まる仕組みである。なお、イタリアでは行政は首長の指揮・統括の下、首長及び首長が任免する複数の理事から構成される理事会がこれを担当する。当該自治体の議員が理事に任命された場合は議員を辞職し、各名簿から繰り上げ当選がなされる。議会は首長を不信任できるが、不信任案が可決された場合は議会自体も解散させられ、常に首長と同じ運命を辿ることになる[27]。

　このイタリアの制度に倣い、日本でも自治体の長の党派に過半数を与える名簿式比例代表制を採用する場合には、長と地方議員を住民がそれぞれ直接選挙する建前を崩さずに、議会多数派と首長の党派を常に一致させる結果を得ることが可能になろう[28]。またそうすることで、長の指揮・統括の下、地方議会から選出される議員の一部を構成員として含む理事会（執行府）による自治体行政運営という「議員内閣制」も選択可能なものとなろう。もちろんこのようにするには、地方自治法を改正し、地方議員と自治体執行機関の責任者の兼任を合法化することが必要になる。

　もっとも、現行憲法制定後、長きにわたって、憲法93条の規範的意味が長と議員を住民が別々に直接選挙することを含んだ硬い二元代表制にあると考えられており、それが一種の憲法伝統とも言いうるような憲法解釈となっていることに鑑みると、たとえそれが憲法の文言に必ずしも抵触するものではないとの憲法解釈が論理的には成り立つとしても、その含意とされてきたも

---

27)　イタリアについては、『イタリアの地方自治』（自治体国際化協会、2004年）を参照。本章は市町村選挙中心に述べたが、県と州の選挙についても議員選挙と首長選挙が結合している点は同じである。上記資料の所在は、https://www.clair.or.jp/j/forum/series/pdf/j14.pdf（2023年10月３日最終閲覧）。

28)　議員になる者の決定が何らかの形で有権者の投票結果に基づくものである場合には、候補者個人への投票だけでなく名簿への投票も、直接選挙の原則に含まれることは、判例でも示されているところである（平成11年（行ツ）第８号事件最高裁大法廷判決民集53巻８号1577頁）。そうであるなら、名簿に基づく首長選挙も直接選挙に含まれよう。

のの大幅な修正を含む首長・議員連結選挙制とそれを通じた「議員内閣制」型のシステムの採用は、それをなお合憲とする憲法上の積極的で強力な正当化が不可欠であろう。

　硬性憲法型立憲主義の下では、主権者人民の意思表明も憲法規定に従わなければならない。だからこそ、従来の憲法解釈（それが全く間違っていたことが明らかになった場合は別であるが）に正面から抵触しかねない憲法規定の可能なぎりぎりまでの「読み替え」が許されるには、「憲法改正」に近似する手続きの採用が不可欠であろう。日本国憲法の憲法改正手続（96条）の核心は、もちろん国会による発議と国民投票を通じた主権者国民自身による最終決着である。つまり間接民主制と直接民主制のベストミックスが要求されている。したがって憲法93条が本来予定しているはずの硬い二元代表制を緩和し多様化するためにも、間接民主制と直接民主制を組み合わせた手続きが必要になる。それは、自治体組織形態の多様化を許容する国会の立法とそれを求める地方議会の議決、ならびに住民投票の3要素の適切な組み合わせの中に見出されよう。とりわけ、もしイタリア型の採用を模索するのであれば、地方議会議員の選挙制度に名簿式比例代表制を導入する必要があるので、その意味でも国会の新たな立法が不可欠となる。

　それでは、自治体組織形態の多様化を合法化する手続きとして、具体的にはいかなるものが考えられるのであろうか。一つには地方自治の場で住民投票の義務付けを明示する憲法95条の地方自治特別法の活用が考えられる。

　憲法95条はしばしば日本国憲法が地方の重要問題については直接民主制を重視していることの根拠として理解されてきた[29]。もっとも従来の憲法論は、95条の適用が特定の自治体に対する差別的・不利益的な特別自治制度の強要や自治権の制限ないし剥奪の場合に限られるか否かの論争が中心であった。他方で実際には、1949年から52年にかけての15の都市建設法に見られるような特権付与的な特別法以外に95条の適用はなく、現在では95条はいわば休眠状態に置かれている。しかし現行憲法の審議過程において金森国務大臣が、95条の趣旨を、この制度の淵源であるアメリカにおけるような自治権制限・

---

29)　杉原・前掲書注22) 239-240頁（補訂版241-242頁）。

剥奪立法の防止だけでなく、自治体の個性尊重の手段とすることをも含むとの答弁をしていたことを踏まえるならば[30]、自治体側から、自らの政府形態を他と異なる独自のものに変えるための地方自治特別法の法案を国会に直接提出する制度を設け、少なくとも国会側にこれを受理し審議させ、採決までは義務付けることの憲法上の根拠として95条を見ることも可能と思われる[31]。もちろんこの場合、国会での地方自治特別法案提出に先立って、まず当該自治体において住民投票で有権者の賛成を得なければならないと解すべきである。憲法の文言上は国会の議決に先立って住民投票で過半数を得るとも読めるし、通説はどちらが先でもよいとしているが[32]、独自の自治体政府形態を定める地方自治特別法を自治体側から請求する場合には、まず住民投票という直接民主制の発動を憲法が義務づけていると見るほうが、本章のこれまでの叙述の趣旨と合致しよう。

　もっとも本章で検討したような住民投票に基づき首長と地方議会議員とを同時に統一リストで選出することで、憲法93条の規律下でも実質的に見て一元代表制的なシステムを実現する方式は、統一的な新たな国の立法によりこのような新たな選出方法と従来の選出方法のいずれかを自治体が選択できる制度にすれば足りるのであるから、こうした立法がある場合には、特に地方自治特別法の手続きは不要である。むしろ、いつまでたっても国会が上記のような選択型の自治体政府形態を多様化する立法を行わない場合、あるいはそのような立法がなされたとしてもなお同法上の選択肢では不十分と考える自治体が現れた場合に、地方自治特別法が活用されるべきであろう。

---

30)　佐藤功「憲法第95条の諸問題」田中二郎編集代表『杉村章三郎先生古稀記念・公法学研究（上）』（有斐閣、1974年）359-365頁。
31)　西尾勝「地方分権」ジュリスト1192号（2001年）208頁も国会審議の義務づけまでは言わないが、憲法95条の活用による自治体政府形態の多様化を論じる。
32)　宮沢俊義（芦部信喜補訂）『全訂日本国憲法』（日本評論社、1978年）760頁。

V 「対話型立法権分有」法理にとっての自治体内権力分立制の意義

1 近代立憲主義の権力分立制と自治体政府形態

　他方で、自治体組織形態の多様化許容論は、自治体内の権力分立制確立の必要性との関係では、なお注意を払わなければならない論点を含んでいる。なぜなら、本書が採用する「対話型立法権分有」の憲法理論においては、部分的・暫定的とはいえ、国の立法意思に抵触しこれを歪める自治体立法意思に合法性を認めるものであるから、そのような自治体意思を生み出す自治体の政治的意思決定形態そのものに多様性を認める場合には、自治体内の立法権と行政権（執行権）の権力分立のあり方が問い直されざるを得なくなるからである。

　国の立法であれ自治体立法であれ、そこに近代立憲主義の流れに沿う「正統性」を認めるためには、一般的抽象的法規範の定立作用の意味にまで極力その規律対象を拡げられた立法権と、このようにして民主的に定立された立法意思の執行作用に極力限定された行政権（ないし執行権）との権力分立の原理が確立していなければならないと思われる[33]。一般性のある規範を定立する者と個別具体的な場面でそれを執行する者とを権限の内容においても担い手においても峻別したうえで、それぞれに割り振られた権限行使を通じた抑制均衡を働かせることこそが、個別的事情に左右されない中立的で公平な法規範の定立が担保され、他方で行政権（執行権）の発動の場面でも主権者国民の意思がもっとも適切に実行に移されるというのが、近代立憲主義型の権力分立制の本来の理想形だからである。もちろん、この近代立憲主義モデルの中でも、アメリカを典型例とし、立法府と行政府（執行府）とが厳格に「分離」され、両者が「独立」関係を保つことを基本とする「大統領制」モ

---

33) 国政レベルでの近代立憲主義型の権力分立制のモデルについては、芦部信喜（高橋和之補訂）『憲法〔第8版〕』（岩波書店、2023年）312-313頁。近代立憲主義モデルにおける立法の実質的定義が一般的抽象的法規範定立作用であるべきことについても、同上320頁を参照のこと。

デルと、イギリスにおけるように、立法府と行政府とで主要メンバーの兼職関係が存在し、互いに干渉し合う（内閣不信任決議権と議会解散権[34]など）という意味で「協働」関係を採ることを基本とする「議院内閣制」の違いはある。しかし近代立憲主義では、議会のみが実質的意味の立法権を独占することが必須であることに変わりはなかった。

　では、この視点から見た時に、自治体は国と同様の権力分立制を採用できるのであろうか。実際には、世界の自治体、とりわけ上述したような英、仏、独などヨーロッパの多くの国々の自治体の内部制度では、必ずしも近代的な権力分立制が採られていないように見える。もちろん、自治体の立法作用の一般性とは、地域的な特質と適用範囲の地域的限定性があるので、その限りで国の立法より狭いことは事実である。しかし地域的な限定性を条件として、全ての事項について一般性のある法規範を定立する権限は地方議会のみが独占するという原則（「地域的一般性のある法規範定立権の地方議会独占原則」と呼ぶ）であれば、一般性のある法規範定立権の地方議会独占の原則は、近代立憲主義に基づく自治体立法権に当然に付随するものと見ることはできるはずである。しかし実際にはこれらの国々の地方自治法制において、この意味での立法権の地方議会独占の原則は十分に確立しているとは思えない。それは、本書の視点から見るならば、いずれの国においても自治体を国と並ぶ完全な「統治体」と見なすことができず、国の立法に完全に従属する「行政体」の性格に限定しようとする地方自治の考え方が大なり小なり残っているからである[35]。

2　日本の地方自治法制における首長による立法作用への関与の問題性と解決方向

　日本の地方自治法についていえば、地方議会の条例ではなく長の規則制定権でも住民の権利自由の制限が可能であった1999年改正前の状況は、明らか

---

34)　ただしフランス型議院内閣制は、1877年の「セーズ・メ事件」以降は大統領が議会解散権を失ってしまった結果、執行府が立法府に完全に従属し（「議会中心主義」）、それゆえ前者が後者に責任を負うところにのみ議院内閣制の本質を見る「責任本質型議院内閣制」となった（逆にイギリス型は「均衡本質型議院内閣制」と呼ばれることになる）。この点も芦部・前掲注33) 355-357頁を参照のこと。

に近代立憲主義に反するものであった。これはさすがに分権改革を経た新地方自治法14条2項で明確に否定された。しかし現行地方自治法においても旧法の規定が残された部分がある。すなわち、依然として自治体の長には、地方議会の議決や選挙に対しその違法性や権限踰越を理由に再議や再選挙を要求し、さらに総務大臣（都道府県議会の場合）や都道府県知事（市町村議会の場合）にその審査を求め、最終的にはこれを取り消してもらうことまでも認める権限である特別拒否権（地方自治法176条4項以下）や、本来議会の議決で決めるべき事項について、地方議会の不成立のみならず緊急性や議会が議決すべき事項を議決しないと長が考えるときに、事後的に議会の承認を得るという条件付きではあるが、あたかも議会の議決権を一時的に簒奪することを許す専決処分権（同法179条）が与えられているのである。さらに地方自治法96条1項は、地方議会の議決事項を制限列挙し、その余は長の規則制定権で決定できる書き方となっており、実際に実務においてはそのように解釈されてきた（但し同条2項で条例により議決対象を拡げること自体は認められている）。駒林良則は、こうした現在の地方自治法にも残る「首長制原理」と地方議会の「行政機関性」が、現代日本の公法学（特に行政法学）において、自治体組織に関する法制度を行政組織法の枠組みの中でのみ論じる思考様式を生んだと喝破する。そしてこれへの批判的対応として、自治体法制における「統治性」や「政治的なるもの」の要素を直視し、地方議会が国会と同質の真の立法機関となるための法制度改革や地方自治法解釈を展開し、さらには地方自

---

35) この点で、ヨーロッパ諸国に比べて自治体の「地方政府」性を強める傾向を持つ現代のアメリカの地方自治制は別格である。もちろんアメリカでは州ごとに地方自治体のあり方は異なるが、例えば2015年改正の現行ニューヨーク州憲法では、「ホーム・ルール」と「チャーター制定権」を認められた自治体には「自治体法（local law）」の制定権を認めている（9条2節）。州知事からその必要性を認める証書が出され、かつ州議会の3分の2以上の多数による決定がある場合を除けば、州議会の立法（一般法〔general law〕）はいかなる地方政府の「資産、業務及び統治」に介入することも禁じられ、それは自治体法の規律に委ねられている。また、「自治体法」は州憲法で人民の選挙に基づく代表機関である州議会と地方議会の両方に与えられた立法権であるという意味で、「州立法府の制定法と同等の性質（the same quality）」を持つと理解されている。以上について、A Division of the New York State Department of State (ed.), *Local Government Handbook*, 7th edition, Division of Local Government Services, 2018 (reprinted 2023), pp.39-43参照。なお同書は、自治体国際化協会ニューヨーク事務所による翻訳がある（「ニューヨーク州地方政府ハンドブック第7版」（2021年3月）。

治法制を単なる行政組織法の枠組みで解釈する思考様式を超えるための新た
な「自治体組織法」の原理論の構築を主張している[36]。

　これに対して、市民と公権力との「距離感」を重視し、地方自治の場でも
「民主的正統性」と少数派の人権保障の観点からの「法治国家」原理を重視
するドイツの公法理論を基礎に据えた条例理論を展開する川端俊司は、むし
ろ自治体であれ地方議会であれ、その「行政機関性」を重視するがゆえに、
自治体の条例制定権を国の立法権と同視しようとする解釈論に異議を唱える。
川端の場合には、自主条例のみが憲法で保障される自治体立法権であり、こ
の場合は国の法律による授権は要しないが、「委任条例」や「法律実施条
例」などの法律上の根拠のある条例[37]の場合は、その本質は憲法上直接授権
された立法権ではなく国の法律による授権の結果発生する権限に過ぎないと
し、こうした論理から自治体の条例制定権は行政作用の本質を残す「行政立
法」制定権、ないし「複合的性格」を有する規範定立権限であり、したがっ
て国の法令との競合性を論ずる余地はないと主張するのである[38]。

　日本国憲法94条が自治体に与える条例制定権の意味については、地方議会
の制定法を意味するものとして現行地方自治法で「条例」と表現されている
もの（同14条、96条１項１号）だけでなく、自治体の長などの行政機関が定め
る「規則」（同15条）も含むか否かで争いがある[39]。川端は両者を含む解釈が
あることも根拠の一つに据えて、条例制定権と国会の立法権との同質性を否
定する[40]。だが、自治体を市民が地域において主権を行使する場と捉える

---

36)　駒林良則『地方議会の法構造』（正文堂、2006年）。同『地方自治組織法制の変容と地方議
　　会』（法律文化社、2021年）。
37)　本書はこれら全てを「法律規定条例」と表現している。それは、国の法令でその制定を何
　　らかの意味で規定された条例であり、したがって国の法律優位の原則〔憲法41条〕に規律され
　　る結果、自治体が憲法から直接授権されたはずの自治体の立法権（＝条例制定権）に、国の法
　　令による一定の縛り（束縛の度合いは法令の規定内容次第）がかかるに過ぎないものと考える
　　が、川端をはじめとして多くの行政法学者は、現在も「委任条例」や「法律実施条例」の表現
　　を採ることで、これらの法規範定立権から憲法から直接授権された独自の立法権としての性格
　　を、意識的であれ無意識的であれ除こうとする傾向がある（川端は意識的にこれを行っている）。
38)　川端俊司『条例の法的性質と地方自治の保障』（弘文堂、2024年）。
39)　辻村みよ子『憲法〔第７版〕』（日本評論社、2021年）501頁、長谷部恭男『憲法〔第８版〕』
　　（新世社、2022年）469頁。
40)　同上、276頁。

「立法権分有」の憲法理論の立場からすれば、憲法94条の条例制定権の定めは自治体の法規範定立権を包括的に保障すると解すべきである。それゆえ憲法94条の「条例」の意味するものは、地方議会制定法としての狭義の（あるいは固有の意味の）「条例」と、長などの行政機関が定める「規則」の両方を含む「広義の条例」制定権を意味すると解するべきである。このように解するなら、「広義の条例」に「規則」が含まれたとしても、そのことが「狭義の（固有の意味の）条例」から国の立法と同質で競合可能な法規範性を奪うことにはならないはずであり、その限りで上記の川端の議論は失当である。

　しかし自治体の長などの行政機関が定める「規則」は、確かに地方議会の制定法たる「狭義の条例」のみをその規範定立の根拠とするわけではないことも認めなければならない。自治体の行政機関が定める「規制」には、「狭義の条例」を根拠とするもの以外にも、国の法令（地方自治法の規定を含む）を根拠とするものもあるからである。この点では、国の行政機関が定める全ての法規範（政省令など）は常に国会制定法たる「法律」の根拠を要すると考える国の権力分立制のあり方とは確かに違いがある。

　加えて、現代国家が19世紀型の近代立憲主義に留まることが不可能となり、「行政国家化」（＝行政権（執行権）の増大・優越化による権力分立制の変化）を認める現代立憲主義への変容を余儀なくされていることに鑑みると、上述した自治体の長の特別拒否権や先決処分権、あるいは「地域的一般性のある法規範定立権の地方議会独占原則」の例外をなす自治体の長の独立命令たる独自規則制定権を認めている地方自治法の当該規定（176条、179条、15条など）を全て憲法違反として葬り去る議論にも無理がある。この点では、「行政国家化」を極めている現在のフランス第五共和制憲法が、議会の立法事項を限定列挙することで近代立憲主義における「一般的抽象的法規範定立権の議会独占原則」を否定し（仏憲法34条）、直接公選制の大統領にも議会に匹敵する（部分的にはこれを凌駕する）「国民代表」としての性格を認め、それゆえ一般的抽象的法規範定立採用の一部を含む幅広い規範定立領域を、「残余事項」の名の下に独立命令事項として大統領を頂点とする行政府に与えている（同37条）点は示唆的である[41]。

　日本の地方自治法制（とりわけ地方自治法）における（駒林いうところの）「首

長制原理」は、かつては自治体政府組織における近代立憲主義型の権力分立制が不十分なままに留まる点で「前近代的」制度の残滓と理解すべきものであった。したがって現行法の定める地方議会の権限や運営手続、あるいは地方議会選挙のあり方が未だに「真の立法機関」に至っていないことをこの点から批判し、改革することは不可欠である。しかし上記のような現代立憲主義への変化を踏まえた権力分立制の変容をある意味で歴史的必然として受け入れる場合には、日本国憲法93条が定める公選制の自治体の長の存在と、それが地方議会と並立して統治的役割を果たし、一部の（本来の意味での）立法作用にすら関与する現行の法制度は、もちろん完全なる立法機関となるように地方議会を改革・強化し、地方議会選挙がより民意を反映できる制度（名簿式比例代表制の導入など）に改革することが前提であるが、そうした改革を実施できるなら、むしろ「超近代的」とすら評価できるのかもしれない。

　このように解する場合、自治体の長などの自治体行政（執行）機関が有する「規則」制定権については、憲法94条の「広義の条例」制定権によって直接自治体行政（執行）機関に帰属し、特に長のそれについては住民の直接公選制（二元代表制）が憲法93条で明示されていることもあり、地方議会と並ぶ（主権者国民の地域的地位としての）住民の直接の代表機関として強い民主的正統性を有することに鑑みて、幅広い自治体立法権への関与が許容されることになる。そうではあれ、多様な政治的背景から選出された多数の地方議員が多様な民意を合議によって調整し、より幅広い合理的規範の創出を可能にする地方議会という住民代表機関は、現代においても不変の近代立憲主義の根本原理としての「一般意思の形成における民主的正統性」を有するがゆえに、国会の法律と同質で、これと並立し時に競合しうる法規範たる「狭義の条例」を、憲法以外のいかなる法律の根拠も要せず地域的関連性を有するあらゆる事項について制定できる（但し憲法41条の「法律優位の原則」からの制約は受ける）のに対して、政省令のような国の命令と同様に、自治体の長の

41）　現代国家では必然的に行政権による立法権への関与が強まるという視点から現代の自治体組織法制を捉える視点を示唆するものとして、駒林・前掲『地方自治組織法制の変容と地方議会』注36）。また人見剛『分権改革と自治体法理』（敬文堂、2005年）189頁も、「地方議会が活性化しない原因」の一つとして、「現代国家に普遍的な現象」である「行政国家化すなわち議会の役割の執行部門に対する相対的な地盤沈下」を指摘する。

第9章　自治体政府形態選択権と自治体内権力分立制　231

定める規則も、それ以下の自治体行政機関の規則も、上記のような議会制定法という民主的正統性は持たない以上、議会制定法（すなわち国会の法律や地方議会の「狭義の条例」）上の根拠がない限り制定できないという限界があると解さなければならない[42]。

　問題は、内閣の政令とは異なり、自治体の長の規則制定権にとってのこの「議会制定法の根拠」については、それが地方議会の条例以外に国の法律（及び法律に根拠がある場合の委任命令ないし実施命令としての政省令）にも見出せることである。結果的に地方議会の条例に現れた地域的立法意思と国会の法律に現れた全国的立法意思の双方が自治体の長の規則制定権の根拠となりうるため、ときに両者の競合が生ずる。この競合の解消方法は、法律と条例の競合の解決方法と同一であり、「対話型立法権分有」法理によって決着がつけられることになろう。また全国的立法意思である地方自治法が、自治体の長に帰属させている専管事項の規則制定権（同法152条3項、171条5項、243条の2の2第1項後段）や地方議会との競合事項に関する規則制定権と「狭義の条例」制定権との競合問題も論点となる。行政法の通説でも後者については「（狭義の）条例優位」を認めるが[43]、「対話型立法権分有」法理に基づくなら、必要性と合理性とが十分に認められる例外的な場合には、地方自治法上の長の専管事項についてであっても、「狭義の条例」が部分的・暫定的にこれを合法的に規律できると解することになる。

　以上の検討から分かるように、自治体政府形態の多様化を考える際には、単なる「議員内閣制」か「二元代表制」か「シティ・マネージャー制」か、といった行政（執行）機関と立法機関の間の選任・統制関係のみを考えるのでは不十分である。自治体が国との間で、真の意味で立法権分有主体となりうるように、自治体立法権の本質とその帰属のあり方を考え、それに基づいて自治体内権力分立制のあり方を考えることの方がより重要なのである。

---

42)　フランスの大統領を含む政府が持つ独立命令としての政令制定権は、憲法上の根拠があるがゆえに議会制定法以上の法的根拠を有すると解すことができる。

43)　宇賀克也『地方自治法概説〔第10版〕』（有斐閣、2023年）264-265頁。

第10章

沖縄の地域自治権保障と「対話型立法権分有」の憲法理論の可能性

はじめに[1]

憲法や国際人権法の視点から沖縄の自治権保障を考えたとき、現実の幾多の訴訟において、下級審から上告審までの各段階の裁判所が示してきた徹底した国の立法意思優越の姿勢は、むしろ絶望感すら覚えてしまうほどにひどいものである。しかもそれを法治主義の名において強制している。このような絶望的な状況を前にして、日本国憲法の地方自治権保障に立法権分有を見る立場は、どのような解決策を提示できるのか。本章は、この難問に十分に答えうるものではないが、これまで多くの行政法学者が展開してきた上記の裁判官達の偏った法治主義論に対する批判[2]でも触れられていなかった「地域自治体の立法権保障」に目を向けることで、なにがしかの点で沖縄の自治権保障に寄与する議論の場を提供することを目指すものである。

I　沖縄米軍基地問題とエスニシティ地域主義

沖縄の米軍基地問題を民族自決問題として論じることは可能か。米軍基地が沖縄に過度に配置され、これに沖縄の人々が苦しんでいる状況は、「琉球

---

1)　本稿の初出は「エスニシティ地域自治体としての沖縄の自治」国際人権29号（2018年）34-38頁である。この論文は、2017年11月25日に沖縄・那覇市で開催された国際人権法学会第29回研究大会（第1日）における筆者の同名の報告を活字化したものであった。今回、本書に収録するにあたって、新たに「はじめに」を付し、辺野古訴訟の動向については最新（2024年9月末日）までの情報に改め、その他、本書全体との関係で若干の加除修正を加えた。

2)　最近の労作として、紙野健二＝本多滝夫＝徳田博人編『辺野古裁判と沖縄の誇りある自治』（自治体研究社、2023年）。

第10章　沖縄の地域自治権保障と「対話型立法権分有」の憲法理論の可能性　233

人」のみに関わる問題ではない。本土から沖縄に移住してきた住民も同様の苦しみを受けている。自らを先住民族と捉えて地域アイデンティティを民族独立と結びつける議論[3]は、琉球の日本への強制編入という歴史的事実はあるにせよ、すでに「琉球人」と日本人との同化が大幅に進んだ現在では有効な議論たりえないと思われる[4]。

　他方で沖縄の米軍基地と本土に対する反発を、一般的な地方自治の法的論理で解決することも困難である。ここで顧みられるべきは、1980年代に日本の社会学界で展開されたエスニシティ論である[5]。その代表的論者であった梶田孝道は、現代先進国におけるマイノリティの対抗的社会運動の活発化現象を、民族問題とは区別されるエスニシティ問題として捉えることの重要性を指摘していた。

　梶田によれば、エスニシティとは「一定の文化的絆によって相互に結びついていると感じる人々の集合体」を意味する。それは近代化の過程で消滅の運命にある、もしくは文化保護の対象にしかなりえない古いエスニック問題とは異なる。現代のエスニックな問題群は、過度の業績主義と管理化・中央集権化を特徴とする現代社会・国家が生み出す文化差別と経済不平等の下でこそ展開される。梶田はその反エリート主義的な対抗運動が共通の属性を通じて再結集する契機を持つことを際立たせるために、「共通の歴史、共通の生活を経験した人々を包含するカテゴリー」としてエスニシティを定義するのである。それは、先進国の移民問題を捉え直す視角としてのみならず、文

---

3)　例えば、小松寛『日本復帰と反復帰──戦後沖縄ナショナリズムの展開』（早稲田大学出版部、2015年）217-221頁で紹介されている「琉球民族独立総合研究学会」の学会設立趣意書、ならびにこの独立思想をめぐる新川・新城論争を参照。

4)　それでも、現在でも例えば大城尚子は、沖縄における米軍基地問題に鑑みて、「〔自国〕政府によって〔特定の〕集団が差別的に取り扱われ、人権が重大かつ深刻な状況にまで侵害され、国家の政策決定にその意見が反映されていないという特別な状況」が続いているという「実体的条件」と、「人権回復のためのあらゆる手段を尽くしたが回復されず、最終手段として分離しか残されていない」状況があるときに認められる「手続的条件」の両方を現在の「琉球・沖縄人」は満たしているとして、この2条件（要件）充足の場合には「救済的分離」の権利があると主張している。その主張については、大城尚子「沖縄の自己決定権の危機的状況」拙編『国際人権法の深化（新国際人権法講座第7巻）』（信山社、2024年）75-82頁を参照のこと。

5)　A・トゥレーヌ他（宮島喬訳）『現代国家と階級闘争──フランスとオクシタニー』（新泉社、1984年）。梶田孝道『エスニシティと社会変動』（有信堂、1988年）。宮島喬＝梶田孝道編『現代ヨーロッパの地域と国家』（有信堂、1988年）等。

化的・歴史的属性を紐帯とする地域主義が噴出する現象を的確に捉える視角でもあった[6]。

　もっとも、上記の梶田理論の基軸がポスト産業社会論にあったことに鑑みると、資本主義市場経済のグローバル化が進展した現代では、もはや一国内での管理社会化と中央集権的権力への対抗型社会運動という視点のみで、現在の地域主義を捉えることはできない。グローバル市場経済時代の地域主義については、「超国家的制度や資本主義大企業などとともに支配的な国民国家をその結節点とする」が、その本質において「中心を持たない分散的なネットワーク権力としての『帝国』」の支配に対する、「活動的な多種多様体」＝「マルチチュード」（ネグリ＆ハート）の対抗運動という文脈で捉え直すことが必要である[7]。「マルチチュード」は完全な自己決定権の獲得を目指すものではない。それは、むしろネットワーク化した支配権力との間で永続的な対抗的対話を繰り広げるところにその本質があるものとして観念されている。

　ネグリ＆ハートの「帝国 vs. マルチチュード」論では、対抗運動の主体たる「マルチチュード」は、知識集約的な現代型産業に携わる市民の世界大のコミュニケーションを伴うネットワーク型の経済・生産活動などを通じ、既存の政治ではもはや統御できない「帝国」の「生政治的生産」を統御しうる可能態として示されている。それは、地域の文化や伝統とは切り離された国際 NGO のような主体をイメージさせる。しかし彼らが想定する「マルチチュード」とは、「他者との相互行為やコミュニケーションを通じて生産され、再生産される」「生の基盤となるある種の自然」としての「習慣」を基礎とするものでもある[8]。それゆえ共通の地域的・文化的な「習慣」を基盤とする限り、こうした「マルチチュード」はグローバル時代の地域主義の中にも

6）　梶田・前掲注5）16-34頁。なお本書のエスニシティの定義は筆者の視点からまとめ直したものである。

7）　アントニオ・ネグリ＆マイケル・ハート（水嶋一憲他訳）『〈帝国〉』（以文社、2003年）。同（幾島幸子訳）『マルチチュード（上・下）』（日本放送協会出版、2005年）。

8）　ネグリ＆ハート・前掲『マルチチュード（下）』注7）25-28頁。なお筆者は、かつて「オルタナティヴなグローバル民主主義」論の中で国家や国際権力と自治体が対抗的に「対話」することの意義を論じたが、こうした文脈でネグリ＆ハートの「帝国 vs. マルチチュード」論にも言及した。参照、拙稿「国境を超える民主主義」ジュリスト1378号（2009年）47-54頁。

当然に現れるはずである。まさに沖縄の米軍基地問題は、「マルチチュード」化した現代エスニシティ地域主義の対抗運動が展開する「場」として捉えるのが適切な事例である。

II　エスニシティ地域主義を保障する国際・国内法制の欠如

　実は上記のような「マルチチュード」論に頼らなければならないほどに、エスニシティ地域自治を保障する国内外の法制度は未整備な状態にある。国際法の分野では、周知のように欧州評議会（Council of Europe）が、欧州人権条約（1950年）の締結を始めとして、人権や民主主義、地方自治保障などの分野での国際的な法制度整備に先進的な役割を果たしてきた。しかし補完性原理などを規定したことで有名な欧州地方自治憲章[9]（1985年）ですら、それが対象としたのは一般的な地方自治権保障に過ぎなかった。同憲章では広域自治体（州、地域〔リージョン〕）も、地方自治体の一般的な法枠組みに包含されている。ましてやエスニシティという特殊性を持つ自治体の自治権を特別に保障することには、同憲章は関心を示さなかった。国境地帯自治体の特殊性を視野に入れた法制度を提供する欧州自治体越境協力枠組み条約[10]（1980年）にも、エスニシティ的な特殊性を持つ自治体についての言及はない。それは、連邦国家の州（支邦）を含む広域自治体の自治権保障を目的として起草された欧州地域自治憲章草案（1997年に欧州評議会傘下の欧州地方・地域自治体会議で勧告34号として採択）においても変わらない[11]。

　エスニシティ的少数派の保護の分野では、少数民族（minorités nationales）保護に関する枠組み条約[12]（1995年）がある。しかしそれは、あくまでも少数民族やこれに属する個人の言語、文化、公的活動参加への権利の保障が中心

---

9 ）　Charte européenne de l'autonomie locale, CE, STE n° 122, Strasbourg,15/10/1985
　　（01/09/1988発効）.

10）　Convention-cadre européenne sur la coopération transfrontalière des collectivités ou
　　autorités territoriales, CE, STE n° 106, Madrid, 21/05/1980（22/12/1981発効）.

11）　Projet de Charte européenne de l'autonomie régionale, 05/06/1997. CPLRE, CE,
　　Recommandation 34.

12）　Convention-cadre pour la protection des minorités nationales, CE, STE n° 157, Strasbourg,
　　01/02/1995（01/02/1998発効）.

である。地域的な要素は、「伝統的に相当数の少数民族に属する個人が居住してきた地域」における「伝統的な地方名称や道路その他の公的空間の名称」の保障（11条3項）に留まっている。地域言語保障という点で画期的な試みである欧州地域・少数者言語憲章[13]（1992年）の場合には、地方当局の地域言語などに関する就学前教育権限保障（8条1-a-iv）や、地方行政における地域言語などの使用の促進と啓発に関する地方自治体の権能と義務（10条）が規定されている。これは、エスニシティ地域自治体の国際法的承認にまで発展する可能性を秘める。しかし現状では、なお地域言語などの使用者の言語権保障の域に留まっている。

　国際人権法や地方自治の国際的保障が進展する今日でも、このように国際法がなおエスニシティ地域自治体の存在を無視し続けるのは、特殊な属性を持つ個人やその集団（先住民族を含む）に対する権利保障とは異なり、エスニシティ集団に特定地域の統治権を認めることがその独立要求に連結する危険性や、本来、独立最高であるべき国の立法意思がエスニシティ地域主義の要求を抑圧する内容を持つ場合に、地域自治体が極めて強固な抵抗拠点と化してしまう危険性を恐れてのことであるように思われる。まさにエスニシティ地域自治体の存在は国家主権を危うくする存在と見なされているのである。

　それは国内法でも変わらない。確かに、本土内自治体については頑なな単一国主義を採りながらも、海外住民の特殊性と海外自治体の特殊な制度を認め、さらにはニューカレドニアについてはその独立すら容認する「分有主権（souveraineté partagée）」の制度化を試みたフランスのように、過去の植民地帝国主義の清算のために憲法制定時にエスニシティ地域自治体を制度化する国はある[14]。しかし日本の場合には、全ての海外植民地を放棄した結果、憲

---

13)　Charte européenne des langues régionales ou minoritaires, CE STE n°148, Strasbourg, 05/11/1992（01/03/1998発効）. 欧州地域・少数者言語憲章については、高橋基樹「国際人権法における言語的多様性と『言語権』」拙編・前掲注4）167-169頁を参照のこと。

14)　2003年憲法改正後のフランス憲法72条の3〜75条（海外住民と海外自治体の制度）、並びに1998年の憲法改正で挿入された76条、77条に基づく同年のヌメア協定が作り出した「地邦法律」制度を含むニューカレドニアの特別制度については、辻村みよ子編『フランスの憲法判例II』（信山社、2013年）273-284頁（長谷川憲執筆）、J.-Y. Faberon et G. Agniel（sous la dir.）, *La souveraineté partagée en Nouvelle-Calédonie et en droit comparée*, La documentation Française, 2000等を参照のこと。

法は単一の地方自治制度しか設けていない。日本におけるエスニシティ問題の承認については、僅かにアイヌ文化振興法[15](1997年)とアイヌに先住民族性を認めた二風谷訴訟第1審判決[16]があるに留まる。後者は、民族的固有文化共有権の保障の観点から一定の土地への配慮義務まで認めた点で画期的であった[17]。しかしいずれにせよこれらの動きはアイヌの文化保護に留まり、エスニシティ地域自治体の設立を法的に認める議論からは程遠い。

Ⅲ　辺野古問題を普通法の論理で解くことの困難性

1　辺野古問題の法的紛争処理と普通法の論理

沖縄辺野古への米軍基地移設問題では、米軍基地の沖縄偏重配備とそれに伴う米軍事故・米兵犯罪の多発、並びに沖縄の自発的地域発展への阻害に対する沖縄住民の怒りから、長期にわたる法的・政治的紛争が続いている。周知のように、公有水面埋立法における法定受託事務としての知事の埋立承認手続きをめぐる争いはし烈を極めている。主要な訴訟に限って概観してみよう[18]。

まず、玉城デニー現知事の2代前の仲井間知事が、沖縄防衛局による辺野古沖海面埋立の出願に対して2013年12月に承認の処分をしたことに対して、その後を継いだ翁長知事が2015年10月に、この処分に瑕疵があったことを理由に承認取消処分を行った。さらにこの処分に対して、同年11月に国交大臣が地方自治法上の国の関与の一つとして「取消処分」を取り消すよう「是正の指示」を発した。この指示に対して知事が従わなかったため、国交大臣が

---

15)　アイヌ語保護の視点からのアイヌ文化振興法については、高橋・前掲注13) 159-160頁。

16)　札幌地判1997（平成9）年3月27日、訴月44巻10号1798頁

17)　石埼学＝笹沼弘志＝押久保倫夫編『リアル憲法学』（法律文化社、2009年）95-103頁〔榎澤幸広執筆〕。

18)　辺野古訴訟の経緯と主要な判決の原文については、沖縄県ホームページ内の「辺野古新基地建設問題の争訟」（https://www.pref.okinawa.lg.jp/heiwakichi/futenma/1017409/1027449. html#:~:text〔2024年9月30日閲覧〕）を参照のこと。加えて、紙野他編・前掲注2）、特にその末尾に掲載された「訴訟の経過」と「訴訟関連年表」（194-201頁）も、2023年5月1日までの経緯に限られるが、参照に値する。

知事の不作為の違法確認請求訴訟（地方自治法251条の7第1項）を起こしたところ、2016年12月20日に最高裁第二小法廷は、承認処分をした仲井間知事の裁量判断において、「その判断過程及び判断内容に特段不合理な点」は伺えないことを理由に、知事の不作為に対する違法確認の判決を下したため[19]、翁長知事は自らの取消処分の取り消しを余儀なくされた。

　その後、県から岩礁破砕工事差止訴訟が提起された。2018年10月に新知事に就任した玉城が以後の訴訟を引き継いだところ、2018年3月13日那覇地裁は、宝塚条例事件最高裁判決[20]を引きつつ、本件行政上の義務履行を求める県の権限の性質は公法上のものに留まるため、法律上の争訟に当たらないとする却下判決を下した。同年12月5日に福岡高裁も県側の控訴を棄却する判決を下したため、県はいったんは上告受理申立をしたものの、2019年3月29日に取り下げた。

　他方で県は、埋立工事に係る土砂投入阻止のため、今度は仲井間知事の埋立承認自体は（2016年最高裁判決で県側敗訴確定のため）受け入れなければならないとしても、その後の事情の変化を理由に2018年8月31日に県が埋立承認処分の撤回処分に踏み切ったところ、沖縄防衛局の請求に基づき国交大臣が2018年10月30日に上記撤回処分の執行停止を決定し、また2019年4月5日には国交大臣が上記撤回処分を取り消す裁決をした。そこで県が、両件とも国地方係争処理委員会に審査請求したところ、両件とも却下決定が下ったため、県が関与取消訴訟を提起した。その後、執行停止処分については取り下げられたが、撤回処分取消裁決に対しては、これを国の違法な関与と見なして県が提起した関与取消訴訟について、2019年10月23日に福岡高裁那覇支部が訴えを却下し、2020年3月26日には最高裁第一小法廷が上告棄却の判決を下した[21]。本件においては、知事による処分が法定受託事務である場合は、都道府県の処分に係る事務を所管する大臣が不服審査請求を判断することとなっており（地方自治法255条の2第1項1号）、しかも裁決はこれに不満を持つ自治体からの取消訴訟の対象とならない制度設計となっているため（同法245条

19）　最判平成28（2016）年12月29日民集70巻9号2281頁。
20）　最判平成14（2002）年7月9日民集56巻6号1134頁。
21）　最判令和2（2020）年3月26日民集74巻3号471頁。

第10章　沖縄の地域自治権保障と「対話型立法権分有」の憲法理論の可能性　239

３項後段括弧書き）、沖縄防衛局が私人などとは異なる公権力主体の一部（国の機関など）として不服審査を提起できない主体に該当するか否か（行政不服審査法７条２項にいう「固有の資格」に当たるか否か）が争われた。もし該当すれば、不服審査法の対象ではなくなるため、取消訴訟が可能となるからである。しかし上告審判決は、国の一部局である沖縄防衛局が日米安保維持のための国策（その限りでは公権力の行使の一部）として辺野古沖埋め立て事業を進めているにも関わらず、公有水面埋立法の形式的な解釈から、沖縄防衛局に「固有の資格」を認めない判断をしたために、不服申し立てに係る「裁決」であるがゆえに取消訴訟の対象とならないとして、本件を不適法な訴えとしてしまったのである[22]。

　さらに工事中に発覚した海底の軟弱地盤の改良工事のために沖縄防衛局が設計概要などの変更承認処分を申請したところ、2021年11月25日に玉城知事が不承認処分をしたために、沖縄防衛局の不服申し立てに基づき2022年４月８日に国交大臣はまたも変更不承認処分を取り消す裁決をした。加えて国交大臣は、同月28日に変更承認処分申請を承認するよう、地方自治法上の国の関与の一つとしての「是正の指示」を発出した。県側は国交大臣の上記の変更不承認処分取消裁決と「是正の指示」を国の違法な関与と見て２件の関与取消訴訟を提起したが、前者については2023（令和５）年３月16日福岡高裁那覇支部がこれまでと同じ理屈で却下し、最高裁も同年８月24日に上告不受理決定を下した。後者についても、福岡高裁那覇支部は2023（令和５）年３月16日に本件指示は適法であるとの判決を下し、最高裁も同年９月４日に上告を棄却している[23]。前者の裁決については県は取消を求める抗告訴訟も起こしているが、那覇地裁は2023（令和５）年11月15日に却下判決を下し、福岡高裁那覇支部も2024（令和６）年９月２日に控訴棄却判決を下したため、2024年９月17日に県が上告受理を申立てをし、現在も係争中である。

　辺野古沖埋立工事の計画変更の承認については、上記の２件の上告審にお

---

22)　県は、関与取消訴訟と並行して本裁決を「処分」と見なしてその取消を求める抗告訴訟も提起したが、同様の論理で那覇地裁が訴えを却下（令和２〔2020〕年11月27日）し、福岡高裁那覇支部は控訴棄却の判決（令和３〔2021〕年12月15日）、最高裁（第一小法廷）も上告棄却の判決を下した（最判令和４〔2022〕年12月８日民集76巻７号1519頁）。

23)　最判令和５（2023）年９月４日民集77巻６号1219頁。

ける県側敗訴にもかかわらず、なおも県が承認しなかったために、国は2023（令和5）年10月5日に代執行訴訟を提起した。代執行訴訟では設計変更を承認しない県の対応が、地方自治法245条の8第1項から第8項までに定める期限付きの文書による指示などの手続きを経てもなお「その是正を図ることが困難」であること、並びに「それを放置することにより著しく公益を害することが明らか」という代執行要件に該当するかが争われたが、福岡高裁那覇支部は2023（令和5）年12月20日に、「普天間基地の危険性の除去がされず、公共の利益を侵害する」と判断し、県に対して承認を命じる判決を下した[24]。そして最高裁は2024（令和6）年2月29日に上告不受理決定を下して、沖縄県の抵抗を封じてしまった。高裁判決後も沖縄県が譲歩し計画変更承認をしなかったため、上告受理申立中の2023年12月28日に国が県に代わって設計変更を承認する代執行措置を講ずることとなった[25]。そして2024年8月21日の新聞報道によれば、8月20日から軟弱地盤への杭打ちが始まり、辺野古埋め立てが本格化しているという[26]。

　あまりにも狭く形式的な法律上の争訟概念や行政訴訟法上の論理については、行政法専門家の批判に委ねたい。しかし公有水面埋立の承認及び撤回も、設計変更の承認も、全て地方自治法2条9項1号の法定受託事務である点には注意を払わなければならない。確かに1999年の同法改正により従来の機関委任事務に代えて設けられた法定受託事務は「地域の事務」（自治体事務）として自治事務と同一範疇に括られることで、条例の規律対象にもなった。しかしとりわけ違法性や不当性の判断基準などの面では、法定受託事務の根拠となる法令に対する国側の全国一律の解釈に対して、地域の特殊事情に基づく自治体の異なる解釈を優先させることには困難が付きまとう。地方自治法2条13項が自治事務について、「国は、地方公共団体が地域の特性に応じて当該事務を処理することができるよう特に配慮しなければならない」と規定している点も、その反対解釈として法定受託事務については国の法令解釈優

---

24)　https://www.pref.okinawa.lg.jp/_res/projects/default_project/_page_/001/027/449/231220hanketsu.pdf（2024年9月30日閲覧）。
25)　朝日新聞2023年12月29日記事「辺野古　国が初の代執行」。
26)　朝日新聞2024年8月21日記事「辺野古埋め立て　本格着手」。

先と一定の画一的処理の原則が導かれる虞は十分にある。そもそも法定受託事務はその定義上、「国が本来果たすべき役割に係るものであって、国においてその適正な処理を特に確保する必要があるもの」とされている。国の法令につき自治体の独自解釈を国の解釈に優先させることはかなり苦しい。

2　最優先されるべき考慮事項としての沖縄のエスニシティ的特殊性と情念

　沖縄が日米安保条約や駐留軍用地特措法に基づく米軍基地の安定確保の国策強要に対抗する論拠は、あくまでも沖縄ないし琉球が歴史的・自然的に有してきた特殊性にある。その特殊性とは、自立した地域生活のためには、海や珊瑚に囲まれた自然環境の保護を最優先する地場産業育成策以外は選択肢がないという島の産業構造と、琉球処分の侵略性、沖縄戦の甚大な犠牲、本土復帰後も続く甚だしい基地被害である。しかし埋立承認の取消に関する上記の違法確認請求訴訟最高裁判決（2016年12月20日）では、埋立法４条１項１号要件（「国土利用上適正且合理的ナルコト」）についても、同２号要件（「其ノ埋立ガ環境保全及災害防止ニ付十分配慮セラレタルモノトナルコト」）についても、上記の沖縄の特殊性は要考慮事項の１つに縮減させられている。同判決は、「普天間基地飛行場代替施設建築事業に係る公有水面埋立承認手続きに関する第三者委員会報告書」（2015年７月16日）がその検討項目１～４で指摘する前知事の判断の瑕疵を否定したが、特に検討項目４では、埋立法４条１項３号が定める「埋立地ノ用途ガ土地利用又ハ環境保全ニ関スル国又ハ地方公共団体（港湾局ヲ含ム）ノ法律ニ基ヅク計画ニ違背セザルコト」の要件該当性について、沖縄県自身が今回の埋立承認取消の理由としなかったこともあり、検討を加えていない。だが辺野古周辺には、生物多様性条約及び生物多様性基本法に基づく環境計画として「生物多様性国家戦略2012-2020」という国の計画があるのみならず、同条約及び同基本法13条に基づき県が策定した「生物多様性おきなわ戦略」や2003年４月に県策定の「琉球諸島沿岸海岸保全基本計画」などが存在していたはずであった[27]。

---

27)　武田真一郎「辺野古埋立をめぐる法律問題について」成蹊法学83号（2015年）62-65頁参照。

これら沖縄独自の環境保護政策を「優先的に」考慮すべきことを、承認事務を担当した前知事にも本件を扱う司法にも義務付けうる法的根拠を見出すことが求められている。しかしそれは、沖縄を他の日本の自治体と同様の基準で扱う地方自治法その他の行政法の普通法的枠組みでは困難であろう。加えて、普通法的な論点に沿った訴訟を続けることは、当然ながら「紛争自体の内実の検討そのものよりもむしろ手続きの形式性、妥当性に特化し、法的紛争の意味を限定させる作用がある[28]」ところ、一般県民にとっては、本土による沖縄差別とこれに対する反発という、彼らが長年抱いてきた地域的情念の発露の意味が希薄化する問題もある。それでは、エスニシティ地域自治体の存在を表立って認めていない日本国憲法において、エスニシティに基づく地域的情念を認め、その特殊性を最優先考慮事項とすべきことを義務付ける法制度はありうるのか。

Ⅳ　地方特別法の活用によるエスニシティ地域自治体の法認の可能性

1　スコットランドの経験

ここで近年注目を集めるスコットランドの地域自治を参考例として考えてみたい。実際には侵略による併合でありながら、1707年の同君連合条約に基づく対等合併と見做す観念が残り、一定の独自法制も残り続けたスコットランドでは、西欧の地域主義の普遍的な高まりにも後押しされて[29]、1998年にスコットランド議会の設立とこれに包括的に立法権を移譲すること（これをdevolutionと呼ぶ）を内容とするスコットランド法（＝スコットランド地域議会権限移譲法）を英国議会に制定させることに成功する。同法は、一定の留保

---

28)　山根幹根「辺野古基地問題をめぐる中央地方関係」法律時報89巻6号（2017年）48頁。なお山根は、政治対立が形式や論理の妥当性を問う法的紛争解決手続に転換されるところに、むしろ合理的な解決の可能性を見出そうとする。しかし実際には司法はこの期待に応えず、国に有利な方向からのみ形式論理を用いたと言わざるを得ない。

29)　西欧地域主義の高まりについては若松隆＝山田徹編『ヨーロッパ分権改革の新潮流』（中央大学出版部、2008年）が詳しい。

事項の立法権限を英国議会に残しつつも、それ以外はスコットランド議会の立法権限とし、両者の抵触・競合は司法による上記留保事項の解釈に委ねた。もちろんイギリスは不文憲法と議会主権を憲法原理としているので、後の英国議会でスコットランドから独自の制度や権限を奪い取る法改正をすることも理論的には可能である。しかし「スコットランド議会の同意がなければ、英国議会は権限移譲された事項に対して立法することも修正することもできない」というシーウェルの憲法習律（Sewel convention）が生まれた結果、事実上、議会主権が制約されている。加えて、僅差で否決された2014年のスコットランド独立に関する住民投票の後、英国議会が2016年に制定した新スコットランド法で、スコットランドの議会と政府の存在はスコットランドの住民投票による同意がなければ廃止できないこと、並びに移譲された権限に対する英国議会の新たな立法は、スコットランド議会の同意がない限り、「通常は」認められないことが明示された[30]。

　スコットランドの経験から分かることは、政権交代のある国では地域主義の高まりへの対応策として地域自治の保障が進む点と、地域主義的分権には包括的な立法権の移譲が不可欠である点、そしていったん地域主義的分権がなされた場合は、当該自治体の議会ないし住民の同意がなければ撤回や修正が許されない点である。イギリスと異なり成文の硬性憲法を持ち違憲立法審査制のある日本の場合には、地方自治関連の憲法規定の用い方次第では、いったん地域自治体に包括的立法権移譲がなされたならば、イギリス以上に国会の立法権を制約する憲法規範を見出すことも不可能ではない。

2　地方特別法による独自法制の保障と包括的立法権の「移譲」

　この点で、住民投票による同意を義務付ける憲法95条の地方特別法の活用が考えられる[31]。同制度については、沖縄の過度の基地負担に鑑みて、憲法92条の地方自治事項法定主義と差別的立法の憲法95条該当性を根拠に、駐留

---

30)　C.M. Himsworth & C.M. O'Neill, Scotland's Constitution: Law and Practice, Bloomsbury Professional, 2015, pp.153-169. クリス・ヒムズワース（愛敬浩二＝本庄未佳未訳）「イギリス憲法の諸相──スコットランドの観点から」法政論集271号（2017年）213-253頁、若松他編・前掲注29）167-187頁（山根幹根執筆）、倉持孝司編『「スコットランド問題」の考察』（法律文化社、2008年）参照。

軍用地特措法では足りず、沖縄米軍基地問題を対象とする地方特別法が必要との憲法論が既にある[32]。しかし通説・判例・内閣法制局解釈によれば、特定の自治体の組織・運営・権能について通常の自治体との基本的な違いをもたらすような内容を持つ法律のみが憲法95条の地方特別法に該当するとされ、一般法が特定地域の住民に差別的な過重負担を与えるだけでは該当しないとされている[33]。他方で、憲法制定過程における金森徳治路国務大臣の答弁や1949年から52年にかけて18都市で15本の地方特別法が制定された実例に鑑みて、同制度の母国であるアメリカとは異なり、日本型地方特別法には、特定自治体に不利益を与える差別的立法のみならず特権的な制度や権限を与える立法も国会の判断次第で含まれてよいと考えられている。逆に、未だ通説ではないものの、代表制を超える民主的正統性を持つ直接民主制の手続きには、通常の国会の立法を超える法的効力を認めるべきとの有力な憲法論に依拠するならば、いったん住民投票を伴う地方特別法が定められた時には、関連法令の改正に伴う文言の修正などの些末的な場合を除き、その本質にかかわる修正や地方特別法自体の廃止には、再度の住民投票による同意を憲法95条が義務付けていると考えるべきである[34]。

　もし国会が沖縄県のために二元代表制（憲法93条）の枠内で独自の地域議会と地域政府を認め、その条例に「琉球法」の名称を認め、かつ少なくとも地域の環境と文化の保護育成の分野で包括的な立法権を県に「移譲」する地方特別法を可決し住民投票で同意がなされた場合には、再度の住民投票を経なければその主要部分の修正や廃止を規定する国の立法は憲法違反となると考えられる[35]。その結果、国による米軍基地の強要については、国の駐留軍

---

31)　1870年の沖縄返還にあたって、沖縄県民を対象とした地方特別法の手続きが必要ではないかとの議論もあった。しかし当時は、返還前の沖縄には日本国憲法の規定自体が適用されないとの主張によって、こうした可能性は消されてしまった。

32)　木村草太「法治国家、立て直し必要」沖縄タイムズ2015年12月6日、同「沖縄の声すくう『95条』」朝日新聞2015年5月29日等。

33)　樋口陽一『憲法 I』（青林書院、1998年）363頁。渋谷秀樹『憲法〔第3版〕』（有斐閣、2017年）750頁。木村・前掲注32）の各論文は、特定自治体の住民への差別的立法にも地方特別法の手続きをとる方が適切という憲法政策論を述べているようにも見える。

34)　特別法を一般法に戻す時には住民投票は不要とする佐藤功説、直接民主制手続の優越性から特別法の廃止には住民投票が必須とする大石眞説を含めて、拙稿「第95条」辻村みよ子＝山元一編『概説　憲法コンメンタール』（信山社、2018年）428-431頁。

用地特措法実施権限と立法権「移譲」後に制定される環境保護関連の諸「琉球法」(=県条例)の実施権限との重複・抵触問題となる。もっとも国が米軍基地建設の公共事業を実施する事業主体の地位を主張する場合には沖縄防衛局は沖縄県の処分の対象となるので、環境保護最優先の制度設計がなされた「琉球法」に抵触する埋立工事には中止命令が出され、「琉球法」の定めた要件を逸脱する知事の埋立承認には明白な瑕疵が認定され、さらに承認された工事の開始後に「琉球法」違反が認められた場合には承認撤回がなされる。これらの処分に対し国が提起する訴訟(違法確認請求訴訟を含む)では、国の法令がこの分野をもはや規律していない以上、県側により高次の合法性が認められるはずである。

　なお、日本国憲法の解釈論としては、自治体立法権は「地方自治の本旨」(憲法92条)がその全権限性を認めて自治体に直接授権したものと考えることが近年通説化している[36]。この点からは、地方特別法による沖縄県への包括的立法権「移譲」とは、それまで国の立法優位の原則(憲法41条)により制約されていた当該分野の自治体立法権が沖縄県についてだけ包括的に「解除」され、全権限性が完全発動されるようになったと理解することができる。県と県内市町村との紛争については、県の全権限性を「解除」した地方特別法自体に、当該分野につき例外規定でも置かれない限りは、県が市町村に優位して立法権を行使する趣旨が含まれると解することができ、県内の統一的処理が可能になる。なお詳しい解釈論は、将来の別稿に委ねたい。

V　まとめに代えて

　本章が主張する地方特別法を通じた沖縄県への環境、文化、その他不可欠な分野の立法権の包括的「移譲」には、日本政府と国会がそれを受け入れることが必要であり、現時点では夢物語である。しかし2009年の政権交代時に鳩山首相(当時)が米軍基地移設について「最低でも県外」と公約したよう

---

35)　些末的とされる修正もその評価自体が争いの対象となるので、「琉球特別法」の全ての修正について些末的か否かの判断権を県議会に与える旨の規定を同法に挿入すべきである。
36)　詳しくは拙著『分権国家の憲法理論』(有信堂、2015年)を参照されたい。

に、いずれまた日本で政権交代が起きたときに地域主義を尊重する政権の誕生を期待すべきである。そしてこれに備えて、今から沖縄県として独自の地域政府制度や包括的権限「移譲」の「琉球特別法」案を構想し、また先取り的に包括的な環境保護条例を準備し、このような包括的立法権「移譲」を本土世論に訴えていくべきである。沖縄の地域的独自性の保障という訴えはやがては受け入れられよう。大事なことは、政府の口約束ではなく代償措置たる補助金の獲得でもない。法治国家の名の下で、公法の普通法的枠組みを用いてエスニシティ地域主義の抵抗を違法化する現行法体系に対抗できるように、憲法に基づき独自の合法性体系を沖縄に創設することこそが肝要なのである。

第 4 部

「分権型法治主義」と自治体憲法訴訟論

第11章

憲法規範としての補完性原理の有効性

はじめに[1]

　補完性原理は地方自治権をめぐる憲法訴訟の場で、裁判規範性を持って国の立法を規律できる法原理であろうか。また、日本国憲法は、確かに明文では補完性原理を規定していないものの、そのような意味での補完性原理を黙示的に含んでいると解しうるような条文を持っているのであろうか。もし裁判規範性を持たないとするならば、それでも憲法政治の場面で何らかの効果を発揮しうる憲法原理なのであろうか。

　補完性原理については、すでに日本の公法学でも一定の議論の蓄積がある。たとえば、1999年日本公法学会における廣田全男報告は、補完性原理を「自治体優先の事務配分」原則と解したうえで、これを欧州地方自治憲章、世界地方自治宣言、欧州地域自治憲章草案などに示された現代地方自治の国際スタンダードとした。そして日本の1999年改正地方自治法1条の2、2条11項、12項に規定された「適切役割分担」原則も、これと同趣旨とする解釈を示した[2]。同様の主張は、日本国憲法の国民主権について人民主権的解釈を採る立場から、身近な政府を通じた市民の自己決定こそ憲法92条「地方自治の本

1）　本論考の初出は「憲法規範としての補完性原理の可能性」公法研究81号（2019年）214-225頁である。本章に収録するにあたって、若干の加除修正を行った。なお上記初出論文は、2018年10月の第83回日本公法学会総会第2分科会「『原理・原則』をめぐる解釈論上の対抗」における筆者の同名報告を活字化したものである。

2）　廣田全男「事務配分論の再検討」公法研究62号179-189頁。同「補完性原理と『地方自治の本旨』」白藤他編『地方自治制度改革論』（自治体研究社、2004年）103-130頁。なお日本では、地域という用語は、広域自治体（リージョン）の意味でも、またリージョンのみならず市町村や県も含む非国家的領域（又は領域団体）を示す意味でも使われるため、リージョンを意味する場合は「地域」又は「地域」（リージョン）と表記する。

旨」の規範的意味であるとする杉原泰雄の主張の中にも見出せる[3]。

　他方で、自治体現場への補完性原理の影響を分析した安達智則は、1994年の経済同友会の提言以来、2002年の西尾試案、地方分権推進会議、第27次地制調答申中間報告などの政財界の提言に補完性の用語が頻出することを踏まえるならば、公的な福祉政策である「公助」においては国家より自治体を優先し、また「公助」よりも社会の自律的な「共助」を優先し、さらには個人の「自立・自助」を最優先させる構造改革の理念こそが補完性であり、それが市場化・効率化競争の下で行財政的に自立しうる規模への自治体合併を推進させたとの批判を加える[4]。新藤兵も、補完性及び近接性の原理は「内発的発展論」と相まって、20世紀後半の「ケインズ主義的福祉国民国家」から現在の「脱国民国家化された……グローバル新自由主義」への転換を促進する過渡的イデオロギーにほかならないと批判し、それがグローバルスタンダードではないこと、したがって「地方自治の本旨」とも無関係なことを力説する[5]。こうした補完性原理に対する全面批判とは異なって、後述のドイツ連邦憲法裁判所ラシュテーデ決定に補完性原理の承認を見る白藤博行は、日本の制度改革が「不真正補完性原理」に留まることに警戒しつつも、「自律的・民主的正統性」を備えた「真正補完性原理」がありうることを論証しようとする[6]。

　本書もこれまでは（特に第1章や第2章で）、その内容の十分な検討を踏まえないままで、補完性原理に積極的な評価をしてきた。しかしこうした相対立する評価の存在に鑑みて、本章では、過剰な理想化も過剰なイデオロギー批判も排したうえで、比較憲法学的な視点から、裁判規範性のある自治保障の憲法規範という意味と、分権改革における立法指針的な憲法規範という意味の両方向から、一つの憲法規範としての補完性原理を探究することにしたい。

3）　杉原泰雄『地方自治の憲法理論』（勁草書房、2002年、増補版2008年）。
4）　安達智則『自治体「構造改革」批判』（旬報社、2004年）。
5）　新藤兵「補完性・近接性原則批判」唯物論研究協会編『地域再生のリアリズム』（青木書店、2009年）176-204頁。
6）　白藤博行「地方自治制度をめぐる『改革』の論理と憲法の原理」白藤他編・前掲注2）13-72頁。

I 補完性原理の思想的起源とその多様な実定法化

欧州評議会（CE）専門委員会報告書によれば、個人や私的団体、そして自治体の自立を尊重する哲学としての補完性は、古代にはアリストテレス、中世にはトマス・アキナスやアルトジウス、近代に入ってもジョン・ロックなど多くの思想家の主張に垣間見られるという[7]。筆者が研究対象とするフランス革命期には、一般に中央集権と独裁政治の権化のように見られているM・ロベスピエールですら、「過度に統治したがる古来からの政府の悪弊」を批判し、「コミューン〔＝市町村〕に、共和国の一般行政に本来全く関わらない……自らに固有の事務を自主的に規律する権力を任せる」ことを主張している。しかし実際には、個人や自治体を過度に抑圧するジャコバン独裁に行き着いたのは周知のとおりである。それは決して国内外の厳しい政治情勢のせいだけではない。彼の憲法論には、国による介入の根拠たる「一般行政に関わる事項」であるのか否かの判断権、すなわち権限配分に関する立法権が中央の一般意思に独占される原理自体は自明とされたために、その判断一つで、地方自治権が無限に削減される論理が含まれていた[8]。この視点は本章の考察において重要な意味を持つ。

一般に現代の補完性原理の起源とされるのは、全体主義の脅威の下で出された1931年のローマ教皇ピオ（Pie 又は Pius）11世の第2回社会回勅80条の次の警句である。「人民がそれぞれの発案で、それ自身の手段により行使できる権限は、人民から奪われ、共同体に移譲されてはならないのとまさしく同じように、下位の集団が自ら履行できる任務をこれから奪って、より上位の広域の共同体に与えることも不正義……〔である〕。あらゆる社会介入の本来の目的は、社会の構成員を援助することであり、彼らを破壊することでも吸収することでもない。……この補完性の原理を守ることによって、多様な

7）*Définition et limites du principe de subsidialité*, Rapport préparé pour le Comité directeur des autorités locales et régionales, par le groupe des spécialistes présidé par Alain Delcamp, Communes et régions d'Europe n°55, Conseil de l'Europe, 1994.

8）この主張は、彼の1793年5月10日国民公会提出の『憲法素案』12条に具体化された。以上につき詳しくは、拙著『分権国家の憲法理論』（有信堂、2015年）94-95頁。

集団の間の段階的秩序がより一層強化されれば、社会組織の権威と効率はいっそう優れ、国家政体はいっそう幸福で豊かになる……[9]」。後世の論者は、ここに一方で個人や下位集団の自発性と自己統治の尊重の理念を、他方で援助が必要な場合の社会や国家の介入の思想を見出している。

　補完性原理は、EU が構成諸国との共管領域に介入する際のルールとしてマーストリヒト条約（1992年）に明示されたことで、世界的に広く知られるようになった。すなわち同条約 3 B 条 2 項（現 5 条 3 項）は、「EU は、その排他的権限に属さない領域においては、企図される活動の目的が、加盟国によっては十分に実現できず、したがって企図される活動の規模又は効果に鑑みて、EU レベルでより良く実現されうる限りにおいてのみ介入する」と規定していた。加えて同条 3 項（現 5 条 4 項）は、「EU の活動は本条約の目的を達成するために必要な範囲を超えてはならない」という、いわゆる比例原則も併せて規定していた[10]。補完性原理と比例原則との関係は後に検討する。

　地方自治の分野では、1985年に採択し88年に発効した欧州評議会（CE）の欧州地方自治憲章[11]が、補完性の用語は使用していないものの、次の規定で補完性原理を確認したと一般に理解されており、上述の専門委員会報告書もこの解釈を肯定する。「公的な責務は、一般に、市民に最も身近な当局が優先的に遂行するものとする。他の当局への責務の配分は、その任務の範囲と性質及び効率性と経済性の要請を考慮して行われなければならない」（4 条 3 項）。なお、ここでは特に配分される対象が「責務（responsabilités）」であって、単なる「行政」を超えて「統治」をも包含しうる用語で示されていることに注意を払いたい。欧州地方自治憲章を広域自治体＝地域（リージョン）に拡大することを目指した欧州地域自治憲章草案[12]（CE 下部組織の CLRAE〔欧州地方・地域自治体会議〕が1997年に CE の条約にすべきとの勧告34号を採択）では、「地域」自治体の権限行使のあり方や、国と「地域」と地方自治体（県や市町

9）　Quadragesimo anno,（1931）.本回勅については、J. Isensee, Subsidiaritätsprinzip und Vervassungsrecht, 2. Auflage, 2001, Anfang I, S.273f. のドイツ語訳（回勅80条を末尾まで掲載）を参照した。

10）　Traité sur l'Union européenne（JO C 191 du 29.7.1992, pp. 1 -112）.

11）　Charte européenne de l'autonomie locale,CE, STE n°122, Strasbourg,15/10/1985（01/09/1988発効）.

村）の権限紛争について、補完性原理に基づく処理がなされるべきことが明示されている（前文、本文6条2項、同18条2項）。しかし、逆に補完性原理の内容を説明する規定は見当たらなくなっている。

　欧州各国の憲法レベルでも、2000年前後に補完性原理ないしこれに類似する規定を取り入れる国が現れる[13]。イタリアは2001年憲法改正により、立法権を明示的に国と州で分有する「地域国家（stato regionale）」化すると共に、補完性原理を次のように規定する。「行政権限は、その統一的行使を確保するために、補完性、区分性及び最適性の原理に基づいて、県、大都市、州及び国に付与される場合を除き、市町村に属する」（118条1項）。ここには補完性・最適性の原理が、一方で市町村優先の「行政」権限配分原則を導くとともに、他方では全国統一的な権限行使の必要性が強まった場合には上位の単位への権限移譲をも導くことが示されている。実際イタリアの判例では、憲法の文言から外れるにもかかわらず、全国統一的な行政処理の必要性を根拠に、憲法が州の専属的立法事項としていた分野に国の立法が介入することを合憲と判断したものがある。まさにこれは、補完性が集権の原理として機能する可能性があることを示すものである[14]。

　フランスでは補完性原理は、以前は国民主権原理に基づき国民代表府（国）が始源的規範定立権としての立法権を独占することを意味する「単一国家（État unitaire）主義」の国是に根本から矛盾するとの否定論が強かった[15]。しかし2003年の憲法改正で「分権国家（État décentralisé）」たるべきこ

---

12)　Projet de Charte européenne de l'autonomie régionale（5 juin 1997), Recommandation 34（1997）1 du Congrès des pouvoirs locaux et régionaux de l'Europe. https://www.cvce. eu/collections/unit-content/-/unit/d5906df5-4f83-4603-85f7-0cabc24b9fe1/a71308a8-5183-47dd-bad9-dfd6a7ab9fa4/Resources#78ae4dcf-6346-4aa8-8474-7535e4091bf7_fr&overlay（2024年9月30日閲覧）

13)　以下の各国の憲法規定の翻訳は初宿正典＝辻村みよ子編『新解説世界憲法集〔第4版〕』（三省堂、2017年）に依拠しているが、報告者自身の訳し方を用いている部分もある。

14)　芦田淳「イタリアにおける州および地方団体の自治」拙編『分権改革下の地方自治法制の国際比較』（有信堂、2019年）112-113頁。

15)　Cf. Guillaume Drago , « Le principe de subsidiarité comme principe de droit constitutionnel », Revue internationale de droit comparé, 2 -1994, pp.583-595. 拙稿「補完性原理とフランス地方自治権論」中村睦男他編『欧州統合とフランス憲法の変容』（有斐閣、2003年）80-101頁。

とを1条1項で定めるとともに、72条2項では、「地方自治体は、各段階で最良の権限行使ができる当該諸権限全体について決定を下す役割（vocation）を有する」と規定するに至った。一般にフランスではここに補完性原理を見る。しかし後述する憲法院判例は、注意深くこの用語を避けている。フランスのこの表現は、日本の地方自治法で補完性原理を意味するとも言われる「適切役割分担」原則に近似する。それゆえフランスの補完性原理は「適切役割配分」原則と呼ぶ方がふさわしいと思われる[16]。

　ドイツは制憲過程で補完性を明文で規定する提案が否定された事実があるものの、以前から学説上は、「ゲマインデ〔＝市町村〕に対しては、法律の範囲内において、地域的共同体の全ての事項を自己の責任において規律する権利が保障されていなければならない」として自治体の全権限性を保障する28条2項1節に補完性原理を見る傾向が強かった。加えて、マーストリヒト条約の批准に伴いEUとの関係を新たに規律するために挿入された23条にも依拠することで、ドイツ憲法秩序の本来の構成要素の1つとして地方自治分野にまで及ぶ補完性原理を挙げる学説が一般化している[17]。

　以上のように、現代の補完性原理は明示的であれ黙示的であれ実定憲法化が進んでいると言えそうである。問題は、それがいかなる憲法規範的意味を持つのかという点である。この点を西欧憲法の地方自治保障論の知見を通じて、とりわけ補完性原理をめぐる独仏の判例・理論動向や補完性原理と関連性の強い他の原理・原則の検討から探ってみよう。

---

16)　拙著・前掲注8）292-293頁、307-309頁を参照されたい。

17)　廣田全男「ドイツにおける補完性原理の展開」地域政策・あすの三重6号（2002年）21-26頁で紹介するイゼンゼー（J.Isensee）の見解。廣田によれば、オッパーマン（T. Oppermann）は他の憲法規定も補完性原理の根拠として援用する。トーマス・オッパーマン（廣田訳）「ドイツ基本法の意味における補完性」杉原泰雄他編『資料・現代地方自治』（勁草書房、2003年）188-204頁（解説含む）。須藤陽子「地方自治に関する比例原則、補完性原理」『兼子仁古稀記念・分権時代と自治体法学』（勁草書房、2007年）120頁は、オッパーマンが補完性原理をドイツ憲法の根底にある不文の構造原理と見ているとする。

Ⅱ 憲法規範としての補完性原理の意義とその法的射程

1 ドイツ憲法判例における補完性原理

　白藤博行の研究[18]などを通じて、日本ではドイツ連邦憲法裁判所のラシュテーデ決定（1988年11月23日[19]）により、基本法28条2項1項の全権限性保障が補完性原理を含んでいることが確認されたという解釈が一般化している。同決定は、連邦廃棄物処理法及び施行州法により、従来、ゲマインデで処理してきた廃棄物処理事務が広域自治体クライスに一律に強制移譲されたことを不満として、ラシュテーデが起こした一連の訴訟から生まれたものである。すなわち本件では、憲法異議の訴訟要件不備を理由とする却下決定後の事務再移譲義務付け訴訟において、まずリューネブルク上級行政裁判所が基本法28条2項に補完性原理を見出したうえでゲマインデ優先の事務配分を認めたのに対して、連邦行政裁判所は補完性原理を認めず、本件を核心領域以外の分野における事務配分問題と捉えて比例原則を適用し、当該事務のゲマインデからのはく奪は比例原則に反しないとした。これに対する再度の憲法異議において、連邦憲法裁判所は上記判断を覆し、基本法28条2項の規範内容として、まず絶対保障されるべき核心領域は全権限性原則の存在そのものであること（D-I-2）、第2に核心領域以外では「地域共同体事項（Angelegenheiten der örtlichen Gemeinschaft）」についてのゲマインデ優先の事務配分の憲法原則が立法者を拘束することと（D-I-3-b）、公共の利益がこの原則に優越する場合に限り事務のはく奪が許されること（D-I-4-c）を示し、その上で本件ははく奪が許される場合に当たらないとした。本決定は補完性を明言していないが、この第2の規範が補完性原理とされている

　さらに同決定は、「地域共同体事項」とは「地域共同体に根を下ろし、こ

18）　白藤博行「ドイツにおける地方自治改革と法理」室井還暦『現代行政法の理論』（法律文化社、1991年）332-354頁。

19）　BverfGE 79, 127, Beschluss v.23.11.1988. ドイツ憲法判例研究会編『ドイツの憲法判例Ⅱ〔第2版〕』（信山社、2006年）378-382頁（白藤執筆）の抄訳と解説等も参照。

れと特有の関連性を有するような必要性と利益」を意味するとし、それゆえ「（政治的な）ゲマインデで人間が共同で生活し居住することに関わる」ものと述べている（D-I-3-c）。加えて、ゲマインデによる事務処理が過度のコスト高を生む場合には集権化が認められるとしつつ、「憲法はこうした経済的な検討について、地域における市民（örtlichen Bürgerschaft）の参加という政治的・民主的観点を対置し、後者に優先性を与える」とも述べている（D-I-4-a）。したがって同決定の補完性原理は、市民に身近なゲマインデの民主的正統性の強さに優先的事務配分の根拠を求めたと解することもでき、こうして補完性原理は近接民主主義と結びつくことになる[20]。なお白藤はここに、単なる経済的効率性を超えた「共同利益」の証明がない限り、ゲマインデからの権限はく奪が禁止されるとの解釈までも提示している[21]。

　他方で同決定は、補完性原理による国の立法権に対する規律密度についてはかなり緩い基準を採用する。すなわちそれは、「立法者による決定が単に現実を無視した検討（das Fehlen sachfremder Erwägungen）に基づくものではないかという点からではなく、是認性（Vertretbarkeit）に基づいているかという点から審査をする」（D-I-4-c）というものであった。ここにいう「是認性」は「明白な過誤」の基準よりましであるが、立法者に権限配分に関する幅広い裁量を認める「合理性の基準」と同類のものとされる[22]。補完性原理は効率性よりも民主主義重視を本質内容とする代わりに、裁判的救済を受けにくい規範なのである。

2　フランス憲法判例における補完性原理

　「適切役割配分」としてのフランス型補完性原理の意味と立法者に対する規律密度を示したのが「エネルギー政策進路計画法」に対する2005年7月7日の憲法院判決であった[23]。憲法院付託者は、風力発電推進ゾーンの設定権限を県知事に与えた立法が、フランス憲法72条3項の「自由行政」原理と同

20）　新村とわ「自治権に関する一考察（2・完）」法学68巻4号85-91頁は「市民近接型民主主義」と呼び、「分節型民主主義」としての地方自治理解に結びつけようとする。
21）　白藤・前掲注18）345-346頁。
22）　同上、346-347頁、351-352頁（白藤論文の注14））参照。
23）　Décision n° 2005-516 DC du 7 juillet 2005, J.O. du 14 juillet 2005, p.11589.

条2項の「適切役割配分」原則を侵害すると主張したのに対し、同判決は、制憲者が採用した「役割」という用語の一般性からの帰結として、憲法72条2項を根拠に違憲性を問題としうるのは、「当該権限の諸特徴と関連する諸利益に照らして、当該権限が地方自治体の手でこそより良く行使されることが明らかな場合に限られる」(const.12)と述べたうえで、本法律が憲法72条2項の規定を「明らかに無視したものとまでは言えない」(const.13)としたのだった。

　本判決は、自治体に対する権限配分に関する国の立法府の全能性を建前としてきた伝統的なフランス「単一国家」主義を例外的ではあれ崩す可能性を認めた点で画期的とされる。その限りで、本判決によりフランス型補完性原理にも一定の裁判規範性が認められたといえる。しかしその規律密度は極めて低く、「明白な過誤」の基準に留まるものである[24]。

3　欧州統合に見る比例原則と連結した補完性原理の規律密度向上の可能性

　ラシュテーデ決定は、補完性原理を否定したうえで比例原則を用いて判断した連邦行政裁判所判決を破棄して出されたものであるが故に、補完性原理と比例原則とは異質で連結できないとする解釈が一般的である。すなわち前者は専管領域化を前提とした権限配分原理であるのに対して、後者は共管領域における上位権力の下位権力への介入をその目的との関係で必要な範囲に制限する原理だというのである[25]。前者は権限配分に関する第一次立法権(compétence-compétence)を国(の立法府)が独占する場合には、広い裁量が第一次立法権に認められるが故に、権限配分立法は「明白な過誤」やせいぜいのところ「合理性の基準」レベルの低い規律密度による合憲性審査しか受けることはない。憲法は立法者にまず権限配分原理として補完性を考慮させたうえで、この原理を覆し自治に介入するに足りる理由がある場合には、介

---

24)　憲法72条2項に「明白な過誤」基準を用いて例外的に違憲審査する可能性を認める学説は本判決前から存在した。Cf. Jean-Marie Lemoyne, « Subsidialité et chef de file », in Y. Gaudemet et O. Gohin (sous la dir.), *La République décentralisée*, Éditions Panthéon-Assas, 2004, pp.49-50.

25)　白藤・前掲注18) 340頁。新村・前掲注20) 86-87頁。

入が正当化できる範囲に留まることを義務付ける（比例原則）点で両者は連結するという評価もある[26]。しかし地方自治権を基本権の文脈で考えるのではなく、あくまでも近接民主主義の文脈で捉えるべきだとすれば、ここで比例原則が立法者に対して加える規律密度は、基本権保護の場合に比べて格段に低くなることは否めない。

　この点で、2004年に加盟25か国代表により採択、署名されながら2005年のフランスとオランダのレファレンダムで相次いで批准が拒否されたために発効しないまま凍結されたEU憲法条約、並びにその後の各国の憲法改正が参考になる。EU憲法条約は、マーストリヒト条約における補完性原理と比例原則との連結を発展させたものであり、EUの排他的権限領域ではない共管領域では、EU権限の行使は「補完性原理と比例原則」によって規律されることを繰り返し明言していた（I-11条）。そして「補完性原理と比例原則の適用」の表題を持つ同条約第2議定書では、これらの原理原則を尊重するために、EU立法の際には欧州委員会が各国の国レベルだけでなく、必要に応じて地方レベルや地域（リージョン）レベルにまで広範な聴聞手続きがなされるべきこと（2条）、また各国国会にEU立法案を送付し（4条）、各法案には補完性原理と比例原則を尊重したことが分かるよう詳細な説明文を付すべきこと（5条）、各国国会は法案送付後6週間以内に同法案が補完性原理に合致していないことについての理由を付した意見書をEUに提出できること（6条）、それぞれ2票ずつとして数えられた各国国会の票数全体の3分の1（自由、安全、司法が問題となる場合は4分の1）が、補完性原理を尊重しない法案であるとの意見を提出した場合には同法案は再議され、EU諸機関は最後に理由をつけた決定により同法案を維持、修正ないし撤回すること（7条）、EU司法裁判所は、本条約本文III-365条に定められたEU立法に対する適法性統制手続を用いて、EU立法による補完性原理侵害についての訴訟に判断を下す権限を有すること（8条）などが定められていた[27]。

　EU憲法条約は発効しなかったものの、その代わりであるリスボン条約に

---

26)　上代庸平『自治体財政の憲法的保障』（慶應義塾大学出版会、2019年）216-232頁。
27)　*Traité établissant une Constitution pour l'Europe*, La documentation Française, 2004.

よる統合深化を前にして、2006年の欧州理事会決定にも後押しされて、2008年にドイツでもフランスでもEU立法による介入を制限し自国の立法権を保護するための憲法改正が行われた。ドイツは23条に1a項を追加し、補完性原理違反について連邦議会や連邦参議院によるEU司法裁判所に提訴できること、連邦議会の4分の1の申し立てがあれば提訴しなければならないことを規定した。フランスも、88条の6で上下両院が欧州立法の補完性原理適合性についての理由付き意見書をEU諸機関に送付でき、また補完性原理違反を理由にEU司法裁判所に提訴できること、さらにいずれかの院の議員60名の請求で提訴が義務付けられることを規定している。

　フランスの憲法コンメンタールでは、欧州立法の成立前の各国国会の諮問手続と成立後のEU司法裁判所への提訴手続が詳細に記述されているが、実際に補完性原理違反として提訴された事例は示されていない[28]。統合欧州における補完性原理について裁判所が行う規律の密度については今後のEU司法裁判所判例に委ねられることになろう。少なくともここで言えることは、欧州レベルでは補完性原理はEUと各国の2つの立法権の間の共管領域における権限紛争の処理原則であり、それゆえ一定の規律密度を予定する比例原則で補完性原理適合性が審査されることである。そして補完性原理にこれほどの法規範性が認められるのは、「主権の一部プール化」による立法権共同行使に留まるEUにとっては、共管領域における立法権は各国国会に始源的かつ優先的に帰属することが前提となっているからである。逆に言えば、ドイツでもフランスでも、地方自治の法的定義がフランスの場合は「自由行政」、ドイツは「自治行政」という「行政」分権に留まっており、その結果、市町村自治体は（フランスではレジオンも県も）権限配分については国（ドイツの場合は連邦と州）が立法権を独占する建前がとられているが故に、こうした国の立法権独占を前提としたうえで、その立法裁量に踰越濫用があったか否かという緩い審査しかできなかったのである。立法権を国が独占する建前を維持する限り、補完性原理は比例原則から切り離され、その憲法規範性は貧

28）　T. Renoux et M. de Villiers（sous la dir.）, *Code constitutionnel*, LexisNexis, 2016, pp.1321-
　　1323.

弱なものとなることが分かるであろう。

4　補完性原理と牽連性原理の関係

　本章の「**はじめに**」でも述べたように、近年の分権改革には、確かに国の側の福祉国家的役割の放棄と、十分な財源の裏付けなき自治体への権限移譲ないし過度の役割分担の強制の傾向が見て取れる。他方で、独仏の近年の憲法改革では、十分な財源の裏付けを欠いた国から自治体への権限移譲を禁止ないし制限する動きも見られる。これはドイツでは牽連性（又は連結性：Konnexitätsprinzip）の原理と呼ばれている。

　ドイツ連邦基本法では、州への委託行政における連邦負担義務の規定（104a条2項）や、州が固有行政として連邦法律を執行する際に連邦法律施行州法の制定が義務付けられる場合における連邦負担を可能とする規定（104条a3項）など、連邦と州との間の財政負担・援助に関する規定しかない。上代庸平はここに、立法及び執行権における自律的・相互非依存的関係を前提とする自己の任務に関する財政負担責任の原則を見て、これを「連邦国家における牽連性原理」と呼ぶ。他方で州と自治体との関係では立法権が分有される関係ではないことを前提に、いくつかの州では州法で州から自治体に事務を移譲する際に牽連性原理を適用するための詳細な規定を置く傾向が強まっているとする[29]。

　フランスでも2003年憲法改正によって同様の規定が生まれている。すなわち、国から自治体への権限移譲はその権限行使に割り当てられていた財源に見合う財源の付与を伴うことと、自治体の出費増大を招く権限の創設又は拡大は法律でこれに対応する財源を伴うことを義務付ける原則が定められたのである（72条の2第4項）。その後の具体化立法と憲法判例の展開の結果、①権限移譲の場合には、立法は同時に必要な財源額を示さねばならず、その額は移譲の時点で国が負担していた額に匹敵するものでなければならないこと、②自治体の出費増大を招く権限の創設又は拡大の場合は、それが義務的性格

---

29)　上代・前掲注26) 127-182頁。牽連性原理を過度の分権化からの揺り戻しの文脈でとらえるものとして、人見剛「ドイツにおける地方自治保障の現状」拙編・前掲注14) 130-141頁。

のものである場合に限り財源保障が伴い、また保障財源のあり方は、「自由行政」原理に反しないとの条件の下で、この事務の実施に必要なレベルとなるよう立法者が判断できること、③本条は実体的な権限の創設となる場合のみを対象とし、従来の自治体権限の行使に修正を加えた結果として負担が増大しても財源保障はなされないこと、などが明らかになっている[30]。

　この牽連性原理は、フランスの判例からも分かるように、権限移譲後に新たに発生する負担増大には新たな財源補填が保障されず、また権限新設の場合に必ずしも十分な財源保障がなされるわけではない点で、自治体に負担を押し付けて脱福祉国家化を進める動きを完全に阻止できるものではない。そうではあれ、もしこの原理に憲法規範性があり、裁判的統制が十分に機能する場合には、過度の権限移譲に対してこれを阻止する有効な手段となる可能性はある[31]。他方で補完性原理との関係でいえば、これにも憲法規範性が認められるとしても、それまで過度に国に帰属してきた権限を自治体に優先的に再配分することを義務付けるような憲法解釈はかなり困難になろう。なぜなら、権限移譲に必ず前年度までの国家負担額と同額の財源移譲を伴わせる原則に強い憲法規範性を認めるならば、逆に十分な財源移譲のめどが立たない限り、国の立法府は大幅な権限移譲を避ける以外の選択肢がなくなるからである。つまり牽連性原理に強い憲法規範性を認める限り、補完性原理は逆に国の広い立法裁量を認めるものとならざるを得ないのである。

Ⅲ　まとめに代えて——日本の分権改革にとっての補完性原理

　それでは、日本国憲法92条の「地方自治の本旨」に補完性原理を読み込み、その確認規定と見なされた地方自治法１条の２などに見出される「適切役割分担」を補完性原理と同視することは、憲法規範論的にはいかなる意味を持つことになるであろうか。日本は国民生活と地域生活とが重複する傾向が強いため、独仏などの大陸法が目指したような権限をブロック化し一括して国

---

30)　Renoux et de Villiers, *op.cit*（note 28）pp.1260-1262.
31)　白藤博行「『補完性原理』の理論と実際」地域政策・あすの三重６号（2002年）19-20頁参照。

か自治体に割り振る権限峻別型ではなく、権限重複型を基本とする。そのため、「国＝基本政策・制度・要件の決定／自治体＝現場で実施基準の選択」という「役割分担」になりやすい。国と自治体との対等関係を目指し、1999年地方分権一括法へと至る「第1次分権改革」では、国の法令による法定自治事務への義務付け・枠付けが残存し一部強化されてしまった。これへの反省から、2011年以降、数次の地域自主性一括法の制定を通じて自治体を国の法令から解放し、「立法権分権」（2008年12月地方分権改革推進委員会第2次勧告の表現）を目指す「第2次分権改革」も試みられた。しかし国（国会）の立法権独占原則に固執する歴代政府や内閣法制局は、地域の切実な必要性に基づく、条例による国の法令の一般的な上書き権や不合理な国の法令に対する一部逸脱・抵触を未だに認めず、国の法令の個別の定めを通じた国の政策判断の枠内での「義務付け・枠付の緩和・撤廃」に留まっていると言わざるを得ない。

　他方で、分権改革の影響を受けて学説における通説は変化した。すなわち現在では、条例制定権の憲法直接授権説（特に92条根拠規定・94条確認規定説）、並びに地域に必要な事務は条例制定を通じていかなる分野でも法律の根拠を要さず自由に創出可能とする全権限性を「地方自治の本旨」に読み込む立場が通説化している。この場合、地方議会は国会と並び「権限決定権限」としての第1次的立法権を分有することになる。したがって条例制定権の限界は、「国の」レベルで国会を唯一の立法機関とする憲法41条が、国・地方関係では「国の法律優位の原則」順守を求めるに留まると解したうえで、この原則に基づき、国の立法が憲法の地方自治権保障の原理に反しない限りで、かつ事案に即した全国的な合理性が認められる範囲内で、明示的ないし黙示的に自治体立法権を規律するところに求められることとなる。条例の限界はそれが法律に常に劣位する「命令」の本質を持つからという古い通説はもはや放棄されている。さらに現代民主主義理論の発展（すなわち討議民主主義や対抗民主主義など）を踏まえた国民主権原理の多元主義的な理解に従う場合には、「国民主権の地域的行使の場」として地方自治を制度化することが「地方自治の本旨」の規範内容に付け加わるため、地域的な必要性と合理性とが十分に立証できる場合には、「国と自治体の両立法権の実質的対話」を成り立た

せるために、条例が国の法令に部分的暫定的に抵触や逸脱することにも憲法92条からの「憲法的合法性」が認められるとする「対話型立法権分有」説も有力になりつつある。そしてこうした理解は、ドイツやフランスのように地方自治を「自治（自由）行政」、条例を「地方命令」（ドイツは中間的性格のSatzung）と観念し国・自治体間の立法権分有可能性を一切認めない大陸法型地方自治の観念から離れて、「local self-government」として地方自治を観念する英米法、とりわけアメリカ型地方自治の観念をより強く受け継いだ日本の地方自治の特色に着目することで補強される[32]。

　不均衡な関係ではあれ、こうした国・自治体間の立法権分有を認める日本の地方自治理解からすると、独仏の補完性原理（「適切役割配分」原則）の理解は、そのままでは受け入れるに値しないものとなる[33]。なぜなら、後者は国による「権限決定権限」としての第1次立法権独占を不可侵の公理とし、国の立法府による自治体への権限配分決定権について幅広い立法裁量を認めたうえで、にもかかわらずその権限行使のあり方が逸脱・濫用したと見なさざるを得ないほどに不合理な状態に至ったときに限り、違憲の制裁を加えるものに過ぎないからである。

　確かにこの独仏レベルの補完性原理でも、これを「地方自治の本旨」に読み込むことは、近接民主主義への展望や権限配分立法の理念的限界づけという意味で政治的には意味があろう。しかしそれは、権限配分決定に際して憲法的価値の1つとしての考慮要素に留まり、他の憲法の価値である平等原則（14条）や福祉国家理念（25条）と調和的に、かつ事案に応じて、諸要素の総合考慮がなされるものの1つに過ぎない。

　他方で、「地方自治の本旨」に「対話型立法権分有」の要請まで見出す場合には、別種の補完性原理が見出されるであろう。すなわち原則として国の立法優位を認めたうえで、常に生じる現場や地域の実情への適応の必要性から、国の法令が不合理・不十分な場合に条例制定その他の自治体意思決定を通じて、国の立法意思に部分的・暫定的に修正を加えることで、国の立法権

---

32)　以上につき、詳しくは拙著・前掲注8）341-407頁を参照されたい。

33)　当然に立法権が重複的に分有される EU の補完性原理理解は別の話である。

を「対抗的に補完」することが憲法上認められるのである。これは大陸法の補完性原理とはベクトルが真逆なもの、いわば「逆補完性原理」である。日本の分権改革の歴史は、国が行うべき施策を怠り続けた結果、自治体が現場から必要に迫られて「補完」することで発展してきたとの指摘もある[34]。それゆえ、まさに「逆補完性原理」こそが、国・地方間権限紛争等において強い憲法規範性を認められる可能性を秘めているのである。

---

34) 金井利之「『補完性の原理』から『逆補完性の原理』へ」136号（2012年）24-26頁。

第12章

自治体憲法訴訟論の基本視座

はじめに[1]

かつて杉原泰雄は、日本の憲法学界では地方自治権保障のための憲法規範論の探求（本書はこれを自治体憲法理論と呼んでいる）に対する関心が薄いことを嘆いた[2]。1999年の地方分権一括法以降の分権改革、とりわけ2011年以降の数次にわたる「地域の自主性及び自立性を高めるための改革」推進のための一括法（以下、地域自主性一括法）を中心とする「第2次分権改革」では「立法権分権」まで提唱され、行政法学界ではかなり多くの研究がなされていることと比べて[3]、憲法学界では未だにこの分野への関心が薄く、新たな憲法理論も提示されていないように見える。こうした問題意識に基づき、本章では、自治体憲法理論の構築の試みには、憲法原理論においても日本国憲法の解釈論においても重要な論点が数多く含まれていること、そしてこの論点への取り組みは単なる地方自治分野に留まらず、憲法学の各分野に波及する多くの研究上の価値があることを示したい。

---

1) 本論考の初出は、「現代分権改革における自治体憲法理論の課題」憲法研究8号（2021年）35-51頁である。本書に収録するにあたり、本書全体の構成との関係で必要最小限の加除修正を行った。

2) 杉原泰雄『地方自治の憲法論〔補訂版〕』（勁草書房、2008年）32-37頁。

3) 「立法権分権」を標榜する分権改革の概略と行政法学の対応については拙著『分権国家の憲法理論』（有信堂、2015年）383-393頁を参照されたい。

I 防御権的理論構成から規範抵触関係的理論構成へ

1 大陸法型憲法理論における地方自治権の防御権的理論構成

日本の憲法学において革新的な自治体憲法理論がなかなか生み出されえない主な原因の一つは、日本公法学の戦前以来の伝統である大陸法的思考、とりわけ独仏憲法学における自治体憲法理論の問題点が潜んでいるように思われる。周知のように、戦後日本の公法学界では、ドイツ由来の憲法理論を日本国憲法の解釈論に応用した成田頼明のいわゆる「制度的保障説」が通説となった[4]。同時期に展開された新固有権説や人民主権（型地方自治権）説による批判に耐えながら、この説は実務の世界だけでなく、ほとんどの憲法の基本書において、いまだに通説の地位を認められている。

大陸法系の憲法学がとりわけ憲法の原理論において重要な位置を占めることは筆者も認めるところである。しかし、こと日本の自治体憲法理論に関する限り、地方自治権を防御権として理論構成する独仏の憲法解釈論には大きな問題があると思う。確かに現在でもドイツの憲法判例は、とりわけ自治体財政自主権の保障の分野では、防御権型の理論構成によって一定の成果を生み出しているようである[5]。権限配分問題についても、有名な「ラシュテーデ決定」（1988年）が、補完性原理の理論構成を介して、防御権としての地方自治権を守ることができたとの評価がなされてきた[6]。しかしドイツ連邦共和国基本法は、自治体に対する個別具体的な固有財源の保障規定や、新たな財政負担を強いる国の立法に牽連性原理の遵守を義務付ける明文の規定を持ち、しかも抽象的規範統制も可能な大陸型違憲審査制を具備している。加え

4） 成田頼明「地方自治の保障」宮沢還暦記念『日本国憲法体系第5巻・統治の機構Ⅱ』（有斐閣、1964年）287-303頁。

5） 上代庸平『自治体財政の憲法的保障』（慶応義塾大学出版会、2019年）。人見剛「ドイツにおける地方自治保障の現状」拙編『分権改革下の地方自治法制の国際比較』（有信堂、2019年）129-155頁等。

6） 白藤博行「ドイツにおける地方自治改革と法理」室井還暦記念『現代行政法の理論』（法律文化社、1991年）332-354頁。

て連邦憲法裁判所裁判官の半数の任命権を各州政府代表の合議機関である連邦参議院が持つ点でも、地方自治尊重の判決が出やすい。このような憲法構造に基づくドイツの憲法理論は、そのままでは日本に応用できない。

2 日本国憲法における防御権的理論構成の困難性

日本国憲法は、自治体の固有の権限や財源を個別具体的に明示する規定や、国による自治体財政自主権への介入の具体的限界を明示する規定を持たない。そのため、国法による介入に対して地方自治権を防御する砦となる規定は憲法92条の「地方自治の本旨」しかないが、自治制度や自治権保障のあり方をめぐる政治的対立が激しい中では、抽象的な憲法規定にどのような具体的防御権の規範内容を読み込むかについて、通説・判例レベルでの見解の一致は期待し難い。したがって多くの憲法教科書は、92条の「地方自治の本旨」の規範内容について、極めて曖昧な住民自治と団体自治の理念（近年はこれに適切役割分担原則も付け加えるのが一般的であるが）をそこに見るだけで、具体的には、誰が見ても明らかに「地方自治の本旨」に反すると感じるような極端な地方自治侵害立法を違憲にするという、いわばリップサービス的な内容を述べるだけでお茶を濁しているのが現状であろう。「地方自治の本旨」の具体的な意味充填に関して補完性原理に希望を見る向きもあるが、これを憲法規範化した独仏の例を見る限り、やはり補完性原理とて、地方自治制度や権限配分に関する国法の広い立法裁量性を前提としつつ、「明白な過誤」のみの違憲判断、あるいは判断過程に対する緩やかな統制の意味での立法裁量統制の根拠にしかなりえないものであり、規範的意味は弱い[7]。

日本国憲法が国会の立法に対する抽象的規範統制を排除する本質を持つ司法審査型の違憲審査制を採っていることも、地方自治権を防御権的に理論構

7） 拙稿「憲法規範としての補完性原理の可能性」公法研究81号（2019年）214-225頁（本書**第4部第12章**）。なお公法研究の上記論文において、筆者は「ラシュテーデ決定」が用いた「Vertretbarkeit」という審査基準を「合理性の基準」に近いものとして述べたが、ドイツ憲法研究者の基本権関連の著作（小山剛『「憲法上の権利」の作法〔第3版〕』〔尚学社、2016年〕186頁）に接して、現在ではこの基準は、緩いながらも判断過程統制を含んだものと理解するのが適切と考えている（拙稿「地方自治の憲法理論から見た分権改革の現状」都市問題111号〔2020年〕92頁）。

成することを困難にしている。国の立法それ自体の違憲性を直接問うのは抽象的規範統制であり、日本国憲法では不可能というのが通説・判例の立場であるが[8]、たとえ地方自治権を防御権的に理論構成したとしても、これを侵害する立法がなされたというだけでは憲法訴訟はできない。したがって、地方自治権を防御するために国の立法権行使を問題にする訴訟というのは、実際には自治体立法（基本的には条例）に基づく自治体行政行為による私人の権利侵害が争われる際に、当該自治体立法の違法性すなわち国法抵触性が争われる場面か、あるいは地方自治法などで一部具体化されている客観訴訟としての機関訴訟において、やはり上記の自治体立法（あるいは自治体立法に準ずる自治体の長の政治的意思）に基づく具体的な自治体の行政行為（不作為を含む）の違法性を論じる場面でしか、適法な訴訟になりえない[9]。こうした訴訟においては、次に述べるような国の立法と自治体立法との抵触関係がすでに争点となっており、国の立法内容を自治体の専権的（あるいは優先的）事項への侵害として争う防御権的理論構成が採られることはない。

3 規範抵触関係的理論構成における立法権分有制の契機

地方自治の法的紛争問題を規範抵触関係から捉える視点は、すでに行政法学では確立したもののように思われる[10]。しかしこの視点を自治体憲法理論の分野に持ち込むには、自治体立法権の憲法上の根拠とその法的本質をより明確にする必要がある。

国の立法権と競合しうる自治体立法権の存在を認めるには、「法律の範囲内」での条例制定権を規定する憲法94条を根拠とする古い憲法直接授権説では不十分である。地方自治権を侵害する国法を違憲とすることを含意する憲法92条の「地方自治の本旨」規定そのものの中に、自治体立法権の保障を読

8）　最大判昭和27（1952）年10月8日民集6巻9号783頁。
9）　法定受託事務や法定自治事務の実施の場面で、当該国の法令の実施を義務付けられた自治体の長が国の法令解釈と異なる独自の解釈に基づき行う施策が国と対立し、多くの場合は地方自治法の「国の関与」を受けて訴訟になる場合も、もちろん適法な国・自治体間訴訟である。本書はこのケースを国・地方行政主体間紛争と理解し、ここで述べる立法主体間紛争と区別する。この論点は本章の「Ⅳ　おわりに」で触れる。
10）　岩橋健定「条例制定権の限界」塩野古希記念『行政法の発展と変革（下）』（有斐閣、2001年）357-400頁。

み込むことが不可欠である。この場合、94条は92条の確認規定となる。92条の文理解釈からは導出できないこのような理論構成を可能にするのは、憲法前文と1条の定める国民主権の原理を、主権主体と主権行使の2つの場面で多元的に再構成した場合である。日本では、政治理念のレベルでは、地方自治を「地方政府における自己統治」と観念したうえで、自治体を国民による主権の地域的行使の場とする理解がすでに一般的であり、常識的な憲法理解でもある[11]。独仏公法の常識に縛られた公法学者にはこの政治的な定義への懐疑論が根強いが、次に述べる「統一的国家意思」の弁証という難問さえ解決できるなら、公法学者もこれを受け入れるべきである。

このように憲法92条の「地方自治の本旨」に、その憲法規範的な意味として、主権者国民による地域的な主権行使の場の保障という趣旨を読み取る場合、92条と94条とによって自治体は国との間で始源的立法権、つまり憲法から直接授権された権限創出権限（compétence-compétence）を分有すると解しうることになる。確かに憲法41条は、国会による実質的意味の立法権独占の原則（国会中心立法の原則）を定める。しかし41条は、その文面そのものからも、あくまで「国の」（すなわち中央政府内での）立法権についての国会独占原則を定めたものである。41条と92条を調和的に読む場合には、92条が自治体にも国に匹敵する立法権を直接授権したことを認め、したがって国同様、自治体にも公的事項に対する全権限性（但し地域性という限定を伴う）が保障されることを認めることになるので、それぞれ全権限性を認められた国と自治体の両立法権が競合・抵触し合うことが必然となるがゆえに、「統一的国家意思」創出の必要性から暫定的に国（国会）の立法権の優位原則を認めた規定として、41条を理解することになる。

こうした理解に基づくなら、現実の自治体が権限や財源に関して矮小な自

11）　民主党政権下の「地域主権」論は確かに法概念としては誤っており、また論者の間でも「道州制国家」の意味で使われることもあるなど一定の混乱が見られたことは確かである。しかしその言わんとしているところは、これを批判する側が論難するような、国から主権を剥奪して自治体にこれを帰属させる国家解体論ではなくて、地域自治重視の中で国民主権を実質化させようとしたものであり、その限りで少なくとも自民党の政権復帰前は広く世論の支持を集めていた。この点につき、例えば原口一博総務大臣（当時）は、「主権者たる国民が自らの権利において地域を創造」できるよう、彼らの参加によって「基本となる法律を制定する」ことが「地域主権」の意味である旨の発言をしていた（月刊自治研55巻643号〔2013年〕22頁）。

由しか享受できないのは、国の立法がそれだけの権限や財源しか自治体に与えていないからではなく、92条により本来は権限も財源も自治体立法によって自由に創出し規律できるはずの自治体が、41条に基づき全国的視点からこれを拘束する国の立法のせいで、現状のような限界のある自治体立法権行使の状態にとどまらざるを得なかった結果ということになる[12]。当該分野で自治体の自由な立法権行使を拘束していた国法が改廃された場合には、それだけ自治体の立法権行使の自由度が高まることになる。他方で、たとえ自治体立法権を拘束する国法が存続していたとしても、41条の国法優位の原則は例外を許容するという意味での「原則」に過ぎず、地域的な特別処理の必要性と合理性とが（最終的には司法裁判所によって）十分に認められる場合には、92条によって自治体立法の例外的な優位を許容するものと解される。必要性と合理性の十分な立証がなされる自治体立法は、たとえ国法に部分的・暫定的に抵触しても92条から憲法的合法性が認められる。国と自治体の2つの立法主体間の紛争は、裁判や政治過程を通じ現実の地域的状況と全国的状況とに応じて調整され、やがてより優れた高次の国全体の法に収れんすることこそが国民主権の多元主義的理解にかなうことになる。筆者はこのような解釈論を「対話型立法権分有」説と呼んでいる[13]。

　しかし実際に日本国憲法下で始源的立法権の分有制を認めようとすると、憲法原理上も実際の解釈論上も重大な論点がいくつも発生する。実はこれこそが、自治体憲法理論が日本の憲法学に革新をもたらしうる重要論点なのである。以下、紙幅が許す限りでその一端を示すことにしよう。

---

12)　「委任条例」の問題は後述する（**本章Ⅲ1**）。

13)　「対話型立法権分有説」に基づく動態的権限配分と分権型法治主義については、拙稿「『対話型立法権分有』の事務配分論と『分権型法治主義』」拙編『地方自治の憲法理論の新展開』（敬文堂、2011年）121-156頁（**本書第2部第5章**）、同・前掲注3）393-407頁を参照されたい。

II　憲法原理論上の自治体憲法理論の意義

1　絶対的「一者」の存在を前提とする法学的国家論の問い直し

　憲法原理論上の最重要な論点としては、後述の連邦国家の問題をひとまず考慮外に置くならば、日本のような「非連邦国家」の場合には、国以外に自治体にまで始源的立法権の帰属を認めてしまうと、国家主権の対内的最高独立性に基づく「統一的国家意思」の成立を法学的に弁証することが不可能になるのではないか、という疑問が挙げられる。主権論と近代憲法学の母国の一つであるフランスでは、市民革命期の啓蒙思想が薄れ、法実証主義が支配的になる19世紀後半以降は、「統一的国家意思」を法的に説明できない憲法理論は否定されることになった。例えば、ドイツ由来の国家法人説を駆使して国民主権国家における「統一的国家意思」を弁証するR.　カレ・ド・マルベールによれば、フランスのような単一国家の場合には国家のみに単一の始源的立法権が帰属し、市町村自治体（コミューン）は地方的事務を実施する際の発意の始源性は認められるにせよ、条例制定を含めて、自治体行政に実効性を持たせるための公権力行使の場面では、支配権力を独占する国家の立法による授権が不可欠とした[14]。

　この思考方法は現代のフランス憲法学者の主流においても変わりない。フランスでは、国家法人説を採ると否とにかかわらず、主権主体としての「国民（nation）」の単一性を前提として、国民代表府に全ての始源的立法権が帰属することを国民主権原理そのものの帰結と論ずるのが一般的である。M.　ヴェルポーによれば、「国家のみが始源的立法権を持ち、国家のそれ以外の法律など存在しない」。従って「自治体の規範定立活動は、法律が自治体に委ねた権限の枠の中でのみ行使されうる[15]」。こうして自治体の条例制定権

---

14)　Raymond Carré de Malberg, *Contribution à la théorie générale de l'État*, t.1, 1920, t.2., 1922（C.N.R.S., 1962）. 詳しくは拙著・前掲注3）180-184頁、189-195頁。

15)　Michel Verpeaux, *Les collectivités territoriales*, 5e éd., Dalloz, 2015, pp. 59-60. 拙稿「『分権国家』における『対話型』法治国家の可能性」辻村みよ子編集代表＝糠塚康江他編『社会変動と人権の現代的保障』（信山社、2017年）308頁。

は単なる行政立法、すなわち政令と同質、かつ効力において政令に劣位する地方命令の制定権とする理解が通説となった。

　このような法学的国家論を前にすると、フランス革命期の都市民衆（サン＝キュロット）たちの「下からの自発的連帯」に基づく国家構想（コミューン主義）と単一の絶対者を想定するルソーの主権論の定式との矛盾を指摘する石川健治の論考「憲法学における一者と多者」を想起せざるを得なくなる。ここで石川が批判の対象とした杉原泰雄の人民主権論（及び石川自身は指摘していないが人民主権論が必然的に内包する人民主権型地方自治の憲法理論）は、果たして論理的に成立可能かが問われることになる。石川は、いくら国家法人説が立憲君主政のイデオロギーだったとしても、法学的国家論は民法上の法人理論から拝借されたもの以外に道具立てを持っていないことに鑑みれば、その道具立ての中で「法人擬制説に見られた客観的な方向」の今日的な追究の道である「システム理論による補強」の方法か、あるいは「法人実在説に見られた主観法的な方向」を現代型民主主義論である「討議理論によって補強する方法」のいずれかを採るほかはないと結論づけるのである[16]。

　石川が提起した上記の疑問は、自治体による立法権分有制と法学的国家論との関係に議論の場を移すなら、主権主体たる具体的な市民の総体を意味する人民の主権行使の場を、国レベルと自治体レベルの両方に同時に認める憲法理論など果たして成り立つのか、という疑問となって現れる。確かに、市民総体の主権的決定がレファレンダムによって、あるいは人民代表たる国会議員に対する命令委任を通じた法的拘束を通じて、国の立法として示されると仮定した場合、その立法が、地域的必要性を根拠として異なる取り扱いを求める地域の市民総体の立法意思と対立した時に、果たして統一的な国家意思（換言すれば統一的な人民意思）が成立しうるのかという問いは難問である。杉原の地方自治の憲法理論は、立証責任を国側に負わせた補完性原理によって、あるいは事務の本質論を手掛かりとして、この問いに裁判的決着がつけられると主張するものと思われるが、グローバリゼーションや社会的流動性の激しさなどの社会変化に鑑みたとき、必須性の証明がない限り全ての公的

---

16)　石川健治「憲法学における一者と多者」公法研究65号（2003年）127-140頁。

事務を基礎自治体に残すいわばエコロジカルで牧歌的な小コミューン主義の行政観や、さもなくば「事務の本質」に依拠して両立法権を截然と峻別できるとする見解は、現実には採用困難と言わざるを得ない。地域と全国とグローバルとが複雑に絡み合った現代行政においては、試行錯誤の中でよりましな権限配分が実現するよう常に模索し続けることの他に道はない[17]。こうした現代的な要請に適合的な形に改鋳したうえで、「統一的国家意思」を弁証する何らかの法学的国家論を展開することが必要であろう。

2 イデオロギー批判を経た地域住民・自治体の意思と 全国民・国の意思の相補的関係

イデオロギー批判こそが憲法科学の任務であるとした宮沢俊儀の考え方に拠った場合、通説的憲法学に深く根を張る国家法人説や「ナシオン主権」論（国民代表制論）については、それが持つ支配層による現実隠蔽機能を暴いたのちに、それがなお利用可能な法概念でありうるなら（宮沢はこれをイデオロギーが理想に転化すれば被支配層の抵抗の道具となると述べた）、その使用は有用である[18]。この視点からは、現代民主主義国家における国民主権原理から導き出すべきものとして、国民の主権者としての意義を単に権力の究極の正統性の根拠に置くだけでは解決しえない現実の非民主的な制度・運用状況への批判、あるいは法実証主義の名において実定憲法の規定のみに拘泥した結果、有権者総体の役割を「選挙人団」として選挙への参加に求めるだけで事足れりとし、歴史的な変化や制度化されることのない議会外の民衆層・市民運動の役割を無視する理論構成が持つ現実隠蔽機能への批判、さらには地域的主権者の意思が地方代表機関を通じて具現化されたものであるはずの自治体意思を、「唯一の立法機関」が国会であることを理由に排除してしまう国家＝国民意思の単一性の理論構成への批判が何よりも重要である。こうした虚偽性の暴露と改鋳の際にこそ、人民主権論やコミューン主義の批判的役割が重要になるのである[19]。

---

17) P. ロザンヴァロンも現代の民主主義は試行錯誤の中でしか正当性を見出しえないとする（Pierre Rosanvallon, *La contre-démocratie*, Éditions du Seuil, 2006, 特に pp.318-320）。

18) 宮沢俊儀『憲法の原理』（岩波書店、1967年）186-188頁。

そして、このような批判的プロセスを通じて、もし国家法人説も国民代表制論もより柔軟で可変的な法概念に改鋳されうる、あるいはそうであらねばならないと考えるならば、多元的な社会の意思を、とりわけ憲法上で制度化されている点で、主権者国民の多元的な意思を国会と並び最も正統に表現できる自治体代表機関の意思を重要な要素として相当程度組み込んだ新たな法学的国家論の構築こそが現代憲法学に求められることになる。

ところで、これまでは地域住民の利益や独自の自治体意思については、これを「全国民」のそれと質的に区別することで防御しようとする地方自治権の憲法理論が一般的であった。しかし以上のイデオロギー批判の視点を踏まえた場合には、筆者は、むしろ住民の利益や自治体意思自体が、多元化された「全国民」の意思を補完的な意味でも対抗的な意味でも「代表」しているという理論構成の方が、「統一的国家意思」の成立を論理的に弁証しつつ、かえって地方自治権をも保障できると考える[20]。

3 立法権分有制と法学的国家論とを架橋する動態的・経時的分析視角

こうした観点からは、従来支配的だった憲法理論の改鋳に際して特に留意すべき点としては、多様な代表機関の「対話」に基づく経時的・動態的な合法性の視点であると思われる。つまりある特定の時点のみを想定すれば、最高の立法意思は、それが「最高」である限り、国の意思か自治体の意思かのいずれかしかありえず、両者が対立する時には「統一的国家意思」の必須性から考えれば、ほとんどの場合それは国の（すなわち国会で国民代表が表明す

---

19) 杉原自身、戦間期における議会制（議会中心主義）の機能不全を前にして、それまでは否定的だったレファレンダムの導入を主張するようになったカレ・ド・マルベールの２つの著作（*Loi, expression de la volonté générale*, 1931 [Economica, 1984]; « Considération théorique de la combinaison du referendum avec le parlementalisme », *Revue de droit public*, 1931, pp.225-244）における立論の変化について、これを科学的認識ではなく現実への解釈論的対応と見なすことで肯定的に捉えている。したがって杉原も、解釈論のレベルでは国家法人説を受け入れて、最高機関の地位に有権者団を据えることの有用性は否定していないのである。この点に関しても拙著・前掲注３）198-203頁を参照されたい。

20) 木村草太「〈国民〉と〈住民〉」自治総研377号（2010年）49-72頁も同様の視点を示していると思われる。

る）立法意思とならざるを得ない。しかしこの国の立法の地域における適用の実効性・妥当性に鑑みれば、実施される現場（多くの場合は自治体）の受け入れ可能性を無視した運用はできない。M．オーリゥは国の立法をそれ自体としては「仮の法」と呼び、受け入れ側との「対話」的相互作用がない限り「確立した法」にはならないと喝破した[21]。

　受け入れる現場（自治体）との討議民主主義的な相互作用の中では、部分的・暫定的に現場（自治体）の意思が優越する（すなわち国の立法に抵触する）可能性も認めなければならない。そうした相互作用を通じて、やがて当初の国の立法意思とこれに抵抗する現場（自治体）の意思との妥協、さらには対立の止揚が生まれ、よりましな全国民の意思を具体化する立法に変化することが展望できる。こうして新たな「統一的国家意思」が生まれる。これはもはや当初の国の立法意思の絶対性・最高性の結果ではなく、そこには部分的ながら現場（自治体）の意思が優越する要素も含まれている。粗雑な描写で恐縮であるが、オーリゥの法理論の中に「緊張感のある全体性の中での多様な単一性」という「生態学的熱力学的な新しい科学」思考を見出し、国民主権概念の中に潜在する、主権者が絶対的支配者であることから求められる「一者」性と、それが「国民」であることから来る、被治者でありつつ統治権力に参画を要求する「多者」でもあることとの両立可能性というアポリアを解くカギが、「持続性の中の多様性」にあると解読したJ．スミッツの論理[22]を憲法学に生かすことができるなら、「非連邦国家」における国と自治体との立法権分有制が論証できるはずである。

4　連邦国家と単一国家の二分法の問い直し

　地方自治を地域における国民の主権行使の場と捉えた場合、大陸法系では未だに受け入れることのできない法概念であるが、自治体を単なる行政体と

21）　Maurice Hauriou, *Étude sur la décentralisation*, P. Dupon, 1892 ; *id., La souveraineté nationale*, Sirey（E. Privat）, 1912 ; *id., Principes du droit public*, 2ᵉᵐᵉ éd. Recueil Sirey, 1916 ; *id., Précis de droit constitutionnel*, 1ᵉʳᵉ éd., 1923, 2ᵉᵐᵉ éd., 1929, Sirey, etc. 筆者のオーリゥの憲法論分析については拙著・前掲注3）217-254頁を参照のこと。

22）　Julia Schmitz, *La théorie de l'institution du doyen Maurice Hauriou*, L'Harmattan, 2013, pp.462-464.

してではなく統治体と観念し、その権能にも当然に統治権的性格を認めることになる。戦後にアメリカ流の local self-government の観念を受け入れた日本ではこれは常識である。しかし未だにフランスやドイツでは地方自治を「自由行政（libre administration）」あるいは「自治行政（Selbstverwaltung）」と観念する。条例についても国会が制定する法律とは異質の行政立法と観念するのが一般的である。フランスの場合は全面的に法律の根拠を必要とする概念である「地方命令（règlement local）」が用いられている。ドイツの場合は基本法28条2項1節が自治体（ゲマインデ）に全権限性を認めていることから、非権力行政については法律による授権の根拠を要さない点でフランスよりましな概念である「条例（satzung）」が用いられているが、権利を制限し義務を課する「法規」の性質を持つ「条例」の場合には、個別的な法律による特別の授権が必要とされる点に鑑みると、日本の「条例＝法律」説ではなく「条例＝準法律」説レベルの法概念に留まっていることが分かるのである。

　近代公法学の基礎をなす独仏の理論が今でも地方自治を「自治行政」と見て、国家の統治作用から概念的に外す法的思考を採り続ける背景には、近代国家を連邦国家と単一国家に二分し、連邦国家の支邦には連邦に帰属しない全ての国家権力が帰属するとしつつ、単一国家（あるいは連邦国家の支邦）における市町村、県、より上位の広域自治体（非支邦的な州、リージョン）の存在や権限、内部組織を国（ないし支邦）の立法の創造物とする伝統的な地方自治観念がある。特にフランスはその傾向が強く、憲法の基本書ではフランスを「分権型単一国家（État unitaire décentralisé）」に分類し、連邦国家における連邦と支邦の関係に見られるような国家の統治作用（その中心が憲法から直接授権された「権限創設権限」としての始源的立法権）が地方自治体には一切帰属しえないことを「公理」としてしまう[23]。

　筆者は、国家からの委任事務の場合を除き、自治体に統治権力を一切認めない大陸法型地方自治観念、並びに連邦制型自治と単一国家（及び連邦国家の支邦）内の地方自治との本質的な峻別論は、近代国民国家形成期の独仏そ

---

23)　Cf. Louis Favoreu et al., *Droit constitutionnel*, n° 22, Dalloz, 2020, p.525 et s.

れぞれの政治的な事情によるものであり、いわば「近代公法学上の独仏共犯関係」の産物と思っている。フランスでは大革命期以来、命令委任を排し、選挙民による地域からの統制に対する完全独立性を保障された国民代表に、一般意思の表明たる立法の権能を独占させることを通じて、近代国民国家を形成したという事情から、「主権のまさしくその本質に反する連邦制は、フランス公法の基本原理に反する」（L. デュギィ[24]）とされてしまった[25]。ドイツでは、19世紀の領邦国家の分立状態を克服し、プロイセンに嚮導されたドイツ国民国家（Reich）を形成する過程で、最初は領邦国家連合を標榜しつつ徐々にプロイセン中心型の連邦国家化を成し遂げたという事情が、支邦は主権がなくてもあくまでも国家であり、したがって連邦に移譲されていない全統治権力を保持し続けるのに対して、支邦内部の地方自治体（ゲマインデ）は支邦がその法人格を創出しただけの行政体と見る連邦制・地方自治制峻別論を生み出したのである[26]。

5 「地域国家」と新たな連邦制概念の模索

周知のように、現代の世界の分権改革においてはイタリア、スペインなどが、自らを連邦国家ではなく「単一国家」（あるいは連邦国家に至らざる国家）であるとしながら（例えばイタリア憲法5条は「単一不可分の共和国」を自認する）、実際には憲法上で立法権を分割し、憲法裁判所を通じて州の立法権を国の立法権による介入から保護している。他方で、イタリアに見られるように、憲法上州の専管的立法権とされたものであっても、一定の国家的必要性を理由に国の立法による介入が判例上認められている。こうした中途半端さもこれらの国々の特徴である[27]。これらいわゆる「地域国家（État régional）」の存在は、独仏憲法学における連邦制と地方自治制との本質的峻別論を動揺させる現象である。

「非連邦国家」において自治体が立法権を分有する現象は、翻って連邦制

---

24) Léon Duguit, *Traité de droit constitutionnel*, t.2, 3ᵉ éd., E. de Boccard, 1928, p.120.
25) 詳しくは、拙著・前掲注3）26-169頁を参照されたい。
26) 詳しくは、林知更『現代憲法学の位相』（岩波書店、2016年）245-274頁を参照のこと。
27) 芦田淳「イタリアにおける州および地方団体の自治」拙編・前掲注5）110-113頁。

自体の問い直しを余儀なくさせる。連邦制と地方自治制の峻別が独仏の歴史的事情から作り出されたものに過ぎないとすれば、現代世界の多様な分権改革の下では本質的峻別論は放棄されるべきかもしれない。しかし、連邦制そのものを多様な分権型法秩序の一つにまで格下げする H. ケルゼンの法共同体還元論的国家論[28]は未だに受け入れられる状況にはない。それゆえ何らかの意味で連邦制を「非連邦制」と区別する新たな基準を求めざるをえないが、少なくともそれはもはや立法権分有制の可否ではなかろう[29]。区別の基準はせいぜいのところ一元的裁判権力の存否に[30]、さらには究極的には地域単位による憲法改正権の分有（より正確には地域単位での憲法改正手続への参加）の可否にまで基準を縮減しなければならない可能性もある[31]。このように自治体憲法理論の射程を「地域国家」や連邦制にまで拡げれば、法学的国家論の新たな展開が期待できよう。

Ⅲ　憲法解釈論としての「対話型立法権分有」説

1　「立法権分権」から「立法権分有」へ

　1999年の地方分権一括法による「行政分権」では自治体事務（自治事務及び法定受託事務）に対する国の法令による義務付け・枠付けが解消されなかったことから、「第二次分権改革」では、2011年以降の数次にわたる地域自主性一括法を通じてその緩和・撤廃が目指された。しかしそれはあくまでも国側の個別の法令改正に基づき、特定の分野で国の法令の縛りを一定程度解いたものに過ぎなかった（政省令の定めを「従うべき基準」、「標準」、「参酌すべき基準」に３分類し拘束を緩和）。2008年12月の地方分権改革推進委員会第２次

---

28)　ハンス・ケルゼン（清宮四郎訳）『一般国家学』（岩波書店、1971年、改版2004年）272-377頁（特に326頁）。拙著・前掲注３）333頁のケルゼン分析も参照のこと。

29)　この点で、日本が連邦制でないことを理由に立法権の分有（国の立法権との全面的競合性）を否定した成田頼明「『地方の時代』における地方自治の法理と改革」公法研究43号（1981年）156頁は、現在の理論水準からは批判されざるを得ない。

30)　高橋和之『立憲主義と日本国憲法〔第６版〕』（有斐閣、2024年）472頁における分類。

31)　拙著・前掲注３）334-338頁はこのような連邦制の新定義の可能性を論じる。

勧告は「『地方政府』の確立には……立法権の分権が不可欠」と述べていたが、ここにいう「立法権分権」は結局は国の立法意思の枠内での自治体立法権の分与に留まるものだった。

「立法権分権」としての「第二次分権改革」自体、現在は停滞しているように見えるが、いずれにせよこれらの改革にもかかわらず、未だに分権改革前からの国の法令上の委任規定に基づき自治体にその実施のための「委任条例」を定めさせる形式が数多く残っている。こうした現状に対しては、革新的な行政法学者たちが、分権改革後の理念を生かす観点から、もはやそれは国法の授権に基づく二次的立法（行政立法）という本来の意味での「委任」条例ではなく、元々憲法が自治体に直接授権している自治体立法権を、国法優先原則に基づき法律で縛られた自治体が法律で義務付けられたように行使した結果に過ぎないと観念したうえで、それが自治体立法権の行使でもあることを根拠に、国の法令解釈に縛られない自治体独自の施策を許容する解釈論を展開し始めている[32]。彼らはその一環として、旧来のままの「委任」条例を法律規定条例、法律実施条例、分任条例などと呼ぶことで（以下、法律規定条例と呼ぶ）「委任命令」観念の縛りを解き、自治体はもはや国の個別的な法改正に拠ることなく、当該事務を自治体事務としたこと自体の中に国の立法意思がすでに自治体による国の法令に対する一般的上書き権の行使を許容したものとする解釈論までも展開し始めている[33]。

　個別の法令改正によることなく、条例による国の法令に対する一般的上書き権を認める法律論は、上述の「立法権分権」論を超えて、憲法による条例制定権の直接授権の考え方を正面から受け止める点ですでに「立法権分有制」に踏み込む議論である。ただし行政法学の特徴として、あくまでも現行

---

32)　もちろん行政法学者の主流は、なお「委任条例」の表現を残し、この場合は国の立法による授権を条例の根拠に置き、従って条例が法律の「委任の範囲内」に留まるべきことを主張する（但し政令に比べて緩やかな基準で判断されることも主張するが）。例えば、塩野宏『行政法Ⅲ〔第5版〕』（有斐閣、2021年）207-209頁。宇賀克也『地方自治法概説〔第10版〕』（有斐閣、2023年）235-236頁。なお塩野は、近年では「枠組み法」概念を用いて、「委任条例」の呪縛から逃れつつあるように見える。

33)　齋藤誠『現代地方自治の法的基層』（有斐閣、2012年）、北村喜宣『分権改革と条例』（弘文堂、2004年）、同『分権政策法務の実践』（有斐閣、2018年）等。関連して拙稿「分権改革の行方と『地方自治の本旨』解釈」憲法問題27号（2016年）88-99頁（本書**第3部第8章**）。

の国法の解釈論としてそれが展開されるため、国法自体が自治体による上書きを一切許さない、あるいは自治体が望むレベルの上書きを許さない趣旨を明確に持つ場合には、それでも自治体立法権を行使して法令への上書きをすることは国の法令違反となることから、この場合にまで上書き条例に合法性を認めることには躊躇が見られる[34]。このような場合でも、部分的・暫定的という条件の下であるが、地域的な必要性と合理性の立証が十分に可能な条例であれば、国法への抵触・逸脱に至るほどの上書きが認められるとするには、憲法92条の「地方自治の本旨」から当該条例に憲法的適法性を認める「対話型立法権分有」説しか方法がないように思われる。

　なお自治事務条例の中で、国の法令に義務付け規定がなく（したがって法律規定条例ではない）、なおかつ国の法令が規律しているのと同一の対象に、自治体の立場からは異なる目的を持つものとして独自の規律を加えるいわゆる独立・並行条例については、上記の法律規定条例の場合とは異なり、上書きの問題ではなく上乗せ・横出しの問題となるので、「対話型立法権分有」説を用いれば条例による重複的関与の合法性がより認められやすくなる。最高裁が「目的効果基準」論を示したとして有名な徳島市公安条例事件[35]の場合など、従来国法と条例の抵触が裁判で争われた事例のほとんどは、実はこの場合にあたる。法律規定条例の場合はこれを規定する国法上で自治体立法権拘束の趣旨がより明瞭なので、それだけ条例による国法抵触の合理性と必要性の立証に困難が増すことは確かであるが、それでも部分的・暫定的抵触論の枠内で上書きの合法性を論じることはできよう[36]。

　以上みたように、国法の趣旨から見てその目的と効果に明らかに抵触する条例にまで合法性を認めるには、もはや自治体行政訴訟論では手に余るところであり、ここに自治体憲法訴訟論が登場する理由がある。

---

34)　北村喜宣の場合には、当該事務を自治体事務としたこと自体の中にすでに地域適合化のための条例による上書き許容の立法者意思が必ず含まれると観念するので、事務の性質に応じた上書き許容の程度に違いはあれ、国の法令解釈から上書き禁止を導くことは論理的に不可能となる。もしそうなら、上書き禁止は法律がこれを明示する場合に限られることになる。

35)　最大判昭和50（1975）年9月10日刑集20巻8号489頁。

36)　同趣旨として原島良成「自治立法と国法」川崎政司編『シリーズ自治体政策法務講座1・総論・立法法務』（ぎょうせい、2012年）190頁。

2　自治体憲法訴訟論の成立可能性

　従来、国法と条例との規範抵触関係の問題では、上述の徳島市公安条例事件最高裁判決が契機となって、国の立法趣旨に基づき国法が許す限りで国法と条例の「目的・効果」などを実質的に判読し、条例が国法に抵触していないと解釈できる限りで条例を合法とする「法律趣旨重視説」と、地域の実情や必要性（立法事実）を重視し、解釈上可能な範囲ではあるが国法の「目的・効果」を限定できるとする「条例意義重視説」とが対立している。行政解釈や最高裁の立場は前者であり、革新的な行政法学者は後者に立つ[37]。しかし後者の解釈は、あくまでも行政法学内在的な観点から組み立てられている。しかし憲法学はこれまで、こうした行政法学の議論に便乗して「目的・効果基準」論を説明するだけだった。このこと自体が、憲法学の関心の薄さを示しているともいえる。

　しかし実は、規範抵触関係論は憲法訴訟論として発展する可能性を秘めているのである。周知のように、堀越事件最高裁判決、特に裁判長を務めた千葉勝美補足意見は、合憲限定解釈と憲法適合的解釈とを峻別した[38]。その論理に従うなら、憲法適合的解釈とは、憲法の趣旨を含む関連諸法の総合的体系的解釈という通常の解釈方法から当該国法の規律内容を明確化するものであって、当該国法の違憲性はそもそも問題とならない。これと区別されるものとしての合憲限定解釈は、法律の合理的解釈において複数の選択肢がある場合に、違憲となる解釈があることを認めたうえで合憲となる解釈を採用することで、当該法律を違憲判断から救済する[39]。

　徳島市公安条例事件を例にとり、この峻別論の枠組みを地方自治の規範抵触関係論に当てはめてみよう。まず「法律趣旨重視説」に立つ最高裁決は、

---

37)　磯崎初仁「自治体立法法務の課題」北村喜宣他編『自治体政策法務』（有斐閣、2011年）39-41頁。

38)　最判平成24（2012）年12月7日刑集66巻12号1337頁。

39)　千葉勝美『違憲審査』（有斐閣、2017年）47-75頁。なお合憲限定解釈を憲法適合的解釈の一部と見て、本質的峻別には消極的なものとして山田哲史「日本における『憲法適合的解釈』論の現状分析」土井真一編『憲法適合的解釈の比較研究』（有斐閣、2018年）1-39頁もあるが、本稿は本質的峻別論の立場から論じる。

条例による抵触が疑われた道交法側の違憲性には全く無関心であり、92条・94条の憲法趣旨をも加味した総合解釈で事件を処理している点で、まさに憲法適合的解釈にあたるものである。これに対して、もし道交法と公安条例とが同一目的でかつ同一対象を規律し、しかも公安条例が道交法以上に表現の自由を規制する内容を持つため、道交法が確定した比例原則の具体化を逸脱する効果を条例がもたらすという解釈を採った場合には、公安条例は道交法違反とするほかなくなる。これでは憲法の地方自治の本旨（92条）違反の結果が生ずるとの立場から、こうした「違憲」の効果を生む解釈を排除し、公安条例を阻害しないよう道交法の趣旨・目的・内容・効果の方を限定したのだと解するならば、これは合憲限定解釈と呼びうるものとなる。つまり「条例意義重視説」は合憲限定解釈に分類可能なのである[40]。

　さらに当該法律を合理的に解釈する限り、合憲的限定解釈を採る余地がない場合で、当該法律が当該事件で対象としたものに限りこれに適用すると違憲になると判断し適用を否定するものの、異なる対象への適用については憲法判断を避ける（言外に合憲の可能性を残す）ときに採られる手法に適用違憲がある[41]。本書の視点からは、地域的必要性と合理性とが十分にある条例の実施を明らかに阻害する趣旨・目的・内容・効果を持つ国法があり、両者が規範抵触関係に至った場合に、それでもなお憲法92条により当該条例に部分的・暫定的な合法性を認めるという「対話型立法権分有」説の解釈手法は、部分的適用違憲論に接近することになる。なぜなら、当該国法は他の自治体に対して、あるいは当該自治体に対しても状況が異なる場合には、自治体立法権を同様に束縛する内容を持っていてもその適用が合憲となる可能性があるとの留保の下で[42]、特定の自治体が特定の状況下で当該国法の拘束によっ

---

40) なお筆者は、デモ行進規制は表現の自由の問題である以上、国法より厳しい規制を課す条例の必要性と合理性については厳格に審査されるべきであり、徳島市公安条例に地域的必要性から国法の趣旨・目的・内容・効果に抵触してでも条例が優先されるような極めて例外的な地域的特殊事情があったとも思われないので、条例を救済するために道交法に合憲限定解釈を加える必要性は認められないと考える。

41) 高橋和之『体系・憲法訴訟』（有斐閣、2017年）322頁。

42) すでに述べたように、「（新）固有権説」のような地方自治権の防御権的構成を採らない以上、通常は憲法41条に基づき国会が制定する法律は、明らかに地方自治の本旨に反すると言えない限り、とりあえず合憲と判断せざるを得ない。

て不合理に苦しめられている限りにおいて、当該国法は憲法92条の「対話型立法権分有」の法理に反するので、当該自治体に適用されない（あるいは部分的にしか適用されない）と解することになるからである。もちろん地域的な部分的適用違憲論には多くの難点が残っており、今後さらに検討したい[43]。

最後に、国法に抵触する条例に合法性を認める基準についても一言述べておく。筆者は現在、立法権分有説を国法優位原則の例外として理論構成するうえで、三段階審査論における広義の比例原則、すなわち裁量統制基準としての比例原則の審査を応用する可能性を模索している。石川健治によれば、それは手段の合理性、手段の必要性、利益の均衡（狭義の比例原則）の３つの基準で合憲性を審査するものである[44]。憲法が保障する基本権を必要やむを得ず「侵害」する立法に対し、ある程度厳しい裁量統制をする考え方であるが、防御権的に理論構成された基本権を必要やむを得ない例外的な場合に「侵害」する立法の違法性を阻却するために、単一の基準ではなく３つの審査基準から総合的に判断するのが三段階審査論である。これを憲法41条によって原則としてより高次の正統性が認められている国法の規律を、特殊な事情がある場合に当該自治体に限り適用除外とすることで当該条例に合法性を見出す「対話型立法権分有」の論理に当てはめられないか、と考えるのである。すなわち、防御権的な地位を有する国法を「侵害」するがゆえに「違法」と見なされかねない条例に、その「違法性」を阻却するための特別で例外的な正当化事由の有無を審査するために、この３基準に基づく総合的な審査の手法が応用可能なように思えるのである。

この場合、狭義の比例原則の視点からは、国法に対する抵触は可能な限り部分的・暫定的なものに留まることが要請されることになる。その結果、条例本体としては不完全なものとならざるを得ないが、国法に抵触する条例に合法性を認めるためにはやむを得ない条件であると思われる[45]。

---

43) 訴訟戦術論としては、むやみに（適用）違憲を主張するのは避けた方がよい。この点からは、「合理的な解釈」という概念の修正が必要となるであろうが、当該国法の合憲限定解釈と「対話型立法権分有」説による憲法92条解釈とを組み合わせた「条例意義重視説」の構築も検討に値しよう。

44) 石川健治「法制度の本質と比例原則の適用」LS 憲法研究会編『プロセス演習・憲法〔第４版〕』（信山社、2011年）313頁。

Ⅳ　おわりに

　沖縄辺野古訴訟は公有水面埋立法による法定受託事務としての知事の埋め立て承認をめぐるものであった。この紛争は日本国憲法における地方自治権保障の一つの試金石となる重要なものである。しかしこの紛争において沖縄県側が行使しているのはあくまでも自治体行政権であり、その本質は自治体の長による国の法令自主解釈権の行使をめぐる国と県の行政主体間紛争である。そして現実の国の法令は国の意思（法令解釈権を含む）が優先するように組み立てられているため、ほとんどの場合、沖縄県側が敗訴することになる。

　このような現状に対し、たとえ本書が主張するような立法権分有の憲法理論を用いて対抗しようとしても、地方議会による条例制定を伴うことなく、自治体の長がその政治判断のみによって行う自治体事務の執行の場合には、地自法2条12項で認められている自治体の法令自主解釈権の範囲を超えるような法令違反行為に憲法的合法性は認められないであろう。なぜなら、少なくとも国の法律は国会による民主的立法であるから、単なる行政機関に過ぎない自治体の長がこの立法に明らかに違反・抵触することは立法権と行政権の権力分立に基づく法治主義に真っ向から反することになるからである[46]。

　自治体に不利な法律、とりわけ特殊事情下において特定の自治体のみに不利に作用する法律に対して、憲法による国と自治体との立法権分有制の保障を根拠に、自治体側が本書の展開するような部分的・暫定的抵触・逸脱を行うことに憲法的合法性を認めるためには、やはり自治体側の当該行政行為の根拠として、その地方議会の討議と議決を経た民主的立法が存在しなければならない。国の法律に部分的に抵触する内容を持つ地域づくりや環境保全の

---

45)　自治体立法の不完全性が逆に適法性（あるいは合法性）を保障するという視点、並びに「対話型立法権分有」説から見た神奈川県臨時特例企業税条例事件や東郷町ラブホテル規制条例事件などの判例分析について、詳しくは拙稿「国の立法と自治体立法」西原博史編『立法学のフロンティア2・立法システムの再構築』（ナカニシヤ出版、2014年）185-215頁（本書第2部第7章）を参照されたい。

46)　もちろん現状の辺野古沖移設問題をめぐる諸紛争では国側の強引な手法が一般法上の諸手続に反する疑惑も多く、この点で通常の自治体行政訴訟が重要なことは言うまでもない。

基本条例をあえて可決・成立させることで、議会制民主主義の下で民意として正当化された永続性のある自治体立法意思が自治体の長を拘束した結果として、ようやく自治体の長による国の法令への部分的抵触・逸脱行為に自治体立法権行使の結果としての憲法的合法性が認められるようになる。この場合には、自治体の長が選挙で交代しても、当該条例が改廃されない限り長の自治体行政権の行使は拘束され続ける。さもなければ、自治体法治主義に反することになる。条例に反するような長の専決処分（地自法179条）は許されない。沖縄の場合も、現状の裁判では国の法令に対して県知事が違法な逸脱を犯したか否かしか争われないが、国から見た知事の「違法」行為が、県議会が十分に討議し、県民の地域的主権行使の表現として作られた条例に基づくものだった場合には、当該行為は自治体法治主義のレベルでは適法な行為となるので、国と自治体の2つの立法意思の抵触問題として争うことがようやく可能になる[47]。

　現行地方自治法下では、そして実際の地方政治のあり様に鑑みれば、未だに地方議会が完全な立法機関となっておらず、長との関係でも十分な権力分立が実現していないことは認めざるを得ない。自治体法治主義と立法権分有制を現実化させるためには、自治体内部の組織整備、とりわけ地方議会の強化のための法整備という課題があることを最後に付言しておきたい[48]。

---

47) 県民投票による辺野古への米軍基地移設反対の意思表示も、県民投票条例を根拠としているので、その限りで自治体法治主義にかなう。しかしより具体的な施策において自治体の長を長期的に（すなわち条例が廃止されるまで）拘束する根拠としては、可能な限り具体的内容を持つ条例の制定の方が、自治体立法権の行使としてより適切であろう。

48) 本書**第3部第9章Ⅴ**を参照のこと。自治体内権力分立と地方議会の完全立法機関化のための理論的試みについては、駒林良則『地方議会の法構造』（成文堂、2006年）、同『地方自治組織法制の変容と地方議会』（法律文化社、2021年）が参考になる。

終 章
「分権型法治主義」の憲法理論の行方

はじめに

　本書ではここまで、グローバルな「法治主義」に対抗しつつ、可能な範囲でこれに適応しようとする地方自治権の憲法理論のあるべき姿を求めて、「分権型法治主義」と「対話型立法権分有」法理について検討を重ねてきた。本章では、これまで展開してきた諸考察を俯瞰的に振り返り、現時点で確認しうる「分権型法治主義」と「対話型立法権分有」法理の可能性と課題を明確にしたうえで、こうした憲法理論を実際に展開するための土台となる新たな憲法訴訟のあり方を自治体憲法訴訟論と名付け、その構築可能性を探ることを目指す。

　いかなる憲法解釈論も、当該国の憲法訴訟体系に即したものでない限り、単なる「絵に描いた餅」となる。日本では司法審査制の下で、近年、日本型の憲法訴訟論が一定の蓄積を見せている。本章では、こうした日本の憲法訴訟論の知見を摂取しつつ、日本型の自治体憲法訴訟論を構想することにしたい。

I 「分権型法治主義」と「対話型立法権分有」法理の現在地

1 「穴の開いた法治主義」をめぐるポレーミクと
「分権型法治主義」の可能性

(1) グローバルな「法治主義」の下での「国家法治主義」と
「自治体法治主義」の葛藤

すでに本書第1章と第2章で検討したように、20世紀末以降のグローバルな「法治主義」の展開の下で、日本でも従来型の行政指導と要綱行政中心の不透明で裁量の幅の大きい自治体行政が後退し、「グローバル・スタンダード」を体現する「国家法治主義」が自治体の活動にも全面的に及んできている。1999年の地方分権一括法による地方自治法の全面改正も、一方で国と自治体の対等性を謳いながら、実際に作られた制度の大部分については、自治体に対する国の関与法制と両者間の紛争の裁判的処理法制を整備することで、国法に違反する自治体の独自施策を「法治主義」の名の下に効果的に禁圧し、「国家法治主義」による枠付けをするものであった。

しかも各地の自治体が、今度は不透明な要綱行政を止めて条例を制定し、自治体独自施策について「自治体法治主義」を図ろうと試みた時には、判例が採用する旧来型の「目的効果基準」論がこれに厳しい限界を設けていることは、本書の第1章と第2章で示したところである。すなわち旧来型の「目的効果基準」論では、もちろん国の立法趣旨から判断される「目的」と「効果」に反しない限りは、国法と同一対象に重複的に関与し、より強い独自規制を課す自治体の条例でも適法と判断されるので、その限りで「自治体法治主義」が容認されるけれども、より徹底した規制緩和・撤廃を目指す国の立法が存在する分野では、国法の趣旨・目的・内容・効果に反すると解さざるを得ない自治体独自の規制は、実際の訴訟において違法無効とされており、この意味で、自治体にとっての「法治主義」の大部分は、やはり「国家法治主義」の押し付けになっている。こうした「国家法治主義」の圧力に対して、日本国憲法の「地方自治の本旨」を積極的に解釈することで自治体の独自施

策の適法性を確保しようと試みる「自治体憲法学」も、その解釈論の表面上の勇ましさとは別に、実際の訴訟ではほとんど有効性を発揮できないでいたように思える。

　他方で、1994年の日本公法学会における磯部力の総会報告は、こうした「法治主義」の進展に対する行政法学の側からの一つの応答であった。磯部報告は、自治体行政の特質がとりわけ環境行政に見られるような現場対応型でフレキシブルなものとならざるをえないことに着目し、自治体行政が一定の行政指導や要綱行政、あるいは通常の「法治主義」とは異なるやり方を不可欠としていることを強調するものだった[1]。治者と被治者との間の「対話」と相互行為なくしては高度化した20世紀以降の行政は有効に動かないという視点は、とりわけ自治体行政では不可欠であり、そこに形成される法も、治者が一方的に制定し、固定化し、被治者に押し付けるものではなく、常に治者と被治者との間の相互作用の中で自生的に生み出され、問い直され、修正を加えられ続ける。こうした視点は、「自律的法から応答的法へ」という図式ですでに1978年にノネとゼルズニックによって示唆されていた[2]。またフランス憲法学からも、J・シュヴァリエが、現代の法治国家はすでに一方的な上からの「『独白型』法治国家（l'État de droit « monologique »）」ではなく、「『対話型』法治国家（l'État de droit « dialogique »）」に変貌しているという同様の指摘をしているのは[3]、すでに本書第4章で見たところである。

　この視点は、単に国家と市民との間の法のあり方に留まるものではなく、国（＝中央政府）と自治体との間の法にも当てはまるはずである。グローバリゼーションの進展の下で、現代国家がさらなる変容を被っているという問題関心から、J・シュヴァリエは現代国家の「多中心主義（polycentrisme）」と「細分化（segmentation）」の一環として、自治体が「法創造主体」になり

1）　磯部力「自治体行政の特質と現代法治主義の課題」公法研究57号（1995年）147-177頁。

2）　Philippe Nonet & Philip Selznick, *Law and society in transition: Toward Responsive Law*, Harper & Row, 1978（P・ノネ、P・ゼルズニック〔六本佳平訳〕『法と社会の変動理論』岩波書店、1981年）. ノネとゼルニックのこうした図式の重要性は、磯崎初仁「自治立法の可能性」松下圭一他編『岩波講座・自治体の構想2　制度』（岩波書店、2002年）102-103頁も指摘している。

3）　Jacques Chevallier, *l'État de droit*, 4e éd., Montchrestien, 2003, pp.143-144.

つつあることを確認しているが[4]、「国家法中心主義」が極めて根強く残る
フランスですら、このような変化を見せていることは興味深い。

(2) 「穴の開いた法治主義」の功罪

　このようにグローバルな「法治主義」の進展の中で、自治体が国家と並ぶ
「法創出主体」となり得るにはどのような憲法論を構築すべきか。1990年代
から2000年代初頭にかけて、とりわけ1999年の地方自治法大改正（2000年施
行）による国の関与法制の整備を前にして、当時の筆者の採った戦略が「穴
の開いた法治主義」（「欠缺のある法治主義」）の積極活用の方向だった。とり
わけ当時の自治体の国際的側面を帯びた独自施策がそのような発想を与えて
くれた。例えばそれは、第4章でも言及したように、1975年の市議会決議に
基づき、国策に対抗して自治体管理港への米軍艦入港に際して非核証明書の
提出を義務付けた神戸市の施策であった[5]。国はこの神戸市の独自施策に対
して、いかなる法的手段も執ることはなかった。本件は独自施策としての自
治事務に関する出来事であったため、当時の国には合法的な関与手段が限ら
れていた。他方で、市区町村の機関委任事務であった外国人登録事務につき
（なお本事務は、1999年の上記地方自治法改正後は法定受託事務となった）、在日外
国人に指紋押捺を強制し、指紋押捺しない者を告発する義務を官公庁に課し
ていた当時の外国人登録法に逆らって、指紋押捺拒否者を告発しない旨を公
式に宣言した1985年の川崎市長の例も、同様の発想を与えてくれた。当時、
国は川崎市長に当該事務執行を止めさせる特段の法的措置は取らず、他方で、
他の自治体の中にも川崎市に追従する動きがあった結果、国自身が最終的に
は1999年に法改正を行って、指紋押捺手続を全廃したのであった[6]。
　1999年改正前の地方自治法では、自治事務であれ機関委任事務であれ、自
治体の違法な活動に対しては、是正措置要求権が総理大臣に認められていた
が（旧246条の2）、この措置要求の適法性について裁判で争う制度は国にも

4）　Jacques Chevallier, *L'État post-moderne*, L.G.D.J., 2017, p.167.
5）　拙稿「自治体の補完外交と対抗外交」都市問題96巻8号（2005年）7頁。
6）　田中宏「外国籍住民と自治体参加」松下圭一＝西尾勝＝新藤宗幸編『岩波講座・自治体の
　構想5 自治』（岩波書店、2002年）57-58頁。

自治体にもなかった。政府側の解釈では、この是正措置要求に自治体は従う「法的義務」があるとされていたが、にもかかわらず自治体がこれを無視した場合には、それが自治事務である限り、国側からそれ以上裁判に訴える制度がなかった。1999年改正後の地方自治法では、自治事務に対しては、是正のあり方は自治体の判断に委ねられることとなる「是正の要求」の制度が、法定受託事務については国が内容まで指示する「是正の指示」の制度が作られ（245条の5、245条の6）、こうした国の関与に対して自治体側から関与の違法を争う訴訟を提起する制度も整備された（251条の5）。しかしそれでも2012年の地方自治法改正までは、「是正の要求」や「是正の指示」を無視して不作為を続ける自治体を国から訴える制度はなく、機関委任事務とその「後継」としての法定受託事務についてだけ、手間のかかる旧法の職務執行命令訴訟（旧151条の2）や現行法の代執行訴訟（245条の8）により国が代執行するために訴える制度があるにとどまっていた。もちろんいずれの事務についても、住民訴訟や、当該事務の執行によって権利侵害を受けた市民の側から提起される主観訴訟は可能なので、こうした市民側の発意による訴訟制度はあったけれども、国の発意による客観訴訟の制度が不十分であり、とりわけ自治事務については不作為の「違法」が放置されるとの批判が、政府関係者や行政法学者から加えられることとなった。

　しかし筆者は、このような「穴」の開いた法治主義（または「欠缺のある法治主義」）が、むしろ国と自治体とが対等な法主体であり対等な「政府」であることを保障する可能性があると考えた。そして、憲法92条の「地方自治の本旨」の内容にこうした法治主義の欠缺状態を容認する趣旨があることを論証しようとした。さらに日本国憲法76条1項の「司法権」概念が主観訴訟中心主義を採っており、客観訴訟は、準主観訴訟としての体裁をとりうるものでなければ憲法上制度化自体が許されず、とりわけ自治体独自立法としての条例そのものを「国家法治主義」の観点から抽象的に適法性審査することは、抽象的違憲審査を否定した先例（警察予備隊違憲訴訟〔最大判昭和27（1952）年10月8日民集6巻9号783頁〕）からも許されないとして、「穴の開いた法治主義」の合憲性を補強しようとした（特に本書第2章及び第4章の元となった拙稿）。なお筆者は、仏語論文においても、あえて「穴の開いた法治主義」を海外に

肯定的に紹介したこともあった[7]。

⑶ 「法治主義」の徹底化の流れの中での新たな戦略の必要性

　こうした筆者の試みに対しては、特に上記の第4章の元となった拙稿（2007年）に対して、2008年の『公法研究』70号の学会回顧（憲法）欄で、「このような司法権観念は、現在の議論に照らすと相当に窮屈なものである……。そのため、最先端の民主主義論と古色蒼然たる司法権論が組み合わされているような違和感がある。」との指摘を受けることとなった[8]。現実の法制度においても、「行政が違法行為を続けるのは許されない」との「法治主義」からの一見まともそうな議論を背景に、2012年の地方自治法改正で、自治事務にも法定受託事務にも、国からの違法との指摘にもかかわらず是正がなされなかったときに、国からの提訴による不作為の違法確認請求訴訟（251条の7、市町村に対しては252条）が制度化されることとなった。

　それでも、なお条例や自治体宣言そのものを国が「違法」視したとしても、それに基づく何らかの個別具体的な措置を自治体が発動しない限り、「是正の要求」や「是正の指示」などの国の関与がなされることはなく、したがってその限りで、当該条例の制定や自治体の宣言といった自治体立法意思の表明自体は国からの違法確認請求訴訟の対象ではないと考える余地は残されており、これを「穴の開いた法治主義」とまで強弁するのが適切かは躊躇するが、「国家法治主義」が全ての自治体立法意思の発出を統制する状態に比べれば、「首の皮一枚」が残っているといえる。

　もっとも、「法治主義」が一般的には「法的安定性」と透明性と予見可能性を通じて人権保障に寄与することは筆者も認めるところであり、従来の日本の行政訴訟制度の不十分さを、訴えの利益や当事者適格の拡大、あるいは義務付け訴訟や不作為違法確認請求訴訟、さらには公法上の当事者訴訟としての確認請求訴訟などの新たな訴訟類型の追加によって克服しようとする近年の公法訴訟の動きは、それ自体としては肯定すべきである。その意味では

---

7 ）　Hiroshi Otsu, « 'État de droit', contrôle juridictionnel de légalité et pouvoir normatif autonome local au Japon », *R.F.D.C.*, n° 65, 2006, pp.13-35.

8 ）　「学会回顧（憲法）」公法研究70号（2008年）258頁（工藤達朗執筆）。

「古色蒼然たる」司法権関与対象の限定論は時代に即しておらず、別の道を探る必要があったことは認めざるを得ない。なお、上記の学会回顧も、「訴訟の対象としても勝てる理屈を考えた方が早いのではないか、それが地方自治を不可欠の構成要素として組み込んだ民主主義論の目指すところだったのではないか」との指摘をしていた点は慧眼であったといえよう[9]。

そこで筆者が次にとった戦略こそ、憲法92条の「地方自治の本旨」の中に国の立法に不十分ながらも対抗しうる自治体立法権の保障を見出したうえで、「重要な部分」に至らない限り、自治体立法たる条例が（時には自治体宣言も）、部分的・付随的・暫定的に国法に抵触しても合法と解しうるように新しく「目的効果基準」論を組み直す方向であった。これを筆者は「対話型立法権分有」法理と呼んだ。

しかし現実の日本の司法がこの新しい「目的効果基準」論を採用しない場合には、国と自治体の対等性も、自治体が真の「統治権」を持つ「政府」であるとの理解も、それゆえ国と自治体との間で不均一ながらも立法権が分有されるとする「対話型立法権分有」法理も成り立たなくなる。憲法92条の「地方自治の本旨」が、国会の立法権による介入から何らかの形で地方自治権を守る法的意味を持つことを認めない憲法解釈は、現在の日本には存在しえないはずである。そうである以上、たとえ国の立法の「趣旨・目的・内容・効果」に反していたとしても、必要やむを得ない自治体の独自施策が何らかの形でその存続を認められなければ、憲法理論的に見ておかしいであろう。それゆえ、司法が新しい「目的効果基準」論を採用できないままでいる場合には、「穴の開いた法治主義」を認めるべきやむにやまれぬ必要性が、従ってその限りで「穴の開いた法治主義」の憲法理論的正当性が蘇って来ざるを得ない。

(4)　「対話型立法権分有」法理と動態的権限配分
本書各章での説明を簡潔に繰り返すなら、筆者が日本国憲法の基本原理から導き出した「対話型立法権分有」法理とは、憲法41条に基づき、国会が法

9）　同上258頁。

律を定めて国全体にとって必要と判断した全事項に国（中央政府）が介入することを認める原理である「全権限性」と同質のものが、憲法92条の「地方自治の本旨」に基づき、自治体立法府（すなわち地方議会）が地域的に必要と判断したあらゆる事項に条例を定めて介入できるもう一つの「全権限性」として、自治体に認められるとする憲法解釈論である。この解釈論によれば、自治体の独自の規律対象については、国会の立法の根拠を特に必要としない。それは刑罰や財産権規制などの権力行政分野であっても同様であって、ドイツのような「法律の留保」は必要としないのである。但しこの解釈論を採る場合には、国の「全権限性」と自治体の「全権限性」とが重なり合う可能性が常に生ずるため、その調整原理として、国の立法意思を具現化する法律が自治体立法意思に「原則として」優位することを認めなければならない。その根拠は憲法41条である。同条項は国会を「国の唯一の立法機関」と定めるが、「国の」という限定に着目するなら、同条は、「国（中央政府）レベル」では国会以外のいかなる国家機関にも実質的意味の立法権が始源的には帰属しえないことを意味するが（但し憲法77条１項の最高裁判所規則のように憲法上明示された例外を除く）、「国・自治体関係のレベル」では国全体の調和的な公権力の配置と運用の必要性の観点から、国の立法意思と自治体の立法意思とが「目的」と「効果」の点で抵触・阻害し合ったときに、「原則として」前者が後者に優越するという意味を併せ持つにとどまる。この場合、地域的必要性と合理性とが十分に立証しうるときには、その抵触・阻害が部分的・付随的、暫定的であることを条件として、換言すればそれが国の立法の「重要な部分」への抵触・阻害に至らない限りで、条例や自治体宣言といった自治体の立法意思が国法に抵触しこれを阻害しても、この自治体立法意思に憲法的合法性が認められることになる。

　以上が、これまで展開してきた「対話型立法権分有」法理であったが、この解釈を採る限り、国と自治体との権限配分は、純粋な連邦制国家におけるような、連邦と州との間で（連邦）憲法によって明示的かつ固定的にそれぞれの専管領域と両者の競合領域を設ける場合とは異なり、あるいはまた一部の論者が言うように、憲法上明確な立法権分割規定がなくても、その事務の本来的性質に基づき、自ずから国と自治体とで「先験的に」事務配分がなさ

れていると考える場合とも異なり、国の立法による権限配分の定めを基本としつつ、事案に応じて、とりわけ特定の自治体の地域的な事情や特殊性に応じて、国法の定めに部分的に修正を加えることが当然に認められることになる。その意味で、「対話型立法権分有」法理は、権限配分については動態的な権限配分の考え方と結びつくことになる。

　従来の自治体憲法学では、いわゆる固有権説や新固有権説は、憲法以前から存在する自治権の固有領域を想定する静態的権限配分論を採ろうとしていたと思われる。しかし実際には、事務の本質論に依拠する限り、流動化し複雑化する現代社会を前にして、しかも20世紀末以降はますますグローバルな問題とローカルな問題とが密接に結びつき、絡まり合う状況に至っていることに着目するならば、このような静態的権限配分論はもはや成り立ちえないはずである。

　他方で杉原泰雄は、こうした（新）固有権説とは別の方向からの権限配分論を主張した。すなわち杉原説では、憲法92条の「地方自治の本旨」に「地方優先・市町村最優先の事務配分」という意味での「補完性原理」が含まれると解したうえで、「市町村では効果的に処理できないと合理的に論証された事務のみをより包括的な団体である都道府県や中央政府の事務とすることができる」として事務配分に一定の流動性を認めつつ、事務配分をめぐる争いには司法を介在させることで、国会の事務配分立法に憲法理論的歯止めをかけようとしたのだった。そのような観点から、杉原説では、「より良き人権保障や民主主義のために」広域団体や国に帰属すべき事務があること自体は認めるものの、当該目的を実現するために「広域的な処理が不可欠であること」、あるいは複数の市町村や都道府県の間での「連合的協力」（事務組合など）では効果的に処理できないことの「明確な論証」を必須条件とした[10]。この杉原説では、国と自治体との、あるいは都道府県と市町村との権限紛争が司法に持ち込まれたときには、国や広域自治体による当該権限の吸い上げ

---

10)　杉原泰雄『地方自治の憲法論〔補訂版〕』（勁草書房、2008年）175-177頁。同「地方自治権の本質(3)完」法律時報48巻4号（1976年）137-139頁。なお杉原説に関する本書本文の記述中、括弧書きにした表現の中には、杉原の論考からの正確な引用ではないものもある。これは、その趣旨を踏まえて本書の視点から杉原説を要約し直した表現である。本書本文中では、文意を明瞭にするために、あえてこれも括弧書きで示してある。

が当該立法目的との関係で必要不可欠であることを国の側が明確に論証できない場合には、直ちに当該立法を違憲とする「必須性の要件」が採用されていたように見える。

「必須性の要件」は2006年のドイツ連邦基本法改正で連邦と州の間の共管領域において州優先の事務配分を確保するために導入されたものである[11]。人見剛によれば、「『必須性』とは、『必要性』と異なり、裁量の程度が低い司法審査可能（justitable）な要件」とされており[12]、極めて厳格な審査のための要件である。これはドイツのような極めて州の自治権の強い連邦制における州立法権の憲法保障のための制度の一つであるが、もし杉原説がここまで自治体優先、市町村最優先の権限配分原則の徹底を要求しているのであれば、確かにそれは事実上、ほとんどの権限を自治体（特に基礎自治体）に残すことになるので、実は杉原説は半ば静態的な権限配分論に近づくことになる。しかし伝統的に「主権なき国家」とも観念されてきたように[13]、巨大な面積と人口を持つ連邦国家における支邦の場合ならまだしも、小さな市町村の単位にほとんどの公的事務を永遠に固定化させ続けるがごとき憲法解釈論は、極めてエコロジカルで人の移動の少ない停滞型社会を前提とでもしない限り不可能との批判を浴びざるを得ないであろう。

だが、もしこうした事務配分の半ば固定化状態を避けようとする場合には、「補完性原理」は逆に、国の立法による権限配分がその立法目的にとって効果がないことが明白な場合を除けば、国の立法府の判断を尊重すべきという、権限配分立法裁量論に限りなく近づいていくことになる。本書第11章は、実際に各国で用いられてきた「補完性原理」は後者の方向を採るものであったことを示している。日本国憲法の解釈論としては、国と自治体のそれぞれの権限が截然と区別されて互いに不干渉という連邦制型自治は採れない以上、

---

11) 2006年のドイツ連邦基本法改正における「必須性要件型」を含む、連邦と州の競合的立法の3分類化についての簡潔な説明として、清野幾久子「ドイツ環境法分野における『連邦と州』の立法権限問題」拙編『地方自治の憲法理論の新展開』（敬文堂、2011年）219-220頁参照。

12) 人見剛「『枠組み法』研究序説——ドイツの『大綱法』の紹介と検討」自治総研438号（2015年）64頁。

13) 古典的ドイツ国法学における「主権無き構成国家」論については、林知更『現代憲法学の位相——国家論・デモクラシー論・立憲主義』（岩波書店、2016年）250-258頁参照。

国と自治体の両権限が重複し、権限分配の有り様が変動することを認めたうえで、なお必要な時に自治体の方に当該権限が残る（あるいは移る）というような、「補完性原理」の限界を超える真の動態的権限配分論が目指されるべきである。

2　沖縄県の辺野古沖埋め立て問題における「法治主義」の問題性

(1)　沖縄における「法治主義」の強化の意味

　確かに、競争を通じて成長を続ける資本主義市場経済のグローバルな展開を完全に否定することなどできず、人類史では「福祉国家」化の模索の中で、その弊害が爆発することを避けるための一定のブレーキをかけることしかできないというリアリズムに立つ限り、グローバルな「法治主義」の進展を真っ向から否定するような憲法解釈論も採ることはできないであろう。しかし「法治主義」に基づく国の関与法制を整備した1999年の地方自治法改正と、自治体の違法行為に対し是正の要求や指示を出してもあえて無視し続ける自治体を統制する目的から2012年改正で導入された不作為の違法確認請求訴訟は、実際にはいかなる機能を果たしたのであろうか。

　さらに言えば、本来であれば私人や私企業の権利利益に対する公権力の違法な侵害を一刻も早く除去して救済を図るための制度として整備されたはずだった2014年改正の行政不服審査法についても、地方自治法255条の2第1項1号で、法定受託事務に関する都道府県知事の処分（不作為を含む）の審査機関を「当該処分に係る当該事務を規定する法律……を所管する各大臣」としたうえに、同法245条3号で「不服申立てに対する裁決」を「国の関与」から外すことで、「国の関与」であれば訴訟で争えるのに（同法251条の5）、行政不服審査法に基づき審査長となった大臣による裁決に対しては、都道府県知事は訴訟を起こして裁決の違法性を争うこともできない制度にしていることも、国と自治体との関係という点では大きな問題を孕んでいる。というのは、都道府県知事が行った処分の対象者が私人ではなく、国の機関である場合もあるところ、この国の機関が「その固有の資格において当該処分の相手方となるもの」（行政不服審査法7条2項）ではないと解されてしまう場合には、当該国の機関の行為を当該自治体の利益に反するとして知事が

下した不許可などの不利益処分を、この国の機関からの不服申し立てに基づき、国の行政権のトップである内閣の一員である所管大臣が取消の裁決をした場合には、知事は地方自治法と行政不服審査法の規定に基づき、この裁決の違憲性や違法性をもはや訴訟で争う道を閉ざされることになるからである。もちろん、当該国の機関が「固有の資格」で行った活動か否かという点を問題とすることで、大臣の当該裁決が「国の関与」に該当するか否かは裁判で争うことができるが、それはあくまでも当該国の機関の活動が内閣の指揮命令下にある統一体としての国の行政活動といえるか否かという形式面での争点に絞られてしまい、知事の処分を違法とした所管大臣の判断が間違っているか否かをめぐる、本来問われるべき訴訟ではなくなってしまうという重大な問題が残るのである[14]。

　まさに1999年以降の各種法改正による「法治主義」の整備拡充の結果として、地方自治権の侵害が惹起された事例こそ、米軍基地の移転のための公有水面埋め立ての承認や工事途中で必要となった計画変更の承認を沖縄防衛局が求めたことに対して、公有水面埋立法により工事の承認事務を法定受託事務として有する沖縄県知事が、沖縄への過度の米軍基地の集中と自然環境破壊を理由に、前の知事の時になされた埋め立て工事承認の取り消しや撤回をしたことをめぐる是正の指示とこれに対する「国の関与」の違法性をめぐる行政訴訟、あるいは計画変更申請に対する不承認に対する不服申し立ての結果としての所轄の国土交通大臣が下した取消の裁決をめぐる「固有の資格」をめぐる訴訟、知事が承認しないことに対する不作為の違法確認請求訴訟、計画変更に関して知事に承認を指示する「国の関与」に対する沖縄県側からの関与違法訴訟など一連の辺野古問題の訴訟であった。そのほとんどすべてが沖縄県側の敗訴に終わっているが[15]、以下では、知事の抵抗を法的に支える条例制定の重要性について、詳しく論じることにする。

---

14)　本書**第10章Ⅲ1**ですでに指摘した問題である。

15)　辺野古問題をめぐる各種の行政訴訟についても、同じく本書**第10章Ⅲ1**を参照のこと。その他では、例えば亘理格「辺野古埋め立て訴訟の全体像」国際人権29号（2018年）50-55頁、紙野健二・本多滝夫・徳田博人編『辺野古裁判と沖縄の誇りある自治』（自治体問題研究社、2023年）が参考になる。

⑵ 「行政の長」が「違法」行為を続けることのリスク

　本章の執筆途中の2023年10月初旬頃、辺野古沖埋立問題の最大の焦点は、国からの是正指示（工事計画変更承認の指示）に対する関与違法訴訟をめぐる2023年9月4日の上告審判決での沖縄県側の敗訴[16]の後、さらに国から回答期限付きの是正の指示が出されたのに対して、沖縄県知事が回答期限まで「態度保留」を続けた結果、2023年10月5日に国が代執行訴訟を提起したことであった。この知事の「態度保留」に対しては、「最高裁判決に従わない場合、法を順守する立場の県の行政が円滑に進められなくなる恐れ」（朝日新聞2023年10月5日記事）、あるいは「自治体の長が最高裁判決に直ちに従わないことには批判もあろう」（朝日新聞2023年10月6日社説）という各界からの指摘、さらには「法律論で言えば、知事は承認しなければならず、代執行はやむを得ない」（香川大学三野靖教授・行政法のコメント、朝日新聞2023年10月6日記事）という行政法学からの指摘もなされた。これに対しては、「県民の負託を受けた『政治家』と『行政の長』としての判断をどう整合させるか」との悩みや、「承認すれば民意を裏切ることになる。辞任に値する」との声が出されたと報道されていた（朝日新聞、前掲2023年10月5日記事）。ここには、行政法学その他の既存の法律論のレベルでは越えられない壁である国法を基準とした伝統的な「法治主義」が、上記の諸議論に常に伏在していることが示されている。沖縄県知事の政治判断として行った工事計画変更不承認に対して、それが国法である公有水面埋立法の解釈としては国法の趣旨を逸脱し国法の制度を濫用した違法な公権力の行使であると最高裁が最終判断を下した状況下では、県の行政府の長としては「違法」であることを認める以外の道は無くなる。しかし沖縄県知事としては、国からの承認の指示を受け入れることは県民を裏切る行為となってしまい、それは辞任に直結するのでできない。国法のみに基づく「法治主義」の圧力の下で、沖縄県知事は「態度留保」を続けたところ、本件代執行訴訟をめぐる2023年12月20日の福岡高裁那覇支部判決[17]による県側敗訴の結果、県側が上告受理申立をしたにもかかわ

16）　最判令和5（2023）年9月4日民集77巻6号1219頁

17）　https://www.pref.okinawa.lg.jp/_res/projects/default_project/_page_/001/027/449/231220hanketsu.pdf（2024年9月30日閲覧）

らず、国はその結果を待たずに（2024（令和6）年2月29日上告不受理決定）、2023年12月28日に計画変更承認の代執行を行ってしまった。そして2024年8月には、軟弱地盤への本格的な杭打ち工事が始まってしまった。

　上記の是正指示に対する関与違法訴訟をめぐる2023年9月4日の上告審判決で県側が敗訴した後も、国による代執行が始まる前のことであるが、敗者復活戦のように、代執行訴訟の場で再度、本件海底の軟弱地盤における工事計画変更をその安全性と経済性と環境保護の観点から、県知事の不承認の適法性を実質的に争えると考えるべきであり、そうである以上、上記の最高裁判決に直ちに従う法的義務はないとの反論を述べる行政法学者もいた[18]。他方で国側は、代執行訴訟の訴状の中で、県知事の今回の態度を「違法かつ異常な事務遂行」と非難し、代執行訴訟の要件を満たすことを主張した[19]。

　すでに述べたように極めて短期間で高裁が代執行を認める判決を下し、上告審も県知事側の訴えを簡単に退け、県知事の敗訴が確定したが、それでも知事がなおも承認を拒否し続け、国の代執行が実施に移されることを傍観しつつも反対の態度をとり続けることには、さらなる困難が予想される。国法中心主義の「法治主義」を前提とする限り、沖縄県知事に対する「違法性」のプレッシャーがいっそう増してくる。他方で、代執行訴訟敗訴確定後であれ、もし承認の指示を受け入れた場合には、沖縄県知事は今度は県民の政治的意思を裏切ってしまったことを理由に辞職を余儀なくされるであろう。なぜなら、工事の承認は2019年2月24日に71％を超える埋め立て反対の意思を示した県民投票結果に反するからであり、また埋め立て反対を選挙公約として知事に当選している点でも県民多数派の意思に反してしまうからである。

　国法中心主義的「法治主義」が強まることに伴って、県知事には別の危険性も生ずることとなる。代執行訴訟で敗訴したにもかかわらず、沖縄県知事

---

18)　2023年9月27日行政法研究者有志一同「声明　9.4辺野古最高裁判決および国土交通大臣の代執行手続き着手を憂慮する」。本声明は以下のブログで確認できる。https://henoko-de-jichi. blogspot .com/2023/09/9.html（2023年10月12日最終閲覧）また、この声明の国会議員会館での公表の様子については、共同通信配信記事（https://news.goo.ne.jp/article/kyodo_nor/ nation/kyodo_nor-2023100501002035.html〔2023年10月7日最終閲覧〕）を参照。

19)　毎日新聞2023年10月6日ネット記事（https://news.yahoo.co.jp/articles/02b494ff635a11610 7295ef90fc8de456a806405〔2023年10月7日最終閲覧〕）

がなおも承認せずに拒否を続け、国が実際に代執行による工事承認に基づき工事が進行する状況下で、県知事が引き続き辺野古沖埋立工事に反対するためのあらゆる手段を講じた場合には、国と県知事との関係は決定的に決裂してしまうであろう。「国」とはいっても、議院内閣制の下では一つの政治的立場を有する政党が作る政権の考えで動くものである。したがって、もし反発した政権側が、実際に沖縄県知事に対する法的攻撃まで狙うようになった場合、沖縄県に対して国が県知事の「違法」な不承認処分による工事の大幅な遅れの結果生じた損害について賠償請求することも十分に予想されるのである。おそらくはこの賠償請求訴訟でも県は負ける。その結果、いっそう深刻な問題となるのは、上記の賠償金支払いについて、玉城デニー氏個人に対する国賠法1条2項の求償請求が出てくる恐れがある点である。

　このような自治体の長だった者に対する求償請求の恐れを考える時には、景観権をめぐってマンション建設を妨害したとして国立市の上原公子（元）市長が市に課された工事遅延に係る賠償金の求償請求訴訟で敗訴し、個人責任を問われた事例を想起せずにはいられない。同事件で裁判所は、国立市「大学通り」の特別な景観を守るために、当時の上原市長が地区計画の決定や建築条例の制定を先導しただけでなく、反対派住民の建設反対運動を「逍遥」し、あるいは反対派住民と一緒になって抗議行動をするなど、通常の自治体の長としての行政行為による景観保護のための事務執行の範囲を超えた行動をしたことに対して、自治体の長個人の「違法」な事務執行がなされたことを認めて、求償請求を認めてしまった[20]。

(3)　「将来につながる負け」のための自治体立法による合法性の根拠付与

　沖縄県知事の場合は、（元）国立市長の場合よりさらに深刻である。国賠法1条2項の求償請求の要件は「故意または重過失」であるところ、確かに、最高裁判決で法定受託事務の不履行（工事計画変更不承認）を違法とされたにもかかわらず、これを履行せず「態度保留」を続け、さらには代執行訴訟でも国側の請求が認容された段階で、なおも上記事務の履行を拒否し、国による代執行をあえて甘受する戦略をとるならば、「行政の長」による故意の違法行為という構図がさらに引き立つことになる。今回の工事計画変更の承認

についての国の是正の指示を無視し続けたことに伴う賠償金は、国立市の場合とは比較にならないほどの巨額になるであろう。裁判の結果、このような賠償金支払いが沖縄県側に課された場合に、将来の県内の政治状況が変化して、埋め立て容認派の知事が誕生し、県議会の多数派も埋立容認派が多数になった時には、この巨額の賠償金について国賠法1条2項の求償請求が出され訴訟となる恐れがある。たとえ後任の知事や県議会がなおも玉城氏に求償請求しなかったとしても、今度は国立市の事例のように、玉城氏と対立する住民が地方自治法242条の2第1項4号に基づき、求償請求を怠る県に対して求償請求訴訟を提起する可能性も十分にある。このように国策に自治体があえて徹底して抵抗し、たとえ司法による「違法」の認定後もなおも抵抗し続ける道は、もちろん沖縄の場合にはそうしない限り県知事は辞任を余儀なくされるのであるが、それが知事個人ではまったく支払うことのできない巨額の賠償金支払い義務を将来課される恐れがあることに鑑みた時には、いくら現在の県知事に政治家としての矜持があろうとも、実際には不可能であろう。残念ながら、自治体の「行政府の長」が司法の場で「違法」と認定された後も、なお当該自治体に圧倒的に不利益となる国策を拒否しこれに抵抗し続けるのは極めて困難であることが、十分に予想されるのである。

---

20) 東京高判平成27（2015年）年12月22日判例地方自治405号18頁。上告審では平成28（2016）年12月13日に上告棄却・上告不受理の決定が下された。本件については、求償訴訟の前提となる民間開発業者による国立市に対する損害賠償請求認容の判決（東京地判平成14〔2002〕年2月1日判例時報1808号31頁、東京高判平成17〔2005〕年12月19日判例時報1927号27頁、最決平成20〔2008〕年3月11日判例集未登載）、並びに上原前市長への求償を怠る後任市長に対する住民からの地方自治法242条の2第1項4号に基づく求償請求訴訟の第1審判決（東京地判平成22〔2010〕年12月22日判例時報2104号19頁）と上記控訴審判決があるが、これらの訴訟については、安藤高行の以下の論考による詳細な分析がある。安藤高行「首長であった者に対する国家賠償法1条2項に基づく求償権の行使をめぐる2つの事件——国立市事件と佐賀県事件(1)・(2)」自治研究91巻12号（2015年）30-60頁、92巻2号（2016年）52-74頁、同「国立市事件控訴審判決について」自治研究92巻12号（2016年）47-77頁。安藤は、上原前市長の職務執行に「重大な過失」を認めた各判決（特に2015年の控訴審判決）の背景には、自治体の長に要求される「公平性や中立性を住民や企業の活動に行政ができるだけタッチしないようにするという意味でも捉えている気配」があることを指摘する（前掲自治研究91巻12号63頁）。なお、敗訴が確定した上原（元）市長には約4500万円の賠償責任が生じたが、元市長を支持する市民からの寄付で実際には個人弁済しないで済んだ。こうした経緯、並びにその他の諸事情を含めて、上原公子＝小川ひろみ＝窪田之喜＝田中隆編『国立市景観裁判・ドキュメント17年——私は「上原公子」』（自治体研究社、2017年）を参照。

したがって、沖縄県知事の徹底抵抗行為を一方的に「違法」な職務執行と見なさない法解釈論が必要である。本書の視点からは、上述の難問が生まれた原因は、沖縄県知事に対する司法による「違法」判断が、もっぱら国法である公有水面埋立法の解釈・運用の枠内でだけ戦われたところにあったと考えられる。この場合には、国法への違反が司法で示された場合には、それでもあえてこの判決に抵抗するのは、まさに「行政」による「法の支配」に背く行為、すなわち本書が問題にしてきた国法中心主義的な「法治主義」への重大な違反となってしまうからである。求償訴訟において、司法は知事の行為を重大な「違法」としか見なくなるであろう。自治体の「行政府の長」が法定受託事務を定める国法の当該規定の執行に際して、いくら地域適合的な自主解釈を施した結果として国の指示に反する独自の執行（不執行を含む）を続けているのだと主張しても、適法性の対象となるものがこの国法しか想定できない場合には、司法が国の是正の指示を適法としたうえで、自治体の長のそれを違法と判断してしまった後では、「行政が法律に反することは許されない」とする「法治主義」からさらなる抵抗は許されないのである。

　筆者は、県知事の徹底した国策抵抗行為には県議会による自治体立法の裏付けが不可欠であると考える。本来であれば、海底の軟弱地盤を理由とする工事計画変更の話が出る前に、さらには辺野古への米軍基地移転が本格化する前に、沖縄県議会が沖縄の自然環境を守る観点から、軽微な工事の場合を除き、沖縄周辺の海底の軟弱地盤に支柱を無数に埋設して実施するような大規模な埋立工事を全面禁止にするなど、沖縄の海を守る具体的施策を規定した「沖縄環境保護基本条例」（仮称）のようなものを策定すべきだったのである[21]。この場合には、玉城知事は国法たる公有水面埋立法と自治体立法たる「沖縄環境保護基本条例」という２つの立法の両方に規律される「県行政府の長」となるため、たとえ国法「違反」の判決が出ても、さらには代執行訴訟で敗訴したとしても、国法とは異なるもう一つの立法意思である県条例に由来する適法性に支えられていること、言い換えれば「自治体の行政府の

21）　ここにいう「沖縄環境保護基本条例」（仮称）は、本書**第10章**で提案した地方自治特別法を用いた場合の「琉球法」ではなく、現行法上、自治体が単独で行える自治事務の実施としての独自条例でも十分に可能なものである。

長」として自治体立法意思に縛られていることに変わりはないのである。地方自治法の定めはどうであれ、憲法93条1項自体が自治体の長に自治体の行政権を、地方議会に自治体の立法権を与えて、自治体内権力分立を徹底させていることに鑑みれば、自治体の長は条例制定によって示された自治体立法意思に従属しなければならず、これこそまさに「分権型法治主義」の当然の帰結なのである。

　もちろん「法治国家」である日本では、国法と自治体立法とが対立・抵触した場合には司法によって暫定的な決着をつけなければならない。そして、当該紛争において国法優位の司法判断が確定してしまった場合には、自治体側はそれ以上、国法の執行を止めることはできない。代執行をただ眺めるしかない。しかし、たとえ代執行訴訟で敗訴した後でさえも、知事が当該事務（工事計画変更の承認）の代執行に反対の意思表示を続け、工事計画変更を自らは承認せず、その他の工事についても反対の姿勢を貫き続けることは、国法に反していたとしても自治体立法に従った職務の執行であるため、「分権型法治主義」においては「完全なる違法」とはみなされないのである。それは単に、本件に関しては、自治体立法意思に基づく県知事の執行が国の立法意思に抵触・対立することを司法が暫定的・部分的に「違法」としただけのことであって、なお県知事には一定の合法性が残っているのである。もしそう考えなければ「対話型立法権分有」は全く成り立たなくなってしまう。そうである以上、後に玉城（元）知事に対して求償（請求）訴訟が提起された時にも、少なくとも訴訟の場で玉城（元）知事に「重大な過失」あるいは「故意の違法行為」があったとの主張を退けるに十分な論拠が提供できるはずである。なぜなら玉城知事は条例を遵守する法的義務も負っていたと主張できるからである。それは対立する国法と条例という2つの立法を遵守するにあたって、比重の置き方に「過失」があったとされるのがせいぜいであり、求償請求は退けられるであろう。

　司法の分権化にまでは至らない日本のような「非連邦国家」では、とりわけ政権交代がほとんど皆無で最高裁裁判官人事が特定の傾向に固定化されており、したがって重大な国策に関わる問題では最高裁を頂点とする司法の判断が常に国に有利な方向になってしまいがちな日本においては、国法に基づ

終章 「分権型法治主義」の憲法理論の行方　303

く国策に真っ向から対立する自治体独自施策は「違法」と判断されるおそれ
が常にある。しかし負け方にもいろいろあり、「将来につながる負け方」を
することが重要である。沖縄県民の大多数の意思を代表する「行政府の長」
としての立場を守りつつ「負ける」ことが重要である。

　筆者は、「対話型立法権分有」法理を明らかにする中で、M・オーリゥ
（Maurice Hauriou）の公法理論の中にベルクソン流の「経時的・動態的視点」
を見出してきた。この視点によれば、それが国家内の最高の意思決定である
限り、同時に複数の対立する意思決定の存在が共存する状態を想定すること
は論理的に不可能であるけれども、長い時間の経過の中では、当初の最高の
存在がこれと対立する別の存在と入れ替わってしまうことが現実の生物学的
世界では日常茶飯事であることに鑑みれば、法的なレベルでの最高の意思決
定とされたものも、それが「最高」であるのは常に一時的・暫定的なものに
過ぎず、これと矛盾・対立する別の意思を内部に宿し、あるいはそれが何ら
かの形で並存する状態を許すものでなければならない。この視点を国の立法
意思と自治体立法意思との矛盾・対立に置き換えるなら、たとえ矛盾・対立
しあう国法と条例とが重複して同一対象を規律しているために権限紛争が起
き、結果的に自治体側が敗訴したとしても、それでもなお自治体側が抵抗を
続け、論点を明確にし続けるならば、やがて時間の経過の中で、自治体の立
法意思の方が妥当性が高いことが判明して国法の効力が失われたり、あるい
は国法との適切な調整が図られることも起こりえるし、その結果、両者の矛
盾・抵触が消滅することもあり得ることを含み込んだ「法治主義」の考え方
が必要ということになる[22]。

　したがって、法的紛争を特定の時間で固定して考えるなら、矛盾・抵触す
る2つの立法意思がある場合はいずれかが「違法」とされて退場させられる
と考えるしかないが、「経時的な視点」を導入した場合には、矛盾・抵触す
る2つの立法意思が「共存」できるのである。この視点を応用するならば、
最高裁で敗訴の確定判決を受けた県知事が、それでも自ら本件工事計画変更
の承認を行うことを拒否し続けることについても、それは条例の側からの合

---

22)　拙著『分権国家の憲法理論』（有信堂、2015年）252-254頁。

法性に支えられている以上、「行政が法に反する」状態ではなく、国の立法意思が自治体立法意思に一時的・暫定的に優越することを司法が認めただけと見ることが可能となるのである。そうであれば、たとえ本件については代執行がなされてしまった後でも、別の形で知事は埋め立て工事に反対し続けることができるはずである。逆に、もし知事が今回、埋め立て工事を承認してしまったならば、その後はこの工事に再度抵抗・反対することはもはやできなくなるであろう。「分権型法治主義」は、沖縄県側の主張に地域的な正当性と妥当性があり、それが憲法の保障する正式の自治体立法意思の形式を満たしている場合には、国に対する持続的な抵抗を完全に否定するような司法の判断は認めないのである。

3　「対話型立法権分有」法理に適合的な自治体組織形態

⑴　国民主権の地域的行使の場としての自治体

　本書第3部第9章で見たように、二層制を含む自治体の組織形態については、現在ではむしろ多元化が志向されている。現行憲法の下でも、地方自治法を改正しさえすれば、地方議会が執行権まで持つ評議会（参事会）制、あるいは公選の長の権限を一定程度形式化・儀礼化するシティ・マネージャー制の採用を地方の選択に委ねることも可能とする議論が有力化しつつある。例えば渋谷秀樹は、自治体政府の自由な選択は地方自治の本旨に適うとの観点から、国の立法裁量を広く認めることでその導入を容易にする解釈を展開する。渋谷は、憲法93条には長が執行機関であることを明示する規定も自治体執行権を独占する規定もないこと、あるいは地方議会が「議事機関」と規定されているに過ぎないことを根拠に、地方議会が長とともに合議体の執行機関となる可能性を認める。あるいは憲法93条2項の「長」を合議体の長と解することは可能として、自治体執行権を公選制の長とそれ以外の構成員（地方議会の議員や「その他の吏員」として公選された者など）から構成される合議体に帰属させることも合憲とする。さらに長の権限を執政作用と執行（純粋行政）作用に区分すれば、後者を非公選の支配人に委ねることも可能とするのである。基礎自治体と広域自治体の二層制の保障についても、渋谷は、「地方自治の本旨」に反しない限りとの留保付きの立法政策説を採ってい

る[23]。しかし渋谷説には「地方自治の本旨」に関する憲法原理論的な説明がないため（社会契約論からの類推というだけでは憲法規範的な意味は導けない）、実際には国会に広範な立法裁量を認める理論に陥る危険性がぬぐえない。

　確かに二元代表制をあまりに厳格に固定化し、あるいは二層制絶対説を採るのは、現実の社会の変化に適合せず、また憲法改正までは望まないが新しい自治体組織形態を望む住民の意思を無視する憲法解釈となってしまう。本書は、「対話型立法権分有」法理を追究する中で、最も大事な視点が、地方自治とは主権者国民による地域的主権行使を意味し、したがって自治体の組織のあり方や自治体の階層制も主権者国民が住民としての側面からその主権を地域的に行使する場の形成として考えなければならないという点であることを示した。この点に関して、憲法96条の日本国憲法改正手続が国会の発議と国民投票による最終決定を組み合わせており、また特定の自治体に独自制度を適用する際に用いられる憲法95条の地方自治特別法の規定も、国会の立法に当該自治体の住民投票による同意を義務付けていることに鑑みると、憲法は、主権者国民の地域的主権行使の場の選択を、国会の立法意思の発動と住民投票という直接民主制の発動との合同作用として想定していると考えることができる。したがって、確かに制度改変には国会の立法（地方自治特別法を含む）が必要であるにせよ、その決定は単なる国会の立法裁量ではなく、また国会の立法に対する地方議会の同意だけでも足りず、当該自治体の住民が自ら主権行使の場を組み直すという意味で、住民投票による同意が不可欠であると考えるのが、「対話型立法権分有」法理からの当然の帰結となる。

　加えて、「対話型立法権分有」法理では、国の立法権と部分的であれ競合しうる自治体立法権を想定する以上、自治体の立法権と行政権（執行権）との間の明確な権力分立が不可欠である。日本国憲法93条は二元代表制によって立法権と行政権の分立と対抗を憲法上義務付けていると解される以上、自治体組織形態の多様化は、自治体内の権力分立の本質に反しない限りで、なおかつ住民投票による賛成を条件として、現行地方自治法の定めを超えたさ

---

23)　芹沢斉＝市川正人＝阪口正二郎編『新基本法コンメンタール・憲法』（日本評論社、2011年）480頁、484-486頁（渋谷秀樹執筆）。渋谷秀樹『憲法〔第3版〕』（有斐閣、2017年）736-738頁、745-747頁。同「地方公共団体の組織と憲法」立教法学70号（2015年）215-233頁等。

らなる執行作用への議会の関与や、純粋の管理行政作用に限り専門職に委ねる専門職制の採用などが許されるにとどまると考えるべきであろう。

(2) 自治体内直接民主制の射程

住民投票条例に基づく投票結果の法的拘束力については争いがある。法令上、長の権限とされる原発や米軍基地の建設承認手続に事前の住民投票による同意を法的に義務付けられるかについて、判例は、国の法令の根拠を欠く場合の住民投票にいかなる法的拘束力も認めない（名護市住民投票条例事件[24]）。通説も、現行憲法と地方自治法が間接民主制を原則とすることを前提として、法的拘束力のある住民投票を定めた条例を違法とし、事実上の拘束力に留まる諮問型住民投票しか認めない。さらに諮問型についても、事案の性質の違いを問わない一般型住民投票には否定的である[25]。

これに対して、現行憲法が人民主権を採用したと解する人民主権説では、法的拘束力まで認めるのがほんらい論理的であるが[26]、実際には同様の立場に立つ論者の間にも躊躇がみられる[27]。この躊躇は、「対話型立法権分有」法理が前提とする不完全な「人民主権型」立憲主義でこそ説明しやすい。現行憲法が採用する人民主権の不完全性を前提とするこの立場は、代表機関と有権者総体の両意思の協働の中に正当な立法意思を見るため、住民投票結果が一定の場合に代表機関により覆される可能性を認める。限定的な法的拘束力は認めるものの、例えば住民投票結果を無視する自治体の長に対する民事責任追及については、説明責任の懈怠がある場合に限り法的責任を認めるのが適切と考える。また、このレベルの法的拘束力であれ、代表制に対する重大な変更となるため、直接民主制と代表制の協働を基本とする不完全な人民主権では、代表機関たる地方議会が個別事案毎に住民投票の必要性を判断し条例化することが必要である。一般的な住民投票制度を常置する条例は、性質上除外すべき事項を定め、その効果も諮問型に留める限りで合憲・合法と

---

24) 那覇地判平成12（2000）年5月9日判例時報1746号122頁。
25) 兼子仁『新・地方自治法』（岩波書店、1999年）69-73頁。
26) 杉原泰雄『地方自治の憲法論』（増補版、勁草書房、2008年）243-246頁。
27) 辻村みよ子『憲法〔第7版〕』（日本評論社、2021年）508-513頁。

終章 「分権型法治主義」の憲法理論の行方　307

なろう。

　地方自治法94条は、条例により町村議会に代えて有権者の住民総会を設けることを許容する。戦前から同制度があった芦野湯村（1947年4月に議会制に移行）、あるいは地方自治法施行後の適用例では宇津木村（1955年に議会制の八丈町に編入）の例があるが、現在実例はない。杉原泰雄はこれを現行憲法の人民主権的解釈から正当化する[28]。渋谷秀樹も国政と地方政治の民主主義の質の違い、憲法41条のような地方議会が地方立法権を独占する規定の欠如、あるいは自治体を法人、住民総会をその機関と捉える自治体法人論から正当化できるとする[29]。しかし不完全な「人民主権型」立憲主義によれば、代表制議会の討議を通じ濾過されていない「生の」民意による決定は代表民主制の本質に反すること、並びに常設議会による執行府統制の廃止はとりわけ自治体の長の独裁を招きかねない点で二元代表制にも反することなどに鑑みると、本条は違憲の疑いが強いと言わざるを得ない。

　近年、過疎地の自治体では議員のなり手がおらず、欠員が問題となっている。2017年に高知県大川村が町村議会に代わる住民総会の制度の導入検討を開始し、総務省も有識者会議を設置し検討したが、導入には至っていない。諸外国で見られるような自治体職員あるいは都道府県議会議員や国会議員と市町村議員との兼業は、地方自治法92条などの現行法で禁止されているにすぎず、憲法が禁止しているわけではない。法改正で兼職禁止の制限を緩和するなどして、代表議会制を維持することが肝要であろう。

　なお、憲法は必ずしも完全な二層制を義務づけておらず、国会の立法に加えて、主権者市民による直接民主主義的な主権の地域的行使である住民投票で可決された場合には「不完全な二層制」となることが許容されるとする解釈論を採る場合には、町村議会に代わる町村総会の制度は違憲ではなくなる。しかしこの場合は、当該自治体は憲法93条2項の二元代表制の適用がある「十全たる憲法上の地方公共団体」から部分的に外れ、その限りで二層制が不完全となること、並びに当該自治体の条例には、本書が追究してきたよう

---

28)　杉原泰雄『憲法II』（有斐閣、1989年）472頁。同・前掲注22）243頁。
29)　芹沢他編・前掲注23）483-484頁（渋谷秀樹執筆）。

な部分的・暫定的な国法への抵触が許されなくなることは認めなければなら
ないであろう。

Ⅱ　日本における自治体憲法訴訟論の構築可能性

1　分権型立法裁量統制論の可能性と困難性

⑴　現代日本の憲法学における「地方自治の本旨」論の本質

　現在、主流の憲法学説の多くは、憲法92条の「地方自治の本旨」を無定義
のまま、あたかも何かを憲法保障しているかのごとき口調で説明する。しか
し実際には、日本の代表的な憲法教科書は今でも、「住民自治」と「団体自
治」の2つの理念しか述べていない[30]。行政法学者の中には、2000年の分権
改革の理念であった「国と地方との適切な役割分担」をこの2つの理念に付
け加える者もいるが[31]、いずれにせよ実際の国・自治体間権限紛争をめぐる
訴訟において、これらの理念が有効に機能しているようには見えない。

　国・自治体間の権限紛争では、「地方自治の本旨」の具体的な規範内容を
明確にすることができない憲法解釈は常に自治体側を敗訴させてきた[32]。し
かしすでに何度か示唆してきたように、この曖昧な「地方自治の本旨」解釈
の下でも、常識的に考えて当該立法内容が「地方自治の本旨」に明らかに反
すると誰もが認めるような特別な場合であれば、なお例外的に当該立法を司
法審査し、違憲判断を下せるはずである。実はこの解釈は、人権制限立法の
合憲性審査において、特に経済的自由に対する積極目的規制の立法や社会権
に関する立法に対して展開されてきたいわゆる「著しく不合理であることの
明白である場合に限って」司法審査し、「立法府がその裁量権を逸脱」した
点を捉えて違憲無効にできるとする立法裁量論と同一のものである。論理的

---

30)　例えば、芦部信喜（高橋和之補訂）『憲法〔第8版〕』（岩波書店、2023年）393頁。
31)　北村喜宣『分権改革と条例』（弘文堂、2004年）52-60頁参照。憲法の教科書でこれを受け
　　入れるものとして、渡辺康行＝宍戸常寿＝松本和彦＝工藤達朗『憲法Ⅱ　総論・統治』（日本
　　評論社、2020年）421頁（宍戸執筆）。
32)　例えば、大牟田市電気税条例事件第1審判決（福岡地判昭和55〔1980〕年6月5日判時966
　　号3頁）。

に見れば通説や判例は、意識的であれ無意識的であれ、国・自治体間権限紛争に関する憲法訴訟に一種の立法裁量論を採用していると見ることができる。

(2) 大陸法型自治体憲法訴訟論における立法裁量統制論の射程

フランス自治体憲法訴訟においては、フランス憲法の地方自治権保障の一般規定である72条の「自由行政」の原理は、少なくとも権限問題（財源問題を含む）に関しては国会の極めて広い立法裁量を前提としたうえで、立法権の逸脱濫用が明白な場合に限りこれに違憲審査を行うという、極めて緩やかな立法裁量統制を行っている。この違憲審査の手法はフランスでは「明白な過誤（erreur manifeste）」の法理と呼ばれる。今成源成によれば、この法理は元来、行政訴訟の分野で行政裁判所が用いてきた裁量統制の手法であった。行政裁量権行使の妥当性（opportunité）は本来は行政裁判所で判断すべきものではないが、「行政の裁量権行使が一見して明らかに不当な場合」に限り裁判所による関与が許されるとするものである。憲法院はこの法理を立法裁量の合理性を審査する場面で「法律の合憲性審査基準」として用いている。

今成の分析では、憲法院は「明白な過誤」の法理を何ら具体的な論証もなく観念的に用いているという。今成によれば、本質的に裁判官たちの「印象」に基づく程度の判断に過ぎなかろうとも、「明白な過誤」の法理は、その裁量の範囲が法律で限定されている行政行為に対しては裁量統制の基準として役に立つ。しかし幅広い裁量権を持つ議会の立法に対してこの法理を用いた場合には、説得的な説明や論証を欠いた極めて恣意的な判決しかもたらさないことになる。日本ではこのような法理（今成は「明白の原則」を例に挙げる）は法令に対する違憲判決を極めて困難にしているが、フランスの場合には曖昧な推論が許されるため、裁判官の恣意に従い合憲判決のみならず違憲判決も容易に下されるという[33]。

このようにフランスの自治体憲法判例は、憲法上の明文規定によって立法

---

33) 今成源成「67　明白な過誤の法理：『ニューカレドニアの制度変更に関する法律』判決」フランス憲法判例研究会編『フランスの憲法判例』（信山社、2002年）429-430頁。この部分の分析は、拙稿「自治体憲法訴訟論におけるフランス憲法判例の意義」長谷川憲＝植野妙実子＝大津浩編『プロヴァンスからの憲法学』（敬文堂、2023年）148-149頁ですでに述べたものを再録している。

事項を国と自治体とで分割しておらず、かえって一般的な形で国会の幅広い
立法権を規定している憲法の下では、裁判所が地方自治の分野でこのような
立法裁量を統制するための地方自治権保障の一般規定（日本の「地方自治の本
旨」やフランスの「自由行政」原理）に言及したとしても、それだけでは有効
な立法裁量統制には至れないことを示している。そのような限界を持つフラン
スの自治体憲法訴訟ではあるが、それでも憲法院は、時には「地域的実情
を明らかに無視した画一的な制度の押し付け」を理由にして、国の立法に違
憲判決を下している[34]。

　ドイツの場合も、連邦法及びその実施州法による地方自治権侵害の問題は、
立法裁量権の逸脱濫用問題として処理される。しかしドイツの憲法判例では、
「明白な過誤」の基準に留まることなく、より審査密度の高い基準を用いて
いるように見える。それが、ドイツ連邦憲法裁判所が1988年のラシュテーデ
決定で示した「Vertretbarkeit」という基準である[35]。このドイツ語は「主
張可能性」の統制基準と訳され、いわゆる判断過程統制を行うものである
が[36]、自治体憲法訴訟の中で地方的実情を無視ないし極度に軽視した立法過
程ではなかったかを裁判所に検討させている。しかしフランスの場合もドイ
ツの場合も、統治機構の憲法問題は抽象的規範統制を本質とする訴訟体系の
中で扱われていることを見落としてはならない。

(3)　司法審査制における立法裁量統制の困難性

　日本の違憲審査制、あるいはより広い意味で日本の規範統制制度の特質を
考えるなら、上述のような地方自治保障の分野で国の立法裁量権の逸脱濫用

---

34)　Décision n°83-168 DC du 20 janvier 1984, *J.O.*du 21 janvier 1984, p.368 ; Décision n°92-
　316 DC du 20 janvier 1993, *J.O.*du 22 janvier 1993, p.1118 ; Décision n°2000-436 DC du 7
　décembre 2000, *J.O.*du 14 décembre 2000, p.19840 ; Décision n°98-407 DC du 14 janvier 1999,
　*J.O.*du 20 janvier 1999, p.1028.「地域的実情を無視した画一的規律の明白な不合理性」の基準
　についても、拙稿・前掲注33）149-151頁を参照されたい。

35)　BverfGE 79, 127, Beschluss v.23.11.1988. 同決定について、詳しくは本書**第11章**（並びに
　そのもとになった拙稿「憲法規範としての補完性原理の可能性」公法研究81号〔2019年〕217-
　218頁）を参照されたい。なお、「Vertretbarkeit」という審査基準は裁量統制理論の一つであ
　る「判断過程統制」の意味を持つことは、本書**第13章**注７）でも指摘しておいた。

36)　山本真敬『立法裁量と過程の統制』（尚学社、2022年）を参照。

を統制するという課題は裁判所の視野に入りにくい。なぜなら、日本の違憲審査制は、国民の主観的権利の救済を主たる任務とする司法審査制を採るからである。主観訴訟では常に自治体による私人・私企業への規制が違法なものでないかが基本的な論点となるので、国の法律自体が自治権を過度に制限している点で立法裁量の逸脱濫用ではないかという論点は副次的なものに留まる。そして前者の論点に決着をつけて事件の妥当な解決がなされるなら、もはや後者の論点は扱われない。

　もちろん国の関与の違法性を理由とする自治体からの提訴のような実定法化された客観訴訟の場合や、大牟田市電気税訴訟のように自治体から国賠請求訴訟が起こされる場合には、国の立法裁量の逸脱濫用を論じることができるであろう。しかしこれもすでに見たように、国の立法権を統制できる唯一の憲法規範である92条の「地方自治の本旨」が無定義で用いられている限り、抽象的規範統制になじみのない日本の司法裁判所が、フランスのようにある意味で大胆に、換言すれば恣意的に、国会の立法裁量の逸脱濫用を認めることは容易には想定しがたい。ドイツの「主張可能性」の統制基準も、生存権保障をめぐる訴訟の中でならまだしも[37]、統治機構の権限紛争をめぐる訴訟において日本の司法がこれを使用することなど、未だに期待できそうにない。

　日本で立法裁量統制の方向で国法と条例の抵触問題を扱うには、立法裁量統制理論のさらなる発達が不可欠である。もしそれが可能であったとしても、本書第11章で見たように、ヨーロッパにおける地方自治保障のための立法裁量統制理論の中心をなす「補完性原理」の裁判的有効性がなお極めて限定的であることには留意しなければならない。特にフランスの事例はそうした限界を強く意識させる。より裁判的統制の可能性を感じさせるドイツに範を求めようとする場合には、司法権全体を統括する日本の最高裁判所裁判官の選任手続の改革を合わせて考えなければならない。ドイツの連邦憲法裁判所の場合は、憲法（ドイツ連邦共和国基本法）により、各州政府の代表者で構成される連邦参議院が憲法裁判所裁判官の半数を選任する制度をとっており、こ

---

37)　「老齢加算廃止違憲訴訟」（最判平成24〔2012〕年2月28日民集66巻3号1240頁）などは、判断過程統制の片鱗を見せている。

うすることで州自治権が保障されるだけでなく、市町村などの地方自治体
（ゲマインデやクライス）の自治権も積極的に保障する判決が出やすくなる。
このように何らかの地方代表機関による憲法裁判所裁判官選任制度まで構想
する必要があるだろう。

　いずれにせよ、現行の日本の司法審査制においては、無定義で「地方自治
の本旨」が使われている限り、自治体に対する国の立法の介入を立法裁量統
制の枠組みで審査するのはあまり役に立つやり方とは思われない。それは、
「補完性原理」を憲法92条に読み込んだところで変わらないであろう。

2　自治体憲法訴訟論の展開方向

(1)　憲法適合的解釈、合憲限定解釈、地域的適用違憲の
各適法性統制手法の使い分け

　司法審査制を採る日本では、基本的には個別具体的な事件の中でしか地方
自治権を侵害する国の立法の違憲性を問えないとしたら、実際にはそれは自
治体の活動（自治体が制定した条例の適用を含む）が国民の権利・自由を侵害し、
あるいは国民に義務を課すなどして主観訴訟が起きる場合（又は住民訴訟の場
合）か、あるいは自治体の個別具体的な事務執行に対する国の関与の違法性
を争う客観訴訟（自治体の事務執行不作為の違法確認請求訴訟も基本的には同類で
ある）の場合しか想定できない。そうである以上、国の地方自治権侵害の問
題は、日本やアメリカなどの司法審査制を採る国では、基本的には自治体の
立法意思の正規の表明形態である条例と、その立法意思に従って条例を執行
する自治体の行政行為の違法性をめぐる訴訟の中でしか扱えないことになる。

　果たして自治体の立法意思が、個別具体的な自治体の行政行為をめぐる訴
訟の中で、とりわけ主観的権利をめぐる争いとなる具体的争訟の中で、国の
立法意思に逆らうことがどこまで許されるのか。この視点は、自治体立法意
思の適法性統制のあり方自体を、当該訴訟が対象とする自治体独自施策と具
体的な国民の人権問題（人権保障の場合もあれば人権制約の場合もある）との関
わり具合に応じて区別すべきと考える方向に導く。自治体立法意思の適法性
統制の方法論については、本書第12章において司法審査制に特有の憲法訴訟
論の枠組みの中での再構成を試みた。憲法訴訟論においては、人権侵害の恐

れのある法律について、これを真正面から法令違憲とすることを回避しつつ違憲性をめぐる紛争を処理する3つの適法性統制手法があった。この視点を国法に抵触する恐れのある自治体立法の合法性という論点に応用し、そのような自治体立法を違法無効とせずに処理する適法性統制手法としても考察することが可能ではないか。そこで本章第2節では、まずこの3つの適法性統制手法がどのような形で国法への自治体立法の抵触問題に応用されうるのかを明確にする。その後で、個別の人権問題との関係で、これらの適法性統制手法がどこまで適用できるのかを検討する。

(a) 憲法適合的解釈型の適法性統制手法

この分野で確立された最高裁判例の立場にあるのは、周知のように「徳島市公安条例事件」最高裁判決[38]である。同判決は、すでに本書第12章で言及しているように、国の立法趣旨に従いつつ、国法と条例との抵触を回避できる可能性がある場合に限り条例を合法とする解釈技術として、「目的・効果基準」論を展開していた（本書第12章ではこれを「法律趣旨重視説」と呼んだ）。それは、いかなる意味でも当該国法が憲法92条の「地方自治の本旨」に反する可能性を認めないことを前提として、国法の趣旨すなわち国の立法意思が許容する限りで国法の「目的・効果」と条例の「目的・効果」とが矛盾・抵触しないように両者を柔軟に解釈する手法である。それはいわゆる「憲法適合的解釈」と呼ばれる手法[39]と同じ性質を持つ審査手法であった。しかしこの手法では、条例が国法に矛盾・抵触することに一切の合法性を認める余地がなく、そもそも自治体立法意思が国の立法意思に逆らう可能性そのものが否定されており、「対話型立法権分有」法理と結びつく適法性統制手法ではない。にもかかわらず一般に従来の司法審査では、多くの場合、この型の自治体立法意思の適法性統制手法が用いられてきたといえる。

---

38) 最大判昭和50（1975）年9月10日刑集29巻8号489頁。

39) 国法が解釈次第では違憲となる可能性を認めたうえで、そのような解釈を排する合憲的限定解釈と区別された「憲法適合解釈」については、「堀越事件」最高裁判決（最二小平成24〔2012〕年12月7日刑集66巻12号1337頁）、とりわけ千葉勝美補足意見がこの手法を明確に採用している。

(b)　合憲限定解釈型の適法性統制手法

　しかし地方自治と関わりのある国法の趣旨や内容自体が、現場の必要性から形成された自治体立法意思をあまりに過度に拘束していたり、あるいは画一的過ぎる規制を加えるものとしか解釈できない場合には、憲法適合的解釈型の適法性統制手法では、自治体立法意思は合法性を認められない可能性が高まる。ここで問題となる国法は、地域の実情を無視した画一的な処理を押し付ける点で、憲法92条の「地方自治の本旨」に抵触し違憲の法律となることを疑うべきである。しかし日本国憲法が前提とする司法審査制においては、その制度的本質として憲法判断回避の準則（違憲判断回避の準則を含む）を遵守しなければならないため、司法は当該国法を直ちに法令違憲とせずに、これに合憲限定解釈を施すことを可能な限り追求しなければならない。

　最高裁が合憲限定解釈を採用した有名な例が1967年の東京都教組事件であるが、当時の最高裁は、「法律の規定は、可能なかぎり、憲法の精神にそくし、これと調和しうるよう、合理的に解釈されるべき」との視点から、当該法律の「規定の表現にのみ拘泥して、直ちに違憲と断定する見解」を退けていた[40]。この解釈は「憲法の精神」の尊重を理由に、実際には国の立法者の本来の意思（国の立法趣旨）を捻じ曲げて憲法違反とならないように法律を読み直したものであり、あからさまに当該法律が違憲となる可能性があることを判決の中で表明するか否かは別にしても（前掲の事件では判決理由の中で当該法律が違憲となる可能性を明示していたが）、当該法律が違憲となる可能性を持つことを少なくとも暗黙の前提としてなされる解釈論であった。この視点を、過度に地方自治を拘束する国法とこの国法の趣旨や目的・効果と部分的に抵触しかねない内容を持ってしまった条例との関係に応用した場合、当該国法を、地域的実情を重視する立場から読み直す解釈をとることが憲法92条によって許されることになる（これを本書第12章では「条例意義重視説」と呼んだ）。国法と条例との抵触問題における合憲限定解釈は、このようにして一般的に地域の実情を無視し、自治体側から見て不合理となる国法に対して施される憲法解釈手法であるが、それは事実上、国法の適用領域を一般的に

---

40)　最大判昭和44（1969）年4月2日刑集23巻5号305号。

制限する形で自治体立法意思の適法性統制を行うことになるので、本書が論じてきた憲法41条の規範命題、すなわち国会は国レベルでの「唯一の」立法機関であることを憲法が命じており、その結果、国・地方関係では国会は「原則として優越的な」立法機関であることを憲法が命じているとする規範命題の意味を、例外的に自治体立法意思優位の方向にいっそう牽引する審査手法となる。したがってこの手法が適用される要件については慎重に検討されなければならない。

(c) 地域的適用違憲型の適法性統制手法

さらに地方自治の分野では、全国的一般的には合理性のある国の立法が特別な事情下にある特定の自治体に適用されると著しく不合理となるケースがある。このような特殊ケースにおいては、憲法92条は、このような法律を特定の地域・自治体に適用する限りで違憲となるのでこれを適用しないとする地域的適用違憲の手法を採ることを命ずることになる。

まさに「神奈川県臨時特例企業税条例事件」はその好例といえよう。法人事業税の欠損金繰越控除制度は通常はその合理性を否定できない。しかし首都圏の一角で大企業の工場が多く、インフラ整備や従業員の子供の教育条件整備などのサービス費用がかさむにもかかわらず、企業が抱える巨額の赤字に対する地方税法の欠損金繰越控除制度のせいで、神奈川県に立地する企業から法人事業税が何年にもわたってほとんど徴収できず、そのため極めて苦しい財政状況に陥った神奈川県にとっては、この制度は極めて不合理なものとなっていた。そこで神奈川県は、単年度としては黒字であっても巨額の欠損金が解消されるまで何年も繰り越されるはずの税控除額の一部に当たる金額を、県財政が苦しい一時期に限って臨時特例企業税として徴収することを試みたのだった。

これに対して最高裁は、国の立法趣旨を絶対的基準とする「目的効果基準」論から、いくら現行の地方税法に問題があろうとも（金築誠志補足意見）、法律が「強行規定」としたものに条例が抵触することは一切許されないとした[41]。しかし、このような場合にこそ、同制度は神奈川県に適用すると憲法92条の「地方自治の本旨」違反となるとの解釈に基づき、神奈川県への適用

を排除することが必要だったのではないだろうか。もちろんこうした地域的適用違憲型の適法性統制手法は、憲法41条が定める国法の原則的優位の規範命題を部分的に否定する強力な手段であるから、その適用要件はいっそう厳格に検討されなければならない。

　もっとも自治体憲法訴訟においては、このような適法性統制手法を採る場合でも実際の判決の中で法令の適用違憲を明言する必要はない。当該自治体が置かれている特殊事情を理由に、条例が国の法令に部分的に抵触していても、この抵触の必要性と合理性とが十分に認められる限りで、立法権分有制を保障する憲法92条の「地方自治の本旨」により条例は合法であると判示すればそれで十分であろう[42]。

　以上の3つの適法性統制手法は、国法と対立する、あるいは国の立法意思との摩擦を生ずる程度の差という点では、憲法適合的解釈型の紛争解決手法が最も摩擦が少なく、次に合憲限定解釈型の紛争解決手法がある程度の摩擦に留まるために中間的な位置を占めるのに対して、地域的適用違憲型の適法性統制手法は、国法への部分的抵触を憲法92条の「地方自治の本旨」の規定を適用することを通じて、その抵触が部分的・暫定的である（換言すれば「重要な部分」に至らない）限りで合法とする（すなわち憲法的合法性を認める）点で、国法との対立・摩擦が最も大きい手法である。自治体立法意思が国の立法意思に抵触するとの疑いが惹起される様々な場面において、上記の3つの適法性統制手法のうちで、国法との摩擦が大きい手法はそれだけいっそうその使用は慎重でなければならない。しかし地方自治の現場では、地域的な事情に鑑みて、とりわけ地域的な事情にそくした独自の人権保障のために、摩擦の大きな適法性統制手法をあえて用いなければならないこともある。そこで以下では、自治体の独自施策と人権問題（人権制限の場合と人権保障の場合の両方を含めた概念としてこのように呼ぶ）との関係に応じて場合分けをして、国法との摩擦を生ずる3つの適法性統制手法の内でどの手法まで用いることが可能かを考察してみよう。

---

41)　最判平成25（2013）年3月21日民集67巻3号438頁。
42)　拙稿「現代分権改革における自治体憲法理論の課題」憲法研究8号（2021年）49頁（本書第3部第12章に再録）。

(2) 人権保障と自治体憲法訴訟論

本考察を行うにあたっては、大前提として、人権制約立法の違憲審査について、日本国憲法は「二重の基準」論の考え方に立つことを確認しておきたい。制約される人権が精神的自由などの優越的人権の場合は、それだけこれを規制する自治体立法の合法性の幅は縮小するし、財産権や経済的自由の場合には合法性の幅は拡大する。一般論として言えば、精神的自由を制約する独自施策については憲法適合的解釈型の適法性統制手法までにとどめるべきであろうし、経済的自由については合憲限定解釈型の適法性統制手法まで用いることが許されるべきであろうが、個別具体的事情に即して適法性統制手法は変化する。この「二重の基準」論の視点は、自治体独自施策が人権制約を伴う限り、全ての場合に留意しておかなければならない[43]。また、自治体の独自施策において特定の人権を保護するために必要不可欠な場合の条例は、部分的・暫定的であることを条件として国法に優越するという「対話型立法権分有」の法理に対して、規制によって保護される人権と制限される人権との対立図式がある場合（例えばヘイトスピーチ規制におけるマイノリティ集団として差別されない権利と表現の自由）には、人権間の価値序列は簡単には確定し難いことを理由にこの法理は適用できないとの批判がありうる[44]。筆者は、この問題については不可知論に留まるのではなく、人権のグローバルな普遍性の観点から、日本が締結した条約と確立した国際法規の遵守を義務付ける憲法98条2項が、国際人権法において確立していると解しうる人権序列を基本視座に据えることを義務付けていると理解することで、ある程度は解決可能と考える[45]。

---

[43] 条例の適法性統制の審査基準に関して、条例とそれが対象（規制型であれ受益型であれ）とする事項の性質との関係から分類する試みはこれまでいくつかなされている。たとえば、原田一明「条例をめぐる合憲性審査の一考察」磯部力先生古希記念論文集慣行委員会編『都市と環境の公法学』（勁草書房、2006年）239-271頁はいくつかの個別事件を扱いながらではあるが、条例と法律との抵触拐取問題を条例による人権制約の合憲性審査問題に還元されるとする。渋谷秀樹『憲法〔第3版〕』（有斐閣、2017年）758-771頁は、規制条例と受益条例の違いを論じた後、（これは常に憲法の教科書で扱われる論点であるが）財産権、罰則、課税という憲法上の3大「法定主義領域」について、渋谷独自の地方自治の「理論的正統化」の議論を展開する。彼らの主張と本書の主張との接合可能性については、今後の課題としたい。

[44] 法律と条例との抵触問題につき、人権序列を確定することの困難性を示唆するものとして、たとえば塩野宏『行政法Ⅲ〔第5版〕』（有斐閣、2021年）204頁。

(a)　人権と無関係な領域における自治体立法意思と国の立法意思が
　　　対立・抵触し合う場合

　ところで、自治体の独自施策の中には、具体的な人権の保障と結びつくことも、あるいは特定の人権の侵害を引き起こすこともない状況で、国法や国策と対立し、抵触し合う場合がある。たとえば、国と自治体との間の純粋な権限紛争であったり、あるいは自治体組織形態をめぐり国法抵触問題が惹起される場合である。あるいは本章Ⅰ1(2)でも言及したように、神戸市が日米同盟の促進という国策に反して、アメリカの軍艦が自治体管理港に入港する際に非核証明書の提出を義務づけることで、事実上、核搭載艦の入港を拒否する自治事務の処理を行った事例もこれに該当する[46)]。

　自治体の独自施策が個人や団体の権利・自由と無関係な場合であれば、その国法への部分抵触が合法と見なされる範囲はかなり広く認められるべきであろう。とりわけ国法やその他の国策と真正面からぶつかる自治体立法の合法性が問題となる場合には、当該自治体立法が違法と判断される可能性が高まるので、上述の地域的適用違憲型の適法性統制手段を用いることが、憲法92条の「地方自治の本旨」から要請されることになるであろう。もちろん国法との抵触可能性が極めて高い自治体立法を合法とするには、当該独自施策

---

45)　本書は冒頭部分で、グローバルな「法治主義」の進展がもたらす地域生活と地方自治に対する侵害の危険性を指摘している。この視点は、本書の「分権型法治主義」の根底に位置するライトモチーフである。したがってここで、国際人権法の流れに沿ったグローバルな「法治主義」を肯定するのは矛盾ではないか、との懸念が生まれることは認めざるを得ない。筆者は、国際人権法の歴史的な発展は、単なるグローバルな経済的自由主義（とりわけネオリベラリズム）の一方的な押し付け（しかも一方的な「国家法治主義」を介したそれ）となるものではないと考えている。とりわけヨーロッパの国際人権法からの知見を踏まえれば、現代の（良識ある）世界で発展しつつあるグローバルな国際人権法とは、「社会的価値」や「（地域的）環境保護的価値」を含んだものであり、しかも地域の様々な取り組みの中で次第に「自治体法治主義」の要素を踏まえつつあることで、これらの価値がグローバルな「国際人権法の支配」の中に浸透していくという展望を持つことができる。そうである以上、ここで言及した「国際人権法」の進展を踏まえた人権の価値序列の確定という視点は、本書が追究する「分権型法治主義」と決して矛盾するものではない。なお、国際人権法の発展と自治体独自施策合法化の連結という視角については、拙稿「国際人権保障における地域・自治体の位置づけ」拙編『新国際人権法講座第7巻・国際人権法の深化』（信山社、2024年）26-34頁で一定の示唆を行っている。
46)　神戸市の事例やその他の非核自治体運動の事例に垣間見られる自治体の「対抗外交」については、拙稿・前掲注5）6-8頁、並びに中村圭一「『自治体の平和力』」都市問題96巻8号（2005年）14-19頁を参照のこと。

が当該自治体や地域の個性ある発展や運営にとって明らかに必要かつ合理的で有益でもあることの証明は必要である。

(b) 特定の人権制約の側面でのみ人権問題と関わる自治体独自施策の場合

　第2に、自治体の独自施策が、その立法目的としては地域的な人権保障とは無関係なものに設定されていながら、逆にその手段が特定の個人や集団の人権を制約する場合が考えられる。自治体の長の独自のイデオロギーに基づき、当該自治体の地方公務員の自由な政治活動や組合活動を、関連する国法の規制の範囲や程度を越えて過度に規制する場合、あるいは地域的少数集団に対する差別的な施策が採られる場合などがこれに当たる。この場合は、まずは憲法の人権保障規定そのものに抵触する可能性が高まるが、たとえ違憲の人権制約施策とまでは言えない規制手段の採用に留まる場合でも、それが国法と抵触する恐れは残る。この場合、その合法性は厳しく審査されなければならない。この分野では、せいぜいのところ、その地域の個性を根拠にできる場合に限り、憲法適合的解釈型の適法性統制手法を採用することしか認められないであろう。

(c) 「地域的人権」の保障を目的とする自治体独自施策が一部の
　　国民の権利制約を伴う場合

　第3に、まちづくりや環境保護のための自治体独自施策が一部国民の権利・自由を制限し、なおかつ国法との抵触が疑われてしまう場合が挙げられる。まちづくりや環境保護は特定個人の人権ではないが、地域で暮らす人々にとっては集団的な生活利益であり、これを「地域的人権」として想定することは一定の範囲で許されるだろう。まちづくりや環境保護の視点からの自治体施策は、多くの場合、経済開発行為の規制となるため、経済的自由制約立法に求められる「比例原則」を満たすことが要求される。しかしこの「比例原則」は、それが全国的なレベルでは必要最小限度の規制手段という基準であっても、当該独自施策が根拠とする地域的実情とそれが保障しようとする「地域的人権」の保護法益の重要性に応じ、「相当の合理性」がある限りで、修正が加えられることが認められる。すなわち「相応の合理性」が認め

られる限りで、「地域的人権」保障施策の合法性が認められることになる。こうした合法性を認めるためには、憲法適合的解釈型のみならず合憲限定解釈型の適法性統制手法までなら用いることができるはずである。

　具体的事例としては、本書第7章で検討した「東郷町ラブホテル規制条例事件」などがこれに当たる。第10章の沖縄の辺野古沖埋め立て工事に関する沖縄県知事の不承認問題は、承認申請を退けられた沖縄防衛局が民間団体と同質の行政客体であり、したがって不服審査法7条2項にいうところの「固有の資格」（すなわち本来的な国の機関）に該当しないという司法の判断には全く納得できないが、もしこの見解を受け入れるなら、辺野古問題も同じ範疇に分類される。もちろん現在の紛争では、国の立法意思に対して自治体の「行政の長」が抵抗しているという構図なので、「国家法治主義」のみが支配することになるので合憲限定解釈型の適法性統制の採用を主張することに困難性がつきまとうが、すでに本書で提案した「沖縄環境保護基本条例」を採択して「自治体法治主義」が及ぶ状況に変えた場合には、合憲限定解釈型の適法性統制手法の適用がより適切となる。この場合、環境保護などの保護法益の大きさに比例して、国法への抵触が惹起される自治体独自の施策を合法と見なすための地域的事情を重視した国法の再解釈が許されることになる。

(d)　自治体独自施策が特定の個人や手段の人権を救済するために
　　やむを得ず国法に抵触する場合

　第4に、自治体の独自施策が特定の住民や団体の人権を侵害するものではなく、逆に別の特定の個人や集団の人権が国法によって侵害されているときに、これを救うという目的からあえて国法に抵触し、あるいは国策と対立する場合が考えられる。在日外国人に指紋押捺を強制する国法は日本の司法では合憲と判断された[47]。しかし国際人権法の視点ではもはや許されない人権侵害である。本章Ⅰ1(2)でも言及したように、当時の川崎市長は、在留更新手続時に指紋押捺を拒否した在日外国人に対して、地域的に在日の住民が多いという市の特質も根拠に据えながら、国法で定められた告訴を拒否する旨

---

47)　最判平成7（1995）年12月15日刑集49巻10号842頁。

の宣言を公式に行った。それは他の自治体にも波及し、最終的には国自身が当該手続の廃止に追い込まれた[48]。

このようなよりグローバルな「国際人権法の支配」の観点から自治体が独自施策をとり、人権救済を図る場合には、その国法抵触の合法性はより広く認められるはずである。この場合の適法性統制手法は少なくとも合憲限定解釈型、あるいはやむにやまれぬ事情まであれば地域的適用違憲型の利用も許されるであろう。

(e) 私人間の人権紛争における自治体独自施策の場合

最後に、私人間の人権紛争への自治体の介入問題がある。ヘイトスピーチ規制のように、一方の住民の人権（ヘイトクライムに至らない範囲でも自らが帰属する人種的・民族的集団に対する著しい差別的言動から守られることによって得られる静穏な生活という利益）を守るための独自施策が他方の住民の人権（表現の自由など）を制限することとなる場合には、同じく後者の差別的言動を規律する国法の定める限度を逸脱する強力な規制をかけることの合法性が問題となる。この場合も、たとえ日本の国内法が強制力を用いて差別的言動を抑止する施策を怠っている場合でも、現代の国際人権法の水準から考えて強制的介入が必要とみなされるに至った場合には、国法の限界を超えた強力な規制手段を採用することも一定の範囲で許されることになる。この問題では、刑罰を含む法的措置による、人種的・民族的マイノリティ差別の抑止を締約国に求める人種差別撤廃条約のような国際法の根拠が実際に存在すれば、当該独自施策はそれだけ強い法的根拠を持つことになる。人種差別撤廃条約の当該強制措置条項については日本政府が留保宣言しているけれども、地域的なマイノリティ差別、とりわけヘイトスピーチの苛烈な状況を前にした場合、国法の限界を乗り越えるような自治体立法には「国際人権法の支配」を理由に、合法性の認められる余地が広がるはずである。

この場合、国法との抵触問題を処理するための適法性統制手法については、

---

48) 川崎市における在日外国人の指紋押捺拒否者への独自施策とその後の状況については、田中・前掲注 6) 57-58 頁参照。

救済すべき人権の侵害状況の切実度に応じて、それが軽微な時は合憲限定解釈型の手法で、重度の時はあえて国法に抵触してでもその合法性を認める観点から地域的適用違憲型の手法が認められなければならない。ヘイトスピーチ規制問題では、条例の定める要件に合致したヘイトスピーチを行った者に市長が中止命令を出してもこれを止めない場合に、氏名などを公表することを通じて社会的制裁を課し抑止しようとした大阪市ヘイトスピーチ対処条例をめぐる住民訴訟があった。裁判所は、教育と啓発活動しか定めていない国法（本邦外出身者への差別的言動解消推進法）が、4条2項で自治体に対して、「不当な差別的言動の解消に関し、国との適切な役割分担を踏まえて、当該地域の実情に応じた施策を講ずる」努力義務を定めていることを根拠に、氏名公表制度程度の人権制約手段であれば、この「地域の実情に応じた施策」に含まれるとの解釈を採ることで、本件条例を合法と判断した[49]。この手法は、憲法適合的解釈型に留まる適法性統制手法であるように思われる。

　周知のように、川崎市の同種の条例は、中止命令を守らない違反者に氏名公表（15条）に留まらず50万円以下の罰金という刑罰まで課す条項（23条）を含んでいる。まだ適用された事例がないために、その合法性に関する司法判断はないが、もし司法審査された場合にその合法性を認めるためには、合憲限定解釈型、さらには川崎市のヘイトスピーチの苛烈さを根拠に地域的適用違憲型の適法性統制手法までも採用することが必要になろう。

⒡　国法への抵触が惹起される独自の地方税条例の合法性について

　自治体が独自の地方税条例を定めたところ、これが国法の規定に抵触してしまった場合については、適用可能な適法性統制手法の選択に一定の躊躇が生ずる。判例は、租税立法についてはその高度の専門性と政策判断の必要性に鑑みて広い立法裁量を認めているが[50]、この判例の視点では、租税の設定は国民の財産権侵害問題という視点がない。単に公権力の課税権限の問題と

---

49)　大阪地判令和2（2019）年1月17日民集76巻2号207頁、判例自治468号11頁。大阪高判令和2年11月26日民集76巻2号268頁、判例自治488号18頁。最判令和4（2022）年2月15日民集76巻2号190頁、判例自治488号15頁。
50)　例えば「酒税法事件」上告審判決（最判平成4〔1992〕年12月15日民集46巻9号2829頁）。

しか認識していない。他方で、この公権力の課税権限に関する広い立法裁量の枠内で、国法が定める税制度と独自の地方税条例で設けられた税制度とが抵触問題を生じた場合には、神奈川県臨時特例企業税条例事件上告審判決に見るように、最高裁は前者が「強行規定」として設定した規範に絶対的優越性を認めることから、国法が定める地方税制度が極めて幅広い範囲を規律している現状では、自治体の課税権限に関する立法裁量権は著しく狭まり、事実上消失してしまっているのが現状である。

　本書の視点からは、人権制限の側面を考慮に入れない場合には、課税権をめぐる争いは国と自治体との権限紛争問題に還元されるので、すでに(a)で論じたように地域適合的適用違憲型の適法性統制手法の適用が許される事案となり、国法が「強行規定」として定めた制度への抵触の場合でも、その必要性と合理性が相当程度に強く認められる場合には、その抵触が部分的・暫定的であることを条件として、憲法92条の「地方自治の本旨」に基づき、国法に抵触する独自の地方税条例に合法性が認められることになる。

　しかし課税制度は、見方を変えれば国民の財産権に対する強力な規制手段である。この観点からすれば、本書の分析では(b)に分類される可能性も出てくる。この場合には、国法への抵触の合法性は厳格に審査されるので、せいぜいのところ憲法適合的解釈型の適法性統制手法しか認められない可能性が強まる。もっとも、課税制度の人権侵害性は国法の場合も同じであることに鑑みれば、国法の合憲性審査もより厳格になされるべきである。しかし最高裁はこの視点を拒否しているのは上述の通りである。

　最高裁の頑なな態度を前にして、我々はいかなる自治体憲法訴訟論を構築しうるであろうか。以下では、こうした最高裁の頑なな態度が最も顕著に表れた最近の事例として、神奈川県臨時特例企業税条例上告審判決に対する、現時点での自治体憲法訴訟論が採るべき戦略を論じることにする。

3　「神奈川県臨時特例企業税条例事件」最高裁判決の射程の限定

(1)　訴訟手続論における上告審判決の限界

　地方税法が赤字企業の法人事業税について設けている欠損金繰越控除制度の効果を部分的に阻害する神奈川県の独自税条例の合法性が争われた神奈川

県臨時特例企業税条例事件で、控訴審判決は、その論証の途中で、現代民主主義が必然的に複数の法制度の並立と制度間の競合・相殺を生み出すことを肯定的に捉えるところから、法律の効果を「重要な部分」以外で「減殺」する条例に合法性を認めた。ところが同判決は、その結論においては、本件条例が地方税法の効果を「減殺」しただけであって抵触したわけではないと強弁してしまったために[51]、上告審判決は本件条例が地方税に抵触していることを認定するだけで、「目的効果基準」論に則ってこれを違法と判断し訴訟を終結させることができたのだった[52]。

　もし控訴審判決が、本件条例が国法に部分的に抵触することを真正面から認めたうえで、憲法92条の「地方自治の本旨」を根拠に条例の合法性を認めた場合や、逆に仮に控訴審が本件条例を法律に抵触して違法と判断した場合で、神奈川県側が上告理由の中で、「対話型立法権分有」法理に立った憲法92条の「地方自治の本旨」の解釈を通じて、国法に部分的に抵触する条例の合法性を主張した場合であったならば、上告審も国と自治体との間の立法権分有をいう憲法解釈論の可否の観点から憲法92条の「地方自治の本旨」の意味を論じなければならなかったであろう[53]。しかし本件では、控訴審判決はその論理の一部に無理があり、その無理な論理に依拠して本件条例の合法性を認めてしまったうえに、控訴審で勝訴した神奈川県側も、上告審で最高裁に提出した答弁書の中で、本件条例が地方税法の「強行規定」なるものに抵触しても合法となる理論である「対話型立法権分有」法理には一切触れないままで、控訴審同様、本条例は地方税法に抵触しないと言い張ってしまったのだった[54]。

---

51)　東京高判平成22（2010）年2月25日判時2074号32頁。

52)　最判平成25（2013）年3月21日（前掲注41））。

53)　上告審が「立法権分有説」に一切触れなかった上訴構造上の理由については、拙稿「国の立法と自治体立法」西原博史編『立法学のフロンティア2　立法システムの再構築』（ナカニシヤ出版、2014年）209頁の原注21（本書**第7章**注55））でも論じている。

54)　筆者は上告審において神奈川県側の鑑定意見書を書いた（本書**第6章**参照）。神奈川県側の答弁書は筆者の鑑定意見書をいくつかの部分で引用しているが、本条例が地方税法に抵触していたとしても合法であるとする「対話型立法権分有」法理を展開した部分については引用していない。これは、控訴審で本件条例が国法の効果を部分的に「減殺」しただけで、国法に「抵触」しているわけではないとの理由で勝訴した被上告人の立場からすれば、仕方のないことであった。

そこで上告審判決は「地方自治の本旨」が「対話型立法権分有」法理の適用を義務付けているのか否かという論点に触れないままで、国の立法趣旨を常に絶対的な基準とする旧来型（国家法治主義型）の「目的効果基準」論を何の躊躇もなく用いることとなった。その結果、立法権分有の可否という憲法問題に一切考慮を払うこともないままに、地方税法の欠損金繰越控除規定は自治体の地域的な事情や必要性からの修正を加えることを許さない「強行規定」とするのが国の立法意思であるとすることで、簡単に本件条例を違法と断じてしまったのである。これは司法審査制の上訴形式の構造上、当然の帰結であって、「念のため」判決をあえて付す例外的な場合は別であるが、通常は、当事者が提起していない憲法上の論点については、これに触れないままで事件に決着がつけられると判断すれば、司法はこれに全く触れないままで済ませるのである。

しかしその結果、本件の上訴構造にかかわる事情などは考慮に入れることなく、その後の下級審は本最高裁判決に言及しつつ、「普通地方公共団体の制定する条例が国の法令に違反する場合には効力を有しないことは明らかである」（例えば上述の大阪市ヘイトスピーチ対処条例事件大阪地裁判決[55]）といった決まり文句を繰り返し、自治体立法が国法に部分的に抵触した場合に合法となる可能性を一切認めない態度を強めることとなった。

上記の大阪市条例は国法の介入を本来予定しない自治事務に関する独自条例であった。他方で、法定自治事務あるいは法定受託事務に対する条例による許可基準の加重問題については、分権改革で目指された国の法令の許可基準の緩和・撤廃の動きが停滞しているように見える。最近の目を引く事例として、下級審判決ではあるが廃棄物処理法の定める規制に自治体が条例によって要件を加重した事案について、国法の趣旨のみに基づいて条例による加重を否定した新たな判決が出されている。これは岐阜県の事例であるが、産廃処理施設の設置許可申請をした業者が、廃棄物処理法15条の2第1項2号の定める適正配慮要件を具体化する目的で定めた「産業廃棄物の適正処理等に関する県条例」で定める周辺住民への周知義務を履行しなかったことを理

---

55) 大阪地判令和2（2019）年1月17日（前掲注49))。

由に、県知事が設置許可の取消処分をしたところ、この業者の審査請求を受けて環境大臣が処分を取り消す旨の裁決をしたことに対して、県の取消処分を支持する住民がこの裁決の取消を求めた事件である。本件について、2018年の名古屋高裁判決は、前記廃棄物処理法15条の2第1項2号の適正配慮要件には県条例の定めの様な趣旨は読み取れないとして、上記環境大臣裁決の取消請求を棄却している[56]。

　これはまさに「国法趣旨重視説」に立つものである。従来から産業廃棄物の規制を巡っては、反発する住民の側に立って、廃棄物処理法上の法定受託事務として許可権限を有する知事の許可要件を統制するために自治体側が条例を定めてきたが、住民投票による同意まで義務付ける条例については、国の産業廃棄物行政の円滑な実施をほぼ完全に否定するもの（住民投票での否決の可能性が極めて高い）として、条例の合法性が否定されてきたのであるが[57]、住民投票までは義務付けず、「周辺住民への周知義務」に留めたうえで、具体的な履行状況を踏まえて知事が判断するという、より柔軟かつ許容度の大きい規制に変えたのが本件条例であった。それでも本判決は、国の法令の許可基準を若干でも逸脱することを認めない立場を明確にしたのである[58]。

　こうした事例に鑑みて、本件のような法定受託事務については、自治体の長の権限は国法の授権によるものであるから国法の趣旨に完全に縛られており、この許可権限に自治体側が条例を定めて独自の許可基準を付け加えることは、国法の趣旨に合致しない限り一切許されないとする解釈も登場している。この主張は、自治事務に関する独自条例以外は、全ての条例を国の法令の授権に基づくものと解すべき（すなわち、国の法令に明文の根拠があると否と

---

56) 名古屋高判2018〔平30〕年4月13日判時2409号3頁。

57) 例えば、「宗像市環境保全条例事件」福岡地裁平成6年（1994年）3月18日判決（判例地方自治122号29頁）参照。

58) 本件については、県側が地元説明会を開くなど周辺住民への周知の徹底を要求したのに対して、業者側は意見書の提出だけで地元説明会の開催を回避したこと、あるいは一部の住民に留まる資料の回覧とその内容に重大な説明不足があったことなどで大きな問題を抱えていたにもかかわらず、書類の改ざんでこれらの不十分さをごまかしたという点で、県側が県条例で加重した「適正配置要件」違反を認定したのであって、産廃業者と住民との間の信頼関係の破壊という実態に即してみれば、県側の許可取消処分は適法であったと思う。にもかかわらず裁判所は、廃棄物処理法の定める手続が意見書の提出などに留まっていることを理由に、本件業者の行為が法律の規定に違反していない以上、県知事の処分は違法としてしまったのであった。

にかかわらず、広義の「委任命令」と解すべき）との立場に立つものである[59]。

　このような判例の傾向は、たとえ国法が自治体の長に、法定自治事務であれ法定受託事務であれ、規制権限を委任した場合には、自治体の長は委任を受けた「行政府」として国法にのみ縛られるとの古い見解に戻ってしまうものであり、本書はこれを是認できない。本書のように国の立法権と自治体立法権とが憲法92条によって並存、競合し、ただ憲法41条によって国の立法権の方が「原則として」優越するがゆえに、国法の趣旨に合理的な範囲で自治体立法権が縛られるに過ぎないと考える立場からは、国法が自治体の執行機関に一定の権限を「授権」し、その権限行使を規律しているからといって、自治体も条例を定めて、必要かつ合理的な範囲で自らの自治体執行機関を重複的に規律できるのであって、国と自治体の両立法意思の競合と合理的な調整という観点から、たとえ「要件」レベルであっても、一定範囲で条例が国法のそれを乗り越えることを可能としなければ、「対話型立法権分有」は成り立たなくなる。それはまた、第一次・第二次の分権改革で目指された理念をも後退させるものではないだろうか[60]。

　以上のような判例の傾向に掉さすことが懸念されるのが、一般に流布する憲法の教科書における条例制定権の限界に関する記述である。例えば影響力の強い長谷部恭男の教科書では、神奈川県臨時特例企業税条例事件の最高裁判決を「法律の留保と条例」の項目中の「租税法律主義と条例」という細項目の中で重要判例として示しているが、他の財産権規制や罰則の委任の細項目で言及する関連判例とは扱いを異にし、わざわざ特別の細項目を設けて紹介し、そのうえで最後の「法令の限界と条例」の項目の中で、「法令に違反する条例を制定することができないことは明らかである」と述べるところから判断すれば、長谷部は、本最高裁判決の考え方を単に租税と条例の関係に

---

59)　川端倖司『条例の法的性質と地方自治の保障』（弘文堂、2024年）292-293頁。川端は本件を、国法の趣旨が、条例で許可基準の要件にまで修正を加える「要件裁量」を認めていない場合に当たるとする。なお、「委任条例」（「法律規定条例」）については「要件裁量」までは認められないとする行政法学の通説的見解は、分権改革初期の頃からすでに現れている。例えば、小早川光郎「基準・法律・条例」小早川光郎＝宇賀克也編『塩野宏古稀記念・行政法の発展と変革（下）』（有斐閣、2001年）381-400頁参照。

60)　北村喜宣のいう「分任条例」概念も、こうした国の立法と自治体立法との重複的関与を説明しようとする一つの試みであろう（同『分権政策法務の実践』〔有斐閣、2018年〕45-65頁）。

ついての憲法原理と見るだけでなく、国法と条例の関係全般に関する適法性の基本準則と見るべきとの考えを暗に示していると思われる[61]。辻村みよ子の教科書も、本人の主観的意図は別にしても、「条例をめぐる諸問題」の項目の中の細項目の「条例による課税」の中で、他の判例とは扱いを異にして、本最高裁判決を論評抜きで長文のまま引用するが、そのような扱い方は客観的に見れば、本最高裁判決の適法性統制の考え方を疑う余地のない憲法準則と考えてしまったことを示しているように見える[62]。このようにして本最高裁判決は、租税と条例の関係を超えて、あらゆる場面で、自治体の条例制定権は国法の定めた「強行規範」を遵守し、国法の趣旨に反しない範囲内でしか行使できないという適法性統制の考え方が、判例上も学説上も支配的になるとの恐れを抱かせるものとなった。

(2) 判例の射程の限定

本書がこれまで繰り返し主張してきた「分権型法治主義」の憲法理論、すなわち国と自治体との間で何らかの形で立法権が分有されなければ、自治体を国と並ぶ主権者国民の主権行使の場と位置付けることはできず、自治体を法的な意味での「地方政府」と呼ぶこともできないという立場からすれば、国がその立法意思として国法に「強行規定」を置いたと解された場合には、もはや自治体はいかなる意味でも合法的にこれに抵抗することができないという、現在の日本の憲法学界に無批判に流布しているかに見える学説状況は大いに問題がある。そうではあれ、「法治主義」・「法治国家」の価値は否定できない以上、その判決に保守的な政治姿勢が頻繁に見られることは批判されなければならないにせよ、それでも最高裁の判決は尊重されなければならない。したがって、神奈川県臨時特例企業税条例事件最高裁判決は、その射程を限定する解釈を施すことが必要となる。

---

61) 長谷部恭男『憲法〔第8版〕』（新世社、2023年）469-473頁。

62) 辻村みよ子・前掲注27）504-505頁。なお、宍戸常寿らの教科書でも、「自主課税権」の項目で、同じように本最高裁判決を重要判例として扱い、論評抜きでかなり長文の引用をしているが、他の箇所では「対話型立法権分有」の考え方も紹介しており、分権改革後の立法権分有化傾向に一定の関心を払っているように見える。渡辺康行＝宍戸常寿＝松本和彦＝工藤達朗『憲法II　総論・統治』（日本評論社、2020年）435-457頁（宍戸常寿執筆）参照。

終章 「分権型法治主義」の憲法理論の行方　329

　日本国憲法92条の「地方自治の本旨」が「対話型立法権分有」法理を、し
たがって「分権型法治主義」を含んでいるという憲法解釈を前提とするなら、
上記の判決はあくまでも租税分野での「強行規定」に限られた最高裁の判断
だと考えるべきである。この場合に、自治体立法が国法に一切抵触できなく
なる理由は、上述した自治体立法が、特定の個人や集団の人権を保障するた
めという立法目的を欠いたままで、独自課税により別の特定の個人や集団の
財産権を制限する立法だったからである。この場合は、国法との関係で自治
体立法権の合法性の範囲は著しく狭くなる。その合法性を認めうる適法性統
制手法は、せいぜいのところ憲法適合的解釈型しか許されなくなる。

　このように解してこそ、その他の領域では、なお国法に抵触する自治体立
法に、合憲限定解釈型、さらには地域的適用違憲型の適法性統制手法を用い
てその合法性を認めることが可能になるのである。今後の憲法学説は、本最
高裁判決の射程を限定することが何よりも大切であろう[63]。

III　まとめに代えて

　神奈川県臨時特例企業税条例事件最高裁判決に示された厳格な「国家法治
主義」の考え方は、現在では一層の強まりを見せている。とりわけ問題なの
が、2024年6月19日に「国の補充的指示権」を定める地方自治法改正がなさ
れたことである。本改正には、野党の一部（立憲民主党や共産党など）や日弁
連から懸念と反対の声があがっていた。これまでの地方自治法の「国の関
与」法制では、2000年の分権改革の基本理念の一つとして、自治事務につい
ては、国は「是正の要求」は出すものの、具体的な是正内容は示さず、自治
体の自主性に委ねることを基本としていた。国が望む具体的な是正内容とな

---

63)　最高裁判決が時代を経て、当初予定していた射程を限定される解釈を施されてしまった例
　　は少なくない。「猿払事件」最高裁判決（最大判昭和43〔1968〕年11月6日刑集28巻9号393
　　頁）は、全ての公務員に職務上の地位の別や勤務時間内外の別、職場の内外の別なく、一切の
　　政治的行為を禁止し処罰する国家公務員法の規定を全面的に合憲としていたはずであったが、
　　「堀越事件」最高裁審判決（最判平成24〔2012〕年12月7日刑集66巻12号1337頁）になると、
　　同じ国家公務員法の規定の趣旨を、「公務員の職務の遂行の政治的中立性を損なう恐れが実質
　　的に認められる政治的行為に限られる」と限定解釈し、一定の公務員を政治的行為禁止・処罰
　　規定から解放したのは、まさにこの好例に当たるといえよう。

るように自治体を拘束するには「是正の指示」が必要であるが、分権改革後の地方自治法は「是正の指示」は原則として法定受託事務に限られた是正制度であり、万が一、自治事務について「是正の指示」が必要なやむを得ない場合が出てきた時には、個別法を制定することで[64]、地方自治法という一般法の例外を許容するにとどめていたのである。

　しかし今回の改正については、新型コロナウイルス対策で国と自治体との間で十分な調整がなされえなかったことを理由に、第33次地方制度調査会がその答申（2023年12月21日）の中で、「平時」の国の関与法制とは異なる、「非平時」（＝緊急時より広い概念で、「従来の法制では想定されていなかった事態」を言うとされる）の国と自治体の間の関係の一般ルールを法制化する必要があると明記したことが背景にあった[65]。これを受けて成立した改正地方自治法では、新たに設けられた第14章で、「大規模な災害、感染症のまん延その他その及ぼす被害の程度においてこれらに類する国民の安全に重大な影響を及ぼす事態」に至ったと各大臣が判断する場合に、一つの市町村の区域を超えて事務の調整を図るために都道府県が行う調整に対して担当大臣が指示をする権限（252条の26の４）並びに「一つの市町村の区域を越えた調整」が必要な場合に留まらず（つまり一つの市町村のみに関わる場合であったとしても）、各大臣が上記の「重大な影響を及ぼす事態」に至ったと考え、さらに「生命等の保護の措置の的確かつ迅速な実施を確保するため特に必要があると認めるとき」（252条の26の５）に、閣議決定に基づき、都道府県と市町村の別なくあらゆる自治体に（単独の自治体に対してであっても）直接指示を出す権限を定めるに至った（さらに自治体間応援に関する同条26の７及び８にも大臣の指示規定がある）。この「補充的指示」の対象は、同法256条の26の４の指示については国の法令で自治体の事務とされたすべての事務であり、また同法256条の26の５にはいかなる限定も付いていない。そもそも法定受託事務については、地方自治法上の一般制度として国に「是正の指示」権が与えられている以上、今回の改正が目指したものは「自治事務」一般（同法252条の26の

64）　例えばこれまでも、感染症法や災害対策基本法にそのような定めがあった。
65）　第33時地制調答申中の「補充的指示」権の問題点については、今井照「『国の補充的指示』権の法制化について」自治総研545号（2024年）53-85頁を参照。

指示については「法定自治事務」）を対象とする新たな「是正の指示」権の創設であると考えざるを得ない。

この「国の補充的指示権」制度は、憲法92条の「地方公共団体の……運営に関する事項は、……法律でこれを定める」という地方自治制法定主義と、1999年地方自治法大改正における自治事務と法定受託事務とを国の統制の違いによって区別することで新たな国・自治体間関係を再構築しようとした地方分権改革の理念を突き崩すものである。なぜなら、これまで「自治事務」については「是正の要求」に限定することで、是正の内容は自治体の自主判断に任される制度設計がなされており、事案や対象の特殊性からどうしても是正内容まで示してその遵守を自治体に義務付けたい場合には、国の「是正の指示」手続がどうしても必要な場合か否かを国会が判断するために、個別の法律を制定することが求められていた。このような国の立法府の個別判断に基づく自治事務に対する例外的な「是正の指示」の制度化に限定してきた状況を覆して、行政府（各大臣及び閣議）の判断だけで、「自治事務」に対する国の統制の原則と例外を変更するものだからである。

これは、今回改正された地方自治法の一般規定があるというだけで「法治主義」の要請を満たしたとするものであって、極めて形式的な「法治主義」を言うにすぎず、地方自治権の実質的な保障の趣旨を含んだ「実質的法治主義」に反するものでもある。改正推進論者は、コロナ禍や東日本大震災のような「緊急事態」に対処するための極めて限られた「例外措置」であると弁明するが、新設された規定は「その他その及ぼす被害の程度においてこれらに類する国民の安全に重大な影響を及ぼす事態」という要件が付け加えられており、その判断権は内閣及び各大臣に委ねられている。実際、政府・自民党はかねてから、いずれは軍事的緊急事態（「有事」）にも拡大されていく危険性を帯びた「緊急事態」条項を挿入する憲法改正を目指していることと併せて考えると[66]、「蟻の一穴」とはいえ、形式主義的なものにその権力制約性を極力縮減する方向での「国家法治主義」が強まりつつあることを感じずにはいられない[67]。

「補充的指示権」の制度化については、「自治体の不作為に対する違法確認請求訴訟」が制度化されている（国が都道府県に対して提起する手続については

地方自治法251条の7、都道府県が市町村に対して行うものについては同法252条）こととの関係も懸念を生じさせるところである。本手続は2012年の地方自治法改正により制度化されたが、「国家法治主義」の強まりの実例としてこれまで何度も言及してきたものである。今回の改正では「自治事務」（事案によっては「法定自治事務」に限られるが）に対する「補充的指示」に従わない自治体に対して、「法定受託事務」のような「代執行制度」までは予定されていない。しかし「自治体の不作為に対する違法確認請求訴訟」は、前述したように「法定受託事務」であると「自治事務」であるとを問わず適用されるものであり、したがって「補充的指示」により具体的に示された是正内容に自治体が従わなかった場合にも当然に「違法確認請求訴訟」が提起されることになる。「非平時」（＝緊急事態及びそれに準ずる事態）である以上、「違法確認請求訴訟」を提起する余裕など無いという反論もあろうが、実際には「補充的指示」に従いたくない自治体も、訴訟でその不作為を違法と確認されることを懸念して、「自治事務」に留められている事務についても、「補充的指示」に従わざるを得なくなることは容易に想像がつく。

　こうした「国家法治主義」の強まりを前にして、果たして私たちは「法治主義」の進展を手放しで賛美してよいのであろうか。本書の冒頭から何度も述べてきたように、「国家法治主義」の強まりを通じた「グローバルな法治主義」に対しては、その光の部分は認めなければならないにせよ、その陰の部分についての警戒は常に怠ってはならないのではないだろうか。その意味

---

66) 周知のように、安倍内閣時代に自民党は、「改憲4項目条文案」（2018年3月22日公表）を提起しており、その中の一つが「緊急事態条項」である。同条項案では、「大地震その他の異常かつ大規模な災害により」、衆議院議員総選挙が「困難」となった場合や「国会による法律制定を待ついとまがないと認めるとき」に憲法の通常の制度を逸脱する特例を認めるものである（朝日新聞2018年3月23日記事に掲載された条文案を参照）。「その他の大規模災害」の拡大解釈で、軍事的な「有事」（その恐れがある場合を含む）における行政権の独走の恐れが指摘されている。

67) コロナ禍の国の対応の不首尾を自治体に対する統制制度の不十分性のせいにして、結局は1999年以来の分権改革の理念を掘り崩すことになる点への懸念については、坪田ゆづる＝基田茂樹＝自治総研（企画・編集）『「転回」する地方自治・2024年地方自治法改正（下）・警鐘の記録』（公人の友社、2024年）に収録された各インタビューを参照のこと。とりわけ1999年地方自治法改正に深くかかわった小早川光郎が、分権改革の「基本スキーム」と考えていた自治事務と法定受託事務の仕分けが、今回の法改正で崩されることへの懸念を述べている部分（41-44頁）は重要であろう。

で、本書が展開してきたもう一つの「法治主義」である「分権型法治主義」の重要性を、ここでも再度、確認せずにはいられないのである。

あとがき

　本書は、私にとって2冊目の単著研究書である。2015年に初の単著となる『分権国家の憲法理論』（有信堂）を上梓してから、すでに9年が経過している。その間に私の研究生活面ではいくつかの変化があった。まず、前著を基にして論文博士の審査に合格し、2015年7月に一橋大学から博士（法学）の学位を得た。次に、2017年4月に成城大学法学部から明治大学法学部に転籍した。2018年10月には、1992年以来4半世紀ぶりとなるが、再び公法学会の分科会報告の機会を得た。またこの間に、いくつかの大きな共同研究書に編者として関わることもできた（『分権改革下の地方自治法制の国際比較』〔有信堂、2019年〕、『プロヴァンスからの憲法学』〔長谷川憲、植野妙実子と共編（敬文堂、2023年）〕、『国際人権法の深化』〔信山社、2024年〕など）。しかし前著の末尾において、できるだけ早く「対話型立法権分有」法理を日本の自治体憲法解釈の場で展開する試みを実行し、これを新たに単著化するという目標を掲げたにもかかわらず、今日までそれが叶わなかったことについては、自分の非力さを痛感している。

　本書の公刊に至った直接の動機は、共同研究のための公法分野の科研費申請に挑戦したところ、2022年度と2023年度の2回の申請にいずれも落選してしまったことにある。テーマは、世界の主要国における地方自治権論の憲法原理理的な比較研究に基づいて、これらの国々の憲法訴訟の特質に応じた自治体憲法訴訟のあり方の比較分析を行い、最終的にはその知見を通じて日本型の自治体憲法訴訟論を構築することであった。共同研究のメンバーには、とりわけ行政法研究者についてはトップクラスの先生方に参加して頂き、憲法研究者については若手を中心に、今後、日本の憲法学界で地方自治の憲法理論の中核を担ってくれそうな方々を組織することができたので、少なくと

も2年目の申請では採択されるものと思っていた。それが失敗に終わった時（しかも申請者全体の評価分布によれば、公法の分野では採択には未だ遠い中位クラスの評価であった）、自分の定年までの残された時間を考えると、もはやこの分野の共同研究を先行させたのちに自分の憲法解釈論を構築するという道筋はあきらめざるを得なくなった。その代わりに、まず自分一人でこれまで追究してきた自治体憲法訴訟論について、これを一定の形で単著として公刊し、この分野の研究の重要性を世に訴える方向に路線転換したのである。とりわけ私には、前著と本書におけるような地方自治権の憲法学上の原理論と解釈論の研究の他に、自治体の国際活動（自治体外交権論など）と国際人権（人権条約と人権条例の関係）に関するもう一つの重要分野の研究をまとめる作業も残っている。したがって、私に残された時間を考えると、残念ながら科研費申請の際に目指していた研究、すなわち地方自治の憲法学的基礎理論と憲法訴訟論の比較研究については、後の世代に委ねざるを得ないと思われる。

　実際には本書の大部分は、序章でも述べたように、既発表の論文に加除修正を加えて再録したものである。これに大部の終章を付け加えることで、私の40年近くに及ぶ地方自治の憲法解釈論の研究を振り返り、その変遷を通じて、理論的実践的課題と解釈論的方向性を提示することが目指された。ただし過去の論文を再録しようとしたところ、発表後に法令や条約の改正がなされ、あるいは地方自治をめぐって繰り広げられた幾多の訴訟が発表後に大きく進行し決着を見た場合も多かったことから、当時の論文のままではいささか時代遅れの部分があることに気付かされた。また当然のことながら、発表後に新たに参照すべき論文も多数出現したし、元の論文で参照した基本書についてはそれが改版された結果、記述内容に変化が見られたものもあった。私自身の解釈論の組み立て方にも一定の変化があった。そのため、過去の論文を極力残すことで、時代とともに変化する憲法と地方自治をめぐる法・政治・裁判の状況に応じて、私の憲法原理論的認識と解釈論とが変化していった過程を示すという本書の一つの目標と、現在必要とされている地方自治の憲法解釈論を示したいというもう一つの目標との間で、各論文にどの程度の修正を加えるべきかに苦慮することとなった。こうした二兎を追うという目標を本書がうまく実現できたかは、読者の批判に委ねたい。

日本型の自治体憲法訴訟論の構築という本書の目的を、過去の憲法原理論及び解釈論をめぐる拙稿をまとめ直す中で追究してみた結果として気づかされたのは、日本においても他の主要な国々においても、自治体憲法訴訟論と呼ぶに値する理論を構築するには、本書で批判を加えた国家法中心型の「法治主義」一辺倒の思考様式に修正を加えて、「分権型法治主義」を構築することが不可欠だという事実であった。そこで、本書の題名については、「自治体憲法訴訟の憲法理論」ではなく「分権型法治主義の憲法理論」とし、前者は副題に含める形にしたのである。

　本書は、2024年度の明治大学社会科学研究所の出版助成を得て、明治大学社会科学研究所叢書として出版されるものである。また本書の刊行にあたっては、日本評論社編集部の上村真勝氏、田島一樹氏に大変お世話になった。ここにお名前を記して、感謝の意を表したい。

　明治大学への転籍により、通勤時間が延び、また授業時間と研究時間の調整にも多くの苦労が増すこととなった。この間、大病もせずに研究者生活を続けることができたのは、ひとえに妻・里乃の尽力によるものである。私事ながら、感謝の気持ちを記すことをお許し頂きたい。

　「分権型法治主義」に基づく「対話型立法権分有」と自治体憲法訴訟の理論の構築という本書の目標にとって、現実はなかなかに厳しいものがある。しかし大きな歴史の流れは必ずこの方向に向かうことを信じて、今後もこの分野の研究を続けることを述べて、本書の結びとしたい。

【著者紹介】

大津　浩（おおつ　ひろし）

1957年　新潟県生まれ。

1982年　一橋大学法学部卒業

1987年　一橋大学大学院博士後期課程単位取得満期退学

　　　　新潟大学助教授、東海大学教授、同法科大学院教授、成城大学教授を経て、

現　在　明治大学法学部教授

　　　　博士（法学）2015年　一橋大学、弁護士（2003年登録）

［主要業績］

『自治体外交の挑戦』（共編著、有信堂、1994年）

『地方自治の憲法理論の新展開』（編著、敬文堂、2011年）

『分権国家の憲法理論』（単著、有信堂、2015年）

『分権改革下の地方自治法制の国際比較』（編著、有信堂、2019年）

『プロヴァンスからの憲法学──日仏交流の歩み』（共編著、敬文堂、2023年）

『国際人権法の深化（新国際人権法講座第7巻）』（編著、信山社、2024年）

明治大学社会科学研究所叢書

分権型法治主義の憲法理論
──「対話型立法権分有」と自治体憲法訴訟の構築に向けて

2025年2月28日　第1版第1刷発行

著　者　大津　浩

発行所　株式会社　日本評論社

　　　　〒170-8474 東京都豊島区南大塚3-12-4

　　　　電話　03-3987-8621（販売）　　-8592（編集）

　　　　FAX 03-3987-8590（販売）　　-8596（編集）

　　　　振替　00100-3-16　https://www.nippyo.co.jp/

印刷所　精文堂印刷株式会社

製本所　株式会社難波製本

装　丁　神田程史

検印省略　©H.OTSU 2025

ISBN978-4-535-52843-7　　　　　　　　　　　　　　　　Printed in Japan

JCOPY 〈(社)出版者著作権管理機構 委託出版物〉

本書の無断複写は著作権法上での例外を除き禁じられています。複写される場合は、そのつど事前に、(社)出版者著作権管理機構（電話03-5244-5088、FAX03-5244-5089、e-mail：info@jcopy.or.jp）の許諾を得てください。また、本書を代行業者等の第三者に依頼してスキャニング等の行為によりデジタル化することは、個人の家庭内の利用であっても、一切認められておりません。